身边的数学译丛

网页排名 PR 值及其他

——搜索引擎排序的科学

（美） Amy N. Langville
Carl D. Meyer 著
郭斯羽 译

机 械 工 业 出 版 社

本书是首部关于网页排名科学的著作，是搜索排序姊妹篇的一本。本书主要内容有：网络搜索引擎简介、网络爬行、索引建立和查询处理、通过欢迎度对网页排名、PageRank 的数学、PageRank 模型中的参数、PageRank 的敏感性、作为线性系统的 PageRank 问题、PageRank 大规模实现中的问题、加速 PageRank 计算、更新 PageRank 向量、HITS 网页排名方法、网页排名的其他链接方法、网络信息检索的未来、网络信息检索资源、数学指南、术语汇编、参考文献、索引。

本书可作为数学、计算机、网络技术、管理学和数据科学等专业领域科研人员和工程技术人员的参考书，也可作为教材使用。

图书在版编目（CIP）数据

网页排名 PR 值及其他：搜索引擎排序的科学/（美）兰维尔（Langville, A. N.），（美）梅耶（Meyer, C. D.）著；郭斯羽译．—北京：机械工业出版社，2013.12
书名原文：Google's PageRank and Beyond: the science of search engine rankings
ISBN 978-7-111-44229-5

Ⅰ. ①网… Ⅱ. ①兰… ②梅… ③郭… Ⅲ. ①网络检索—研究 Ⅳ. ①G354.4

中国版本图书馆 CIP 数据核字（2013）第 233890 号

机械工业出版社（北京市百万庄大街 22 号 邮政编码 100037）
策划编辑：韩效杰 责任编辑：韩效杰 陈崇昱
版式设计：霍永明 责任校对：樊钟英
封面设计：路恩中 责任印制：李 洋
三河市国英印务有限公司印刷
2014 年 6 月第 1 版第 1 次印刷
184mm × 260mm · 14.75 印张 · 344 千字
标准书号：ISBN 978-7-111-44229-5
定价：49.00 元

凡购本书，如有缺页、倒页、脱页，由本社发行部调换

电话服务	网络服务
社服务中心：(010)88361066	教材网：http://www.cmpedu.com
销售一部：(010)68326294	机工官网：http://www.cmpbook.com
销售二部：(010)88379649	机工官博：http://weibo.com/cmp1952
读者购书热线：(010)88379203	**封面无防伪标均为盗版**

前　言

目的

作为教授线性代数的老师，我们希望能够撰写一本书，以帮助学生和普通公众去欣赏和理解线性代数在今天最为激动人心的应用之一——网络搜索引擎所使用的链接分析。这个题材天生就是颇为有趣、恰逢其时且为人所熟知的。例如本书将回答如下这些能够勾起人们好奇心的问题：搜索引擎是如何工作的？有的搜索引擎为什么如此优秀？什么是搜索引擎炸弹？我可以如何提高自己的主页在 Teoma 中的排名？

我们还希望这本书能够成为有关网络搜索引擎排名方面资料的独立而全面的来源。本题材已有大量的文献著作，但相关内容目前却散布于为数众多的技术报告、预印本、会议论文集、文章和讨论之中。在本书中，我们将对网络排名这门技艺的现状进行总结和清晰阐述，并加以浓缩和归类。

适宜读者

我们在写作本书时，考虑了两类不同的读者：一般性的对科学感兴趣的读者，以及技术科学方面的读者。书名体现了本书在技术层面上的内容，但除了增长技术方面的知识之外，我们还尝试给出若干与搜索引擎及其工作机理有关的有趣特性和轻松话题。

数学

我们写作本书的目的是能够满足一个很有挑战性的读者群，它由对科学通论感兴趣的公众以及对技术科学感兴趣的人群所构成。当然，要透彻理解链接分析，需要熟悉许多数学思想。尽管如此，我们仍然希望让本书的大部分内容能够为科学通论方面的公众所理解。例如书中的章节是根据数学知识、专业知识和预备知识渐次安排的。在这样的安排下，第 1 章到第 4 章是面向科学通论方面的读者的网络搜索和链接分析的相关介绍；第 6 章、第 9 章和第 10 章的数学内容则尤为多些；最后一章，即第 15 章数学指南，是之前各章中所用的所有数学概念的浓缩而完整的参考。在整本书中，关键的数学概念均用阴影框加以强调。将数学定义以及公式推后到第 15 章（而非分散在全书各处）的做法，使我们得以写出一本同样能够取悦于在数学方面见多识广的读者的书。在我们看来，这种写作方式是一种折中，使得我们能同时服务于以上两类读者：对科学通论感兴趣的公众，以及对技术科学感兴趣的公众。

杂谈

本书的一个轻松愉快的特色便是杂谈。这些杂谈包括了娱乐性的新闻故事、实用的搜索提示、诙谐的引述和激烈的法庭辩论。在每一章中，即使是在非常技术性的章节中，也包含了若干杂谈。不时出现的轻松杂谈，可以在一段时间的严肃的数学思考之后提供完美的小憩。简短的杂谈包含在阴影框中，而延跨多页的更长的杂谈则由水平条和楷体字给出。我们希望您能享受这些读间休息——我们发现自己都会有些迫不及待地想进行杂谈部分的写作。

计算和代码

要真正掌握一门学科，就需要对其中的思路进行实验。因此，我们在书中加入了 MATLAB 代码，以鼓励读者进行实验，并为实验开一个头。虽然任何编程语言都能够达到这个目的，但我们出于三方面的原因而选择了 MATLAB：（1）它的矩阵存储构架和内建命令特别适合于本书的大规模稀疏链接分析矩阵；（2）在众多学院和大学中，MATLAB 都是数学软件方面的市场领先者；（3）它对于用户非常友好。本书中的 MATLAB 程序是按指导性代码的标准而非商业代码标准编写的。我们希望通过这些程序激发起读者创建新模型和新算法的灵感。

致谢

我们对普林斯顿大学出版社对本书的支持表示感谢。我们尤其乐于与普林斯顿大学出版社的编审薇琪·克恩（Vickie Kearn）共事。薇琪，感谢您所展现出的耐心和柔中带刚的完美结合。对于这样一本题材如此适时的书，您对我们表现出了令人吃惊的信任。感谢所有审阅了本书草稿并使它更臻完美的人们。当然，我们还要感谢家人和朋友们的鼓励。你们对我们怀抱的骄傲之情给了我们强大的驱动力。

题词

我们谨以此书献给全世界所有的导师和学生。师生之间的这种关系所迸发出的能量、灵感和支持，能够启迪伟大的产物。对于我们而言，这一产物就是本书，而比本书更为重要的，则是一段美妙互惠的友谊。

目　　录

第 1 章　网络搜索引擎简介

1.1　信息检索简史

今天，我们已经有了各类事物的博物馆——棒球博物馆、棒球选手博物馆、棒球选手的超级粉丝博物馆、世界大战、国内战争、法律诉讼以及家庭争端博物馆。尽管我们并不缺少博物馆，但我们还是不得不去搜寻一个专注于本书领域的博物馆，即信息检索及其历史博物馆。当然，还是有一些相关博物馆的，如位于瑞典布罗斯（Boras）的图书馆博物馆。但是这些博物馆中没有一个是专门关注信息检索的。**信息检索**[㊀]（information retrieval）是指为了某个特定的信息需求［称为一个**查询**（query）］而在一个文献集合中进行搜索的过程。尽管信息检索已经被计算机发明之后所衍生的新鲜事务主导，但它实际上却有着悠久而辉煌的传统。为了表达对这一传承的敬意，我们创建了一个专门献给信息检索历史的博物馆。如同所有的博物馆一样，我们的信息检索博物馆中包括了一些非常有趣的展品。现在就请加入我们，来一次短暂的漫步吧。

最早的文献集记载于山洞的壁画上。假设一个穴居人要搜索一组山洞壁画，以便能够回答某个特定的信息查询。想要做到这一点，他就要步行走过一幅幅壁画，并停留在每一幅壁画前注视良久。不幸的是，我们很难收藏这样一件文物而又不至于吓到观众，因此还是让我们赶紧往前走一点吧。

在纸被发明出来以前，古罗马人和古希腊人将信息记录在纸草卷上。流传自古罗马的某些纸草文物上还伴有标签。这些标签就如同古代的便利贴，它是我们博物馆的一件优秀藏品。标签上包括对卷起来的文献的简短概括，标签被附在文献上，使读者得以免去打开一个长而无关的文献的麻烦。有些摘要还以口头的形式出现。公元前 5 世纪的古希腊戏剧一开场时，就会有合唱吟诵出之后剧情的概要。尽管古希腊和古罗马图书馆的文物中并未能保留下一个实际的分类体系，但我们确切地知道另一个基本的信息检索工具——目录——最早是出现于公元前 2 世纪的古希腊卷轴中。书本还要到数个世纪之后才会被发明出来，到那时，对于书籍的迫切需求，将迫使人们去寻找一种替代的书写材料。据传说，帕加马（Pergamum，在今土耳其）图书馆曾声称收藏了数量最多的纸草卷轴，并试图赶超著名的亚历山大图书馆（Library of Alexandria）而成为世界上最好的图书馆。这样做的结果则是埃及人停止了对帕加马的纸草供应，因此帕加马人发明了一种替代的书写品——由一层层很薄的动物皮革所制成的羊皮纸。［实际上，羊皮纸（parchment）这个单词的词根就来自于帕加马。］羊皮纸不像纸草那样能很容易地卷起来，因此抄书吏们将数张羊皮

㊀　书中以粗黑字体给出的术语同时还出现并定义于第 16 章术语汇编中。

纸折叠并缝制成书本。这些书本比卷轴更为耐用，也更易于使用。羊皮纸书很快就取代了纸草卷轴。

古希腊和古罗马时期在写作、知识和文献编集方面所达到的高度，与黑暗时期和中世纪在这些方面的缺失形成了鲜明对比。在后面的这段时期中，仅产生了为数极少的文献，而大多数信息都以口述的方式记录。文献被记录于村庄中最好的说书人的记忆中。诗歌、歌曲和祈祷中的口头传说被一代代流传下来。最富传奇性并且也是最长的故事之一，是关于一名公元 6 世纪时斯堪的纳维亚武士冒险的史诗《贝奥武夫》（Beowulf）。传说这个故事起源于公元 7 世纪，并通过歌曲代代相传。吟游诗人通常持有写诗的许可，并且随着时间一个世纪又一个世纪地流逝，他们会修改或者增添某些诗节。一个好奇的孩子如果希望聆听怪兽格兰戴尔（Grendel）的故事，他会耐心地等待说书大师去搜索他的记忆并找到故事中恰当的部分。因此，对孩子的信息搜索的结果将会由于居于中介的说书人的智慧和判断而有所偏向。幸运的是，有史以来最佳的书写介质甚至比羊皮纸还要好的纸张的发明，带来了信息的书面记录和文献收集的新的加速发展。实际上，在公元 1000 年左右，《贝奥武夫》由口头形式转为了书面形式（虽然仍有学者在这个具体的时间上有所争论）。之后，作为宝贵的阅读和书写技能拥有者的僧侣们坐在写字间里，以抄写员的身份从日出工作到日落。这些抄写员的工作被安排在中世纪的图书馆中。这些图书馆在开始时的规模是如此之小，以至于根本不需要文献分类系统。但终于随着收藏数量的增长，将藏书分为三类成为了通行的做法：神学著作，古典时期的经典作家，以及七艺方面的当代作家。经典著作中的藏书清单和目录为我们提供了漂亮的中世纪时期的藏品。

其他的文献集则涌现于不同的领域。随着约翰·古登堡（Johann Gutenberg）在 1450 年改进印刷术，文献的产出得到了极大的提速。富人们骄傲地夸耀着他们的私人图书馆，而公共图书馆也在本杰明·富兰克林（Benjamin Franklin）的推动下，于 18 世纪的第一个 10 年中在北美建立起来。随着图书馆藏书的增长以及对公众的开放，对于有针对性搜索的需求变得日益迫切。多层分类系统（hierarchical classification systems）用于将具有相似主题的文档归总在一起。最早使用多层分类系统的是古罗马作家瓦勒里乌斯·马克西穆斯（Valerius Maximus）。他在公元 30 年时使用该系统来组织其著作《九本值得记忆的言论和事件》（Factorum ac dictorum memorabilium libri IX）中的主题。尽管具有了这些尚不成熟的组织体系，但要想得到一个精确且高质量的搜索信息，最佳途径仍然是他人口头的传述以及图书管理员给出的建议。当然，文献收藏及其组织的不断扩张已远远超出了哪怕是最好的图书管理员的记忆极限，因此便出现了更为有序地维护藏书记录的方法。在我们的信息检索博物馆中，这个时期值得注意的文物包括了若干私人图书馆藏书的清单，它们按书名和作者排序；此外还包括杜威十进分类法（Dewey decimal system，1872 年）、卡片式目录（card catalog，20 世纪初）、缩微胶卷（microfilm，20 世纪 30 年代）以及机读目录系统（Machine Readable Cataloging system，20 世纪 60 年代）的若干实例。

这一个个的发明在不断出现，但信息搜寻者仍未能完全将搜索掌握在手中。要达到这个目标，还有待数字计算机的发明（20 世纪 40 年代和 50 年代）以及其后的计算机化搜索系统的发明。最早的计算机化搜索系统使用特殊的语法来自动检索与用户查询有关的书籍和文章。不幸的是，这个笨拙的语法使得搜索在很大程度上依然是针对这些系统已经进行过训练的图书管理员的阵地。像 Cornell SMART 系统（20 世纪 60 年代）[146] 这样的计算机化搜索的早期代表，是值得在我们的信息检索博物馆中占有一席之地的。

到 1989 年，一项由其创始者蒂姆·伯纳斯-李（Tim Berners-Lee）命名为万维网（World Wide Web）[79] 的发明，使文献的存储、访问和搜索发生了革命性的变化。我们的博物馆理所当然地必须包括这次革命中诸如一个网页、某个 HTML 以及一两个超链接之类的文物。在当时，链接在一起的文档集合是真正原创性的发明，尽管实际上一度曾是科学研究与发展处主任的范内瓦·布什（Vannevar Bush）在其著名的 1945 年的短文《诚如所思》（As We May Think）[43] 中已经预示了它的到来。在这篇短文中，他描述了所谓的“记忆扩展机”（memex），这是一台具有未来主义风格的机器（它与今日的个人计算机和万维网有着令人震惊的相似之处），它通过在整个文档集合中留下“关联的踪迹”来再现人类的认知过程。经过 40 年的发展之后，布什的记忆扩展机的历史遗产形成了伯纳斯-李的万维网的骨架。在《生活》（LIFE）杂志于 1945 年发表的布什的预言性的文章中，就包括了一幅由某位画家所创作并经布什认可的记忆扩展机的图画（见图 1.1）。

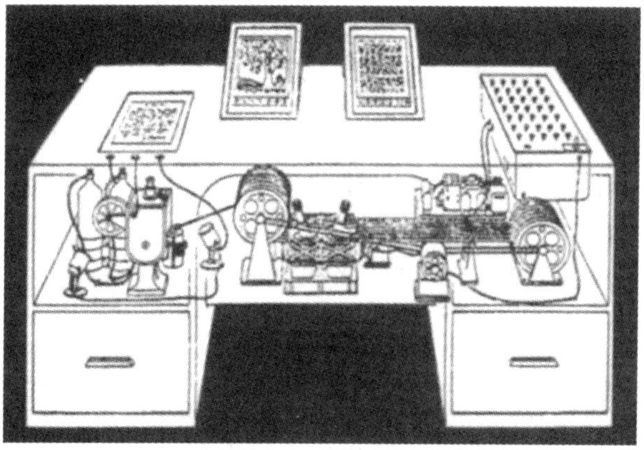

图 1.1　《生活》杂志中的范内瓦·布什的记忆扩展机的图画。原标题如下：“形如一张书桌的记忆扩展机能即刻将任何主题的文件和素材带至操作者的指尖。斜置的半透明屏幕放映出以编码数字归档的超级缩微胶卷。在左侧的装置能自动对手写笔记、图片和信件进行拍照，然后再将它们归档至桌子中以供将来参阅。”

万维网成为了信息时代占据主导地位，与此同时也成为了工业时代就此终结的最终的信号。尽管万维网带来了信息存储与访问的革命，但进行网络搜索的用户们却发现他们仍然步履维艰。他们现在可是在一个巨大而且不断增长的信息稻草堆中寻找着俗语所说的绣花针。实际上，这些用户们发现他们与豪尔赫·路易斯·博尔赫斯（Jorge Luis Borges）1941 年所写的小故事《巴别尔图书馆》（The Library of Babel）中的人们极为相似。这个故事描述了一个假想的、无限的图书馆。

> 当终于宣告图书馆囊括了所有书籍的时候，人们最初的第一感觉是无与伦比地欣喜。所有人都觉得他们成为了一个完整而隐秘的宝藏的主人。不再有什么在六边形小室中找不到令人心悦诚服的答案的个人或凡世的问题了。

……但很自然的是，过度的希望总伴随着极度的沮丧。我们确信那本贵重的秘籍就放在了某间六边形小室中的某个书架上，但也同样确信我们无法获得这秘籍。这样的确信简直令人无法忍受。

正如在虚构的巴别尔图书馆中一样，万维网图书馆中的许多信息也仍然是无法获得的。实际上，早期的搜索引擎在减轻用户的挫折感方面几乎没有做什么事情：我们可以按雅虎上的主题层次结构进行整理来执行搜索，或者通过筛选搜索引擎所返回的众多（通常是数以千计）的页面并单击这些页面链接来人工确定出与查询最为相关的页面。某些使用者还求助于古代查询者们所使用的最早的搜索技巧——口头传述以及专家建议。他们从朋友那儿获知有价值的网站，并且链接上那些业已花费了许多个钟头来努力搜索的同事们所推荐的站点。

当 1998 年**链接分析**（link analysis）技术出现于信息检索的图景之中的时候，所有的一切都改变了[40,106]。最为成功的搜索引擎的开发者们开始通过利用万维网超链接结构的内在附加信息的链接分析技术来改进搜索结果的质量。网络搜索得到了极大的改善。网络搜索者们笃信不移地使用他们所偏爱的谷歌和 AltaVista 这样的引擎，并使它们的地位不断提升。实际上，在 2004 年，许多网上冲浪者都直率地承认了他们对当今搜索引擎的痴迷、依赖和上瘾。我们将在下面加入数名谷歌迷的评论[117]，以表达我们对于万维网图书馆可访问性提高的喜悦之情，而正是链接分析引擎使得这一提高成为可能。顺便说一句，在 2004 年 5 月，谷歌保有了搜索市场的最大份额，有 37% 的搜索者都在使用谷歌，其后有 27% 的搜索者使用的是雅虎的联合引擎，包括 AltaVista、AlltheWeb 和 Overture㊀。

- “它并不是我的个人主页，不过也差不多了。我用它来自我搜寻（ego-surf）㊁；我用它来阅读新闻；无论何时我希望了解任何事情时，我就会用它。”——马特·格罗宁（Matt Groening），《辛普森一家》（The Simpsons）的创作者与执行制片人。
- “我简直无法想象没有谷歌新闻的日子。遍布全球的数以千计的新闻来源，能保证让任何一个连上因特网的人都可以了解现在所发生的事情。在这里所获得的各种观点数量之繁多，真令人难以置信。”——迈克尔·鲍威尔（Michael Powell），美国联邦通信委员会主席。
- “谷歌是我的反应迅速的搜索助手。在抓紧时间赶工期的时候，我会用它来检查外国人名的拼写，获取某个特殊的军用装置的图像，找到某个公众人物的确切的发言，核对统计数据，翻译短语，或者是研究某个公司的背景。它就是信息检索中的瑞士军刀。”——加里·特鲁多（Garry Trudeau），漫画家，《杜恩斯比利》（Doonesbury）的创作者。

现在，几乎所有主要的搜索引擎都将类似于谷歌所用的链接分析评分和更为传统的信息检索评分结合使用。在本书中，我们将记录**网络**信息检索的诸多方面之一——链接分析

㊀ 这些市场份额数据由 comScore 公司所汇编，这家公司对美国网民在 2004 年 5 月利用主要搜索引擎进行的搜索次数进行了统计。请见 http://searchenginewatch.com/reports/article.php/2156431 上的文章。

㊁ 指在搜索引擎中输入自己的名字进行搜索。——译者注

或排名算法——的历史，它是包括谷歌和 Teoma 在内的现今最为流行和成功的多个搜索引擎的底层机制。我们顺便也把谷歌使用的 **PageRank** 链接分析算法[40]（见第 4 章至第 10 章）和 Teoma 使用的 **HITS** 算法[106]（见第 11 章）纳入到信息检索博物馆的藏品之中。

1.2　传统信息检索回顾

为了替后续章节中出场的令人兴奋不已的链接分析的发展搭好舞台，我们在故事的开头首先来对**网络信息检索**和**传统信息检索**进行一下区分。网络信息检索是在世界上最大且相互链接的文档集中进行的搜索；而传统信息检索则是在较小的、更加受控的、未链接的文档集中进行的搜索。传统的非链接文档集在万维网诞生之前便已存在，而且至今仍然如此。在大学图书馆中寻找藏书，或者在教授所保存的幻灯片中搜索一门艺术史课程，这些都是传统信息检索的例子。

这些文档集是非链接的，基本上是静态的，并且经由诸如图书管理员或期刊编辑这类的专家加以组织和分类。文档存储在如书籍、期刊、艺术品等这样的实体形式中，或者以电子方式存储于缩微胶片、CD 和网页中。不过，在这些集合中进行搜索的途径如今基本上都已经实现计算机化了。这些计算机化的途径被称为搜索引擎。它们是借助软件开发的虚拟机器，能够在虚拟的文件夹中进行挑选，以找到相关的文档。传统信息检索文档集的搜索有三种基本的计算机辅助技术：布尔模型、向量空间模型和概率模型[14]。这些搜索模型发展于 20 世纪 60 年代，经历了数十年的时间才成长、融合并演变为新的搜索模型。实际上，在 2000 年 6 月时，便存在至少 3 500 种不同的搜索引擎（包括更近期的网络引擎）[37]，这意味着可能存在着 3 500 种不同的搜索技术。尽管如此，由于大多数搜索引擎仍然依赖于以上三种基本模型中的一种或数种，因此我们将依次对它们描述如下。

1.2.1　布尔搜索引擎

信息检索的**布尔模型**（Boolean model）是最早也是最简单的检索方法之一。它使用严格匹配来将文档与用户的查询进行比对。该模型经过改良的派生方法仍然为大多数图书馆所使用。定语“布尔”是指对布尔代数的运用，在这个方法中，词语通过布尔运算符与（AND）、或（OR）和非（NOT）被逻辑地组合起来。例如，两个逻辑陈述 x 和 y 的布尔与（AND）意味着 x 和 y 都必须被满足，而这两个陈述的布尔或（OR）则意味着至少满足其中之一。任意数量的逻辑陈述都可以通过这三个布尔运算符加以组合。信息检索的布尔模型的工作原理正是考查在文档中有哪些关键词出现了或未曾出现，并据此判定文档与检索相关还是无关。在这个模型中并不存在文档与查询发生部分匹配的概念，而这将带来十分糟糕的性能[14]。更为先进的模糊集理论方法则试图通过引入灰色地带来纠正这种非黑即白的布尔逻辑。例如，在一个布尔引擎上进行 car AND maintenance（汽车保养）的标题搜索，将会使虚拟机返回所有在标题中同时使用了这两个词的文档，但标题为“Automobile Maintenance”的相关文档却不会被返回；而模糊布尔引擎则会利用模糊逻辑将这个文档归入一定程度上与查询相关的那一类中，并将它返回给用户。

这个对汽车保养进行查询的例子指出了布尔搜索引擎的主要缺点：它们都是**同义**（synonymy）和**多义**（polysemy）这两个最为常见的信息检索难题的受害者。同义是指多个词语具有同一个意思，如 car 和 automobile。标准的布尔引擎无法返回那些语义相关但关键词未被包括在原始查询中的文档。多义则是指词语具有多个意思。例如，当某个用户输入 bank 作为查询时，他或她所指的是金融中心、山坡、台球中的击球还是若干对象的集合呢[24]？多义问题可能会使得许多与用户真实意图无关的文档被检索出来。许多布尔搜索引擎还要求使用者熟悉布尔运算符以及引擎的特殊语法。例如，为了找到有关词组 iron curtain 的信息，许多引擎要求将这个词组包括在引号内，以此告诉搜索引擎对整个词组进行搜索，就如同它们是一个单一的关键词一般。忘记了这一语法要求的用户，可能会惊讶地获得有关室内装饰和铁矿开采方面的文献检索结果。

尽管如此，布尔模型的各种变体却确实构成了许多搜索引擎的基础。它们的流行出于多个原因。首先，建立并编写布尔引擎是相当直接的；其次，查询的处理能做得十分迅速，可以采用并行方式对文档的关键词文件进行快速扫描；第三，布尔模型可以很好地扩展到非常大的文档集。容纳一个不断增长的文档集是十分容易的，编程也依然简单，而需要增加的仅有存储和并行处理能力。参考文献［14，75，107］均包含有若干章节，给出了对布尔模型及其扩展的精彩介绍。

1.2.2 向量空间模型搜索引擎

另一种信息检索技术则使用了**向量空间模型**（vector space model）[147]。该模型由杰拉德·索尔顿（Gerard Salton）于 20 世纪 60 年代早期所建立。在这种检索技术中，向量空间模型被用于避开前述的若干信息检索难题。向量空间模型将文本数据变换为**数值向量**和**矩阵**，然后使用矩阵分析㊀方法来发现文档集之中的关键特征和联系。某些高级向量空间模型，如 LSI（Latent Semantic Indexing，隐性语义索引）[64]等能够访问文档集中隐含的语义结构。例如，当一个 LSI 引擎在处理查询 car 时，将会返回与关键词和查询语义（即关键词的含义）相关的文档，如关键词为 automobile 的文档。这种揭示隐含语义的能力使 LSI 这样的向量空间模型成为了强有力的信息检索工具。

向量空间模型的另外两个优点是**相关性评分**（relevance scoring）和**相关性反馈**（relevance feedback）。通过给每个文档赋予一个 0 到 1 之间的数，向量空间模型允许进行文档的部分匹配查询。该数值可被解释为文档与查询之间的相关似然度。之后，检索到的文档集便可根据相关程度进行排序，而这是简单的布尔模型所无法企及的。按照这种方式，向量空间模型以有序的列表返回结果文档，它们按照相关性的分数排序。返回的第一个文档被认为是与用户查询最为相关者。某些向量空间搜索引擎以相关度比例的形式给出相关性

㊀ 数学术语的定义见第 15 章数学指南，在全书中以楷体标出。

评分。例如，在一个文档后面给出的 97% 意味着该文档被认为与用户的查询之间存在着 97% 的相关度。（请参见美国联邦通信委员会的搜索引擎 http://www.fcc.gov/searchtools.html，其搜索功能由 Inktomi 提供，外界曾一度知道后者使用了向量空间模型。请试着输入一个诸如 taxes 这样的查询，并注意在右侧所给出的相关性评分。）向量空间模型的另一个优点即相关性反馈，它是一个信息检索调整方法，也是向量空间模型的一个自然拓展。相关性反馈使用户能够选择检索到的文档中的一个有用子集，然后查询会与这个附加的相关性反馈信息一同被重新提交，从而检索出一个经过修正的、通常更为有用的文档集合。

向量空间模型的缺点之一是它的计算开销。在查询时，必须计算每个文档和查询之间的距离度量（也称为相似性度量）。而诸如 LSI 这样的高级模型还需要进行开销高昂的大矩阵奇异值分解[82,127]。该矩阵以数值的方式表示了整个文档集。随着文档集的增大，矩阵分解的开销将使模型不再具有可行性。这一计算开销还暴露了另一个缺点——向量空间模型无法很好地扩展。它们的成功仅局限于小文档集。

《理解搜索引擎》

迈克尔·贝里（Michael Berry）和莫雷·布朗恩（Murray Browne）所著的内容丰富的小书《理解搜索引擎：数学建模与文本检索》（Understanding Search Engines: Mathematical Modeling and Text Retrieval）[23]对向量空间模型特别是 LSI 进行了很好的阐释，并且包含了数个示例和例程。数学专业的读者应该能够颇为愉悦地阅读该书并了解线性代数算法在传统信息检索中的应用。

1.2.3　概率模型搜索引擎

概率模型（probabilistic model）试图对用户找到某个特定相关文档的概率进行估计。检索得到的文档根据它们的相关几率（该文档与查询相关的可能性除以不相关的可能性所得的比值）进行排名。概率模型以递归的方式运行，并要求算法能够猜测得到初始参数，然后逐次尝试改善这一初始猜测，以得到最终的相关几率的排位。

不幸的是，概率模型的构建和编程有可能十分困难。它们的复杂度上升得很快，令许多研究者望而却步，也限制了其扩展性。概率模型还要求做出若干不现实的简化假设，如检索项之间以及文档之间的独立性等。例如，在本书中，最可能跟在 information 之后出现的词是 retrieval，但是独立性假设却认为任何词都会以等概率出现在 information 后面。不过在另一方面，概率框架可以自然地纳入先验偏好，因此这些模型确实有希望做到针对单个用户的偏好来调整搜索结果。例如，可以将用户的查询历史结合到概率模型的初始猜测中，从而产生出比一视同仁的猜测更好的查询结果。

1.2.4 元搜索引擎

传统搜索引擎其实还有第四种模型，即元搜索引擎（meta-search engines）。它将以上三种经典模型合为一体。**元搜索引擎**的原理是，用一个搜索引擎来搜索就算不错了，而用两个（或更多个）搜索引擎来搜索则更好。一个搜索引擎可能在某项任务上十分出色，而第二个搜索引擎则可能在另一项任务上表现得比第一个还好。因此，如 Copernic（www. copernic. com）和 SurfWax（www. surfwax. com）这类元搜索引擎的出现，就是为了充分利用许多单独的搜索引擎各自具有的那些最佳特性。元搜索引擎同时将一个查询发送至数个搜索引擎，并将所有这些搜索引擎的结果以一个长长的、统一的列表返回。某些元搜索引擎还包括针对特定主题的搜索引擎，当在某个特定学科内进行搜索时，这样的搜索引擎将很有帮助。例如，Monster（www. monster. com）就是一个面向就业求职的搜索引擎。

1.2.5 搜索引擎的比较

TREC[3]、SIGIR、CIR[22]（传统信息检索）和 WWW[4]（网络信息检索）等一年一度的信息检索会议，常被用来作为比较搜索引擎所用的不同信息检索模型的场地，并帮助这个领域朝着更好、更为高效的搜索引擎迈进。两种最为常用的评价不同搜索方法的评价指标是查准率（precision）和查全率（recall）。**查准率**是指检索所得相关文献的数量占总的检索所得文献数量的比例；**查全率**则是检索所得相关文献数量占总的相关文献数量的比例。查准率和查全率越高，搜索引擎就越好。当然，搜索引擎测试是在参数已知的文档集上进行的。例如，常用的包含 5 831 个关键词以及 1 033 个文档的 Medlars 测试集[6]使用如此频繁，其性质已广为人知。如果恰好有 24 个文档与短语 neoplasm immunology 相关，则计算用户查询 neoplasm immunology 的查全率的分母就是 24；如果某个引擎对该查询只检索到 10 个文档，则查全率为 $10/24=0.416$。查全率和查准率是针对信息检索而提出的性能度量，但在评价任何一个计算机系统时，时间和空间当然也总是包含在性能指标之内。当其他所有指标均相同时，快速且内存利用率高的搜索引擎将优于更慢且内存利用率低下的搜索引擎。如果一个搜索引擎的查全率和查准率好得令人吃惊，但却需要 30min 来执行一次查询或需要 75 台超级计算机来存放数据，那么这样的引擎就根本毫无用处。某些其他性能度量则采用了以用户为中心的视角，其目的在于评估用户对该信息系统某个地方是感到满意还是失望。罗伯特·柯费奇（Robert Korfhage）所著的《信息存储与检索》（Information Storage and Retrieval）[107]对以上搜索引擎的比较指标以及其他若干指标进行了讨论。信息检索方面的优秀教材包括参考文献［14，75，163］。

1.3 网络信息检索

1.3.1 网络搜索带来的挑战

蒂姆·伯纳斯-李和他的万维网于 1989 年进入了信息检索的世界[79]。这一事件产生了与传统信息检索分道扬镳的一个分支。该分支专门关注在万维网这个新的文档集中所进行的搜索。这个分支称为**网络信息检索**。许多网络搜索引擎均构建于传统搜索引擎技术之上，但在许多重要的方面，两者之间是存在差别的。以下是使得万维网作为一个文档集如此独特的若干性质。万维网是：

- 巨大的；
- 动态的；
- 自组织的；
- 被超链接为一体的。

万维网的确非常巨大。实际上，它是如此之大，以至于我们很难得到其规模的精确值。据估计，到 2004 年 1 月为止，万维网包含了超过 100 亿个网页，平均网页大小为 500KB[5]。这意味着全世界约 64 亿人口中差不多每个人都拥有 2 个网页。万维网早期的指数式发展最近已经放缓，但它仍然是现存的最大文档集。伯克利信息类项目“有多少信息（How Much Information）”估计万维网上的信息量约为整个国会图书馆纸质藏品量的 20 倍[5]。更大的估计值则是来自于一个名为 BrightPlanet 的公司。其业务主要是出售对所谓“深网（Deep Web）”的访问权。他们估计深网包括了分布于 5 500 亿个网页的超过 92 000TB 的数据[1]。BrightPlanet 公司所定义的深网是数以十万计的公众可访问的数据库，它们产生了一个比“表面网（Surface Web）”还要大 500 多倍的集合。深网的网页不能通过随意的、例行的浏览而发现。上网者必须从某个特定数据库请求信息，此时，相关的页面才由服务端在数秒内动态地提供给用户。如此一来，搜索引擎便不能轻易地获得这些动态页面，因为在查询之前或之后它们都不存在。不过，雅虎似乎是第一个试图对至少一部分深网进行索引的搜索引擎。

万维网是动态的。它与传统文档集形成了鲜明的对比，后者在两种意义上可被认为是静态的。首先，一旦某个文档被加入传统文档集，它将不再发生改变。书架上的书是相当端庄稳重的，它们不会自动改变内容，但网页会，而且还非常频繁。曹郑后（Junghoo Cho）㊀和赫克托·加西亚-莫里纳（Hector Garcia-Molina）在 2000 年的研究[52]中指出，在他们所考虑的数据集中，有 40% 的网页在一周内曾发生过改变，而且有 23% 的 .com 网页每天都有所变动。在一项更广泛且更近期的研究中，费特莱（Fetterly）等[74]的结果也与此吻合。在所有的网页中大约有 35% 在研究期间发生了改变，而且相比于较小的网页，较大的网页变化得更为频繁，变化所涉及的内容也更为广泛；其次，在大多数情况下，传统文档集的大小是相对静态的。的确，MEDLINE 每年都会加入新的摘要，但是有多少呢？几百，或者几千。对于万维网而言，这样的比例完全是微不足道的。每年都有数十亿的网页被加入万维网。万维网的动态性使得查询的相关性评分计算成为了棘手的工作，因为文档集是一个不断改变并演化着的对象。

㊀ 按英文音译。——译者注

万维网是自组织的。传统文档集通常是由经过训练（而且酬金也常常很高）的专家来收集和分类的。但是在万维网上，任何人都可以发布一个网页并任意链接至别处。没有什么标准，也没有什么看守对内容、结构和格式加以管制。数据是易变的：快速的更新、破损的链接以及消失的文件，等等。美国在 2002 年的一项有关“链接无效”的研究中指出，在两本信息技术类期刊所引用的 URL 中，有多至 50% 的 URL 将在 4 年内变成无法访问[1]。数据是异质的，以多种格式、语言和字符集的形式存在。而且这些易变、异质的数据通常会被发布多次。此外，对网页也不存在编辑审稿流程，这意味着其中可能充满了错误、谎言和非法言论。进一步地，自组织为那些鬼鬼祟祟的**垃圾信息制造者**（spammer）们打开了一扇门，他们利用万维网在商业方面的潜力牟利。**垃圾信息制造者**这个名字最初指的是那些发送大量广告电子邮件的人。垃圾邮件发送者只需单击一下发送按钮，就可以在数秒钟内将他们的广告信息发给数千名潜在客户。随着网络搜索和在线零售业的发展，这个名字的含义已经得到了扩展，包含了那些利用欺诈网页生成技术、针对特定查询来获得网络搜索结果中高排名的人。垃圾信息制造者利用极小的文本字体、隐藏文本（白色背景上的白色文本）和误导性的**元标签**（metatag）描述来愚弄早期的网络搜索引擎（如那些使用传统信息检索中布尔模型的引擎）。万维网的自组织还意味着产生网页的目的大相径庭。某些页面针对的是上网购物的人，而其他的则针对网上的研究者。实际上，搜索引擎必须能够回答许多类型的查询，例如，业务性查询、导航性查询和信息咨询性查询。万维网的所有这些特性组合在一起，使得网络搜索引擎的工作成为了赫拉克勒斯的任务㊀。

但万维网也是超链接在一起的。这个作为范内瓦·布什的记忆扩展机基础的链接性，是网络搜索引擎能够利用的仅有的优点。超链接使得上网冲浪这个新的全民消遣得以成为现实，但更加重要得多的一点，则是超链接使得有针对性的、有效的搜索得以实现。本书所讲述的，便是网络搜索引擎利用万维网蔓延无极的链接结构中有用的附加信息来改善搜索结果质量的种种方式。因此，我们在书中只会关注网络信息检索过程诸多方面中的仅仅一个方面，但我们相信这是最激动人心也是最重要的一个方面。但是，万维网链接结构所带来的好处也伴随着副作用。最有趣的副作用与那些卑鄙的垃圾信息制造者有关。垃圾信息制造者们很快就嗅到了主要搜索引擎使用链接分析的蛛丝马迹，并马上着手制作垃圾链接。垃圾链接制造者们细心地手工设计出了超链接策略，以期增加其页面的访问量。由此产生了搜索引擎和垃圾链接制造者之间的有趣的猫和老鼠的游戏，而对于这个游戏，包括作者在内的许多人都是乐于观赏一番的。请见第 43 页和第 52 页上的杂谈。

对任何文档集，尤其是对与万维网相关的文档集，信息检索的另一挑战则是查准率。尽管可以访问的信息量一直在增长，但用户查阅文档的能力却并未相应增加。用户很少会去查看检索所得的前 10 个或 20 个文档之后的内容[94]。用户缺乏耐心就意味着搜索引擎的查准率必须增长得和文档数量一样快。网络搜索引擎所特有的另一个悖论与其性能度量和对比有关。尽管传统搜索引擎可以通过在研究者熟悉的、得到充分研究的、受控的文档集上进行测试来加以对比，但对于网络引擎而言，这一做法却不现实。即使是一个小型网页集，对于研究者们而言也已经大得无法加以归类、计数并给出数十个查询的查准率和查全率的分子和分母部分的估计值。两个搜索引擎的对比除了根据速度和存储需求等最基本的比较指标外，通常是通过用户满意度研究和市场份额指标来完成的。

㊀ 指极为困难甚至被认为是不可能完成的任务。——译者注

1.3.2　网络搜索引擎的要素

在本章的最后一节，我们将对网络信息检索过程的基本要素进行描述。这些要素之间的相互关系如图 1.2 所示。我们描述搜索过程中的众多要素，其目的有二：首先，这将有助于突出本书的重点，即搜索过程中有关排名的这一部分；其次，它展示了排名过程是如何被嵌入到搜索过程的整个大框架之中的。第 3～12 章将关注于图 1.2 中的阴影部分，而其他部分在第 2 章中进行了简要讨论。

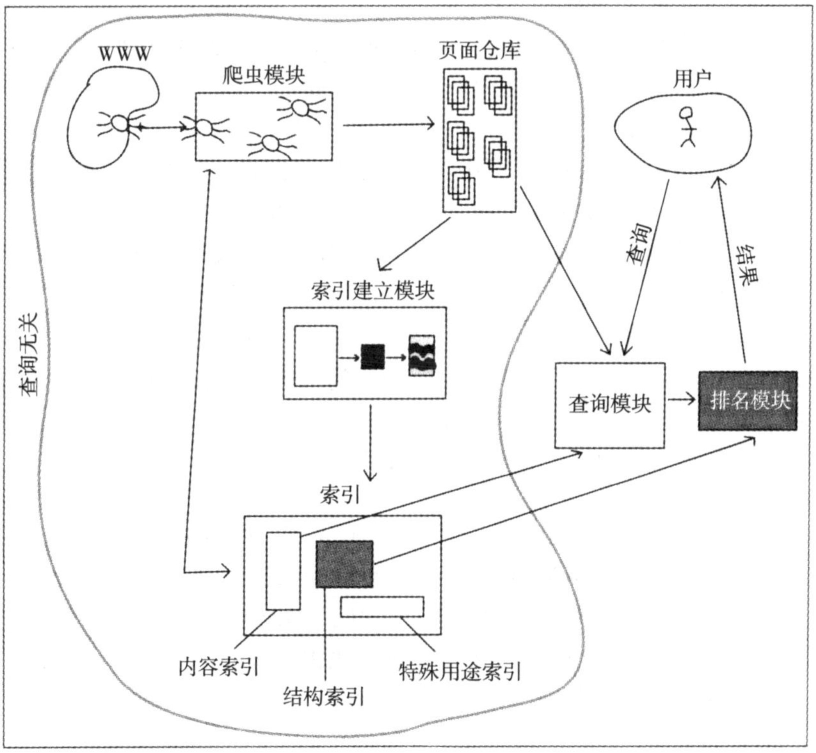

图 1.2　搜索引擎的要素

- **爬虫（crawler）模块**。不同于传统文档集，万维网的自组织性意味着不存在文档的集中收集和分类组织。传统文档集存在于实体仓库中，如大学图书馆或地方的艺术博物馆，它们在此被分类和归档。与之相反的是，网络文档集则存在于一个网络的仓库中，这是一个虚拟的实体，不受地理约束的限制，而且可以无限增长。但是，地理上的自由却不幸地带给了我们一个副作用。搜索引擎必须自行完成数据收集和分类的工作。因此所有网络搜索引擎都有一个爬虫模块。该模块包括了收集和分类网络文档的软件。爬虫软件产生若干称为**蜘蛛**（spider）的虚拟机器人，它们不断地在万维网上四处搜查，收集新的信息和网页，并返回来将它们存放于中央仓库中。

- **页面仓库**。蜘蛛满载页面而回，它们暂时以完整页面的形式存放在页面仓库中。在被送到索引建立模块之前，新的页面将一直留在仓库中。在索引建立模块中，网页里面最为关键的信息被抽取出来形成该页面的一个压缩的版本。那些被重复用来响应查询的受欢迎的页面将在此存放更长的时间，而且也许会无限期地一直存放下去。
- **索引建立模块**。索引建立模块取出每个新的未压缩页面，并从中仅抽取出最为重要的描述，以生成该页面在不同索引中的一个压缩描述。索引建立模块犹如一个黑箱函数，输入的是未压缩的页面，而输出的则是该页面的一个"克利夫笔记"⊖版本。之后未压缩的页面便被抛弃，或者当认为该页面很受欢迎时，它将被返回至页面仓库之中。
- **索引**。索引中保留了每个页面中有价值的压缩信息。本书将描述三类索引。第一类称为**内容索引**（content index）。此时，网页的关键词、标题和锚链接文本等这一类内容用压缩形式存放，该压缩形式使用了**倒排文件**（inverted file）结构。第2章详细描述了倒排文件。在建立索引的过程中，搜索引擎索引内的更多与网页超链接结构相关的有价值信息将被收集起来，并以压缩形式存放于**结构索引**（structure index）中。爬虫模块有时会访问结构索引以获取未曾造访的页面。**特殊用途索引**（special purpose index）是最后一种索引类型。例如，图像索引和PDF 索引就保留了对于特殊查询任务有用的信息。

以上四个模块（爬虫、页面仓库、索引建立和索引）及其相应的数据文件的存在及操作与用户和用户的查询无关。蜘蛛不断地穿梭于万维网之上，带回有待建立索引并加以储存的新的或更新过的页面。在图 1.2 中，这些模块被圈出并注明为**查询无关**（query-independent）。不同于以上模块，查询模块则是**查询相关的**（query-dependent），它在用户输入一个查询时被初始化，而搜索引擎必须**实时**响应该查询。

- **查询模块**。查询模块将用户的自然语言查询转化为搜索系统可以理解的语言（通常是数字形式），然后查找不同的索引以便回答查询。例如，查询模块通过查阅内容索引及其倒排文件来找出哪些页面使用了查询项。这些页面称为相关页面。然后查询模块将相关页面集传送给排名模块。
- **排名模块**。排名模块接收相关页面集，并根据某个判据对其进行排名。输出则是一个网页的有序清单，靠近清单顶部的页面最有可能是用户所希望的页面。排名模块可能是搜索过程最为重要的组件，因为查询模块的输出通常都有太多的（数千）相关页面供用户挑选。该有序清单会将相关度较小的页面过滤到清单底部，

⊖ 主要用于美国国内一系列学生的学习指导，以活页小册子的形式对文学作品或其他作品进行描述和解读。——译者注

使得页面清单对于用户而言更易于处理。（与之对照的，则是传统信息检索的相似性度量通常不能滤除足够多的无关页面。）实际上，这一具有宝贵区分能力的排名，是结合两个分数来得到的，它们分别是**内容评分**（content score）和**欢迎度评分**（popularity score）。有许多规则可用于给相关页面赋予一个相关度或内容分。例如，相比于在网页主体中使用查询词的页面，许多网络引擎对那些在标题或页面描述中使用了查询词的页面赋予了一个更高的内容分[39]。欢迎度评分是本书的重点，它通过对万维网超链接结构的分析而得以确定。内容评分与欢迎度评分共同确定了每个相关页面的**总评分**[30]。然后，由查询模块得到相关的页面集，便按照其总评分的顺序呈现给用户。

第 2 章对除排名组件之外的所有网络搜索过程的组件进行了介绍。排名组件——尤其是欢迎度评分——是本书的主题。第 3 章到第 12 章描述了排名问题，并对推荐的解决方法给出了全面阐述。每一章的内容都在深度和数学方面更进一步。

第 2 章　网络爬行、索引建立和查询处理

网络蜘蛛是构成搜索引擎的积木块。对网络爬虫设计及蜘蛛能力所做出的决策，将会影响到如索引建立模块和查询处理模块等其他模块的设计。

因此在本章中，我们将从爬虫及蜘蛛开始对网络搜索引擎的基本组件进行描述。这里我们有意将排名组件排除在外，因为它是本书的焦点，将在其余章节中加以说明。在 2.1 节中介绍了网络爬虫的目的和面对的挑战，并给出了一个万维网爬行的简单程序。对一个如万维网般庞大的文档集建立索引，带来了一些特殊的存储方面的挑战（2.2 节），同时也使得搜索引擎索引的规模不断增加（请参见第 20 页上的杂谈）。万维网的规模使得查询的实时处理成为了一项惊人的壮举，在 2.3 节中我们描述了使得这一壮举成为可能的结构和机制。

2.1　网络爬行

爬虫模块包括一个短小的软件程序，它指示机器人或者蜘蛛应当如何检索页面以及应当检索哪些页面。爬行模块为蜘蛛提供了一个待访问 URL（Uniform Resource Locator 的缩写，译为统一资源定位符，即网址）的根集合，使之由此开始并跟随这些页面上的链接去找到新的页面。每个爬行程序都必须考虑一些问题，例如，蜘蛛应该造访哪些页面便是其中之一。某些搜索引擎致力于某些专门的搜索，因此，它们会执行专门化的爬行，如仅访问 .gov 页面，或包含图像的页面，或博客文件，等等。例如，伯恩哈德・塞费尔德（Bernhard Seefeld）的搜索引擎 search.ch 就只对瑞士的网页进行访问，并止步于瑞士的地理边界。哪怕是覆盖面最广的搜索引擎，也仅能对整个万维网的一小部分建立索引。因此，爬虫们必须谨慎地选择要前去访问的页面。

爬虫访问某个页面的频率应该有多高？由于万维网是动态的，因此上个月刚爬过的页面，到这个月可能就会包含了不同内容。所以，爬行是一个永不停歇的过程。蜘蛛们精疲力竭地返回来，带回了几个新的页面和许多更新过的页面，而这样做也只不过是为了被立刻指派另一个根 URL 并再次启程。它们的任务无休无止，犹如西绪福斯将球滚上山顶㊀一般。但是，某些页面会比其他页面变化得更为频繁，因此爬虫必须决定需要重新访问哪些页面，重新访问的频率又有多高。某些引擎以一种平等的方式来做出决策，而其他引擎则根据它们所察觉的新近程度或重要性来刷新页面。实际上，某些研究者已经提出了一种爬行策略，它使用了第 3 章和第 4 章中的 PageRank 值来决断哪些页面需要更新[31]。

如何才能以一种合乎道德的方式爬过页面呢？当蜘蛛访问网页时，它将消耗诸如带宽和点击数等属于网页所有者乃至整个因特网的资源。正如那些尽力做到“不留痕迹”的户外活

㊀ 古希腊神话中的一位国王，受众神的惩罚，被判令将一块大石推上陡峭的高山，而当他每次用尽全力即将推到山顶时，大石便会从他手中滑落，而不得不重新再推，永无止境。——译者注

动者一样，有礼貌的蜘蛛们将试图使它们所造成的影响减到最小。“拒绝蜘蛛协议（Robots Exclusion Protocol）”的建立，便是为了给恰当的蜘蛛行为做出定义，并惩处那些令人反感的、无礼的蜘蛛。实际上，网站管理者可以用一个 robots. txt 文件来阻止蜘蛛访问其网站中的某些部分。

多个蜘蛛应如何协调行动以避免重复访问呢？一个爬虫可能会在万维网上释放出多个蜘蛛，希望通过并行式爬行来节省时间和精力。但是，要保证网站不会被访问多次，就需要有一个最优爬行策略，而这需要显著的通信开销。

不管爬行程序是如何考虑这些问题的，蜘蛛总是会带回新页面或刷新过的页面的 URL，它们将会加入或更新搜索引擎的索引。我们将在下一节中特别讨论一种索引，即内容索引。

将站点提交给搜索引擎

正如遭遇海难的漂流者被困在小岛上一般，许多网页制作者担心搜索引擎的蜘蛛会永远也找不到他们的网页。这当然是可能的，而如果网页是关于某个晦涩的话题、只包含很少的内容而且没什么链接指向它的话，就尤其如此。拥有一个新网页的制作者可以通过查看其网络服务器的日志文件来检查是否有诸如 Googlebot 这样的网络蜘蛛访问过他们的站点。大多数搜索引擎都提供了机制来舒缓这些落难的制作者的担忧。例如，谷歌就为制作者们提供了一个网站提交的功能。每个网页制作者都可以将他或她的站点通过一个网络表单（http://www. google. com/addurl. html）进行提交。该表单将把这个站点添加到谷歌的待爬行 URL 列表中。尽管谷歌并未提供是否会或何时爬行到该站点的保证，但该项服务的确对网站制作者和谷歌爬虫两者都有所帮助。差不多所有的主要搜索引擎都提供了“提交你的网站”的功能，尽管某些搜索引擎会要求你付出一小笔费用来换取网站被添加到列表、特色列表或赞助列表之中。

Spidering Hacks

有兴趣自行编写特殊用途爬虫的读者，可能会发现 O'Reilly 出版的 Spidering Hacks[93]一书很有帮助。该书包括了如何训练蜘蛛去做几乎任何事情的 100 个提示和工具。有了这些技巧，你的蜘蛛将能做到更多，而不仅仅是呆坐着，然后翻个身，然后继续装死：它可以去找到关于某个演员的新闻报道，检索股票报价，运作一个邮件讨论群，或者发现当前万维网上话题的流行趋势。

MATLAB 爬虫的 m 文件

在得到克里夫·莫勒尔（Cleve Moler）的允许之后，我们将在此展示他的 MATLAB 蜘蛛的五脏六腑。如果你是一名程序员或充满好奇心的读者，而且不会见到蜘蛛或 MATLAB 代码就大吐不止的话，那就请安心地详加剖析吧。至于那些对此反胃、讨厌代码的读者，则应该向下跳到 2.2 节。

MATLAB 6.5 或更高版本中包括了两条命令：urlread 和 urlwrite，这两条命令使我们能写出简单的 m 文件以进行万维网上的爬行。以下的 m 文件 surfer. m 从一个 root 页面开始网络爬行，并一直继续直到爬过了 n 个页面。该程序将生成两个输出，即 n 个爬过的页面的 URL 列表 U，和一个包括了这 n 个页面的链接结构的稀疏二值邻接矩阵（adjacency matrix）L。（这个 L 矩阵与第 4 章中的 PageRank 矩阵 $\boldsymbol{H}$ 有关。）接着就可以用 urlwrite 命令将每个所得的 URL 的内容存入一个文件，之后该文件将被送至搜索引擎的索引建立模块进行压缩。（该 m 文件可从克里夫的著作《MATLAB 数值计算》（Numerical Computing with MATLAB）[132] 的网站 http://www. mathworks. com/moler/ncmfilelist. html 上下载。）

```
function [U, L] =surface (root, n);

%   SURFER  函数用来生成一部分万维网的邻接矩阵。
%   [U, L] =surfer(root, n)由 URL root (根地址) 开始，并跟随网络链接行进，
    直至得到一个 n 乘 n 阶的链接的邻接矩阵。输出结果 U 是一个访问过的 URL 的单元
    数组，而 L 是一个稀疏矩阵，如果 url(i) 链接到了 url(j)，则 L(i, j) =1。
%   例：[U, L]  =surfer ('http: //www. ncsu. edu', 500);
%   该函数目前有两个缺陷。(1) 寻找链接的算法十分简单。我们仅仅是查找字符串
    'http: '; (2) 由于试图由一个可访问但速度非常慢的 URL 读取数据，因此函数可
    能需要不可接受的长时间才能结束。在某些情况下，可能必须依靠操作系统来终止
    MATLAB。这些 URL 中的关键词可以被添加到 surfer. m 中的 skip 列表中。
%   初始化
U =cell (n, 1);
hash =zeros (n, 1);
L =logical (sparse (n, n));
m =1;
U (m)  =root;
hash (m)  =hashfun (root);

for j =1: n
    % 尝试打开一个网页
```

```
try
   disp（['open'num2str(j)''U{j}])
   page=urlread(U{j});
catch
   disp（['fail'num2str(j)''U{j}])
   continue
end
% 跟随当前打开页面中的链接。
for f=findstr('http:', page);
   % 链接以'http:'开始，并以下一个双引号结束。
   e=min(findstr('''', page(f:end)));
   if isempty(e), continue, end
   url=deblank(page(f:f+e-2));
   url(url<'')='!';% Nonprintable characters
   if url(end)=='/', url(end)=[]; end
   % 找出应当忽略的链接。
   skips={'.gif', '.jpg', '.pdf', '.css', 'lmscadsi', 'cybernet',...
          'search.cgi', '.ram', 'www.w3.org',...
          'scripts', 'netscape', 'shockwave', 'webex', 'fansonly'};
   skip=any(url=='!') | any(url=='?');
   k=0;
   while ~skip&(k<length(skips))
      k=k+1;
      skip=~isempty(findstr(url, skips{k}));
   end
   if skip
      if isempty(findstr(url, '.gif'))&...
         isempty(findstr(url, '.jpg'))
           disp(['    skip'url])
      end
      continue
   end
   % 检查该页面是否已在url列表中。
   i=0;
   for k=find(hash(i:m)==hashfun(url))';
      if isequal(U{k}, url)
         i=k;
         break
      end
   end
   % 如果url的数量小于n，则将新的url添加到图中。
   if (i==0) & (m<n)
      m=m+1;
      U{m}=url;
      hash(m)=hashfun(url);
      i=m;
   end
   % 增加一个新的链接。
```

```
        if  i>0
            disp ( ['    link ' int2str (i) ' ' url])
            L (i, j) =1;
        end
    end
end
% ------------------------
function h=hashfun (url)
%   为已访问过的页面提供几乎唯一的数字哈希码。
h=length (url) +1024* sum (url);
```

2.2 内容索引

蜘蛛所带回的每个新的或刷新过的页面都将被送至索引建立模块，在此，程序将分析页面内容并抽取有价值的信息，从而仅将页面中最为关键的核心部分传给适当的索引。有价值的信息存在于标题（title）、描述（description）和**锚文本**（anchor text）之中，此外还有粗体显示的项、大字体显示的项和超链接等。重要索引之一就是内容索引，它以压缩的形式储存了每个页面的文本信息。用于存放这一压缩信息的倒排文件类似于书后的索引。在每个项的后面是一个列表，其中记录了所有出现该项的位置。在最简单的情况下，这个位置就是页面编号。一个倒排文件看起来可能是下面的样子：

- 项 1（aardvark）-3，117，3961
  ⋮
- 项 10（aztec）-3，15，19，101，673，1199
- 项 11（baby）-3，31，56，94，673，909，11114，253791
  ⋮
- 项 m（zymurgy）-1159223

这意味着项 1 被页面 3、117 和 3961 所使用。显然，倒排文件的一个优点，就是它能成为一个快速查找表。对项 11 的查询，可以由查阅项 11 的倒排列表开始。

作为传统信息检索主要组成部分的简单倒排文件[147]，的确在网络文档集上提出了一些挑战。由于使用了多语言项、词组和固有名词，项的数量 m 以及随之而来的文件大小变得非常之大。同样，使用如天气或体育这样的流行而且涵盖范围又很广的项的页面数量也很大。因此，在这些项后面的页面编号的数量很大，需要消耗大量存储空间。此外，页面编号通常不是为每个项所保存的唯一描述符，关于这一点可参见 2.3 节。诸如该项在页面中的位置（标题、描述或页面体）和该项的外观（加粗、大字体或锚文本）等其他描述符也将存放在对应项的后面。为了帮助搜索引擎检索相关文档，可能会使用任意数量的描述符。此外，当页面内容发生改变时，它们在倒排文件中的压缩表达也必须改变。因此，如何设计高效更新索引的方法就成为了一个活跃的研究领域。最后，这一极为庞大的倒排文件必须存放于一个分布式架构中，这意味着我们必须设计最优的分划策略。

杂谈：索引之战

即便拥有了一个更大些的已访问网页的索引，这也并不一定就使一个搜索引擎胜过另一个搜索引擎，但“更大的”搜索引擎的确更有机会返回一个更长的相关结果列表，特别是对不常见的查询尤其如此。因此，搜索引擎在不断地争夺“世界最大索引”的称号。《搜索引擎大摊牌》（The Search Engine Showdown）或《搜索引擎观察》（Search Engine Watch）的报道者们对于记录这场索引战争中的不断变化的领先者可谓乐此不疲。图 2.1 显示了各搜索引擎自行报道的搜索引擎大小随时间的变化曲线。

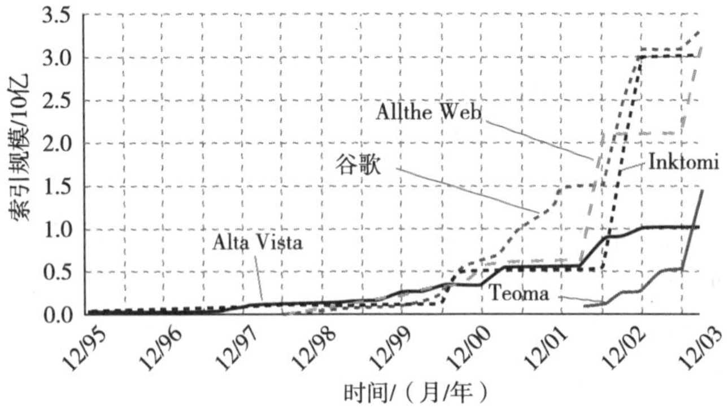

图 2.1　主要搜索引擎的索引增长

谷歌得名自一部关于 googol 即 10^{100} 的戏剧。它于 1998 年进入了搜索市场并立即开始成长，随即便将 AltaVista 赶下了宝座并获得了世界最大索引的称号。在 2002 年，AlltheWeb 声称它达到了具有标志意义的 20 亿的规模，并从谷歌手中夺取了这一头衔。而谷歌又很快对 30 亿个网页建立了索引，并重夺领先位置。AlltheWeb 和 Inktomi 很快也增加了索引并增长到了同样规模。而在 2002 年早些时候，首次露面的搜索领域的后起之秀 Teoma 却一直都在稳定地增加其索引规模。网络搜索引擎使用精巧的方法、结构和机器来储存它们那庞大的索引。实际上，在 2003 年，谷歌使用了一个超过 15 000 台计算机的网络来存放索引[19]，这一索引在 2004 年 11 月由 43 亿网页激增至 81 亿网页。如今所用的服务器数量至少还要高一个数量级。图 2.2 展示了位于加州山景城谷歌总部（Googleplex Mountain View）的服务器系统的一部分。看看将硬盘驱动器和冷却系统放置在由乐高积木（Lego）所搭起的一个橱柜中的早期服务器图片（http://www-db.stanford.edu/pub/voy/museum/pictures/display/0-4-Google.htm），对谷歌历史着迷的读者们就能够看出谷歌服务器系统的巨大变化。

图 2.2　谷歌服务器

蒂莫西·阿奇博德（Timothy Archibald）版权所有，2006

因特网档案馆计划

在 1996 年，一个称为因特网档案馆（Internet Archive）的非营利性组织担负起了一项艰巨的任务，即将万维网的内容——网页、图像、视频文件、音频文件等一一加以存档。这一计划将把那些旧版本的网页、现在已经消失的网页以及现有的网页都进行存档。例如，如果想看看作家卡尔·梅耶（Carl Meyer）个人主页的先前版本，就可以连上因特网档案的“网页时光旅行机”（Wayback Machine）（http://web.archive.org/）。输入卡尔当前主页的网址 http://meyer.math.ncsu.edu/，网页时光旅行机将返回存档的各个版本以及页面的更新日期。对档案馆站点的一个临时性补充是安娜·帕特森（Anna Patterson）的“追忆”（Recall）搜索引擎测试版。由于该引擎被设计用于对存档进行搜索，因此它具有一些新特性，如检索项相关性随时间变化的时序图等。（也许这些特性将会成为主流引擎的普通功能，因为帕特森现在正在为谷歌工作。）因特网档案馆的一个目的是保证外围网页上的信息不会被永远丢失掉，因为在这些页面中存在着有价值的趋势和文化遗留。档案馆还使我们能系统地跟踪万维网的演化。当然，随着因特网档案馆计划的不断发展并获得资助，它将不可避免地获得无可争议的索引之王的称号，并保有世界上最大的文档集。

2.3　查询处理

不同于爬虫和索引建立模块，搜索引擎查询模块的操作依赖于用户。查询模块必须实时处理用户的查询，并在若干毫秒的时间内返回结果。在 2003 年 1 月，谷歌称它每天都为2.5 亿搜索者提供服务，而 Overture 和 Inktomi 各自服务了 1.67 亿和8 千万用户[156]。谷歌喜欢将其处理时间保持在半秒钟以下。为了如此迅速地处理一个查询，查询模块需要访问预先计算好的索引，如内容索引和结构索引。

考虑使用如下由 2.2 节复制过来的倒排文件的例子。

- 项 1（aardvark）-3，117，3961

  ⋮
- 项 10（aztec）-3，15，19，101，673，1199
- 项 11（baby）-3，31，56，94，673，909，11114，253791

  ⋮
- 项 m（zymurgy）-1159223

假设用户输入了一个不大常见的查询 aztec baby，搜索引擎将假设这两项是通过布尔“与”结合的。之后，查询模块将查阅项 10aztec 和项 11baby 的倒排列表。“切题”或相关

的结果网页集合为 {3，673}，因为这些网页同时使用了以上两个查询项。许多传统搜索引擎做到这里就会宣告结束，并将该列表返回给用户。但是，在庞大的网络文档集中进行常见的查询时，这一相关网页的结果集合可能会十分巨大，甚至会包含数以十万计的网页。因此，需要对这个集合中的网页进行排名，使得检索所得的网页列表更易于处理。所以查询模块将相关网页列表传给排名模块，而后者将产生一个网页列表，其中的网页按最相关到最不相关的顺序排序。排名模块通过访问预先计算好的索引在查询期间产生排名。在第 1 章中，我们曾提及搜索引擎将相关网页的内容得分和欢迎度得分结合起来，以产生每个网页的总评分。相关网页就是按其总评分排序的。

我们用一个例子来说明内容得分的产生，以及倒排文件如何能被扩充来包含更多的信息。假设文档 94 的作者对该页面进行了更新，从而也包含了有关项 10（aztec）的信息。这意味着我们的倒排文件也必须相应更新，并将文档编号 94 加入到项 10 后面的页面列表中。但是，现在我们决定还要同时保存如下的三个附加信息而非仅仅是文档编号。首先，我们要记录当前所考虑的项（aztec）是否出现于标题中；其次，我们要记录项出现于（或未出现于）描述元标签中的情况；最后，我们要记录该项在页面中出现的次数。一种记录以上信息的方式是在页面 94 的文档编号之后添加如下的向量：

项 10（aztec）-3，15，19，94 [1，0，7]，101，673，1199。

在向量 [1，0，7] 中，1 意味着项 10 在页面 94 的标题中出现了，0 意味着项 10 并未在页面 94 的描述标签中出现，而 7 意味着项 10 在页面 94 中出现了 7 次。对倒排文件中的每个元素，都必须添加类似的信息，即对于每一项，在每个页面代码后面都必须插入一个三维向量。尽管如此一来，索引建立模块必须要完成更多的工作，而且内容索引也需要更多的存储空间，但这些附加的内容信息却能使搜索引擎对查询的处理得到极大改善，而这一点是通过为相关页面集——在本例中为 {3，94，673} ——中的每个页面产生一个内容得分来做到的。在查询期间，查询模块查阅倒排文件，对相关集中的每个文档，取出文档编号以及附加的三维向量，假设在本例中结果为：

项 10（aztec）-3 [1，1，27]，94 [1，0，7]，673 [0，0，3]，
项 11（baby）-3 [1，1，10]，94 [0，0，5]，673 [1，1，14]。

现在便可以使用启发式方法或规则来确定文档 3、94 和 673 的内容评分。一种基本的启发式方法是将项 10/页面 3 的三维向量的元素之和，乘以项 11/页面 3 的三维向量的元素之和。按此方式，三个相关页面的内容得分分别为：

内容得分（页面 3） = （1 +1 +27） × （1 +1 +10） =348，
内容得分（页面 94） = （1 +0 +7） × （0 +0 +5） =40，
内容得分（页面 673） = （0 +0 +3） × （1 +1 +14） =48。

有多种不同方案可以利用许多其他的因子来构成内容评分[30]。

内容得分仅由内容索引及其倒排文件便能计算得到，且与查询相关。另一方面，欢迎度得分则仅由结构索引便能计算得到，而且一般是查询无关的。本书的剩余部分均集中于欢迎度得分，因此我们将对欢迎度得分的描述与计算都加以推后。目前我们仅仅指出，万维网上的每个页面都有一个欢迎度得分，它独立于用户的查询，且给出了页面在搜索引擎的整个页面索引中的一个全局性欢迎度。然后这个欢迎度评分与内容评分——比方说通过相乘——而结合，来给出对给定查询的每个相关页面的一个总评分。

坎贝尔大法官关于索引的动议

约翰·坎贝尔（John Campbell，1799—1861）是一名苏格兰律师和政治家，他在 1859 年成为了大不列颠大法官。在其著作《首席大法官生平》（Lives of the Chief Justices）[45]第 3 卷的序言中，坎贝尔大法官写道：

“我认为给每一本书都赋以一个索引极为重要，因此这促使我提议向国会提交一份法案，以剥夺出版没有附加索引的著作的作者所享有的版权，而且更进一步地，要因为他的违法行为而对其课以罚金。”

不幸的是，他的法案从未颁布过，这可能是由于国会议员及其选民希望逃避创建一个好的索引所需要承担的责任和工作。

网络团体和对网页建立索引的组织或个人也已经提出了与坎贝尔大法官类似的诉求。万维网联盟（World Wide Web Consortium，W3C）已经在推进 HTML 文档的更为严格的结构（例如 XML 文档和 RSS 代码等），以允许搜索引擎的索引者能更为精确、迅速地从文档中抽取关键性元素。另一方面，没有统一构架这一点，却已被普遍认同为万维网力量的一个来源，而且这也是万维网众多创造性用法的主要贡献者。在一次确定统一结构与自由之间均衡原则的尝试中，美国前总统比尔·克林顿（Bill Clinton）签署了《全球电子商务框架》（Framework for Global Electronic Commerce），提倡对网络立法和规范采取一种自由放任的态度。

第3章　通过欢迎度对网页排名

没有人希望在体育课上被最后一个挑选入队。同样，没有人希望他们的网页只能出现在搜索查询相关页面列表的最后面。因此，许多成年人便将高中时代的那个成为“最受欢迎的人”的愿望转移到了他们的网页之上。本书的剩余部分所讲述的，正是搜索引擎如何对网页进行的欢迎度的比较，其中将特别讲述欢迎度评分的知识，这个评分与2.3节中所述的传统的内容评分相结合，便能根据相关性来对检索得到的页面进行排名。到了1998年的时候，传统的内容评分在万维网的巨大规模以及垃圾信息制造者的夺命之扼下已经奄奄一息。正是在1998年，欢迎度评分向内容评分伸出了援救之手。欢迎度评分成为了内容评分的一个关键补充，并为搜索引擎提供了各类查询的令人诧异的准确结果。也称为重要性评分的欢迎度评分，充分利用了由万维网的超链接结构所构成的规模巨大的图中的信息。因此，利用万维网超链接结构的模型被称为链接分析模型。这些链接分析模型所带来的影响确实令人惊叹。自1998年以来，对网络搜索引擎的使用急速增长。实际上，由Websense公司在2004年4月进行的一项调查发现，半数的作答者在他们已经习以为常的早咖啡和上网之间，宁可牺牲掉前者。之所以如此的原因在于，现在的搜索工具能在仅仅几秒的时间内就能为用户的查询（这些查询涵盖了从出于娱乐目的的图片、言论和好管闲事的业余侦探式的搜索，到更为严肃的学术研究论文与获得专利发明的搜索的广泛话题）做出答复，而仅仅在10年之前，这还是不可能做到的。在本章中，我们将介绍经典链接分析系统PageRank[40]和HITS[106]背后的直观思路。

3.1　1998年的情景

对于链接分析模型而言，1998年是个忙碌的年头。在硅谷的IBM阿尔马登（IBM Almaden）研究中心，一位名为乔恩·克莱因伯格（Jon Kleinberg）、现为康奈尔大学教授的年轻科学家，正致力于一项名为HITS（Hypertext Induced Topic Search，超文本归纳主题搜索）的万维网搜索引擎项目。他的算法使用了万维网的超链接结构来改进搜索引擎所得的结果。在当时，这是一个具有创新性的想法，因为那时大多数搜索引擎仅仅使用了文本内容返回相关文档。在1998年1月召开于加州旧金山的第9届ACM-SIAM离散算法专题研讨年会上，他发表了这项在1年之前开始于IBM的工作[106]。

克莱因伯格

在离他很近的斯坦福大学里，两名计算机科学专业的博士生也在一项名为PageRank的类似项目上熬夜奋战着。谢尔盖·布林（Sergey Brin）和拉里·佩奇（Larry Page）自1995年以来就一直在他们的万维网搜索引擎上进行合作。对这两位科学家而言，到1998年，事业就的确开始加速发展了。他们以自己的宿舍作为办公室并从这里起家，最终成为业界巨人谷歌。1998 年 8 月，布林（右）和佩奇（左）都从斯坦福休学，以便全力投身于他们不断增长的业务之上。在澳大利亚布里斯班召开的第 7 届国际万维网大会（WWW98）上的论文宣读中，他们的论文《大规模超文本网页搜索引擎分析》（The anatomy of a large-scale hypertextual Web search engine）[39] 在信息科学圈内激起了小小的涟漪，而这涟漪很快就变成了滔天巨浪。尽管 HITS 和 PageRank 的发现在地域上和时间上都十分接近，但看起来它们是各自独立发展起来的。这两个模型之间的联系令人吃惊（见[110]），但尽管如此，在这个多事之秋，PageRank 就是以其占据主导地位的链接分析模型的面貌而出现的，这部分是由于其查询无关的特性（见 3.3 节）、对垃圾信息具有的几乎完全的免疫力以及谷歌巨大的商业成功所致。克莱因伯格这时也已经逐渐赢得了创新性学者的名声，而且不像布林和佩奇，他并未试图将 HITS 发展成为一家公司。不过，后来的企业家们却这么试着去做了，并因此而赋予了 HITS 那迟到但却应得的商业成功。搜索引擎 Teoma 的技术基础就是 HITS 算法的一个扩展[150]。顺带提一下，谷歌使布林和佩奇一直保持着广为人知的忙碌和富有，使他们仍然足以维持着在斯坦福休学的状态，而且也使得他们在 2004 年 6 月 28 日出版的《人物》（People）中的 50 位最炙手可热的单身汉名单中首次露面。

佩奇和布林

3.2 两篇论文

在本节中，我们将介绍构成 PageRank 和 HITS 基础的那两篇论文。在继续介绍之前，我们需要将万维网定义为一个图。万维网的**超链接**（hyperlink）结构形成了一个巨大的有向图。图中的结点代表网页，而有向弧或连接表示超链接。因此，称为**入链**（inlink）的连入某页面的超链接指向结点，而**出链**（outlink）则由结点所指出。图 3.1 显示了一个非常小的人造文档集，它由 6 个网页构成。

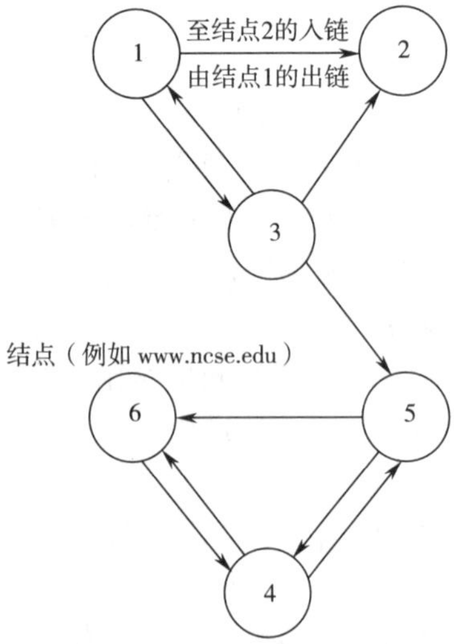

图 3.1　由 6 个网页构成的网络有向图

网络图的图谱

巨大的网络图和图 3.1 中那清晰明了的微型图之间几乎没有多少相似之处。万维网的结点和弧构成了一个纷乱杂陈的乱摊子，想要从中理清头绪并以能够吸引注意力的同时又以有意义的方式来加以呈现的话，这个图简直令人头痛欲裂。幸运的是，许多研究者已经在这些方面取得了若干成功。《网络空间图谱》（The Atlas of Cyberspace）[62] 给出了 300 余幅五彩缤纷、蕴含丰富信息的网络活动的图谱。我们获允在此展示一幅超链接图它是斯坦福大学塔玛拉・明茨纳（Tamara Munzner）的毕业作品。她用三维双曲空间产生出了图 3.2 左边的图。玄英（Young Hyun）㊀ 在其 Java 程序 Walrus 中实现了明茨纳的思路（尽管这个软件画出来的图看起来更像是水母）。图 3.2 中的右侧是玄英所作的一幅具有 535 102 个结点和 601 678 条链接的图谱。

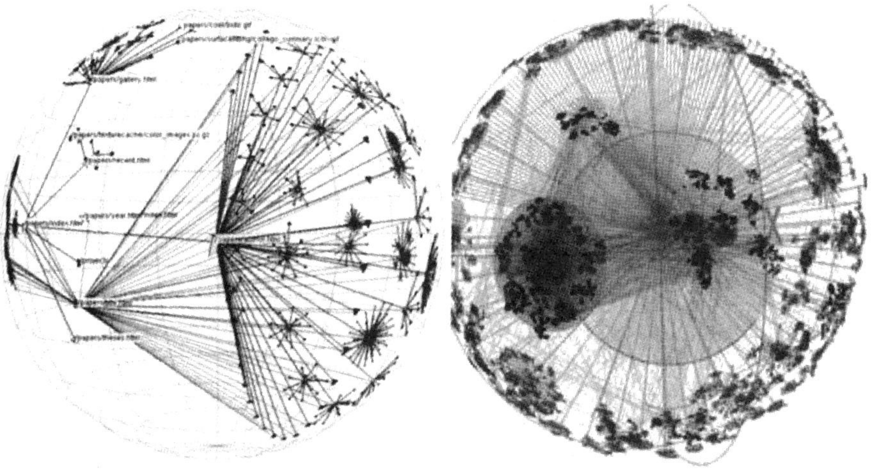

图 3.2　明茨纳和玄英制作的一个万维网子集的图谱

3.2.1　PageRank

在 1998 年之前，网络图在很大程度上仍是一个未得到开发的信息资源。虽然如克莱因伯格以及布林和佩奇这样的研究者们已经认识到了这个图的潜能，但大多数人还搞不清网络图到底与搜索引擎的结果有什么关系。我们可以将超链接视为一种推荐来理解这两者之间的联系。由我的主页指向你的主页的超链接，就是我对你的主页的一种认可。因此，具有更多推荐（由入链所体现）的页面肯定比只具有少数入链的页面要更为重要。但是，类似于诸如文献引用或举荐信等其他推荐系统，推荐者本身的地位也同样重要。例如，唐纳德・特朗普（Donald Trump）的个人推荐可能在应征职位时比 20 个毫不出名的教师或同事的 20 封推荐信更加管用。但另一方面，如果面试官知道唐纳德・特朗普在夸赞雇员

㊀　按英文音译。——译者注

方面相当随意而慷慨，而且他（或他的秘书）这辈子已经写了超过 40 000 封推荐信的话，那么他的推荐的权重就会猛然下降了。因此，那些几乎不加区分地进行推荐的推荐者，他所具有的代表其地位的权重必须被调低。实际上，每个推荐的权重都应当由该推荐者所作出的推荐的总数加以调节。

事实上，这正是谷歌 PageRank 欢迎度评分的运作方式。这一 PageRank 评分十分有名，甚至可以说是恶名远扬（请见第 52 页和第 112 页上的杂谈）。关于这个问题已经货真价实地发表了数百篇文章，而在关注于 PageRank 的方法论、机制和计算的众多出版物中，本书无疑是最早者之一。在后续的章节中，我们将揭示使得 PageRank 如此流行的众多原因，但研究 PageRank 评分的最具说服力的理由之一，则是谷歌自己已经承认了 PageRank 对谷歌那相当成功的技术所具有的影响。据谷歌网站（http://www.google.com/technology/index.html）所言，“（谷歌）软件的心脏就是 PageRank……（它）仍然在为（我们）所有的网络搜索工具提供着基础。”

简短来说，**PageRank 的论点就是，如果一个网页被其他重要的页面所指向，那它就是重要的**。听起来像是循环定义，不是吗？在第 4 章中我们将看到，这句话可以被形式化为一个美丽而简单的数学公式。

谷歌工具条

两个页面的 PageRank 得分之间的对比，可以反映出这两个页面的相对重要性。但是，谷歌非常谨慎地将页面的确切 PageRank 得分保护在其索引之中，而且它也确实有足够的理由如此行事。（请见第 52 页上的杂谈。）不过谷歌确实十分厚道地提供了一个公开的访问方式，能够获取其 PageRank 评分的一个非常粗略的近似。这些近似值可通过谷歌工具条获得，工具条位于浏览器上，用一个条形图显示了当前页面 PageRank 评分的近似值。所显示的 PageRank 是一个 0 到 10 之间的整数，最重要页面的 PageRank 为 10。工具条将对你所访问的每个页面自动更新显示，因此，它肯定将你正在查看的页面信息发送到了谷歌服务器。谷歌的隐私条款声称，它不会采集可以直接说明你个人身份的信息（例如你的姓名或电子邮件地址），也不会出售任何信息。对那些仍然关心隐私权的人，谷歌允许用户禁用 PageRank 特性，同时仍然保持工具条的其他功能。有一种途径可以不用通过工具条就可以获得近似的 PageRank 评分——访问 http://www.seochat.com/seotools/PageRank-search/，输入一个查询，并观察结果后面的 PageRank 条形图。通过定位到高 PageRank 评分的页面（例如 www.espn.com，其得分为 9/10）和低 PageRank 评分的页面（例如 http://www.csc.ncsu.edu：8080/nsmc2003/，得分为 0/10），读者便能够对 PageRank 有一个直观感受。谷歌主页（www.google.com）的 PageRank 评分为 10 分，这可能是自动设置的。谷歌将那些被识别为垃圾信息制作者所制作的页面的 PageRank 设置为 0[160]，这个值在垃圾信息制作者之间以令人闻风丧胆的 **PR0** 所著称。

3.2.2 HITS

克莱因伯格排名页面的 HITS 方法与 PageRank 非常相似，但它同时使用了入链和出链来为每个页面产生两个欢迎度评分。HITS 定义了枢纽（hub）和权威（authority）（见图 3.3）。如果一个页面包含了许多出链，即从某些方面而言类似于一个航空枢纽，那它就被认为是一个枢纽网页。权威一词也同样具有描述性，如果一个页面有许多入链，就称之为一个权威网页。当然，一个网页可以既是枢纽又是权威，正如亚特兰大哈兹菲尔德-杰克逊（Hartsfield-Jackson）机场每小时都有许多入港和出港的航班一样。因此，HITS 给每个页面赋予了一个枢纽评分和一个权威评分。非常类似于 PageRank 的单一循环命题，HITS 有一对相互依赖的循环命题：**如果一个页面指向好的权威网页，那它就是一个好的枢纽网页（从而配得上一个高的枢纽评分）；而如果一个网页被好的枢纽网页所指向，那它就是个好的权威网页**。如同 PageRank 一样，由这些循环定义可以得到简单的数学公式。读者要等到第 11 章才会看到 HITS 的细节。尽管 HITS 建立于 1997—1998 年间，但却直到 2001 年才被结合到一个商业搜索引擎之中，到那时，搜索领域的新手 Teoma 将用它作为技术核心[150]。在 www. teoma. com 上试试 Teoma，并请注意作为“Results”列出的页面对应于 HITS 中的权威网页，而作为“Resources”列出的页面对应于 HITS 中的枢纽网页。

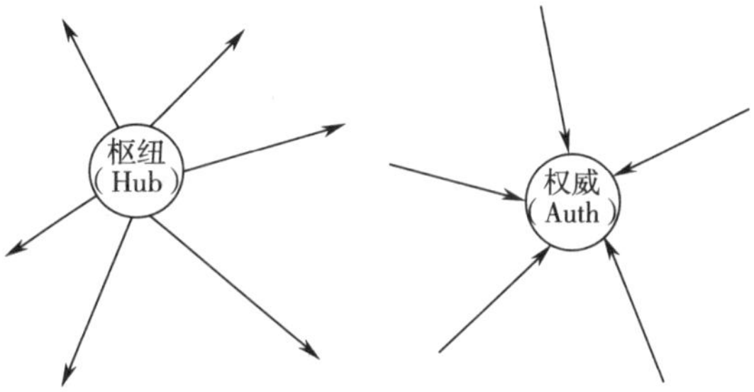

图 3-3　枢纽结点和权威结点

入链特性

当然，每个网页作者都确切地知道他或她的页面中有多少出链，以及这些出链指向何方。但是，获得入链的数量以及连入的页面就不是如此直接了。幸运的是，在第三方服务的帮助下，可以同样容易地发现这些入链信息。例如，谷歌的 link，这个特性可以用来看看有多少以及——如果有的话——有哪些重要的网页指向你的页面。试试在谷歌的输入框中输入 link：http://www4. ncsu. edu：8030/ ~ anlangvi，并请注意指向艾米个人主页的中等大小的入链数。[如果您喜欢这本书以及我们的研究，你可以通过超链接的推荐，来共同提升我们双方的欢迎度评分。我们更喜欢重要页面作者的入链。当然，在这对括号里的注释中，我们只是在开玩笑，但我们的注释却已经预示了某些与链接分析相关的令人兴奋但后果严重的副作用。请见第 43 页和第 52 页上分别与搜索引擎优化（search engine optimization）和链接农场（link farm）有关的杂谈。] 要找到你的页面在其他搜索引擎的索引中有多少入链，请链接 http://www. top25web. com/cgi-bin/linkpop. cgi。该网址还提供了其他工具，如排名报表和 PageRank 评分等，它可以同时给出若干页面的工具条评分。

3.3 查询无关性

现在是时候来强调**查询无关性**这个词了。如果每个页面的欢迎度评分是离线确定的，并且对于无论哪个查询而言（直至下次更新前）均保持恒定，则排名称为查询无关的。这意味着在查询期间，在这样一个哪怕是几毫秒都极为宝贵的时候，我们就根本不需要花费时间来计算相关页面的欢迎度评分，而只要在之前计算好的欢迎度表中“查找”即可。这与 2.3 节中介绍的传统信息检索评分形成了对比，后者是查询相关的。我们将会看到，欢迎度评分系统既有查询无关的，也有查询相关的。这一分类十分重要，因为它即时体现了一个系统的优点和缺点。PageRank 是查询无关的，这意味着它为谷歌索引中的 81 亿个页面中的每一个都给出了网页重要性的全局排名。另一方面，HITS 的原始版本是查询相关的。PageRank 和 HITS 均可被修改为相反的那个类型，详见第 11 章。

谁链接到了谁

有关谁链接到谁的学问已经超越了万维网而延伸到了其他不同的网络，它们被统称为复杂系统。图论技术已被成功用于了解有关网络的有价值的信息，这些网络包括了从艾滋病传播和电力网络到恐怖分子与电子邮件网络等广泛领域。巴拉巴西（Barabasi）近期所著的《链接在一起：网络的新科学》（Linked: The New Science of Networks）[16]对这些复杂系统做出了一个迷人而有趣的介绍。

第 4 章　谷歌 PageRank 的数学

著名而又性格鲜明的数学家保罗·厄尔多希（Paul Erdos，1913—1996）曾谈到过一本虚构的所谓《天书》（The Great Book）。他想象上帝在这本书中保留了世上最为优雅和美丽的证明。2002 年，伦敦科学博物馆（Science Museum）的格雷厄姆·法米罗（Graham Farmelo）编辑了一本类似的书，并亲自撰写了其中的部分内容，这是一本记录着美丽方程式的书。《必定美丽：现代科学中的伟大方程》（It Must Be Beautiful：Great Equations of Modern Science）[73] 是由 11 篇有关最伟大的科学方程——如 $E = hf$ 和 $E = mc^2$——的短文所组成的文集。该书的作者们被请来就一个棘手的问题给出各自的答案，即什么因素使得一个方程得以成为伟大的方程？作者之一的弗兰克·维尔泽克（Frank Wilczek）在回答中引述了海因里希·赫兹（Heinrich Hertz）就麦克斯韦方程所做的评论：

“我们无法摆脱这样的感觉，即这些数学公式中有着一种独立的存在，有着一种它们自身的智慧，它们比我们——即它们的发现者们——更为聪明，与我们最初所赋予它们的含义相比，我们能从中得到的东西还要更多。”

尽管我们并非在暗示本章给出的 PageRank 公式

$$\boldsymbol{\pi}^{\mathrm{T}} = \boldsymbol{\pi}^{\mathrm{T}}[\alpha \boldsymbol{S} + (1 - \alpha)\boldsymbol{E}]。$$

这个公式如果出现在了法米罗的书中则会拥有一个堪与爱因斯坦相对论相比肩的位置，但我们的确认为赫兹的话恰如其分。从以上那个简单的 PageRank 公式，我们可以得到许多好处——反正谷歌是肯定获得了好处的。都说情人眼里出西施，因此我们想让您自行决定 PageRank 公式是否配得上**美丽**这个形容词。我们希望下面的几章能使您确信，它可能确实是配得上的。

在第 3 章，我们用普通语言给出了 PageRank 的立论点：如果一个页面被其他重要页面所指向，那它就是重要的。现在是时候将这些语句翻译为数学方程了。通过这个翻译，我们将看到，PageRank 的重要性评分实际上就是一个巨大的马尔可夫链（Markov chain）的稳态值，并且马尔可夫理论据此解释了谷歌所用的简单的 PageRank 模型的许多有趣性质。

本章是书中出现的首个关于数学的章节。在每一章中所使用的众多数学术语均会在“数学指南”（第 15 章）中进行解释。由于出现于“数学指南”中的术语是在贯穿全书的过程中引入的，因此我们用楷体来显示这些词，以提醒您可以在第 15 章中找到其定义及更多内容。

4.1 PageRank 的原始求和公式

PageRank 的发明者布林和佩奇[㊀]以一个简单的求和公式作为入手点。该公式的根源实际上来自于文献研究，即学术论文引用结构的分析。某个页面 P_i 的 PageRank 记为 $r(P_i)$，它是所有指向 P_i 的页面的 PageRank 之和。

$$r(P_i)=\sum_{P_j\in B_{P_i}}\frac{r(P_j)}{|P_j|}。\qquad(4.1.1)$$

式中，B_{P_i}为指向 P_i 的页面集合（用布林和佩奇的话来说，就是回连至 B_{P_i}），而$|P_j|$是由 P_j 发出的出链数量。请注意，在方程（4.1.1）中，入链页面的 PageRank $r(P_j)$ 被 P_j 所做的推荐的数量$|P_j|$加以调整。方程（4.1.1）的问题在于，入链至页面 P_i 的那些页面的 PageRank 值 r（P_j）是未知的。布林和佩奇使用迭代过程来绕开这个问题，即假设在开始时，所有页面都具有相等的 PageRank 值（即 $1/n$，其中 n 为谷歌的万维网索引中页面的数量）。现在就可以根据方程（4.1.1）来计算索引中每个页面 P_i 的 r（P_i）值了。连续应用方程（4.1.1），将前一次循环中的值代入 r（P_j）。为了定义这一迭代过程，我们将引入更多的记号。令 r_{k+1}（P_i）为页面 P_i 在第 $k+1$ 次循环时的 PageRank，则

$$r_{k+1}(P_i)=\sum_{P_j\in B_{P_i}}\frac{r_k(P_j)}{|P_j|}。\qquad(4.1.2)$$

这一过程从所有页面 P_i 均具有 r_0（P_i）$=1/n$ 开始，并一直重复进行，直到 PageRank 评分最终收敛到某些稳定值。如果将方程（4.1.2）应用于图 4.1 中的微型网络，就会在几个循环之后给出如表 4.1 所示的 PageRank 值。

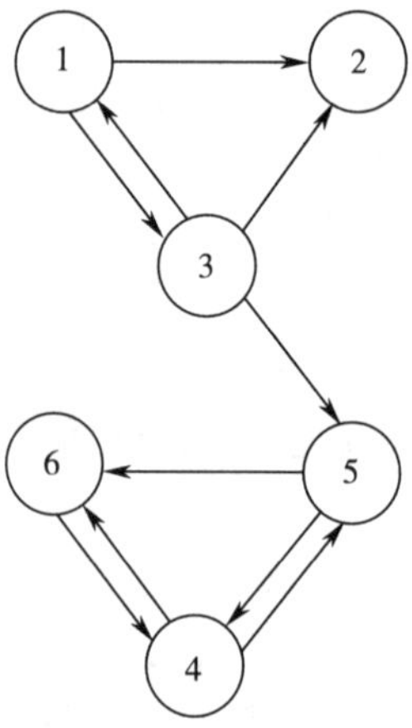

图 4.1 具有 6 个页面的网络有向图

㊀ PageRank 的专利于 1998 年由拉里·佩奇申请，并于 2001 年得到授权（美国专利 6285999 号），因此 PageRank 一语双关，既指网页的排名，又暗指了其发明者之一的佩奇。

表 4.1　在图 4.1 上应用式（4.1.2）的最初几次循环结果

迭代 0	迭代 1	迭代 2	迭代 2 时的排名
$r_0(P_1)=1/6$	$r_1(P_1)=1/18$	$r_2(P_1)=1/36$	5
$r_0(P_2)=1/6$	$r_1(P_2)=5/36$	$r_2(P_2)=1/18$	4
$r_0(P_3)=1/6$	$r_1(P_3)=1/12$	$r_2(P_3)=1/36$	5
$r_0(P_4)=1/6$	$r_1(P_4)=1/4$	$r_2(P_4)=17/72$	1
$r_0(P_5)=1/6$	$r_1(P_5)=5/36$	$r_2(P_5)=11/72$	3
$r_0(P_6)=1/6$	$r_1(P_6)=1/6$	$r_2(P_6)=14/72$	2

4.2　求和方程的矩阵表示

方程（4.1.1）和方程（4.1.2）每次都要计算一个页面的 PageRank。利用**矩阵**，我们可以将冗长的求和符号∑给替换掉，并且在每次循环时计算一个 PageRank 向量，它用单一的 $1\times n$ 阶向量来保留索引中所有页面的 PageRank 值。为了做到这一点，我们引入一个 $n\times n$ 阶的矩阵 $\boldsymbol{H}$ 和一个 $1\times n$ 阶的行向量 $\boldsymbol{\pi}^{\mathrm{T}}$。矩阵 $\boldsymbol{H}$ 是一个行归一化（row normalized）的**超链接矩阵**（hyperlink matrix），如果从结点 i 到结点 j 存在一条链接，则 $\boldsymbol{H}_{ij}=1/|P_i|$，否则为 0。尽管 $\boldsymbol{H}$ 有着与图的二值**邻接矩阵**（在第 17 页上的 MATLAB 爬虫的 m 文件中称为 L）相同的非零结构，但它的非零元素却表示概率。再次考虑图 4.1 中的微型网络图。

该图的 $\boldsymbol{H}$ 矩阵为

$$\boldsymbol{H}=\begin{matrix} & \begin{matrix} P_1 & P_2 & P_3 & P_4 & P_5 & P_6 \end{matrix} \\ \begin{matrix} P_1 \\ P_2 \\ P_3 \\ P_4 \\ P_5 \\ P_6 \end{matrix} & \begin{pmatrix} 0 & 1/2 & 1/2 & 0 & 0 & 0 \\ 0 & 0 & 0 & 0 & 0 & 0 \\ 1/3 & 1/3 & 0 & 0 & 1/3 & 0 \\ 0 & 0 & 0 & 0 & 1/2 & 1/2 \\ 0 & 0 & 0 & 1/2 & 0 & 1/2 \\ 0 & 0 & 0 & 1 & 0 & 0 \end{pmatrix} \end{matrix}。$$

第 i 行的非零元素对应于页面 i 的出链，而第 i 列的非零元素对应于页面 i 的入链。我们现在引入一个行向量 $\boldsymbol{\pi}^{(k)\mathrm{T}}$，它表示在第 k 次循环时的 PageRank 向量。使用这一矩阵表示，方程（4.1.2）可以简洁地写为

$$\boldsymbol{\pi}^{(k+1)\mathrm{T}}=\boldsymbol{\pi}^{(k)\mathrm{T}}\boldsymbol{H}。\tag{4.2.1}$$

如果喜欢的话，可以用图 4.1 的例子来验证方程（4.2.1）给出的迭代结果和方程（4.1.2）给出的结果是否一致。

矩阵方程（4.2.1）给出了若干直接的结论。

（1）方程（4.2.1）的每次循环都需要进行一次向量-矩阵乘法，这通常需要 $O(n^2)$ **次计算**，其中 n 为方阵 $\boldsymbol{H}$ 的大小。

（2）$\boldsymbol{H}$ 是一个非常**稀疏**的矩阵（其很大一部分元素值均为 0），因为大多数网页仅仅连向少数几个其他网页。我们十分乐于处理如图 4.2 所示的稀疏矩阵。这么做是出于如下几个原因：首先，它们只需要最少的存储空间，因为存在着多种稀疏存储方案，可以仅保存矩

阵中非零元素的值及其位置[145]；其次，稀疏矩阵的向量-矩阵乘法所需要的计算量远少于 $O(n^2)$ 次的稠密计算。实际上，前者只需要 $O(nnz(\boldsymbol{H}))$ 次计算，其中 $nnz(\boldsymbol{H})$ 为 $\boldsymbol{H}$ 中的非零元素的个数。有估计表明，一般的网页约有 10 条出链，这意味着 $\boldsymbol{H}$ 约有 $10n$ 个非零元素，而完全稠密矩阵中则有 n^2 个非零元素。因此，这就意味着方程（4.2.1）的向量-矩阵乘法的计算量将减少到 $O(n)$。

（3）方程（4.2.1）的迭代过程是一个简单的线性平稳过程（linear stationary process），其形式已在大多数数值分析课程中进行过讲述[82,127]。实际上，它就是应用于 $\boldsymbol{H}$ 的经典幂法（power method）。

（4）$\boldsymbol{H}$ 与马尔可夫链的随机转移概率矩阵（stochastic transition probability matrix）看来颇为相似。网络中那些没有出链的悬挂结点（dangling node）将在矩阵中形成所有元素均为 0 的全 0 行；其他所有对应于非悬挂结点的行将产生随机行。因此，称为次随机的（substochastic）。

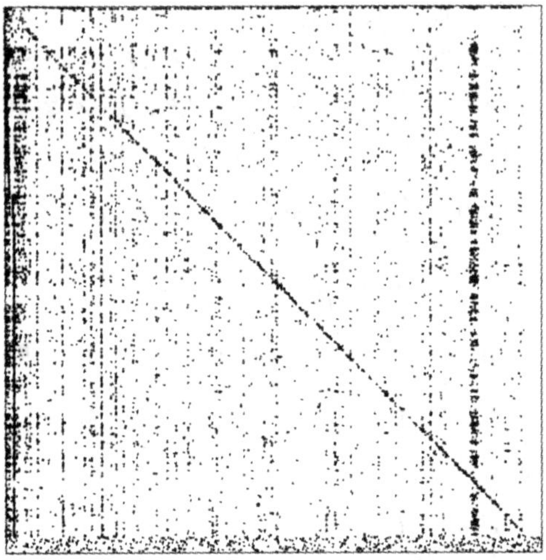

图 4.2　示例随机矩阵（矩阵中的非零元素用黑点表示）

这 4 个结论对于 PageRank 模型的建立和执行具有重要意义，我们将在这一整章中不时回过头再来考察这些结论。现在，我们先多花点时间来考查一下迭代矩阵方程（4.2.1）。

4.3　迭代过程问题

我们的读者——尤其是对数学方面感兴趣的读者——可能会对方程（4.2.1）提出若干问题。例如：

- 这个迭代过程会无限持续下去，还是会收敛？
- 在何种情形下或哪些性质可以保证迭代收敛？

- 迭代是否会收敛到对于 PageRank 问题而言有意义的结果？
- 迭代会收敛到唯一一个向量还是多个向量？
- 收敛是否依赖于初始向量 $\boldsymbol{\pi}^{(0)\mathrm{T}}$？
- 如果迭代最终将会收敛，这个“最终”有多长？即我们能期望经过多少次迭代就能收敛？

我们将在下面几节回答这些问题。但是，我们的答案依赖于布林和佩奇是如何解决他们在方程（4.2.1）中所遇到的某些问题的。

布林和佩奇最初利用 $\boldsymbol{\pi}^{(0)\mathrm{T}} = 1/n\, \boldsymbol{e}^{\mathrm{T}}$ 来开始迭代过程，其中 $\boldsymbol{e}^{\mathrm{T}}$ 是一个所有元素值均为 1 的全 1 行向量。在用这个初始向量来执行方程（4.2.1）时，他们立刻遇到了几个问题。比方说**排名下沉**（rank sink），即那些在各次迭代中累积起越来越多的 PageRank 的页面，它们最终垄断了得分，并拒绝与其他页面分享 PageRank。在图 4.3 的简单例子中，悬挂结点 3 就是一个排名下沉点。在图 4.1 的更为复杂的例子中，结点 4、5 和 6 所形成的团簇将会共同囤积 PageRank。对方程（4.2.1）经过仅仅 13 次迭代后，$\boldsymbol{\pi}^{(13)\mathrm{T}} = (0 \quad 0 \quad 0 \quad 2/3 \quad 1/3 \quad 1/5)$。这一共同行动可能是恶意的，也可能是无心的。（请见第 43 页和第 52 页上分别关于搜索引擎优化和链接农场的杂谈。）这个 $\boldsymbol{\pi}^{(13)\mathrm{T}}$ 的例子还体现了排名下沉所带来的另一个问题。随着结点积累了 PageRank，某些结点可能会完全无法获得得分。因此，当大多数结点都被赋予了一个值为 0 的 PageRank 时，根据 PageRank 值来进行结点的排名就成为了一件棘手的事情。我们所希望的理想情况是 PageRank 为一个正向量，即其中所有的元素均为正数。

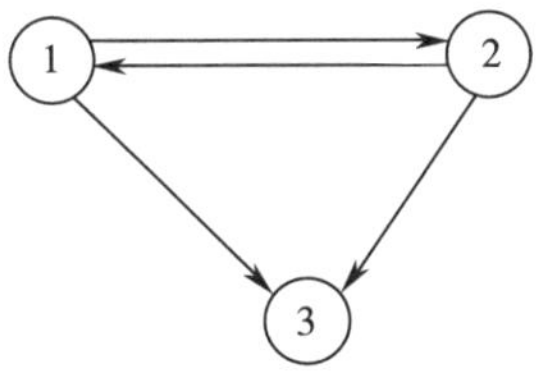

图 4.3 存在排名下沉的简单图

另外还有个**循环**（cycle）的问题。考虑图 4.4 中的最为简单的情形。页面 1 仅仅指向页面 2，反之亦然，因此就形成了一个无限的环路或循环。假设方程（4.2.1）的迭代过程由 $\boldsymbol{\pi}^{(0)\mathrm{T}} = (1 \quad 0)$ 开始，则不论这一过程运行多长时间，迭代都不会收敛。迭代值 $\boldsymbol{\pi}^{(k)\mathrm{T}}$ 将在下面两个值之间进行无限次翻转：当 k 是偶数时为 $(1 \quad 0)$，而当 k 是奇数时为 $(0 \quad 1)$。

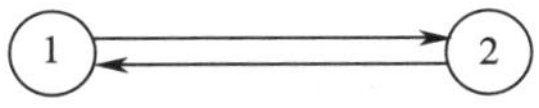

图 4.4 存在循环的简单图

4.4 一点关于马尔可夫链理论的介绍

布林和佩奇对方程（4.2.1）进行了修改，从而解决了上一节中所提到的问题。在说明这些修改之前，我们暂停一下，来介绍一点关于马尔可夫链的理论。（我们力劝对马尔可夫链不太熟悉的读者，在继续本章的阅读之前，先去阅读第 15 章数学指南。）在第 3 和第 4 个结论中，我们注意到方程（4.2.1）给出了应用于转移概率矩阵为 $\boldsymbol{H}$ 的马尔可夫链的幂法。这些结论非常有帮助，因为马尔可夫链理论已经得到了充分发展㊀，而且非常适用于 PageRank 问题。有了马尔可夫理论，我们可以对方程（4.2.1）加以修正，以确保能获得所希望的结果、收敛性质和对第 34 页上所列问题的令人精神一振的回答。特别是我们知道了对于任何初始向量，只要它是随机、不可约（irreducible）且非周期性（aperiodic）的（非周期性加上不可约性便隐含了素性（primitivity）），则应用于马尔可夫矩阵 $\boldsymbol{P}$ 的幂法将收敛到唯一一个被称为稳态向量（stationary vector）的正向量。因此，如果将 $\boldsymbol{H}$ 稍加修改，使之成为一个具有上述所希望的性质的马尔可夫矩阵，那由排名下沉和循环所造成的 PageRank 收敛性问题便能得到解决。

影响 PageRank 的马尔可夫性质

当谷歌矩阵是一个随机且不可约的矩阵时，便存在唯一的正 PageRank 向量。如果再进一步加上非周期性，则幂法将收敛到这一 PageRank 向量，而与迭代过程的初始向量无关。

4.5 基本模型的早期修正

实际上，布林和佩奇所做的正是上面那些事情。他们在最初那篇 1998 年的论文中描述了对基本 PageRank 模型的修正。有趣的是，他们的论文竟没有使用“马尔可夫链”这个词，一次也没用过。尽管如此，但可以非常确定的是，即使他们在 1998 年还不清楚这个词的话，他们现在肯定已经知道了原始模型与马尔可夫链之间的关系，因为马尔可夫链的研究者们兴奋不已地一个接一个地投入到了 PageRank 的大流，渴望着在某些人所谓的马尔可夫链的伟大应用上大干一番。

布林和佩奇使用了**随机上网者**（random surfer）的概念而非马尔可夫链及其性质来描述他们的修正。设想有一名上网者，他随机地跟随着万维网的超链接结构蹦来蹦去，也就是说，当他到达一个有着数条出链的网页时，他从中随机选择一个，然后超链接到这个新的页面，并无止境地进行这一随机决策的过程。从长期来看，该随机上网者在某个给定页面上所停留的时间比例便是该页面相对重要性的一个度量。如果他在某个特定的网页上花费了绝大部分的时间，那么在随机跟随万维网超链接结构的过程中，他肯定频繁地发现自己又再次返回到了这个页面。这些频繁地重复访问的页面肯定是重要的页面，因为它们肯

㊀ 在差不多 100 年前的 1906 年，安德烈·安德烈耶维奇·马尔可夫（Andrei Andreyevich Markov）发明了这些 1926 年后以他的名字所命名的链[20]。

定是被其他重要页面所指向的。不幸的是，这名随机上网者遇到了一些问题，即一旦他到达一个悬挂结点时，他就被陷住了。而万维网上的悬挂结点可是够多的，这些结点包括 PDF 文件、图像文件、数据表，等等。为了弥补这个缺陷，布林和佩奇定义了他们的第一个调整，我们将其称为**随机性调整**，因为中 $\boldsymbol{H}$ 的 $\mathbf{0}^{\mathrm{T}}$ 行被替换为 $1/n\boldsymbol{e}^{\mathrm{T}}$，从而使 $\boldsymbol{H}$ 成为随机矩阵。如此一来，当随机上网者进入了一个悬挂结点后，便能够随机地链接到任意页面。对于图 4.1 中的微型 6 结点网络，称为 $\boldsymbol{S}$ 的**随机矩阵**（stochastic matrix）为

$$\boldsymbol{S} = \begin{pmatrix} 0 & 1/2 & 0 & 0 & 0 & 0 \\ 1/6 & 1/6 & 1/6 & 1/6 & 1/6 & 1/6 \\ 1/3 & 1/3 & 0 & 0 & 1/3 & 0 \\ 0 & 0 & 0 & 0 & 1/2 & 1/2 \\ 0 & 0 & 0 & 1/2 & 0 & 1/2 \\ 0 & 0 & 0 & 1 & 0 & 0 \end{pmatrix}。$$

将这个随机性调整以数学形式写出来，便能揭示出 $\boldsymbol{S}$ 是由 $\boldsymbol{H}$ 的一个秩一修正（rank-one update）所给出，即 $\boldsymbol{S}=\boldsymbol{H}+\boldsymbol{a}\ (1/n\,\boldsymbol{e}^{\mathrm{T}})$，其中，若页面 i 为悬挂结点则 $a_i=1$，否则为 $a_i=0$。二值向量 $\boldsymbol{a}$ 称为**悬挂结点向量**（dangling node vector）。$\boldsymbol{S}$ 是原始超链接矩阵 $\boldsymbol{H}$ 和秩一矩阵 $1/n\boldsymbol{a}\boldsymbol{e}^{\mathrm{T}}$ 的结合。

这一调整可以保证 $\boldsymbol{S}$ 为随机的，因此马尔可夫链的转移概率矩阵也是随机的。但是，仅靠这一调整还无法保证迭代过程收敛到所希望的结果。（即存在唯一的正向量 $\boldsymbol{\pi}^{\mathrm{T}}$，且方程（4.2.1）能很快地收敛到 $\boldsymbol{\pi}^{\mathrm{T}}$。）要做到这一点，布林和佩奇还需要另一个调整——这次是所谓的**素性调整**（primitivity adjustment）。有了这个调整，所得的矩阵就是随机的并且是**素**的。一个素矩阵是不可约且非周期的。因此，链的稳态向量（在我们所考虑的情形中即为 PageRank 向量）存在且唯一，而且可通过简单的幂迭代来获得。布林和佩奇使用随机上网者的概念来描述了这些马尔可夫性质。

有关素性调整的随机上网者论述如上。尽管上网者确实会按照万维网的超链接结构来移动，但有时他们会感觉无聊，这时他们就会把这种完全跟着超链接而前进的上网方式抛在一边，而在浏览器的 URL 地址栏中输入一个新的目的地。当这种情况发生时，随机上网者就如同《星际旅行（Star Trek）》中的角色一般，被“瞬间传送”到这个新页面，并由此开始，继续跟随超链接来浏览，直至下一次跳转的时候，如此一直进行下去。为了对这一行为进行数学建模，布林和佩奇创造了一个新的矩阵 $\boldsymbol{G}$ 如下

$$\boldsymbol{G} = \alpha\boldsymbol{S} + (1-\alpha)1/n\boldsymbol{e}\boldsymbol{e}^{\mathrm{T}}。$$

式中，α 是一个 0 到 1 的标量。$\boldsymbol{G}$ 称为**谷歌矩阵**（Google matrix）。在这个模型中，α 是一个参数，它控制了随机上网者跟随超链接访问的次数相对于发生跳转的次数的比例。假设 $\alpha=0.6$，则在 60% 的时间里，该随机访问者根据万维网的超链接结构进行浏览，而在其余 40% 的时间里，他将跳转到一个随机的新页面。跳转是随机的，因为跳转矩阵（teleportation matrix）$\boldsymbol{E}=1/n\boldsymbol{e}\boldsymbol{e}^{\mathrm{T}}$ 是均匀分布的，即在进行跳转时，上网者将以等可能性跳至任何页面。

这一素性调整带来了若干后果。

- $\boldsymbol{G}$ 是随机的。它是两个随机矩阵 $\boldsymbol{S}$ 和 $\boldsymbol{E}=1/n\boldsymbol{e}\boldsymbol{e}^{\mathrm{T}}$ 的凸组合（convex combination）。

- $\boldsymbol{G}$ 是不可约的。每个页面都直接与其他所有页面相连，因此便轻易地迫使不可约性得到满足。
- $\boldsymbol{G}$ 是非周期性的。自回路（对所有 i，有$\boldsymbol{G}_{ii}>0$）导致了非周期性。
- $\boldsymbol{G}$ 是素的，因为对某个 k，有 $\boldsymbol{G}^k>0$。（实际上，该关系对 $k=1$ 成立。）这意味着存在唯一的正的 $\boldsymbol{\pi}^{\mathrm{T}}$，且对 $\boldsymbol{G}$ 应用幂法能保证收敛到该向量。
- $\boldsymbol{G}$ 是完全稠密的，从计算的角度来说，这是件很糟糕的事情。幸运的是，$\boldsymbol{G}$ 可以写为非常稀疏的超链接矩阵 $\boldsymbol{H}$ 的秩一修正。正如我们将在 4.6 节中看到的那样，这对于计算而言是有利的。

$$
\begin{aligned}
\boldsymbol{G} &= \alpha\boldsymbol{S} + (1-\alpha)1/n\boldsymbol{e}\boldsymbol{e}^{\mathrm{T}} \\
&= \alpha(\boldsymbol{H} + 1/n\boldsymbol{a}\boldsymbol{e}^{\mathrm{T}}) + (1-\alpha)1/n\boldsymbol{e}\boldsymbol{e}^{\mathrm{T}} \\
&= \alpha\boldsymbol{H} + [\alpha\boldsymbol{a} + (1-\alpha)\boldsymbol{e}]1/n\boldsymbol{e}^{\mathrm{T}}。
\end{aligned}
$$

- 为了得到希望的收敛性质，原始的超链接矩阵 $\boldsymbol{H}$ 被修改了两次，因此从这个意义而言，$\boldsymbol{G}$ 是人为造出来的。$\boldsymbol{H}$ 并不存在一个稳态向量（即 PageRank 向量），因此布林和佩奇很有创造性地作了个弊，来获得他们希望的结果。对于这个经过了两次修改的矩阵 $\boldsymbol{G}$，存在一个唯一的 PageRank 向量，而且实践表明该向量能非常好地对网页赋予全局重要度。

PageRank 问题中的记号

$\boldsymbol{H}$	非常稀疏的原始次随机超链接矩阵
$\boldsymbol{S}$	稀疏、随机但很可能是可约的矩阵
$\boldsymbol{G}$	完全稠密和随机的素矩阵，称为谷歌矩阵
$\boldsymbol{E}$	完全稠密的秩一跳转矩阵
n	引擎索引中页面的数量 = $\boldsymbol{H}$、$\boldsymbol{S}$、$\boldsymbol{G}$ 和 $\boldsymbol{E}$ 的阶次
α	0，1 之间的比例参数
$\boldsymbol{\pi}^{\mathrm{T}}$	$\boldsymbol{G}$ 的稳态行向量，称为 PageRank 向量
$\boldsymbol{a}^{\mathrm{T}}$	二值悬挂结点向量

总的来说，谷歌修正后的 PageRank 法为

$$
\boldsymbol{\pi}^{(k+1)\mathrm{T}} = \boldsymbol{\pi}^{(k)\mathrm{T}}\boldsymbol{G}, \tag{4.5.1}
$$

它不过就是应用于 $\boldsymbol{G}$ 的**幂法**。

我们用一个例子来结束本节。让我们回到图 4.1。当 $\alpha=0.9$ 时，随机素矩阵 $\boldsymbol{G}$ 为

$$G = 0.9H + \left(0.9\begin{pmatrix}0\\1\\0\\0\\0\\0\end{pmatrix} + 0.1\begin{pmatrix}1\\1\\1\\1\\1\\1\end{pmatrix}\right)1/6(1\quad 1\quad 1\quad 1\quad 1\quad 1)$$

$$= \begin{pmatrix}1/60 & 7/15 & 7/15 & 1/60 & 1/60 & 1/60\\ 1/6 & 1/6 & 1/6 & 1/6 & 1/6 & 1/6\\ 19/60 & 19/60 & 1/60 & 1/60 & 19/60 & 1/60\\ 1/60 & 1/60 & 1/60 & 1/60 & 7/15 & 7/15\\ 1/60 & 1/60 & 1/60 & 7/15 & 1/60 & 7/15\\ 1/60 & 1/60 & 1/60 & 11/12 & 1/60 & 1/60\end{pmatrix}。$$

谷歌的 PageRank 向量是 G 的稳态向量，且

$$\begin{matrix} & 1 & 2 & 3 & 4 & 5 & 6 \\ \boldsymbol{\pi}^{T} = (& 0.03721 & 0.05396 & 0.04151 & 0.3751 & 0.206 & 0.2862 &)。\end{matrix}$$

对 $\pi_1 = 0.03721$ 的解释是在 3.721% 的时间内，随机上网者对页面 1 进行了访问。因此，这个微型网络中的页面可根据其重要性排名为（4　6　5　2　3　1），意指根据 PageRank 对重要性的定义，页面 4 为最重要的页面，而页面 1 为最不重要的页面。

4.6　PageRank 向量的计算

PageRank 问题可按两种方式加以表述：

1. 求解 $\boldsymbol{\pi}^T$ 的如下特征向量（eigenvector）问题

$$\boldsymbol{\pi}^T = \boldsymbol{\pi}^T G,$$
$$\boldsymbol{\pi}^T e = 1。$$

2. 求解 $\boldsymbol{\pi}^T$ 的如下线性齐次系统（linear homogeneous system）

$$\boldsymbol{\pi}^T(I - G) = \boldsymbol{0}^T,$$
$$\boldsymbol{\pi}^T e = 1。$$

在第一个系统中，我们的目标是找到对应于主特征值（dominant eigenvector）$\lambda_1 = 1$ 的 G 的归一化主左特征向量（dominant left-hand eigenvector）。（因为 G 是一个随机矩阵，所以 $\lambda_1 = 1$。）在第二个系统中，目标则是找到 $I - G$ 的归一化左零向量（normalized left-hand null vector）。两个系统均服从归一化方程 $\boldsymbol{\pi}^T e = 1$，该方程用于确保 $\boldsymbol{\pi}^T$ 是一个概率向量。在 4.5 节的例子中，G 是一个 6×6 阶的矩阵，因此我们使用了 MATLAB 的 eig 命令来求解 $\boldsymbol{\pi}^T$，然后再将结果归一化（即将向量除以其元素的和）来获得 PageRank 向量。但是，对于一个如谷歌那样的万维网规模的矩阵，这种做法就行不通了，而必须使用更为先进且计算更高效的方法。当然，$\boldsymbol{\pi}^T$ 是转移矩阵为 G 的马尔可夫链的稳态向量，而对于一般的马尔可夫链稳态向量的计算，已经开展了许多研究。请见威廉 J. 斯图尔特（William J. Stewart）的著作《马尔可夫链数值求解导论（Introduction to the Numerical Solution of Markov Chains）》[154]，其中包括了十余种获取 $\boldsymbol{\pi}^T$ 的方法。但是，PageRank 矩阵 G 的特点使得幂法成为了显而易见的最佳

选择。在本节中，我们将讨论幂法，而这也正是布林和佩奇最早提出的计算 PageRank 向量的方法。我们将在第 9 章中介绍其他更为先进的方法。

世界上最大规模的矩阵计算

MATLAB 的创始人克里夫·莫勒尔为其 2002 年 10 月的通讯《MATLAB 新闻（MATLAB News）》写了一篇文章[131]，其中他将 PageRank 引为"世界上最大规模的矩阵计算"。当时谷歌正将幂法应用于一个阶次为 27 亿的稀疏矩阵。而现在这一阶次已经达到了 81 亿！

幂法是求取矩阵**主特征值和特征向量**的最古老同时也最简单的迭代方法之一㊀。因此，它可以用来求马尔可夫链的稳态向量。（稳态向量不过就是马尔可夫矩阵的主左特征向量。）但是，幂法却是以其乌龟般的速度而闻名于世的。在可供使用的迭代方法（高斯-塞德尔（Gauss-Seidel）法、雅可比（Jacobi）法、重启式 GMRES、BICGSTAB，等等[18]）中，幂法通常是最慢的那一个。那么布林和佩奇为什么还要选择这样一个慢得人人皆知的方法呢？他们是有着若干个好理由来做出这个选择的。

首先，幂法很简单。其实现和编程都相当初等。（PageRank 幂法的一个 MATLAB 实现请见第 42 页上的代码框。）此外，应用于 $\boldsymbol{G}$ 上的幂法（方程（4.5.1））实际上可通过非常稀疏的矩阵 $\boldsymbol{H}$ 来加以表达。

$$\begin{aligned}\boldsymbol{\pi}^{(k+1)\mathrm{T}} &= \boldsymbol{\pi}^{(k)\mathrm{T}}\boldsymbol{G} \\ &= \alpha\boldsymbol{\pi}^{(k)\mathrm{T}}\boldsymbol{S} + \frac{1-\alpha}{n}\boldsymbol{\pi}^{(k)\mathrm{T}}\boldsymbol{e}\boldsymbol{e}^{\mathrm{T}} \\ &= \alpha\boldsymbol{\pi}^{(k)\mathrm{T}}\boldsymbol{H} + (\alpha\boldsymbol{\pi}^{(k)\mathrm{T}}\boldsymbol{a} + 1 - \alpha)\,\boldsymbol{e}^{\mathrm{T}}/n。\end{aligned} \tag{4.6.1}$$

式中，向量-矩阵乘法（$\boldsymbol{\pi}^{(k)\mathrm{T}}\boldsymbol{H}$）执行于 $\boldsymbol{H}$ 这个极端稀疏的矩阵之上，而 $\boldsymbol{S}$ 和 $\boldsymbol{G}$ 从来就没有被实际生成或存储过，而只有它们中的秩一的部分 $\boldsymbol{a}$ 和 $\boldsymbol{e}$ 才是我们所需的。请回忆一下，每个向量-矩阵乘法的复杂度为 $O(n)$，因为 $\boldsymbol{H}$ 的每一行有差不多 10 个非零元素。这大概就是布林和佩奇在 1998 年使用幂法的主要原因。但为什么时至今日幂法仍是有关 PageRank 的研究论文中占据主导地位的方法呢？而且为什么大多数改进仍然是针对 PageRank 幂法进行修改，而不是试用其他方法呢？这些问题的答案在于 PageRank 幂法所具有的其他优点。

如同许多其他迭代方法一样，幂法不需要矩阵，这里的不需要是从矩阵系数的存储和处理方式的角度而言的。对于不需要矩阵的方法，矩阵系数仅通过向量-矩阵乘法运算的程序来进行访问，而没有实际对矩阵加以操作。这与每一步中都要操作矩阵元素的直接法

㊀ 幂法最早可追溯至 1913 年。在詹姆斯 H. 威尔金森（James H. Wilkinson）的帮助之下，幂法成为了 20 世纪 60 年代时利用数字计算机求取矩阵特征值与特征向量的标准方法（见参考文献［152］，P69～70）。

形成了鲜明的对比。修改和保存谷歌矩阵的元素并不可行，因为即使 $\boldsymbol{H}$ 非常稀疏，但其巨大的规模以及缺乏有规律性的结构也阻止了我们使用直接法。与之相反，像迭代方法这一类的不需要矩阵的方法则更受欢迎。

幂法就存储方面的需求而言也是友好的。除了稀疏矩阵 $\boldsymbol{H}$ 和悬挂结点向量 $\boldsymbol{a}$ 之外，就只需要保存 $\boldsymbol{\pi}^{(k)\mathrm{T}}$ 了。这个向量是完全稠密的，即我们必须保存 n 个实数。就谷歌而言，$n=81$ 亿，因此我们应当能够理解谷歌对于存储所持的节俭态度了。如 GMRES 或 BICGSTAB 等其他的迭代方法尽管更快，但却需要存储多个向量。例如，一个重启式 GMRES（10）方法在每个迭代中都需要存放 10 个长度为 n 的向量，这等价于整个 $\boldsymbol{H}$ 矩阵所需的存储空间，因为 $nnz(\boldsymbol{H})\approx 10n$。

使用幂法来计算 PageRank 向量的最后一个理由与所需的迭代次数有关。布林和佩奇在 1998 年的论文中指出，仅需 50 ~ 100 次迭代幂法就能够收敛，并给出精确 PageRank 向量的一个令人满意的近似，这一点也被其他研究者所进一步确认。回忆一下，由于 $\boldsymbol{H}$ 矩阵是如此稀疏，以至于幂法的每次迭代都只需 $O(n)$ 的计算量。而我们很难找到一个方法的计算量能比 $50O(n)$ 的幂法更好。运行时间和计算量与问题规模成线性（或准线性）关系的算法非常迅速，但也非常稀少。

自然，下一个问题就是：为什么应用于 $\boldsymbol{G}$ 的幂法仅需约 50 次迭代就可以收敛？在 $\boldsymbol{G}$ 的结构中是否存在某种东西能够暗含这一迅速的收敛？马尔可夫链理论给出了答案。一般而言，应用于某个矩阵的幂法的渐进收敛速率（asymptotic rate of convergence）依赖于绝对值最大的两个特征值 λ_1 和 λ_2 的比值。确切来说，渐进收敛速率就是 $|\lambda_2/\lambda_1|^k\to 0$ 的速率。对于如 $\boldsymbol{G}$ 这样的随机矩阵，$\lambda_1=1$，因此 $|\lambda_2|$ 就决定了收敛与否及快慢的情况。由于 $\boldsymbol{G}$ 也是素的，因此 $|\lambda_2|<1$。一般情况下，如果仅仅是为了估计渐进收敛速率的话，那要数值计算出一个矩阵的 λ_2 所需要的计算量，而这却一般是人们所不愿意付出的。幸运的是，对于 PageRank 问题，容易证明[127:第502页,90,108]，如果矩阵的谱分别为 $\sigma(\boldsymbol{S})=\{1,\mu_2,\cdots,\mu_n\}$ 和 $\sigma(\boldsymbol{G})=\{1,\lambda_2,\cdots,\lambda_n\}$，则

$$\lambda_k=\alpha\mu_k\quad(\text{其中},k=2,3,\cdots,n)。$$

（该命题的一个简短的证明将在本章结尾处给出。）此外，万维网的链接结构使得 $|\mu_2|=1$（或至少是 $|\mu_2|\approx 1$）的情况很可能会发生，这意味着 $|\lambda_2(\boldsymbol{G})|=\alpha$（或 $|\lambda_2(\boldsymbol{G})|\approx\alpha$）。因此，凸组合参数 α 就能够解释上述的仅 50 次迭代的收敛速度。在论文中，谷歌的创始人布林和佩奇使用了 $\alpha=0.85$，而根据最近一次所公开的信息，谷歌仍在使用该值。$\alpha^{50}=0.85^{50}\approx.000296$，即在第 50 次迭代时，我们可以期望近似 PageRank 向量的精度大约为**小数点后 2 ~ 3 位**。对于需要进行排名的谷歌来说，这样的精度显然已经足够。仅就数学方面的因素而言，要区分 PageRank 中的元素，可能需要小数点后 10 位的精度（请见 8.3 节），但是当 PageRank 评分和内容评分结合起来之后，高精度就变得不那么重要了。

谷歌矩阵的次主特征值（subdominant eigenvalue）

对于谷歌矩阵 $\boldsymbol{G}=\alpha\boldsymbol{S}+(1-\alpha)\,1/n\boldsymbol{e}\boldsymbol{e}^{\mathrm{T}}$，

$$|\lambda_2(\boldsymbol{G})|\leqslant\alpha。$$

- 对于 $|\lambda_2(\boldsymbol{S})|=1$（由于网络图的可约性常会导致这种情况的产生），有 $|\lambda_2(\boldsymbol{G})|=\alpha$。因此，方程（4.6.1）的 PageRank 幂法的渐进收敛速率即为 $\alpha^k\to 0$ 的速率。

现在，我们可以对 4.3 节中那 6 个问题给出肯定性的回答了。通过随机性和素性调整，应用于 $\boldsymbol{G}$ 的幂法能保证收敛到一个唯一的、称为 PageRank 向量的正向量，而与初始向量无关。由于所得的 PageRank 向量为正的，因此没有我们不希望看到的 0 比 0 的平局。为了产生精度大约为小数点后 τ 位的 PageRank 评分，需要大约 $-\tau/\log_{10}\alpha$ 次迭代。

PageRank 幂法的 MATLAB m 文件

这个 m 文件是方程（4.6.1）中所给 PageRank 幂法的一个 MATLAB 实现。

```
function [pi, time, numiter] = \hbox {PageRank} (pi0, H, n, alpha, epsilon);

% \hbox {PageRank} 函数用于计算一个 n 乘 n 阶的马尔可夫矩阵 H 的 \hbox {PageRank} 初量，起始
% 向量为 pi0（行向量），比例参数为 alpha（标量）。使用幂法计算。
% 例：[pi, time, numiter] = \hbox {PageRank}(pi0, H, 1000,.9,1e-8);
% 输入：pi0 =第 0 次迭代时的初始向量（行向量）
%       H =按行归一化的超链接矩阵（n 乘 n 阶的稀疏矩阵）
%       n =H 矩阵的大小（标量）
%       alpha = \hbox {PageRank} 模型中的比例参数（标量）
%       epsilon =收敛精度（标量，例如 1e-8）
% 输出：pi = \hbox {PageRank} 向量
%       time =计算 \hbox {PageRank} 向量所需的时间
%       numiter =达到收敛所需的迭代次数
% 初始向量通常设为一个均匀分布的向量：pi0 =1/n* ones (1, n)。
% 注意：MATLAB 按列存放稀疏矩阵，因此在 H 的转置 H'上执行某些操作可能更为快捷。
```

```
% 获取悬挂结点向量“a”，其中若结点 i 为悬挂结点，则 a (i) =1，否则为 0。

rowsumvector = ones (1, n) * H';
nonzerorows = find (rowsumvector);
zerorows = setdiff (1: n, nonzerorows); l = length (zerorows);
a = sparse (zerorows, ones (1, 1), ones (1, 1), n, 1);

k = 0;
residual = 1;
pi = pi0;
tic;

while (residual > = epsilon)
  prevpi = pi;
  k = k + 1;
  pi = alpha * pi * H + (alpha * (pi * a) + 1 - alpha) * ((1/n) * ones (1, n));
  residual = norm (pi - prevpi, 1);
end
numiter = k;
time = toc;
```

站点内搜索

在这个竞争激烈的搜索行业中，谷歌不止一次地表现出了令人耳目一新的慷慨。例如，谷歌允许网站制作者利用它的技术来进行站内搜索而无需付费。（单击谷歌主页上的“更多”按钮，你将能看到有关谷歌的服务的最新消息。）在站内查询中，谷歌将相关页面限制在一个网站内部的页面之内。之后这些站内相关页面按照全局 PageRank 评分被加以排名。这个站内搜索从本质上来说是将该站点从谷歌那庞大的数十亿页面的索引中抽取出来，而去除了与该站点有链接关系的其他万维网部分。仅仅查看一个单独的子网络，可以给出一个容易理解得多的超链接图。

杂谈：搜索引擎优化

随着销售行为越来越多的转移到在线进行，大大小小的生意人便开始求助于搜索引擎优化者（search engine optimizer, SEO）来提高利润。SEO 精心制作出网页和链接，以“最优化”其客户的页面出现在搜索引擎结果中前几位的机会。SEO 可以分为讲道德的 SEO 和不讲道德的 SEO。讲道德的 SEO 都是好网民，即网络公民，他们仅提供合理的建议，例如怎样去更恰当地显示文本、标签图片以及标签，等等。他们鼓励网页制作者维持高质量的内容，因为页面排名是内容评分和欢迎度评分的结合。他们还会告诫制作者，搜索引擎将会对他们认为是蓄意制造垃圾信息的行为加以惩罚。讲道德的 SEO 和搜索引擎认为他们之间的关系是一种伙伴关系，通过信息交流和提示来共同提高搜索的质量。而另一方面，不讲道德的 SEO 则有意地试图用各种花招来击败搜索引擎，并提高垃圾信息制作技术。请见第 52 页上介绍一种具体的不道德 SEO 行为的杂谈。从万维网的初期开始，搜索引擎就卷入了一场与不道德

SEO 之间的永恒的战争之中。由看得见的网页内容到隐藏着的元标签，由链接到锚文本，由服务器到链接农场（同样请见第 52 页上的杂谈），激战蔓延于整个万维网之上。

利用垃圾主题词和隐藏技术[84]，SEO 在对抗早期的搜索引擎上取得了胜利。在垃圾主题词技术中，垃圾主题词常常多次出现于页面主体中，也包括在标题、元标签、锚文本和 URL 文本中。隐藏技术利用配色方案和两面派手法来欺骗搜索引擎，例如人眼是不能看到在白色背景上用白色文本显示的垃圾信息的，因此不会向搜索引擎发出对藏有垃圾信息的页面的投诉；而两面派则是指对普通用户返回包含了垃圾信息的网页，而对搜索引擎爬虫却返回无垃圾信息页面的技术。只要制作者可以清楚地辨认出网络爬行者，他们就可以用一个干净的、无垃圾信息的页面将其打发走。由于这些方法对于网页制作者而言十分易于使用，因此搜索引擎不得不增加其蜘蛛和索引建立者的 IQ，来采取报复措施。许多蜘蛛和索引建立者经训练后会忽略元标签，因为到了 20 世纪 90 年代晚期，已经很少有元标签还保存着准确的页面信息。它们还会忽略重复的关键词。但是，两面派则更难以反制。搜索引擎请求用户的帮助来制止两面派。例如，谷歌会请上网者来作出仲裁，一旦他们发现那些重定向到新页面的可疑网页，就立刻吹响裁判哨。

到 1998 年，搜索引擎在锦囊中增加了链接分析。从此以后，垃圾信息制造者们仅靠垃圾主题词和两面派手法已无法再继续愚弄使用链接分析的引擎，也无法为自己骗得不公正的高排名了。而垃圾信息制造者和 SEO 们也开始通过学习链接分析的工作原理来适应这个新情况。SEO 群体一直都相当活跃——它的成员们不时地召开会议，撰写论文和书籍，开设博客，并出售他们的秘密。最为著名也最使人受益的 SEO 论文是由克里斯·莱汀斯（Chris Ridings）所写的《解读 PageRank：所有那些你一直想知道的 PageRank 的事情（PageRank explained：Everything you've always wanted to know about PageRank）》[143]和《PageRank 揭秘（PageRank uncovered）》[144]。这些论文提供了获得 PageRank 并防止出现 PageRank 溢出之类情况的实用策略。搜索引擎不断调整他们的算法，以保持对 SEO 玩家领先一步的优势。尽管搜索引擎将不道德的 SEO 视为对头，某些网络分析者却称之为网络食物链中的不可或缺的一环，因为他们推动了创新、研究和发展。

杂谈：搜索引擎如何赚钱？

我们经常都被问到这个问题。这是个很好的问题。搜索引擎提供了免费而不受限制的服务，因此那几十亿美元的搜索收入到底是从何而来？搜索引擎有多个收入来源。首先，某些搜索引擎会向网站制作者收取一笔入选费。某些缺少耐性的制作者希望能够得到保证，以使得他们的新站点很快（在一两天内）就被索引，而不是等上一两个月才被蜘蛛找到并加入到待爬行的 URL 列表中。搜索引擎在收取一小笔费用后就能提供这一保证，而如果再稍微多花点钱，还能保证制作者的站点能被更频繁地——可能是每月一次——被重新索引。

大多数搜索引擎还通过向感兴趣的有关方出售分析数据来进行创收。搜索引擎每一天都收集了海量的用户数据。这些数据可以用于改善搜索质量并预测用户需求，此外还以归总数据的形式被出售给各种公司，例如，对当前流行的查询词或商务搜索的比例感兴趣的搜索引擎优化公司，可以直接通过搜索引擎购买到这些信息。

尽管搜索引擎并不会将获取搜索的能力出售给个人用户，但它们确实会向公司出售这些搜索服务。例如，网景（Netscape）公司向谷歌付费来将谷歌作为其浏览器的默认搜索工具。GoTo（已被 Overture 收购，而后者现在是雅虎的一部分）一度曾把它对每个查询项所给出的前 7 个结果出售给雅虎和 AltaVista，而后者则把这 7 个结果放在了它们的结果中的最前面。

尽管有这些收入来源，但迄今为止搜索引擎最为有利可图且增长最为迅速的收入源依然是广告。据估计，在 2004 年，搜索收入中有 30 亿美元来自于广告。谷歌于 2004 年 6 月 21 日发布的 IPO㊀公报非常清晰地体现了该公司对于广告的依赖：广告收入占其 2003 年收入的 97% 强。许多搜索引擎出售横幅条广告服务，这些广告将出现在它们的主页以及结果返回页中。其他搜索引擎则出售有偿排名广告。这些有争议的广告允许公司通过付费而获得最靠前的排名。许多网络分析者指责有偿排名广告污染了搜索结果。但是，使用这一技术的搜索引擎（GoTo 就是个最好的例子）则反驳称这一排名方法对于商用搜索而言十分优秀。由于近期的调查估计所有搜索中有 15% ~30% 在本质上而言都是商业搜索，因此 Overture 这样的引擎为此类查询提供了一种有价值的服务。另一方面，还有许多的搜索行为是为了帮助研究工作的，因此有偿排名引擎的结果令这些用户感到沮丧。

谷歌对广告和排名采取了一种不同的方法。他们将无偿的搜索结果显示于一个主列表中，而有偿排名站点则作为“赞助链接”单独出现在一旁。谷歌通过单击付费的广告方案来显示赞助链接。公司选择与其产品或服务有关的一个关键词，然后给出一个投标价格，每当一名搜索者单击了他们的链接，他们便会按此价格向谷歌支付费用。例如在罗利的一个自行车店可能会为每次“自行车罗利”的查询投标 5 美分，而只有当搜索者实际单击了他们的广告时，才真正需要付费。但是另一个公司可能会对相同的查询投标 17 美分，则该公司的广告就可能出现在更靠前的位置，因为尽管会进行某些微调和优化，但赞助广告一般都是按投标费用从高到低排列的。

单击付费广告是市场营销中的一个创新。传统上很少进行广告投入的小商户们，现在也正在网络广告上投入多得多的金钱，因为单击付费广告的效费比很高。如果一个搜索者单击了链接，那这就表明了他或她的一种购买意向，而其他形式的广告如广告牌或邮件广告则无法传递这一信息。有趣的是，如同万维网上的许多其他东西一样，单击付费广告终将演变为竞争者之间的另一个战场，也只不过是个时间问题。如果没有保护（可以通过软件程序的形式购得这样的保护），那些天真的购买了单击付费广告的公司将会很轻易地被其竞争者捣乱。竞争对手只要不断地单击这类公司的广告，就可以让后者买更多的单，并耗尽其广告预算。

4.7　谷歌矩阵的谱定理及其证明

在本章中，我们将谷歌矩阵定义为 $\boldsymbol{G}=\alpha\boldsymbol{S}+(1-\alpha)1/n\boldsymbol{ee}^{\mathrm{T}}$。但是，在下一章的 5.3 节中，我们将扩展这一定义，以包括更为一般的谷歌矩阵，其中人为制造的矩阵 $\boldsymbol{E}$ 将由均匀分布矩阵 $1/n\boldsymbol{ee}^{\mathrm{T}}$ 变为 $\boldsymbol{ev}^{\mathrm{T}}$，其中，$\boldsymbol{v}^{\mathrm{T}}>0$ 为一个概率向量。在本节中，我们给出这一更为一般性的谷歌矩阵的次主特征值的有关定理和证明。

㊀ Initial Public Offerings 的缩写，即首次公开募股。——编辑注

定理 4.7.1 如果随机矩阵 $\boldsymbol{S}$ 的谱为 $\{1, \lambda_2, \lambda_3, \cdots, \lambda_n\}$，则谷歌矩阵 $\boldsymbol{G}=\alpha\boldsymbol{S}+(1-\alpha)\boldsymbol{e}\boldsymbol{v}^{\mathrm{T}}$ 的谱为 $\{1, \alpha\lambda_2, \alpha\lambda_3, \cdots, \alpha\lambda_n\}$，其中，$\boldsymbol{v}^{\mathrm{T}}$ 为一个概率向量。

证明 由于 $\boldsymbol{S}$ 是随机的，因此 $(1, \boldsymbol{e})$ 为 $\boldsymbol{S}$ 的一个特征对（eigenpair）。令 $\boldsymbol{Q}=(\boldsymbol{e}\quad \boldsymbol{X})$ 为非奇异矩阵，它以特征向量 $\boldsymbol{e}$ 作为其第一列。令 $\boldsymbol{Q}^{-1}=\begin{pmatrix}\boldsymbol{y}^{\mathrm{T}}\\ \boldsymbol{Y}^{\mathrm{T}}\end{pmatrix}$。则 $\boldsymbol{Q}^{-1}\boldsymbol{Q}=\begin{pmatrix}\boldsymbol{y}^{\mathrm{T}}\boldsymbol{e} & \boldsymbol{y}^{\mathrm{T}}\boldsymbol{X}\\ \boldsymbol{Y}^{\mathrm{T}}\boldsymbol{e} & \boldsymbol{Y}^{\mathrm{T}}\boldsymbol{X}\end{pmatrix}=\begin{pmatrix}1 & 0\\ \boldsymbol{0} & \boldsymbol{I}\end{pmatrix}$，由此得到两个有用的恒等式 $\boldsymbol{y}^{\mathrm{T}}\boldsymbol{e}=1$ 和 $\boldsymbol{Y}^{\mathrm{T}}e=\boldsymbol{0}$。因此，相似变换

$$\boldsymbol{Q}^{-1}\boldsymbol{S}\boldsymbol{Q}=\begin{pmatrix}\boldsymbol{y}^{\mathrm{T}}\boldsymbol{e} & \boldsymbol{y}^{\mathrm{T}}\boldsymbol{S}\boldsymbol{X}\\ \boldsymbol{Y}^{\mathrm{T}}\boldsymbol{e} & \boldsymbol{Y}^{\mathrm{T}}\boldsymbol{S}\boldsymbol{X}\end{pmatrix}=\begin{pmatrix}1 & \boldsymbol{y}^{\mathrm{T}}\boldsymbol{S}\boldsymbol{X}\\ \boldsymbol{0} & \boldsymbol{Y}^{\mathrm{T}}\boldsymbol{S}\boldsymbol{X}\end{pmatrix}$$

表明，$\boldsymbol{Y}^{\mathrm{T}}\boldsymbol{S}\boldsymbol{X}$ 包含了 $\boldsymbol{S}$ 的其余的特征值 $\lambda_2, \cdots, \lambda_n$。将这个相似变换用于 $\boldsymbol{G}=\alpha\boldsymbol{S}+(1-\alpha)\boldsymbol{e}\boldsymbol{v}^{\mathrm{T}}$ 可得

$$\begin{aligned}\boldsymbol{Q}^{-1}(\alpha\boldsymbol{S}+(1-\alpha)\boldsymbol{e}\boldsymbol{v}^{\mathrm{T}})\boldsymbol{Q}&=\alpha\boldsymbol{Q}^{-1}\boldsymbol{S}\boldsymbol{Q}+(1-\alpha)\boldsymbol{Q}^{-1}\boldsymbol{e}\boldsymbol{v}^{\mathrm{T}}\boldsymbol{Q}\\ &=\begin{pmatrix}\alpha & \alpha\boldsymbol{y}^{\mathrm{T}}\boldsymbol{S}\boldsymbol{X}\\ \boldsymbol{0} & \alpha\boldsymbol{Y}^{\mathrm{T}}\boldsymbol{S}\boldsymbol{X}\end{pmatrix}+(1-\alpha)\begin{pmatrix}\boldsymbol{y}^{\mathrm{T}}\boldsymbol{e}\\ \boldsymbol{Y}^{\mathrm{T}}\boldsymbol{e}\end{pmatrix}(\boldsymbol{v}^{\mathrm{T}}\boldsymbol{e}\quad \boldsymbol{v}^{\mathrm{T}}\boldsymbol{X})\\ &=\begin{pmatrix}\alpha & \alpha\boldsymbol{y}^{\mathrm{T}}\boldsymbol{S}\boldsymbol{X}\\ \boldsymbol{0} & \alpha\boldsymbol{Y}^{\mathrm{T}}\boldsymbol{S}\boldsymbol{X}\end{pmatrix}+\begin{pmatrix}(1-\alpha) & (1-\alpha)\boldsymbol{v}^{\mathrm{T}}\boldsymbol{X}\\ \boldsymbol{0} & \boldsymbol{0}\end{pmatrix}\\ &=\begin{pmatrix}1 & \alpha\boldsymbol{y}^{\mathrm{T}}\boldsymbol{S}\boldsymbol{X}+(1-\alpha)\boldsymbol{v}^{\mathrm{T}}\boldsymbol{X}\\ \boldsymbol{0} & \alpha\boldsymbol{Y}^{\mathrm{T}}\boldsymbol{S}\boldsymbol{X}\end{pmatrix}。\end{aligned}$$

因此，$\boldsymbol{G}=\alpha\boldsymbol{S}+(1-\alpha)\boldsymbol{e}\boldsymbol{v}^{\mathrm{T}}$ 的特征值为 $\{1, \alpha\lambda_2, \alpha\lambda_3, \cdots, \alpha\lambda_n\}$。 ■

第 5 章 PageRank 模型中的参数

我的祖父大威廉 H. 兰维尔（William H. Langville, Sr.）爱在他的地下室车间里搞些东西。在那下面，他有着一整条生产流程来制作他自己捕鱼用的鲥鱼镖。他将铅汁倒到一个特制的模子里，让它冷却下来，然后再漆上亮丽的油漆。他一打一打地制作着这些镖，而之所以产量要如此之大，是因为每次出去钓鱼的时候，我的兄弟、表兄弟以及包括我自己在内的每个人都至少要把三支镖弄丢在树上或水中的鞋子里，或者因为绳子没系好而遗失掉，当然也可能拿它来抓到真正够大的、牙齿尖锐的鱼。祖父保留着一丝不苟的钓鱼记录，其中记下了他每天在何时何地捕到了多少条哪种类型的鱼，同时还记下了所用的镖的样式。他在这些记录中搜寻着成功的模式。没多久，他就又开始搞起了生产，制作出大镖、小镖、绿色镖、橙色镖、双色镖、加上羽毛的镖、带槽的镖以及带螺旋的镖，等等。他发现捣鼓参数这件事儿挺有趣——先做出假设，接着进行验证，然后记录下当把这个参数调成这样又把那个参数调成那样时所发生的情况。

我们都同意祖父的观点。做这件事的乐趣在于调整。在本章中，我们将介绍调整第 4 章中的基本 PageRank 模型的不同方法，然后，如同祖父一样，我们将考虑这些改变可能引发的后果。

5.1 α 因子

在第 4 章中，我们引入了比例参数 $0<\alpha<1$ 来产生谷歌矩阵 $\boldsymbol{G}=\alpha\boldsymbol{S}+(1-\alpha)\boldsymbol{E}$。显然，常数 α 控制了我们对万维网自有的超链接结构所赋予的比重，而不是人为创造的跳转矩阵 $\boldsymbol{E}$。在谷歌创始人布林和佩奇早期的论文[39,40]中，他们建议设置 $\alpha=0.85$。与许多其他人一样，我们不禁会想，为什么是 0.85？而不是 0.9？或 0.95？或 0.6？α 对于 PageRank 问题具有什么样的影响？在第 4 章中，我们曾提及比例因子控制了 PageRank 幂法的渐进收敛速率。回顾一下当时的结论，当 $\alpha\to1$ 时，幂法所需要的期望迭代次数急剧上升，请见表 5.1 下部。

对于 $\alpha=0.5$，仅需要约 34 次迭代就能使幂法**收敛到** 10^{-10} **的精度**。随着 $\alpha\to1$，所需的迭代次数开始变得无法承受。即使是使用 $\alpha=0.85$，由于所牵涉的矩阵和向量的规模，这一 α 值也使得计算需要进行数日才能得到令人满意的收敛结果。这意味着谷歌的工程师们不得不做到非常精巧的利弊权衡——当 $\alpha\to1$ 时，由跳转矩阵 $\boldsymbol{E}=1/n\boldsymbol{e}\boldsymbol{e}^{\mathrm{T}}$ 所带来的人为成分将会减少，但计算时间却增加了。

设置 $\alpha=0.85$ 看来正好碰运气达到了一个可实用的效率和有效性之间的妥协。有趣的是，常数 α 不仅仅控制了 PageRank 方法的收敛，还影响了计算得到的 PageRank 向量的敏感性。

具体而言，当 $\alpha\to1$ 时，PageRank 中的排名变得非常容易发生变动，即使是万维网结构中的微小改变，都会引起排名的显著波动。我们在第 1 章中所强调过的万维网动态的本性，使得敏感性成为了一个重要问题。在理想情况下，我们希望能获得一个对于这类小变动具有稳定性的排名。敏感性问题，特别是 α 对敏感性的影响，将在下一章中深入阐述。

表 5.1　α 对于幂法期望迭代次数的影响

α	迭代次数
0.5	34
0.75	81
0.8	104
0.85	142
0.9	219
0.95	449
0.99	2 292
0.999	23 015

5.2　超链接矩阵 *H*

PageRank 模型中另一个可调整的部分就是 $\boldsymbol{H}$ 矩阵本身。布林和佩奇开始时建议用平均加权的方式来产生 $\boldsymbol{H}$ 矩阵的元素，即一个页面的所有出链都以随机上网者的链接概率的形式被赋予了相等的权重。尽管这很公平民主，也容易实现，但一视同仁却不一定是进行网页排名的最佳途径。实际上，随机上网者的这种描述方式可能根本不够准确。相比于随机选择一个出链页面来超链接到新页面，上网者可能会根据许多有价值的内容或有关的描述性锚文本来选择出链并链接到新页面。(要了解锚文本的重要性，请见第 54 页上有关谷歌炸弹（Google bomb）的杂谈。）在这种情况下，我们将这个靠“点兵点将”来决定下一个访问页面的随机上网者拿走，并用一个每到新页面就从衣服口袋中掏出个计算器，然后吹毛求疵地（根据当前的位置、兴趣、访问历史等）确定下一个最佳访问页面的**智能上网者**（intelligent surfer）来取代他。例如该智能上网者也许会更可能跳转到内容充实的页面，因此相比于简短的广告页面而言，这些内容充实的页面应当被赋予更高的概率权值。

填充 $\boldsymbol{H}$ 矩阵中元素的一个实用的方法，是利用访问日志来发现上网者真实的喜好。例如网络管理员可以研究他的访问日志，并发现正停留在页面 P_1 上的上网者，他们链接到 P_2 的可能性是链接到 P_3 的可能性的两倍。因此，$\boldsymbol{H}$ 矩阵中第 1 行的出链概率便可得到相应调整。对于图 4.1 中的网络图，原来的超链接矩阵使用随机上网者（random surfer）来描述。

$$
\boldsymbol{H} = \begin{array}{c} \\ P_1 \\ P_2 \\ P_3 \\ P_4 \\ P_5 \\ P_6 \end{array}
\begin{array}{c} \begin{array}{cccccc} P_1 & P_2 & P_3 & P_4 & P_5 & P_6 \end{array} \\
\begin{pmatrix}
0 & 1/2 & 1/2 & 0 & 0 & 0 \\
0 & 0 & 0 & 0 & 0 & 0 \\
1/3 & 1/3 & 0 & 0 & 1/3 & 0 \\
0 & 0 & 0 & 0 & 1/2 & 1/2 \\
0 & 0 & 0 & 1/2 & 0 & 1/2 \\
0 & 0 & 0 & 1 & 0 & 0
\end{pmatrix} \end{array},
$$

当对页面 P_1 应用智能上网者（intelligent surfer）时则变为

$$
\boldsymbol{H} = \begin{array}{c} \\ P_1 \\ P_2 \\ P_3 \\ P_4 \\ P_5 \\ P_6 \end{array}
\begin{array}{c} \begin{array}{cccccc} P_1 & P_2 & P_3 & P_4 & P_5 & P_6 \end{array} \\
\begin{pmatrix}
0 & 2/3 & 1/3 & 0 & 0 & 0 \\
0 & 0 & 0 & 0 & 0 & 0 \\
1/3 & 1/3 & 0 & 0 & 1/3 & 0 \\
0 & 0 & 0 & 0 & 1/2 & 1/2 \\
0 & 0 & 0 & 1/2 & 0 & 1/2 \\
0 & 0 & 0 & 1 & 0 & 0
\end{pmatrix} \end{array}。
$$

PageRank 研究者们已经提出了许多其他算法来填入原始超链接矩阵 $\boldsymbol{H}$ 中的元素[13,26,27,142,159]。这些方法使用启发式规则，将与页面中的出链位置、与出链关联的锚文本长度、由链接相连的两个文档之间的内容相似性等有关的度量加以结合，从而产生出 $\boldsymbol{H}$ 中的非零元素。例如，在上述矩阵中，其第 4 行表明页面 P_4 链接到了页面 P_5 和 P_6。通过计算页面 P_4 和 P_5 之间以及 P_4 和 P_6 之间的角度相似性（angle similarity），可分别确定概率 $\boldsymbol{H}_{45}$ 和 $\boldsymbol{H}_{46}$。角度相似性度量是第 1 章中向量空间模型[23]这一传统信息检索模型的重要部分。不管 $\boldsymbol{H}$ 是如何产生的，对马尔可夫链而言，重要的是所得矩阵要接近于随机矩阵，即对应于非悬挂结点（至少有一条出链的页面）的行的元素之和要等于 1，而对应于悬挂结点的行的元素之和要等于 0。如果这一点不成立，那么需要对各行进行归一化处理。我们将在第 11 章和第 12 章中讨论其他非马尔可夫排名模型。

5.3　跳转矩阵 $\boldsymbol{E}$

布林和佩奇两位创始人所提出的基本 PageRank 模型最早的修改之一，便是调整了跳转矩阵 $\boldsymbol{E}$。他们使用 $\boldsymbol{e}\boldsymbol{v}^{\mathrm{T}}$ 而非 $1/n\boldsymbol{e}\boldsymbol{e}^{\mathrm{T}}$ 作为跳转矩阵，其中 $\boldsymbol{v}^{\mathrm{T}}>0$ 是一个**概率向量**，称为**个性化向量**（personalization vector）或**跳转向量**（teleportation vector）。由于 $\boldsymbol{v}^{\mathrm{T}}$ 是所有元素均为正的概率向量，因此每个结点仍然直接与其他所有结点相连，即 $\boldsymbol{G}$ 为素矩阵，意味着该马尔可夫链存在一个唯一的稳态向量，它就是 PageRank 向量。使用 $\boldsymbol{v}^{\mathrm{T}}$ 代替 $1/n\boldsymbol{e}^{\mathrm{T}}$ 意味着跳转概率不再是均匀分布的了。实际上，每当上网者发生跳转时，他或她将根据 $\boldsymbol{v}^{\mathrm{T}}$ 中所给出的概率分布跳到下一个页面。这个小小的改动保持了幂法的优点。当 $\boldsymbol{G}=\alpha\boldsymbol{S}+(1-\alpha)\boldsymbol{e}\boldsymbol{v}^{\mathrm{T}}$ 时，幂法变为了

$$\begin{aligned}\boldsymbol{\pi}^{(k+1)\mathrm{T}} &= \boldsymbol{\pi}^{(k)\mathrm{T}}\boldsymbol{G} \\ &= \alpha\,\boldsymbol{\pi}^{(k)\mathrm{T}}\boldsymbol{S} + (1-\alpha)\,\boldsymbol{\pi}^{(k)\mathrm{T}}\boldsymbol{e}\boldsymbol{v}^{\mathrm{T}} \\ &= \alpha\,\boldsymbol{\pi}^{(k)\mathrm{T}}\boldsymbol{H} + (\alpha\,\boldsymbol{\pi}^{(k)\mathrm{T}}\alpha + 1 - \alpha)\boldsymbol{v}^{\mathrm{T}}。\end{aligned} \tag{5.3.1}$$

与式（5.3.1）相比，第40页的式（4.6.1）是使用原来的无区分对待的跳转矩阵 $\boldsymbol{E} = 1/n\boldsymbol{e}\boldsymbol{e}^{\mathrm{T}}$ 时的情况。因此现在不过是每次迭代中所加的常数向量由 $\boldsymbol{e}^{\mathrm{T}}/n$ 变为了 $\boldsymbol{v}^{\mathrm{T}}$，因此我们在第4章中关于幂法的结论差不多全都仍然适用。具体来说，渐进收敛速率、稀疏向量-矩阵乘法、最小存储与易于编程等性质都得到了保留。但是，PageRank 向量本身却的确发生了改变。不同的个性化向量将给出不同的 PageRank 排名[158]，即 $\boldsymbol{\pi}^{\mathrm{T}}$（$\boldsymbol{v}^{\mathrm{T}}$）是 $\boldsymbol{v}^{\mathrm{T}}$ 的函数。

一旦认识到 $\boldsymbol{v}^{\mathrm{T}}$ 的用处，我们就可以放开手脚了。想想看吧，为什么我们每个人都必须屈从于同一个网页排名呢？那个单一的、全局的、查询无关的排名 $\boldsymbol{\pi}^{\mathrm{T}}$（它使用了 $\boldsymbol{v}^{\mathrm{T}} = 1/n\boldsymbol{e}^{\mathrm{T}}$）根本没有体现我的个性和偏好。作为美国人，难道我们就不能有权去拥有自己个人的排名向量——一个知道我们自己对万维网网页和话题的偏好的排名向量？如果你喜欢浏览新闻时事的网页，那只要简单地偏置一下你的 $\boldsymbol{v}^{\mathrm{T}}$ 向量，使得新闻和时事网页 P_i 的 v_i 值较大，而其他所有网页的 v_j 值接近于0，然后再计算出这个量身定做的 PageRank 向量。政客们现在可以在他们的竞选承诺中再多加一条了："每个车库里都有一辆车，每个家里都有一台计算机，每个上网者都有一个个性化向量 $\boldsymbol{v}^{\mathrm{T}}$。"

这看来就是谷歌引入个性化向量的最初动机[38]。但是，它使得与查询无关、与用户也无关的 PageRank 变得依赖于用户，而且计算负担也更重了。为每位用户定制排名在理论上听起来很棒，但实际却无法计算。请记住，谷歌需要花费数日才能计算出对应于一个 $\boldsymbol{v}^{\mathrm{T}}$ 向量——那个一视同仁的个性化向量 $\boldsymbol{v}^{\mathrm{T}} = 1/n\boldsymbol{e}^{\mathrm{T}}$——的仅仅一个 $\boldsymbol{\pi}^{\mathrm{T}}$。

许多人都将个性化引擎视为搜索的未来。部分地受到这一事实的推动，若干研究者对不可能进行计算的这一断言采取了无视的态度，而创造出了准个性化的 PageRank 排名系统[58,88,91,99,142]。我们称之为准个性化，因为这些系统并非给出针对每个用户所定制的排名，而是针对不同的用户群来给出这一排名。

此类系统之一便是塔赫·哈维利瓦拉（Taher Haveliwala）所创造的产品。当时他还是斯坦福的一名研究生。他将标准的、查询无关的 PageRank 加以改变，生成了一个对主题敏感的 PageRank[88,89]。他产生了有限数量的 PageRank 向量 $\boldsymbol{\pi}^{\mathrm{T}}$（$\boldsymbol{v}_i^{\mathrm{T}}$），每个向量都偏向于某个特定主题 i。哈维利瓦拉在进行实验时从开放目录专案（Open Directory Project，ODP）的网页分类中选择了16个顶级主题。例如，假设 $\boldsymbol{\pi}^{\mathrm{T}}$（$\boldsymbol{v}_1^{\mathrm{T}}$）是第一个 ODP 主题为 Arts 的 PageRank 向量，而 $\boldsymbol{\pi}^{\mathrm{T}}$（$\boldsymbol{v}_2^{\mathrm{T}}$）是第二个 ODP 主题为 Business 的 PageRank 向量。$\boldsymbol{\pi}^{\mathrm{T}}$（$\boldsymbol{v}_1^{\mathrm{T}}$）将会偏向于 Arts，因为 $\boldsymbol{v}_1^{\mathrm{T}}$ 仅对那些包含了艺术内容的页面给出了较高的概率，而其余概率则接近于0。这16个偏置的 PageRank 向量被预先计算出来，然后在查询期间，通过模仿用户的兴趣及查询的含义，这些向量被迅速组合起来，这就是诀窍所在。哈维利瓦拉用这16个偏置的 PageRank 向量的凸组合来形成他自己的对主题敏感、与查询相关的 PageRank 向量，即

$$\boldsymbol{\pi}^{T} = \beta_1 \boldsymbol{\pi}^{T}(\boldsymbol{v}_1^{T}) + \beta_2 \boldsymbol{\pi}^{T}(\boldsymbol{v}_2^{T}) + \cdots + \beta_{16} \boldsymbol{\pi}^{T}(\boldsymbol{v}_{16}^{T})。$$

式中，$\sum_i \beta_i = 1$。比如查询 science project ideas 落在了 Kids and Teens（ODP 的第 7 类主题）、Reference（ODP 的第 10 类主题）和 Science（ODP 的第 12 类主题）上。于是符合逻辑的做法，便是对与这些主题相关联的 PageRank 向量赋予更多的甚至是全部的权重，所以与其他系数相比，β_7，β_{10}和β_{12}应取大的值。哈维利瓦拉使用一个贝叶斯分类器来计算实验中的β_i值，但也有其他选择。当所有这些都完成后，这个主题敏感的欢迎度评分便与第 1 章中的传统内容评分结合为一体。当然，如果希望获得更精细的个性化层级，可以使用多于 16 个的主题来更好地使排名偏重于用户的查询和兴趣。

这个小小的个性化向量 $\boldsymbol{v}^{T}$ 却似乎具有更为严重的潜在作用。有人推测，谷歌可以利用该个性化向量来控制那些所谓的链接农场的垃圾信息制造行为。请见第 52 页上的杂谈《SearchKing 对谷歌》。

Kaltix 个性化网络搜索

谷歌没用多长时间就认识到了个性化搜索的价值。实际上，一家名为 Kaltix 的新兴个性化搜索公司在开张后仅仅三个月，就被谷歌抢了过去。Kaltix 科技由格伦·杰（Glen Jeh）、斯潘达·卡姆瓦尔（Sepandar Kamvar）和塔赫·哈维利瓦拉于 2003 年夏天所创办，当时这三人正从斯坦福计算机科学系休学。在那个夏天，这些 Kaltix 的小伙子们每天工作 20 个钟头，名副其实地干得连手指骨头都露了出来，甚至有时需要在过劳的手腕上敷上冰袋才能入睡。勤奋的工作终有回报。谷歌于 2003 年 9 月收购了 Kaltix，而这三个人也搬到了谷歌总部去继续他们的项目。在 2004 年 3 月，谷歌实验室发布了个性化搜索测试版（http://labs.google.com/personalized）。通过在一个感兴趣领域的多层列表中勾选多选框，用户便能建立起自己的档案。针对该档案，谷歌将生成一个个性化向量。当查询被输入个性化搜索框后，结果就将以标准的排名列表的方式被给出，不过除此之外，用户还可以通过一个滚动条来调整定制的层级，以增强个性化向量的效果。

个性化 PageRank 幂法的 MATLAB m 文件

第 42 页上 PageRank 幂法的 MATLAB 实现使用了一个均匀分布的个性化向量 $\boldsymbol{v}^{T} = \boldsymbol{e}^{T}/n$。这个 m 文件只是简单地修改了一行代码，便实现了一个更为一般的 PageRank 幂法，能够允许个性化向量作为输入参数而被改变。因此，以下的 m 文件实现了应用于 $\boldsymbol{G} = \alpha\boldsymbol{S} + (1-\alpha)\boldsymbol{e}\boldsymbol{v}^{T}$ 的 PageRank 幂法。

```
function [pi, time, numiter] = \hbox{PageRank} (pi0, H, v, n, alpha,
epsilon);

%   \hbox {PageRank} 函数用于计算一个 n 乘 n 阶的马尔可夫矩阵 H 的 \hbox
    {PageRank} 向量，初始
%   向量为 pi0（行向量），比例参数为 alpha（标量），跳转向量为 v（行向量）。使用
%   幂法计算。
%   例：[pi, time, numiter] = \hbox{PageRank}(pi0, H,v,900,.9,1e-8);
%   输入：pi0 =第 0 次迭代时的初始向量（行向量）
%         H =按行归一化的超链接矩阵（n 乘 n 阶的稀疏矩阵）
%         v =跳转向量（1 乘 n 阶的行向量）
%         n =H 矩阵的大小（标量）
%         alpha = \hbox {PageRank} 模型中的比例参数（标量）
%         epsilon =收敛精度（标量，例如 1e -8）
%
%   输出：pi = \hbox {PageRank} 向量
%         time =计算 \hbox {PageRank} 向量所需的时间
%         numiter =达到收敛所需的迭代次数
%   初始向量通常设为一个均匀分布的向量：pi0 =1/n* ones (1, n)。
%   注意：MATLAB 按列存放稀疏矩阵，因此在 H 的转置 H'上执行某些操作可能更为快捷。

%   获取悬挂结点向量“a”，其中若结点 i 为悬挂结点，则 a (i) =1，否则为 0。

rowsumvector=ones (1, n) * H';
nonzerorows=find (rowsumvector);
zerorows=setdiff (1: n, nonzerorows); l=length (zerorows);
a=sparse (zerorows, ones (1, l), ones (1, l), n, 1);

k=0;
residual=1;
pi=pi0;
tic;

while (residual >=epsilon)
  prevpi=pi;
  k=k+1;
  pi=alpha* pi* H+ (alpha* (pi* a) +1 -alpha) * v;
  residual=norm (pi-prevpi, 1);
end
numiter=k;
time=toc;
```

杂谈：SearchKing 对谷歌

链接农场是由垃圾信息制造者们所建立的，其目的是愚弄信息检索系统，以提高其客户页面的排名。链接农场的客户之一——乔伊·霍尔顿（Joy Holton）——便靠此登上《华尔街日报（Wall Street Journal)》的头版。她是在线商铺 exoticleatherwear. com 的店主，出售含有挑衅意味的皮衣[160]。通过使用元标签和 HTML 编程，她的店铺吸引到了一定数量的上网

者。不过，搜索引擎优化公司 AutomatedLinks 发来的一封电子邮件则说服了她，并支付了一笔 22 美元的年费来使用该公司的排名提升服务。（请见第 43 页上关于搜索引擎优化的杂谈。）AutomatedLinks 的全部工作都专注于提高其客户页面的 PageRank 排名（以及在其他搜索引擎中的排名），而它则是通过链接农场来做到这一点的。既然优化商已经知道当指向客户页面的重要入链数增加时，其 PageRank 也会增加，那么他们就会增加指向客户网页的这类重要链接。链接农场拥有多个与重要话题有关的互联结点，它们具有高 PageRank。然后这些互联的结点便会连向客户页面，从而在实质上将部分 PageRank 与客户页面进行了分享。霍尔顿投给 AutomatedLinks 的 22 美元的投资，为她带来了每月超过 26 000 名的访客，以及数千美元的收入。

大多数链接农场用链接交换方案（link exchange program）或互惠链接策略（reciprocal linking policy）来提高客户页面的排名，不过也有其他方法能达到相同的目的[28, 29]。当然，对于注重排名正确性的搜索引擎而言，链接农场非常棘手。搜索引擎使用了若干种方法来发现链接农场。首先，它们请求上网者担当告发者，由他们来报告任何可疑的页面；其次，它们使用算法去识别出万维网中具有高密度互惠链接的联系紧密的子图；第三，它们通过人工来检查算法的结果，以确定嫌疑网站是否遵守规则。谷歌威胁将嫌疑站点以及与之互联的邻居站点们排除在索引之外，或者是降低他们的排名，以此劝阻制造垃圾链接的行为。

谷歌这一贬低链接农场 PageRank 的做法，在 2002 年至 2003 年间还在司法领域激起了波澜。搜索引擎优化公司 SearchKing 从 2001 年 2 月一直到 2002 年 8 月期间都经营得顺风顺水，其中部分原因便是由于它拥有高 PageRank，并且与客户分享了这个高 PageRank。拥有高 PageRank 的客户能拥有更多的流量，因此他们很乐意向 SearchKing 付费购买其排名提升服务。但是，在 2002 年 8 月之后的数月间，SearchKing 的总裁鲍勃·马萨（Bob Massa）眼看着他的谷歌工具条（请见第 28 页上文本框中的内容）所报告的 PageRank 估计值从 PR8 掉到了 PR4，然后又从 PR2 掉到了 PR0。他的客户当然也受到了牵连。客户们抱怨不断，而许多人就干脆跳船逃生了。盛怒的鲍勃·马萨在 2002 年 10 月 17 日开始行动，在俄克拉荷马西区联邦地区法院对谷歌提起了诉讼。SearchKing 的法律团队对谷歌提出了指控，要求赔付 75 000 美元的收入损失及审理费用，恢复公司及客户页面之前的PageRank，并公开 2002 年 8 月至 10 月间谷歌所使用的 PageRank 算法源代码。对阵双方都深知这个案子的重要性。案件的结果将成为优化公司与搜索引擎之间关系的一个案例。到 2002 年 12 月 30 日，谷歌准备好了一个有力、令人信服且经过仔细研究的答复，来应对 SearchKing 所提请的临时禁令动议，此外还进一步加上了一个拒绝受理的动议。谷歌的答复中主要有两个论点。首先，谷歌称 PageRank 实际是一种意见和看法，即该公司对于网页价值的一个评判。这些意见受到第一修正案的保护。实际上，谷歌的辩护团队引述了一个与之类似的与排名有关的先例，即征信所进行的排名。在 1999 年杰斐逊县 R-I 学区对穆迪投资服务公司（Jefferson County School District #R-I vs. Moody’s Investors Service, Inc.）一案中，正是同一个法院裁定认为，虽然穆迪对学校学区的低信用排名可能会伤害到该学区之前在公众眼中所具有的居住和就读的价值，但排名不过是一种意见的表达，因而受到第一修正案的保护。类似地，谷歌辩护团队辩称：

“谷歌所赋的 PageRank 值无法由客观证据来证明为真或假。SearchKing 怎么可能“证明”其“真正”的排名就应该是 4 或 6 或 8？可以确定的是，SearchKing 应该不是在做出如下暗示，即由谷歌加以排名的数十亿网页中的每一个都应该符合另一个“更为真实”的评价。如果它确信如此的话，那么它完全可以自由地开发自己的搜索服务，并使用它认为最为恰当的评判准则。”

谷歌还提到它所使用的爬虫仅对万维网的一小部分进行了索引，因此，谷歌并没有资格首先对 SearchKing 的页面进行索引，更不用说将它排在第一位了。

谷歌争辩的第二个部分。则是 SearchKing 的公开 PageRank 源代码的要求可能带来的“不可弥补的伤害”。如果原告能够（连同其他请求一起）证明，要是不阅读源代码，就会发生 SearchKing 所说的由于失去客户而给原告方带来的不可弥补的伤害的话，那么临时禁令的动议是可以通过的；但另一方面，如果该动议将给被告方带来不可弥补的伤害，那么临时禁令的动议就应当被驳回。谷歌给出了一份由工作于 PageRank 质量小组的谷歌软件工程师马修·卡兹（Matthew Cutts）所提供的宣誓口供。对于这个不可弥补性伤害的问题，卡兹说：

“谷歌内部开发的软件的源代码是由谷歌作为机密加以保管的，并且对于谷歌正在开展的业务具有极大的价值。的确，由这些源代码所编码的技术是谷歌最宝贵的财产……如果某个实体占有了谷歌专有的源代码，并企图操纵或滥用谷歌所具有的指导力或有用性，那谷歌就会遭受无法弥补的伤害，因为这会使谷歌的素质与评分的公正性以及公众对它所抱有的信任处于非常严重的险境。”

因此，对于可能出现的不可弥补的伤害，谷歌给出的情形要有力得多。

2003 年 5 月 27 日，法庭驳回了 SearchKing 提出的临时禁令的动议，并批准了谷歌提出的拒绝受理的动议。法庭最终认定，谷歌的 PageRank 完全受宪法保护。在谷歌最近所卷入的众多官司中，它赢下了这一场。（请见第 147 页上有关审查与隐私的杂谈。）我们这些为讲究道德的搜索引擎优化而奋斗的人们都欢欣于正义得到了伸张。不道德的排名提升，让我们回想起了小学时所遭遇的一个类似的不公平做法——在饮水器前的插队行为。不插队的人既不喜欢插队的人(SearchKing 的客户)，也不喜欢放人插队的人(鲍勃·马萨)。如果有老师在一旁盯着的话，不插队的人将会觉得更加安心。可以确信的是，谷歌和其他搜索引擎都一直在尽可能地盯着这种事情。不过，有些网民却认为，俄克拉荷马地区法庭的裁决只会使令人不安而且仍然在不断发展的**谷歌垄断**（Googleopoly，请见第 112 页上的杂谈）更加有机可乘。

我们并未能确切地知道谷歌是如何降低 SearchKing 的 PageRank 的，比如是通过算法，或者是通过一种有针对性的事后清算的方式来进行的。如果要通过算法把降低评分的功能加入 PageRank 模型，那种途径便是利用个性化向量 $\boldsymbol{v}^{\mathrm{T}}$。$\boldsymbol{v}^{\mathrm{T}}>0$ 时，那些对应于疑似或已知的链接农场页面的元素可以被设为接近于 0 的非常小的数。随着迭代 PageRank 算法的运行，这些页面评分将稍有降低，因为上网者跳转到这些页面的可能性变小了。当然，降低垃圾信息制造者页面评分的更简单的方法，就是在 PageRank 计算结束后，直接将这些页面的评分置为 PR0。在垃圾信息的问题上，更为困难的地方是如何识别出垃圾网页。

杂谈：谷歌炸弹

2001 年 4 月 6 日星期五，G 日：当时还是斯坦福大学计算机科学专业学生的亚当·马西斯（Adam Mathes），发起了有史以来第一次**谷歌炸弹**行动。亚当利用他发布的 Filler Friday 的网文敦促读者协助部署有史以来的第一枚国际谷歌炸弹。亚当指示读者们制作通向他朋友安迪·普雷斯曼（Andy Pressman）的主页的链接，而据亚当所说，超链接的锚文本正是谷歌炸弹的关键之处。亚当告诉他的读者们用“talentless hack”作为他们新建的超链接的锚文本，而这些超链接都指向了安迪·普雷斯曼的主页。亚当·马西斯聪明地发现了使用锚文本过程中的一个漏洞。只要有足够多的链接指向安迪·普雷斯曼的页面，并且这些链接的锚文本将该页面描述为“talentless hack”，谷歌就会认为这个被指向的页面的确与无能的雇佣文人这个话题相关，虽说这个词在安迪的页面中一次也未曾出现过。谷歌将安迪的页面归入了查询项“talentless”和“hack”的索引之中。谷歌从一开始就正确地注意到了锚文本对页面所具有的描述能力。实际上，锚文本在同义词关联中十分有用。如果有多个页面都指向一个与汽车（auto）有关的页面，但却使用了轿车（car）这个词，那这个 auto 页面也将被放在索引项 car 之下。当然，谷歌炸弹采用的是一种慢部署的机制——在炸弹爆炸之前，这些具有描述性锚文本的链接的数量需要得到不断的累积，因此需要足够的时间才能使得这些页面在谷歌的索引中的相关内容被更新。

2003 年 10 月 27 日星期一：乔治·约翰斯顿（George Johnston）利用他的**博客**（blog，一种互动式在线日记）发动了最负盛名的谷歌炸弹——针对乔治 W. 布什（George W. Bush）总统的“miserable failure”炸弹。到 2003 年 11 月末时，约翰斯顿宣称他所担负的作为这枚炸弹雷管的任务已告圆满完成。在 12 月，如果在谷歌中输入查询词“miserable failure”，则白宫官方的总统简介将作为排名第 1 的结果被显示出来。一名记者注意到，在指向布什简介的超过 800 个链接中，仅有 32 个在锚文本中使用了“miserable failure”这个词，这意味着谷歌炸弹不仅好玩，而且制作起来也容易。到 2004 年 1 月，使用“miserable failure”这个词的炸弹客们就不得不相互竞争了：搜索结果中的前四位分别是迈克尔·摩尔（Michael Moore）、布什总统、吉米·卡特（Jimmy Carter）和希拉里·克林顿（Hillary Clinton）。当然，恶作剧分子们也使用了其他短语，例如查询“French military victories”将会弹出一个提示拼写更正的页面“您是不是要找：French military defeats”，而查询“weapons of mass destruction”则会显示出一个类似于“404 未能找到页面”的错误页面。

谷歌的回应：谷歌最初对谷歌炸弹采取了一种听之任之的态度，并声称这种把戏只会影响到一些晦涩可笑的查询，而不会影响常见的、严肃的查询。此外，他们还声称谷歌的排名准确反映了万维网上的看法和意见：显然，许多网页制作者都赞同约翰斯顿，并认为布什的确是个可悲的失败者。但在其 2004 年 6 月 21 日的 IPO 存档中，谷歌称他们与包括这些炸弹客在内的垃圾信息制造者的战争正在“延续并升级”，并且他们正在改进战术，以求胜过这些垃圾信息制造者，并拆除掉炸弹。

第6章　PageRank的敏感性

心理学家们认为可以从一个人的敏感性来洞察他的个性。如果对于被喊到名字而敏感，那就表明他在童年时可能遭受过恶意中伤；如果对受到伤害感到敏感，则可能表明养育过于娇纵溺爱；而和老板相处时的火爆脾气，则说明可能对父母怀有愤恨，等等。对于PageRank模型而言，我们看来也同样可以通过它的敏感性来了解这个模型的个性。PageRank模型的敏感性，很能够揭示出一些关于它所给出的欢迎度评分的事情。例如，当 α 变得非常接近于1（其上限值）时，PageRank似乎就确实陷入了一种左右为难的境地。在本章中，我们将确切地说明，PageRank对于这类变换的反映究竟是怎样的。

实际上，分别对谷歌矩阵 $\boldsymbol{G}$ 的每个参数进行考察，就能够分析PageRank向量的敏感性。在第5章中，我们着重讲述了 $\boldsymbol{G}$ 对于三个特定参数即比例参数 α、超链接矩阵 $\boldsymbol{H}$ 和个性化向量 $\boldsymbol{v}^{\mathrm{T}}$ 的依赖性。在本章中，我们将就以上每个参数对PageRank向量的影响依次加以讨论。

6.1　对 α 的敏感性

在本节中，我们将通过导数来展示 α 的改变对于 $\boldsymbol{\pi}^{\mathrm{T}}$ 的影响。求导是寻找敏感性问题答案的一种经典工具。$\boldsymbol{\pi}^{\mathrm{T}}$ 对 α 求导所得的导数记为 $\mathrm{d}\boldsymbol{\pi}^{\mathrm{T}}(\alpha)/\mathrm{d}\alpha$，它可以告诉我们，当 α 发生轻微改变时，PageRank向量 $\boldsymbol{\pi}^{\mathrm{T}}$ 中的元素将会发生多少改变。如果 $\mathrm{d}\boldsymbol{\pi}^{\mathrm{T}}(\alpha)/\mathrm{d}\alpha$ 中的元素 j（记为 $\mathrm{d}\boldsymbol{\pi}_j(\alpha)/\mathrm{d}\alpha$）的幅值较大，那么就可以得出结论，即当 α 仅稍有增加时，$\boldsymbol{\pi}_j$（页面 P_j 的PageRank）也会对于 α 的这一小变动非常敏感。导数的符号也提供了重要信息：如果 $\mathrm{d}\boldsymbol{\pi}_j(\alpha)/\mathrm{d}\alpha>0$，则 α 的小幅增加便意味着 P_j 的PageRank将会有所提升；类似地，$\mathrm{d}\boldsymbol{\pi}_j(\alpha)/\mathrm{d}\alpha<0$ 则意味着PageRank将会下降。很重要的一点是我们要记住，$\mathrm{d}\boldsymbol{\pi}^{\mathrm{T}}(\alpha)/\mathrm{d}\alpha$ 仅是 $\boldsymbol{\pi}^{\mathrm{T}}$ 中的元素如何随 α 变化的情况的一个近似，而并未**精确地**描述它们的变化方式。尽管如此，对导数进行分析可以揭示出若干重要信息，来说明 α 的变化是如何影响 $\boldsymbol{\pi}^{\mathrm{T}}$ 的。

虽然参数 α 的值通常被设置为0.85，但从理论上来说，该参数值可以在 $0<\alpha<1$ 变化。显然，$\boldsymbol{G}$ 依赖于 α，因此有 $\boldsymbol{G}(\alpha)=\alpha\boldsymbol{S}+(1-\alpha)\boldsymbol{e}\boldsymbol{v}^{\mathrm{T}}$。如果能够求得导数 $\mathrm{d}\boldsymbol{\pi}^{\mathrm{T}}(\alpha)/\mathrm{d}\alpha$，那我们就能准确地回答 $\boldsymbol{\pi}^{\mathrm{T}}(\alpha)$ 对 α 究竟有多么敏感的问题，该导数给出了 $\boldsymbol{\pi}^{\mathrm{T}}(\alpha)$ 相对于 α 的小变动的变化率。但在进行求导之前，我们应当确认该导数具有良好的定义。分布 $\boldsymbol{\pi}^{\mathrm{T}}(\alpha)$ 是 $\boldsymbol{G}(\alpha)$ 的左特征向量（left-hand eigenvector），但特征向量的元素却并不一定是 $\boldsymbol{G}(\alpha)$ 中元素的可微（甚至是连续）函数[127,第497页]，因此 $\mathrm{d}\boldsymbol{\pi}^{\mathrm{T}}(\alpha)/\mathrm{d}\alpha$ 的存在性并非像扣篮那样十拿九稳。不过下面的定理则提供了我们所要的东西。（我们将本章中所有的证明都推后至最后一节，即6.5节中。）

定理 6.1.1 设 PageRank 向量由下式给出

$$\boldsymbol{\pi}^{\mathrm{T}}(\alpha) = \frac{1}{\sum_{i=1}^{n} D_i(\alpha)}(D_1(\alpha), D_2(\alpha), \cdots, D_n(\alpha))。$$

式中，$D_i(\alpha)$ 为 $\boldsymbol{I}-\boldsymbol{G}(\alpha)$ 中的第 i 个 $n-1$ 阶主子式。由于每个主子式 $D_i(\alpha)>0$ 都是 $\boldsymbol{I}-\boldsymbol{G}(\alpha)$ 中元素值的乘积之和，因此 $\boldsymbol{\pi}^{\mathrm{T}}(\alpha)$ 中的每个元素在（0，1）区间上都是 α 的一个可微函数。

下面的定理给出了导函数向量中单个元素取值的一个上界，以及这些元素之和（记为 1 – 范数）的一个上界。

定理 6.1.2 若 $\boldsymbol{\pi}^{\mathrm{T}}(\alpha)=(\pi_1(\alpha), \pi_2(\alpha), \cdots, \pi_n(\alpha))$ 为 PageRank 向量，则对每个 $j=1, 2, \cdots, n$，有

$$\left|\frac{\mathrm{d}\pi_j(\alpha)}{\mathrm{d}\alpha}\right| \leqslant \frac{1}{1-\alpha} \tag{6.1.1}$$

且

$$\left\|\frac{\mathrm{d}\boldsymbol{\pi}^{\mathrm{T}}(\alpha)}{\mathrm{d}\alpha}\right\|_1 \leqslant \frac{2}{1-\alpha}。 \tag{6.1.2}$$

定理 6.1.2 仅适用于较小的 α 值。对于较小的 α 值，定理 6.1.2 确保了 PageRank 作为谷歌参数 α 的函数，不会显得过于敏感。但是，随着 $\alpha\to1$，式（6.1.1）中的上界 $1/(1-\alpha)\to\infty$。因此，这一上界将变得越来越没有价值，因为这一上界的可达性无法得到保证。

但是我们却对较大的 α 值更加感兴趣，因为它们对万维网的真实链接结构赋予了更大的权重，而较小的 α 值却增加了人为制造的概率向量 $\boldsymbol{v}^{\mathrm{T}}$ 的影响。由于 PageRank 的基本想法就是要利用万维网的链接结构，因此选择接近于 1 的 α 值是一个自然的做法。而且有报道称谷歌使用了 $\alpha\approx0.85$ 的值[39,40]。因此，我们需要进一步地分析来确定 PageRank 对较大的 α 值的敏感性。以下的定理使我们对此有了更为清晰也更加完整的了解。

定理 6.1.3 若 $\boldsymbol{\pi}^{\mathrm{T}}(\alpha)$ 是谷歌矩阵 $\boldsymbol{G}(\alpha)=\alpha\boldsymbol{S}+(1-\alpha)\boldsymbol{e}\boldsymbol{v}^{\mathrm{T}}$ 所对应的 PageRank 向量，则

$$\frac{\mathrm{d}\boldsymbol{\pi}^{\mathrm{T}}(\alpha)}{\mathrm{d}\alpha} = -\boldsymbol{v}^{\mathrm{T}}(\boldsymbol{I}-\boldsymbol{S})(\boldsymbol{I}-\alpha\boldsymbol{S})^{-2}, \tag{6.1.3}$$

特别地，该导数的极限值如下

$$\lim_{\alpha\to0}\frac{\mathrm{d}\boldsymbol{\pi}^{\mathrm{T}}(\alpha)}{\mathrm{d}\alpha} = -\boldsymbol{v}^{\mathrm{T}}(\boldsymbol{I}-\boldsymbol{S}) \text{ 和} \lim_{\alpha\to1}\frac{\mathrm{d}\boldsymbol{\pi}^{\mathrm{T}}(\alpha)}{\mathrm{d}\alpha} = -\boldsymbol{v}^{\mathrm{T}}(\boldsymbol{I}-\boldsymbol{S})^{\#}。$$

式中，$(*)^{\#}$ 表示矩阵的群逆[46,122]。

所有随机矩阵的主特征值 $\lambda_1=1$ 均为半简的（semisimple）[127,第696页]，因此当 $\boldsymbol{S}$ 通过相似变换被简化为若当形（Jordan form）时，所得结果为

$$\boldsymbol{J} = \boldsymbol{X}^{-1}\boldsymbol{S}\boldsymbol{X} = \begin{pmatrix} \boldsymbol{I} & \boldsymbol{0} \\ \boldsymbol{0} & \boldsymbol{C} \end{pmatrix}, 1 \notin \sigma(\boldsymbol{C}) \Rightarrow (\boldsymbol{I}-\boldsymbol{S}) = \boldsymbol{X}\begin{pmatrix} \boldsymbol{0} & \boldsymbol{0} \\ \boldsymbol{0} & \boldsymbol{I}-\boldsymbol{C} \end{pmatrix}\boldsymbol{X}^{-1}$$

和

$$(\boldsymbol{I}-\boldsymbol{S})^{\#}=\boldsymbol{X}\begin{pmatrix}0 & 0\\ 0 & (\boldsymbol{I}-\boldsymbol{C})^{-1}\end{pmatrix}\boldsymbol{X}^{-1}。$$

矩阵 C 由与特征值 $\lambda_k \neq 1$ 相对应的**若当块**（Jordan block）$\boldsymbol{J}_*$ 组成，而在 $(\boldsymbol{I}-\boldsymbol{C})^{-1}$ 中对应的块为 $(\boldsymbol{I}-\boldsymbol{J}_*)^{-1}$。结合这一结果与定理6.1.3 就能清楚看出，当 $\alpha \rightarrow 1$ 时，$\boldsymbol{\pi}^{\mathrm{T}}(\alpha)$ 的敏感性由 $(\boldsymbol{I}-\boldsymbol{S})^{\#}$ 中元素的大小所决定。由于 $\|(\boldsymbol{I}-\boldsymbol{S})^{\#}\| \leqslant \kappa(\boldsymbol{X})\|(\boldsymbol{I}-\boldsymbol{C})^{-1}\|$，其中，$\kappa(\boldsymbol{X})$ 为 X 的条件数（condition number），因此当 $\alpha \rightarrow 1$ 时 $\boldsymbol{\pi}^{\mathrm{T}}(\alpha)$ 的敏感性主要由 $\|(\boldsymbol{I}-\boldsymbol{C})^{-1}\|$ 的大小所决定，而它又由 $|1-\lambda_2|^{-1}$（以及 λ_2 的下标）所决定，其中 $\lambda_2 \neq 1$ 为 $\boldsymbol{S}$ 的最接近 $\lambda_1=1$ 的特征值。换而言之，若 λ_2 越接近于 $\lambda_1=1$，则当 α 接近于 1 时，$\boldsymbol{\pi}^{\mathrm{T}}(\alpha)$ 就越敏感。

一般来说，具有接近于 1 的次主特征值的随机矩阵，它们表示了近非耦合链（nearly uncoupled chain）[85]（又称为近完全可分解链（nearly completely decomposable chain））。这些链中的状态形成了若干团簇，团簇内部的状态间存在着紧密的链接，而在团簇之间则仅存在稀疏的链接，即我们可以把状态进行如此排序，以使得转移概率矩阵形如 $\boldsymbol{S}=\boldsymbol{D}+\varepsilon\boldsymbol{E}$，其中，$\boldsymbol{D}$ 是一个分块对角阵，$\|\boldsymbol{E}\| \leqslant 1$，而 $0 \leqslant \varepsilon < 1$ 相对于 1 而言为小值。

由万维网链接结构所定义的链几乎是近非耦合的（基于专业兴趣、宗教兴趣以及地域方面等因素的考虑，将造成大量由紧密耦合的结点所构成的相互间弱链接的团簇），所以可以预计矩阵 $\boldsymbol{S}$ 具有非常接近于 $\lambda_1=1$ 的次主特征值。因此，当 α 增大时，PageRank 向量对于 α 的变动将显得越来越敏感，而当 $\alpha \approx 1$ 时，PageRank 极为敏感。总结以上事实，便可得如下结论。

PageRank 敏感性的总结

作为参数 α 的函数，PageRank 向量 $\boldsymbol{\pi}^{\mathrm{T}}(\alpha)$ 对于 α 值的微小变化的敏感性如下。

- 对于小的 α 值，PageRank 对 α 的微小变动不敏感。
- 当 α 值变大时，PageRank 对 α 的微小扰动变得越来越敏感。
- 对于接近于 1 的 α 值，PageRank 对 α 值的微小改变非常敏感，敏感度由 $\boldsymbol{S}$ 的近非耦合的程度所决定。

平衡措施

较大的 α 值赋予万维网的真实链接结构以更大的权重，而较小的 α 值则增加了人为生成的概率向量 $\boldsymbol{v}^{\mathrm{T}}$ 的影响。由于 PageRank 本身的想法便是利用万维网的链接结构，因此选择接近于 1 的 α 值更为可取。但这也是 PageRank 变得最为敏感的情形，因此对 α 必须适度取值——据报导，谷歌使用了 $\alpha \approx 0.85$ 的这一取值[39,40]。

我们用一个数值示例来作为本节的结束，在示例中，我们将考察两个相关网络图的矩阵特征值和 PageRank 向量。

例 1 如图 6.1 所示为一个小型网络图。

表 6.1 给出了与该图有关的三个矩阵的特征值（按幅值排序）：原始超链接矩阵 $\boldsymbol{H}$、随机矩阵 $\boldsymbol{S}$ 和谷歌矩阵 $\boldsymbol{G}$。表中还给出了不同 α 值下的 PageRank 值和排名。

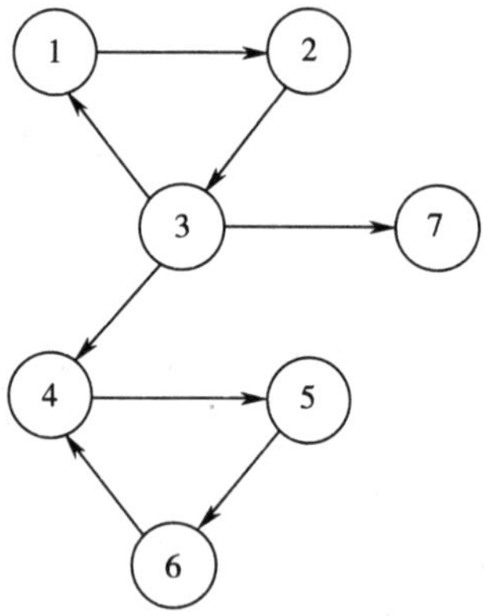

图 6.1 由 7 个页面所构成的网络有向图

表 6.1 图 6.1 中的 7 结点图的特征值和 PageRank 向量

		$\alpha=0.8$			$\alpha=0.9$			$\alpha=0.99$		
$\sigma(\boldsymbol{H})$	$\sigma(\boldsymbol{S})$	$\sigma(\boldsymbol{G})$	$\boldsymbol{\pi}^{\mathrm{T}}$	排名	$\sigma(\boldsymbol{G})$	$\boldsymbol{\pi}^{\mathrm{T}}$	排名	$\sigma(\boldsymbol{G})$	$\boldsymbol{\pi}^{\mathrm{T}}$	排名
1	1	1	0.064 1	6	1	0.040 4	6	1	0.005 4	6
-0.50+0.87i	-0.50+0.87i	-0.40+0.69i	0.087 1	5	-0.45+0.78i	0.055 8	5	-0.50+0.86i	0.007 5	5
-0.50-0.87i	-0.50-0.87i	-0.40-0.69i	0.105 6	4	-0.45-0.78i	0.069 7	4	-0.50-0.86i	0.009 6	4
-0.35+0.60i	0.799 1	0.639 3	0.237 2	1	0.719 2	0.272 0	1	0.791 1	0.325 3	1
-0.35-0.60i	-0.33+0.61i	-0.26+0.49i	0.225 6	2	-0.30+0.55i	0.265 3	2	-0.33+0.60i	0.324 0	2
0.693 4	-0.33-0.61i	-0.26-0.49i	0.216 4	3	-0.30-0.55i	0.257 3	3	-0.33-0.60i	0.323 1	3
0	0	0	0.064 1	6	0	0.040 4	6	0	0.005 4	6

根据 PageRank，页面由最重要到最不重要的顺序排序为（4 5 6 3 2 1 7）。表 6.1 揭示了若干事实。首先，作为图的可约性和周期性的结果，$\boldsymbol{S}$ 具有数个落在单位圆上的特征值，因此 $|\lambda_2(\boldsymbol{G})|=\alpha$； 其次，随着 $\alpha\to1$，PageRank 值的确发生了值得注意的变化，但是在这个例子中，实际排名并未改变。在更大规模的图上进行的其他实验表明，当 $\alpha\to1$ 时，排名也可以发生改变[158]。（我们之后将在 6.4 节中讨论 PageRank 值的敏感性和 PageRank **排名**的敏感性对比的问题；）第三，$\boldsymbol{S}$ 的次最大幅值特征值为 0.799 1。在本节中，我们强调，这个值（它同时也衡量了马尔可夫链的耦合程度）决定了 PageRank 向量的敏感性。由于 0.799 1 并非接近于 1，我们预计本例中的链对于小的改变相当不敏感。下面让我们来检验一下这个假设。我们通过增加一条由页面 6 到页面 5 的超链接来对该链造成一个扰动。如此一来，$\boldsymbol{H}$ 的第 6 行便发生了改变，即 $\boldsymbol{H}_{64}=\boldsymbol{H}_{65}=0.5$。表 6.2 给出了特征值和 PageRank 的变化。

在仅仅增加了一条链接之后，按重要性从高到低的页面排序就变成了（5 6 4 3 2 1 7）。将新的排序和原来的排序相比较，我们可以看到，页面 4 的排名从第 1 位下滑

表 6.2 图 6.1 中的 7 结点图受到扰动之后的特征值和 PageRank 向量

		α=0.8			α=0.9			α=0.99		
$\sigma(\boldsymbol{H})$	$\sigma(\boldsymbol{S})$	$\sigma(\boldsymbol{G})$	$\boldsymbol{\pi}^{\mathrm{T}}$	排名	$\sigma(\boldsymbol{G})$	$\boldsymbol{\pi}^{\mathrm{T}}$	排名	$\sigma(\boldsymbol{G})$	$\boldsymbol{\pi}^{\mathrm{T}}$	排名
1	1	1	0.064 1	6	1	0.040 4	6	1	0.005 4	6
-0.50+0.50i	0.799 1	0.639 3	0.087 1	5	0.719 2	0.055 8	5	0.799 1	0.007 5	5
-0.50-0.50i	-0.50+0.50i	-0.40+0.40i	0.105 6	4	-0.45+0.45i	0.069 7	4	-0.50+0.50i	0.009 6	4
0.693 4	-0.50-0.50i	-0.40-0.40i	0.163 7	3	-0.45-0.45i	0.176 5	3	-0.50-0.50i	0.196 8	3
-0.35+0.60i	-0.33+0.61i	-0.26+0.49i	0.266 4	1	-0.30+0.55i	0.314 5	1	-0.33+0.60i	0.388 5	1
-0.35-0.60i	-0.33-0.61i	-0.26-0.49i	0.249 1	2	-0.30-0.55i	0.302 5	2	-0.33-0.60i	0.384 8	2
0	0	0	0.064 1	6	0	0.040 4	6	0	0.005 4	6

到了第 3 位。对比受到扰动前后链的 PageRank 值可见，只有页面 4、5 和 6 的 PageRank 值发生了变化（这又是链的可约性带来的结果）。

在例 2 中，我们考虑一个与上图相关的图，其中 $\boldsymbol{S}$ 的次主特征值的绝对值接近于 1。在这种情况下，我们预期此时的 PageRank 向量对小的变化将比在例 1 中更加敏感。

例 2 在这个例子中，我们将在例 1 的图上应用 5.2 节中的智能上网者（intelligent surfer）模型，而不是一视同仁的随机上网者（random surfer）模型。假设智能上网者确定了一个新的至页面 3 的链接概率，如图 6.2 所示。

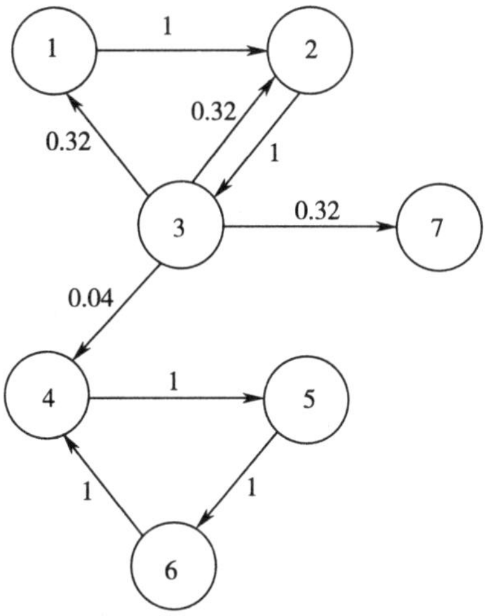

图 6.2 由 7 个页面所构成的智能上网者的图

注意，我们的智能上网者决定增加由页面 1、2、3 和 7 所构成的簇的内部链接概率，同时大幅降低了跳转到由页面 4、5 和 6 所构成的另一个簇的概率。随机矩阵 $\boldsymbol{S}$ 的解耦程度因此将变得更高。当然，我们设计这个例子是有目的性的，我们就是要使得 $\boldsymbol{S}$ 的次主特征值的绝对值接近于 1。解耦程度的提高是显而易见的——在本例中，$\lambda_2(\boldsymbol{S})=0.919\ 3$，而在例 1 中为 0.799 1。表 6.3 给出了这幅新图所对应的特征值和 PageRank 向量。

表 6.3　图 6.2 中智能上网者图的特征值和 PageRank 向量

		α = 0.8			α = 0.9			α = 0.99		
$\sigma(\boldsymbol{H})$	$\sigma(\boldsymbol{S})$	$\sigma(\boldsymbol{G})$	$\boldsymbol{\pi}^T$	排名	$\sigma(\boldsymbol{G})$	$\boldsymbol{\pi}^T$	排名	$\sigma(\boldsymbol{G})$	$\boldsymbol{\pi}^T$	排名
1	1	1	0.073 6	6	1	0.053 8	6	1	0.009 9	6
−0.50 + 0.87i	−0.50 + 0.87i	−0.40 + 0.70i	0.132 4	5	−0.45 + 0.78i	0.102 2	5	−0.50 + 0.86i	0.019 7	5
−0.50 − 0.87i	−0.50 − 0.87i	−0.40 − 0.70i	0.142 9	4	−0.45 − 0.78i	0.113 2	4	−0.50 − 0.86i	0.022 4	4
0.837 8	0.919 3	0.735 4	0.194 3	1	0.827 4	0.227 1	1	0.910 1	0.313 0	1
−0.42 + 0.43i	−0.39 + 0.44i	−0.31 + 0.36i	0.192 4	2	−0.35 + 0.40i	0.225 6	2	−0.38 + 0.44i	0.312 7	2
−0.42 − 0.43i	−0.39 − 0.44i	−0.31 − 0.36i	0.190 9	3	−0.35 − 0.40i	0.224 2	3	−0.33 − 0.44i	0.312 4	3
0	0	0	0.073 6	6	0	0.053 8	6	0	0.009 9	6

注意，图 6.2 中的页面按重要性由高到低排序为（4　5　6　3　2　1　7）。现在，让我们按照在例 1 中的做法，施加一个相同的扰动（增加一条由页面 6 至页面 5 的超链接，使得 $H_{64} = H_{65} = 0.5$）。表 6.4 展示了这一扰动对于 PageRank 向量的影响。

表 6.4　图 6.2 中智能上网者受到扰动后的特征值和 PageRank 向量

		α = 0.8			α = 0.9			α = 0.99		
$\sigma(\boldsymbol{H})$	$\sigma(\boldsymbol{S})$	$\sigma(\boldsymbol{G})$	$\boldsymbol{\pi}^T$	排名	$\sigma(\boldsymbol{G})$	$\boldsymbol{\pi}^T$	排名	$\sigma(\boldsymbol{G})$	$\boldsymbol{\pi}^T$	排名
1	1	1	0.073 6	6	1	0.053 8	6	1	0.009 9	6
0.837 8	0.919 3	0.735 4	0.132 4	4	0.827 4	0.102 2	5	0.910 1	0.019 7	5
−0.50 + 0.50i	−0.50 + 0.50i	−0.40 + 0.40i	0.142 9	3	−0.45 + 0.45i	0.113 2	4	−0.50 + 0.50i	0.022 4	4
−0.50 − 0.50i	−0.50 − 0.50i	−0.40 − 0.40i	0.129 4	5	−0.45 − 0.45i	0.143 9	3	−0.50 − 0.50i	0.188 9	3
−0.42 + 0.45i	−0.39 + 0.44i	−0.31 + 0.36i	0.228 4	1	−0.35 + 0.40i	0.269 4	1	−0.38 + 0.44i	0.375 0	1
−0.42 − 0.45i	−0.39 − 0.44i	−0.31 − 0.36i	0.219 7	2	−0.35 − 0.40i	0.263 6	2	−0.38 − 0.44i	0.374 1	2
0	0	0	0.073 6	6	0	0.053 8	6	0	0.009 9	6

在进行了扰动后，页面按重要性由高到低排序为（5　6　3　2　4　1　7）。页面 4 在这个排名榜中下滑得更加靠后。对于同样的微小扰动，例 2 中的排名和 PageRank 向量两者都比例 1 中要更为敏感。这清晰地展示了 $\lambda_2(S)$ 对于 PageRank 向量敏感性的影响。

最近，南加州大学的研究者们对 PageRank 在 α 发生改变时的行为进行了研究，以图能够发现垃圾链接制造者[164]。所得结果看来前景光明。他们的方法成功地辨识出了“串谋”的页面，即通过链接农场或链接交换方案串通一气、以相互提高 PageRank 排名的那些页面。他们还给出了一个稍加修改的 PageRank 算法，能够降低所辨识出的串谋页面中链接的价值。

意大利的研究者通过考察更高阶的导数而非本节所给出的简单的一阶导数，对 PageRank 关于 α 的敏感性的研究工作进行了拓展[32]。

6.2　对 H 的敏感性

在这一节里，我们的问题是：$\boldsymbol{\pi}^T$ 对于 $\boldsymbol{H}$ 中的变化有多敏感？传统扰动分析[121]指出，对于转移矩阵为 $\boldsymbol{P}$ 而稳态向量为 $\boldsymbol{\pi}^T$ 的马尔可夫链

$$\boldsymbol{\pi}^T \text{ 对于 } \boldsymbol{P} \text{ 中的扰动敏感} \Leftrightarrow |\lambda_2(\boldsymbol{P})| \approx 1。$$

对于 PageRank 问题，我们已知 $|\lambda_2(G)| \leqslant \alpha$；进一步地，对于一个可约的 S，有 $\lambda_2(G) = \alpha$。因此当 $\alpha \to 1$ 时，由前一节可知，PageRank 向量将对 G 中的变化越来越敏感，而 G 与 α、H 和 v^T 有关。因此在本节中，我们将孤立地考虑超链接结构变化的影响（H 的变化对于 PageRank 向量的敏感性的影响）。通过计算如下的导数，我们可以了解更多的对超链接变化的敏感性的知识。

$$\frac{d\pi^T(h_{ij})}{dh_{ij}} = \alpha\pi_i(e_j^T - v^T)(I - \alpha S)^{-1}。 \tag{6.2.1}$$

α 的影响是一目了然的。当 $\alpha \to 1$ 时，$(I - \alpha S)^{-1}$ 中的元素趋向于无穷大，PageRank 向量对于网络图结构中的微小变化也更为敏感。但由上式还能看到另一个相当符合常识的结果：相比于改变一个不重要的页面中的链接而言，增加一条链接，或者增加某个重要页面（即 π_i 具有大的值）中链接的权重，将对 PageRank 向量的敏感性有着更大的影响。

6.3　对 v^T 的敏感性

最后，我们考虑改变个性化向量 v^T 带来的影响。首先，我们计算 π^T 对 v^T 的导数。

$$\frac{d\pi^T(v^T)}{dv^T} = (1 - \alpha + \alpha\sum_{i\in D}\pi_i)(I - \alpha S)^{-1}, \tag{6.3.1}$$

式中，D 是悬挂结点集合。

式 6.3.1 使我们了解到 π^T 对 v^T 的敏感性的两个方面。首先，这个敏感性依赖于 α。当 $\alpha \to 1$ 时，$(I - \alpha S)^{-1}$ 中的元素趋向于无穷大，因此我们可以再次得出结论，即当 $\alpha \to 1$ 时，π^T 逐渐变得更为敏感。这里并没有什么新东西。但是，第二个解读则包含了更多的内容。如果悬挂结点总体而言包括了 PageRank 中的一个较大部分（即 $\sum_{i\in D}\pi_i$ 较大）的话，则 PageRank 向量对于个性化向量 v^T 中的变化更为敏感。这一点也与常识相吻合。如果悬挂结点集总的来说较为重要，那么随机上网者将更频繁地对其进行重复访问，从而也更频繁地依照 v^T 中给出的跳转概率来改变位置。因此，随机上网者的行动以及由此而得的 PageRank 值的分布对于跳转向量 v^T 中的变化具有敏感性。

PageRank 问题的基本矩阵

无论是在本章的敏感性分析还是在下一章的线性系统形式化中，矩阵 $(I - \alpha S)^{-1}$ 在 PageRank 问题中都扮演着基础性的角色，因此我们称之为 PageRank 问题的**基本矩阵**（fundamental matrix）。

6.4　其他敏感性分析

另外三个研究小组也对 PageRank 向量的敏感性和稳定性进行了考察，他们是加州大学伯克利分校的吴 Ng 等人、意大利锡耶纳的比安奇尼（Bianchini）等和多伦多大学的鲍罗丁（Borodin）等学者。这三个小组都对旧的 PageRank 向量 $\boldsymbol{\pi}^{\mathrm{T}}$ 和更新后的 PageRank 向量 $\tilde{\boldsymbol{\pi}}^{\mathrm{T}}$ 之差计算出了某个上界[29,113,133]。

$$\|\boldsymbol{\pi}^{\mathrm{T}}-\tilde{\boldsymbol{\pi}}^{\mathrm{T}}\|_1 \leqslant \frac{2\alpha}{1-\alpha}\sum_{i\in U}\pi_i。$$

式中，U 是所有更新过的页面的集合。（证明将在 6.5 节中给出，请见第 69 页。）这一上界给出了对敏感性的另一种解释：只要 α 不接近于 1，且被更新的页面的 PageRank 值不高，那么更新后 PageRank 值的变化将不会很大。让我们考虑上界中的两个因子 $2\alpha/(1-\alpha)$ 和 $\sum_{i\in U}\pi_i$。

作为示例，我们假设 $\alpha=0.8$，而所有更新过的页面的旧 PageRank 值的总和 $\sum_{i\in U}\pi_i$ 为 10^{-6}。则常数因子 $2\alpha/(1-\alpha)=8$，这意味着新旧 PageRank 向量之差的 1 范数 $\|\boldsymbol{\pi}^{\mathrm{T}}-\tilde{\boldsymbol{\pi}}^{\mathrm{T}}\|_1$ 最多为 8×10^{-6}。此时，PageRank 值对于万维网的更新相当不敏感。随着 $\alpha\to1$，这个上界逐渐变得越来越没有用。这一界限是否有意义，取决于 $\sum_{i\in U}\pi_i$ 能在多大程度上抵消掉 $2\alpha/(1-\alpha)$ 的增加。有两个因素影响了 $\sum_{i\in U}\pi_i$ 的大小：被更新的页面数量，以及这些被更新页面的 PageRank 值。由此也暴露出了上述界限的另一个局限性，即它并没有提供多少帮助，来回答如下这个更有意思也更为自然的问题："当具有高 PageRank 值的页面被更新时，PageRank 将会发生何种改变?" 例如，对于如亚马逊网站这样受欢迎的、具有高排名的页面，发生于其上的改变将会如何影响整个排名？6.2 节已经对这一问题给出了更为完整的回答。

PageRank 和垃圾链接

旧的 **PageRank** 向量 $\boldsymbol{\pi}^{\mathrm{T}}$ 和更新后的 PageRank 向量 $\tilde{\boldsymbol{\pi}}^{\mathrm{T}}$ 之差由如下界限所约束：

$$\|\boldsymbol{\pi}^{\mathrm{T}}-\tilde{\boldsymbol{\pi}}^{\mathrm{T}}\|_1 \leqslant \frac{2\alpha}{1-\alpha}\sum_{i\in U}\pi_i。\tag{6.4.1}$$

式中，U 是所有被更新的页面的集合。

- 当 α 取小值并且被更新页面的集合具有较小的总 PageRank 值时，这个界限是有用的。只要 α 不接近于 1 而且被更新的页面不具有高的 PageRank，则更新后的 PageRank 值相比于原来的 PageRank 值就不会有大的改变。
- 另一方面，这个界限并未告诉我们 PageRank 对于受欢迎的高 PageRank 页面的改变的敏感性如何。
- 利用式（6.4.1）中的界限，研究者们[29]对于垃圾链接的有效性做出了如下的陈述：
  "……PageRank 的一个很好的性质是某个团体仅能对整个万维网的总 PageRank 造成非常有限的改变。因此，不论这种改变是通过何种方式发生，非权威性的团体无法显著影响全局的 PageRank。"

这一界限巩固了如下的基本想法，即优化的把戏要么是让若干高 PageRank 的页面指向你的页面，要么是让许多较低 PageRank 的页面指向你的页面。其他的从数学上来说与 PageRank 有关的最优链接策略请见参考文献［12］。

第四组研究者于最近才加入了有关稳定性的讨论。SALSA 算法[114]（请见第 12 章）的发明者罗尼·伦佩尔（Ronny Lempel）和什洛莫·莫兰（Shlomo Moran）进一步地区分了稳定性的定义。在参考文献［115］中，他们注意到，算法稳定性（关注于赋予页面的**值**的发散性的）已经得到了充分研究，但排名稳定性（rank-stability）的概念（首先由鲍罗丁等[36]提出并研究）却并非如此，这个稳定性的概念说明了页面的**排名**在底层的网络图发生变化时，其易变的程度有多大。例如，假设有

$$\boldsymbol{\pi}^{\mathrm{T}} = (0.198 \quad 0.199 \quad 0.20 \quad 0.201 \quad 0.202)$$

以及

$$\tilde{\boldsymbol{\pi}}^{\mathrm{T}} = (0.202 \quad 0.201 \quad 0.20 \quad 0.199 \quad 0.198),$$

更新前后的 PageRank 值并未发生大的改变，因为 $\| \boldsymbol{\pi}^{\mathrm{T}} - \tilde{\boldsymbol{\pi}}^{\mathrm{T}} \|_1 = 0.012$，但是**排名**却反了过来。伦佩尔和莫兰证明，PageRank 值的稳定性不能保证排名的稳定性。实际上，他们给出了一个小例子，表明哪怕是一个排名非常低的页面中的仅仅一条出链的改变，就可以使整个排名完全颠倒过来！他们同时还引入了运行时间稳定性这个有趣的概念，促使研究者们去审视图中的小扰动对于某个算法运行时间的影响。

备注 我们从本书的开头就一直在强调万维网的动态性。但是，由于网页内容变化得并不十分频繁，所以我们只考虑了万维网图结构中的改变。图的改变将影响 PageRank 的值，而内容的改变则会影响第 1 章和第 2 章中所介绍的倒排索引。万维网图的更新可以有两种方式：链接更新和结点更新。本章中对敏感性和更新的分析均假设万维网的更新只是链接更新，即超链接的增减，而结点更新即网页的增减则并未被考虑在内。分析结点更新是一个更为困难的问题，我们将推后到第 10 章再来进行介绍。

杂谈：RankPulse

网站 www. rankpulse. com 使用了谷歌的网络应用程序接口（Web Application Programming Interface，Web API，请见第 97 页上的杂谈）来监视 1000 个查询所返回的前 10 名网站的排名起伏。尽管无法获得精确的 PageRank 值，但 RankPulse 的制作者们巧妙地绕开了这个问题。他们仅仅跟踪谷歌对诸如“basketball”这样的查询所返回结果的第一页（即前 10 名的列表），并留意观察这 10 个网站是如何费尽心机地去争取更高排名。每一天，他们都记录下这些网站以及它们在前 10 名列表中的位置，然后将这些排名对时间作图。图 6.3 显示了 2004 年 7 月 26 日这一天针对查询项“basketball”所绘制的 RankPulse 图。

在该图中仅包括了 10 个可用网站中的 5 个，以避免图中的曲线过于杂乱。网站 www. nba. com 和 www. basketball. com 历来都是头两位的固定保持者，而 www. fiba. com 和 www. wnba. com 这两个网站的排名则在前 10 的范围内有所波动。美国女子职业篮球联赛（WNBA）网站的波动可由该联盟的赛季安排和频繁变动来解释——三月份的大型高校巡回赛、对四月份的赛季草案的预测和准备以及之后五月到九月的整个赛季。

由于谷歌的总排名是内容评分和 PageRank 受欢迎度评分的综合，因此很难在 RankPulse 图中孤立的去看 PageRank 的敏感性。尽管如此，这些图表仍然给出了所选网页谷歌

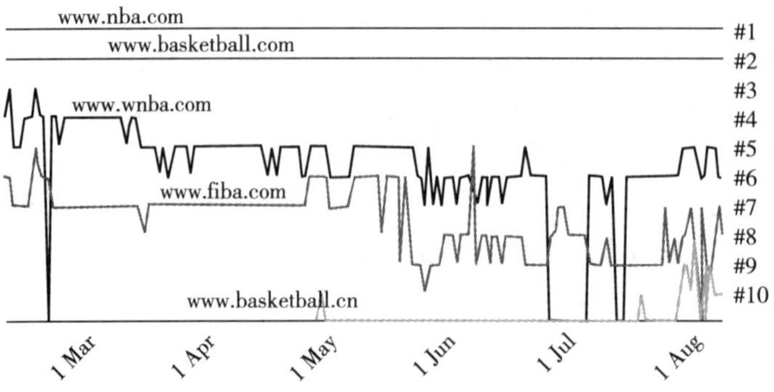

图 6.3　查询项 basketball 的 RankPulse 图

排名的敏感性的某些近似。

6.5　有关敏感性的定理和证明

定理 6.1.1　设 PageRank 向量由下式给出

$$\boldsymbol{\pi}^{\mathrm{T}}(\alpha)=\frac{1}{\sum_{i=1}^{n}D_i(\alpha)}(D_1(\alpha),D_2(\alpha),\cdots,D_n(\alpha))。$$

式中，$D_i(\alpha)$ 为 $\boldsymbol{I}-\boldsymbol{G}(\alpha)$ 中的第 i 个 $n-1$ 阶主子式。由于每个主子式 $D_i(\alpha)>0$ 都是 $\boldsymbol{I}-\boldsymbol{G}(\alpha)$ 中元素值的乘积之和，因此 $\boldsymbol{\pi}^{\mathrm{T}}(\alpha)$ 中的每个元素在（0，1）区间上都是 α 的一个可微函数。

证明　为方便起见，令 $\boldsymbol{G}=\boldsymbol{G}(\alpha)$，$\boldsymbol{\pi}^{\mathrm{T}}(\alpha)=\boldsymbol{\pi}^{\mathrm{T}},D_i=D_i(\alpha)$，并设 $\boldsymbol{A}=\boldsymbol{I}-\boldsymbol{G}$。若 $\mathrm{adj}(\boldsymbol{A})$ 表示余子式矩阵（matrix of cofactors，常称为伴随矩阵（adjugate matrix 或 adjoint matrix））的转置，则

$$\boldsymbol{A}[\mathrm{adj}(\boldsymbol{A})]=\boldsymbol{0}=[\mathrm{adj}(\boldsymbol{A})]\boldsymbol{A}。$$

由佩隆-弗罗贝尼乌斯（Perron-Frobenius）定理可得，$\mathrm{rank}(\boldsymbol{A})=n-1$，因此 $\mathrm{rank}(\mathrm{adj}(\boldsymbol{A}))=1$。此外，佩隆-弗罗贝尼乌斯定理还保证 $[\mathrm{adj}(\boldsymbol{A})]$ 的每一列都是 $\boldsymbol{e}$ 的倍数，因此 $[\mathrm{adj}(\boldsymbol{A})]=\boldsymbol{e}\boldsymbol{w}^{\mathrm{T}}$，其中，$\boldsymbol{w}$ 为一个向量。但是 $[\mathrm{adj}(\boldsymbol{A})]_{ii}=D_i$，因此 $\boldsymbol{w}^{\mathrm{T}}=(D_1,D_2,\cdots,D_n)$。类似地，$[\mathrm{adj}(\boldsymbol{A})]\boldsymbol{A}=\boldsymbol{0}$ 保证 $[\mathrm{adj}(\boldsymbol{A})]$ 中的每一列都是 $\boldsymbol{\pi}^{\mathrm{T}}$ 的某个倍数，因此对某个 α，有 $\boldsymbol{w}^{\mathrm{T}}=\alpha\boldsymbol{\pi}^{\mathrm{T}}$ 成立。这个标量 α 不可能为 0，否则有 $[\mathrm{adj}(\boldsymbol{A})]=\boldsymbol{0}$，而这不可能。因此，$\boldsymbol{w}^{\mathrm{T}}\boldsymbol{e}=\alpha\neq0$，且 $\boldsymbol{w}^{\mathrm{T}}/(\boldsymbol{w}^{\mathrm{T}}\boldsymbol{e})=\boldsymbol{w}^{\mathrm{T}}/\alpha=\boldsymbol{\pi}^{\mathrm{T}}$。■

定理 6.1.2　若 $\boldsymbol{\pi}^{\mathrm{T}}(\alpha)=(\pi_1(\alpha),\pi_2(\alpha),\cdots,\pi_n(\alpha))$ 为 PageRank 向量，则对每个 $j=1,2,\cdots,n$，有

$$\left|\frac{\mathrm{d}\pi_j(\alpha)}{\mathrm{d}\alpha}\right|\leqslant\frac{1}{1-\alpha}\tag{6.1.1}$$

且

$$\left\|\frac{\mathrm{d}\boldsymbol{\pi}^{\mathrm{T}}(\alpha)}{\mathrm{d}\alpha}\right\|_1\leqslant\frac{2}{1-\alpha}。\tag{6.1.2}$$

证明　首先计算 $d\boldsymbol{\pi}^T(\alpha)/d\alpha$。由 $\boldsymbol{\pi}^T(\alpha)\boldsymbol{e}=1$ 得

$$\frac{d\boldsymbol{\pi}^T(\alpha)}{d\alpha}\boldsymbol{e}=0。$$

利用上式，并对

$$\boldsymbol{\pi}^T(\alpha)=\boldsymbol{\pi}^T(\alpha)[\alpha\boldsymbol{S}+(1-\alpha)\boldsymbol{e}\boldsymbol{v}^T]$$

的两边同时求导，可得

$$\frac{d\boldsymbol{\pi}^T(\alpha)}{d\alpha}(\boldsymbol{I}-\alpha\boldsymbol{S})=\boldsymbol{\pi}^T(\alpha)(\boldsymbol{S}-\boldsymbol{e}\boldsymbol{v}^T)$$

矩阵 $\boldsymbol{I}-\alpha\boldsymbol{S}(\alpha)$ 非奇异，因为 $\alpha<1$ 保证了 $\rho(\alpha\boldsymbol{S}(\alpha))<1$，因此

$$\frac{d\boldsymbol{\pi}^T(\alpha)}{d\alpha}=\boldsymbol{\pi}^T(\alpha)(\boldsymbol{S}-\boldsymbol{e}\boldsymbol{v}^T)(\boldsymbol{I}-\alpha\boldsymbol{S})^{-1}。\qquad(6.5.1)$$

式（6.1.1）证明中的关键是如下的不等式。对于每个实的 $\boldsymbol{x}\in\boldsymbol{e}^{\perp}$（$\mathrm{span}\{\boldsymbol{e}\}$ 的正交补）以及所有实向量 $\boldsymbol{y}_{n\times 1}$，有

$$|\boldsymbol{x}^T\boldsymbol{y}|\leqslant\|\boldsymbol{x}\|_1\left(\frac{y_{\max}-y_{\min}}{2}\right)。\qquad(6.5.2)$$

这是赫尔德不等式（Hölder's inequality）的一个推论，因为对所有实数 α，有

$$|\boldsymbol{x}^T\boldsymbol{y}|=|\boldsymbol{x}^T(\boldsymbol{y}-\alpha\boldsymbol{e})|\leqslant\|\boldsymbol{x}\|_1\ \|\boldsymbol{y}-\alpha\boldsymbol{e}\|_\infty$$

以及 $\min_\alpha\|\boldsymbol{y}-\alpha\boldsymbol{e}\|_\infty=(y_{\max}-y_{\min})/2$，当 $\alpha=(y_{\max}+y_{\min})/2$ 时可取到极小值。由式（6.5.1）可得

$$\frac{d\pi_j(\alpha)}{d\alpha}=\boldsymbol{\pi}^T(\alpha)(\boldsymbol{S}-\boldsymbol{e}\boldsymbol{v}^T)(\boldsymbol{I}-\alpha\boldsymbol{S})^{-1}\boldsymbol{e}_j。$$

式中，$\boldsymbol{e}_j$ 是第 j 个标准基向量（即 $\boldsymbol{I}_{n\times n}$ 的第 j 列）。由于 $\boldsymbol{\pi}^T(\alpha)(\boldsymbol{S}-\boldsymbol{e}\boldsymbol{v}^T)\boldsymbol{e}=0$ 成立，因此不等式（6.5.2）可用于

$$\boldsymbol{y}=(\boldsymbol{I}-\alpha\boldsymbol{S})^{-1}\boldsymbol{e}_j,$$

由此得

$$\left|\frac{d\pi_j(\alpha)}{d\alpha}\right|\leqslant\|\boldsymbol{\pi}^T(\alpha)(\boldsymbol{S}-\boldsymbol{e}\boldsymbol{v}^T)\|_1\left(\frac{y_{\max}-y_{\min}}{2}\right),$$

但是 $\|\boldsymbol{\pi}^T(\alpha)(\boldsymbol{S}-\boldsymbol{e}\boldsymbol{v}^T)\|_1\leqslant 2$，因此

$$\left|\frac{d\pi_j(\alpha)}{d\alpha}\right|\leqslant y_{\max}-y_{\min}。$$

现在，根据 $(\boldsymbol{I}-\alpha\boldsymbol{S})^{-1}\geqslant 0$ 以及如下事实

$$(\boldsymbol{I}-\alpha\boldsymbol{S})\boldsymbol{e}=(1-\alpha)\boldsymbol{e}\Rightarrow(\boldsymbol{I}-\alpha\boldsymbol{S})^{-1}\boldsymbol{e}=(1-\alpha)^{-1}\boldsymbol{e}$$

可知 $y_{\min}\geqslant 0$ 且

$$y_{\max}\leqslant\max_{i,j}[(\boldsymbol{I}-\alpha\boldsymbol{S})^{-1}]_{ij}\leqslant\|(\boldsymbol{I}-\alpha\boldsymbol{S})^{-1}\|_\infty=\|(\boldsymbol{I}-\alpha\boldsymbol{S})^{-1}\boldsymbol{e}\|_\infty=\frac{1}{1-\alpha},$$

故而

$$\left|\frac{d\pi_j(\alpha)}{d\alpha}\right| \leqslant \frac{1}{1-\alpha}。$$

这便是式（6.1.1）。不等式（6.1.2）可结合以上结论直接由式（6.5.1）得到

$$\|(\boldsymbol{I}-\alpha\boldsymbol{S})^{-1}\|_\infty = \|(\boldsymbol{I}-\alpha\boldsymbol{S})^{-1}\boldsymbol{e}\|_\infty = \frac{1}{1-\alpha}。 \blacksquare$$

定理 6.1.3 若 $\boldsymbol{\pi}^{\mathrm{T}}(\alpha)$ 是谷歌矩阵 $\boldsymbol{G}(\alpha)=\alpha\boldsymbol{S}+(1-\alpha)\boldsymbol{e}\boldsymbol{v}^{\mathrm{T}}$ 所对应的 PageRank 向量，则

$$\frac{d\boldsymbol{\pi}^{\mathrm{T}}(\alpha)}{d\alpha} = -\boldsymbol{v}^{\mathrm{T}}(\boldsymbol{I}-\boldsymbol{S})(\boldsymbol{I}-\alpha\boldsymbol{S})^{-2}。 \tag{6.1.3}$$

特别地，该导数的极限值如下

$$\lim_{\alpha\to 0}\frac{d\boldsymbol{\pi}^{\mathrm{T}}(\alpha)}{d\alpha} = -\boldsymbol{v}^{\mathrm{T}}(\boldsymbol{I}-\boldsymbol{S}) \text{ 和} \lim_{\alpha\to 1}\frac{d\boldsymbol{\pi}^{\mathrm{T}}(\alpha)}{d\alpha} = -\boldsymbol{v}^{\mathrm{T}}(\boldsymbol{I}-\boldsymbol{S})^{\#}。$$

式中，$(*)^{\#}$ 表示矩阵的*群逆*[46,122]。

证明 将等式 $\boldsymbol{0}^{\mathrm{T}}=\boldsymbol{\pi}^{\mathrm{T}}(\alpha)[\boldsymbol{I}-\alpha\boldsymbol{S}-(1-\alpha)\boldsymbol{e}\boldsymbol{v}^{\mathrm{T}}]$ 右乘 $(\boldsymbol{I}-\alpha\boldsymbol{S})^{-1}$ 可得

$$\boldsymbol{0}^{\mathrm{T}} = \boldsymbol{\pi}^{\mathrm{T}}(\alpha)[\boldsymbol{I}-(1-\alpha)\boldsymbol{e}\boldsymbol{v}^{\mathrm{T}}(\boldsymbol{I}-\alpha\boldsymbol{S})^{-1}] \Rightarrow \boldsymbol{\pi}^{\mathrm{T}}(\alpha) = (1-\alpha)\boldsymbol{v}^{\mathrm{T}}(\boldsymbol{I}-\alpha\boldsymbol{S})^{-1}。$$

利用逆矩阵求导公式（见参考文献[127，第 130 页]）$d\boldsymbol{A}(\alpha)^{-1}/d\alpha=-\boldsymbol{A}^{-1}(\alpha)[d\boldsymbol{A}(\alpha)/d\alpha]\boldsymbol{A}^{-1}(\alpha)$ 以及 $(\boldsymbol{I}-\boldsymbol{S})$ 与 $(\boldsymbol{I}-\alpha\boldsymbol{S})^{-1}$ 可交换的这个事实，有

$$\begin{aligned}
\frac{d\boldsymbol{\pi}^{\mathrm{T}}(\alpha)}{d\alpha} &= (1-\alpha)\boldsymbol{v}^{\mathrm{T}}(\boldsymbol{I}-\alpha\boldsymbol{S})^{-1}\boldsymbol{S}(\boldsymbol{I}-\alpha\boldsymbol{S})^{-1} - \boldsymbol{v}^{\mathrm{T}}(\boldsymbol{I}-\alpha\boldsymbol{S})^{-1} \\
&= -\boldsymbol{v}^{\mathrm{T}}(\boldsymbol{I}-\alpha\boldsymbol{S})^{-1}[\boldsymbol{I}-(1-\alpha)\boldsymbol{S}(\boldsymbol{I}-\alpha\boldsymbol{S})^{-1}] \\
&= -\boldsymbol{v}^{\mathrm{T}}(\boldsymbol{I}-\alpha\boldsymbol{S})^{-1}[\boldsymbol{I}-\alpha\boldsymbol{S}-(1-\alpha)\boldsymbol{S}](\boldsymbol{I}-\alpha\boldsymbol{S})^{-1} \\
&= -\boldsymbol{v}^{\mathrm{T}}(\boldsymbol{I}-\alpha\boldsymbol{S})^{-1}(\boldsymbol{I}-\boldsymbol{S})(\boldsymbol{I}-\alpha\boldsymbol{S})^{-1} \\
&= -\boldsymbol{v}^{\mathrm{T}}(\boldsymbol{I}-\boldsymbol{S})(\boldsymbol{I}-\alpha\boldsymbol{S})^{-2}。
\end{aligned}$$

根据定义，当且仅当 $\boldsymbol{YZY}=\boldsymbol{Y}$、$\boldsymbol{ZYZ}=\boldsymbol{Z}$ 以及 $\boldsymbol{YZ}=\boldsymbol{ZY}$ 时，矩阵 $\boldsymbol{Y}$ 和 $\boldsymbol{Z}$ 互为群逆，因此很显然地，如果

$$\boldsymbol{Y}(\alpha) = (\boldsymbol{I}-\boldsymbol{S})(\boldsymbol{I}-\alpha\boldsymbol{S})^{-2}\boldsymbol{Z}(\alpha) = (\boldsymbol{I}-\boldsymbol{S})^{\#}(\boldsymbol{I}-\alpha\boldsymbol{S})^{2},$$

则

$$\boldsymbol{Z}^{\#}(\alpha) = \begin{cases} \boldsymbol{Y}(\alpha), & \alpha<1, \\ \boldsymbol{I}-\boldsymbol{S}, & \alpha=1, \end{cases}$$

因此，根据群逆的连续性（见参考文献［46，第 232 页］），有

$$\lim_{\alpha\to 1}\boldsymbol{Y}(\alpha) = \lim_{\alpha\to 1}[\boldsymbol{Z}^{\#}(\alpha)] = [\lim_{\alpha\to 1}\boldsymbol{Z}(\alpha)]^{\#} = (\boldsymbol{I}-\boldsymbol{S})^{\#},$$

故而

$$\lim_{\alpha\to 1}\frac{d\boldsymbol{\pi}^{\mathrm{T}}(\alpha)}{d\alpha} = -\boldsymbol{v}^{\mathrm{T}}(\boldsymbol{I}-\boldsymbol{S})^{\#}。 \blacksquare$$

定理 6.1.4　假设 $\boldsymbol{G}=\alpha\boldsymbol{S}+(1-\alpha)\boldsymbol{e}\boldsymbol{v}^{\mathrm{T}}$ 为谷歌矩阵，其 PageRank 向量为 $\boldsymbol{\pi}^{\mathrm{T}}$，而 $\tilde{\boldsymbol{G}}=\alpha\tilde{\boldsymbol{S}}+(1-\alpha)\boldsymbol{e}\boldsymbol{v}^{\mathrm{T}}$ 为更新后的谷歌矩阵，其 PageRank 向量为 $\tilde{\boldsymbol{\pi}}^{\mathrm{T}}$，则

$$\|\boldsymbol{\pi}^{\mathrm{T}}-\tilde{\boldsymbol{\pi}}^{\mathrm{T}}\|_1\leqslant\frac{2\alpha}{1-\alpha}\sum_{i\in U}\pi_i。$$

式中，U 为所有被更新页面的集合。

证明　令 $\boldsymbol{F}$ 为随机矩阵 $\boldsymbol{S}$ 和 $\tilde{\boldsymbol{S}}$ 之间差异的矩阵，即 $\boldsymbol{F}=\boldsymbol{S}-\tilde{\boldsymbol{S}}$，则

$$\begin{aligned}\boldsymbol{\pi}^{\mathrm{T}}-\tilde{\boldsymbol{\pi}}^{\mathrm{T}}&=\alpha\tilde{\boldsymbol{\pi}}^{\mathrm{T}}\boldsymbol{S}-\alpha\boldsymbol{\pi}^{\mathrm{T}}\tilde{\boldsymbol{S}}\\&=\alpha\boldsymbol{\pi}^{\mathrm{T}}\boldsymbol{S}-\alpha(\tilde{\boldsymbol{\pi}}^{\mathrm{T}}-\boldsymbol{\pi}^{\mathrm{T}}+\boldsymbol{\pi}^{\mathrm{T}})\tilde{\boldsymbol{S}}\\&=\alpha\boldsymbol{\pi}^{\mathrm{T}}\boldsymbol{S}-\alpha\boldsymbol{\pi}^{\mathrm{T}}\tilde{\boldsymbol{S}}+\alpha(\boldsymbol{\pi}^{\mathrm{T}}-\tilde{\boldsymbol{\pi}}^{\mathrm{T}})\tilde{\boldsymbol{S}}\\&=\alpha\boldsymbol{\pi}^{\mathrm{T}}\boldsymbol{F}+\alpha(\boldsymbol{\pi}^{\mathrm{T}}-\tilde{\boldsymbol{\pi}}^{\mathrm{T}})\tilde{\boldsymbol{S}},\end{aligned}$$

求解 $\boldsymbol{\pi}^{\mathrm{T}}-\tilde{\boldsymbol{\pi}}^{\mathrm{T}}$ 可得

$$\boldsymbol{\pi}^{\mathrm{T}}-\tilde{\boldsymbol{\pi}}^{\mathrm{T}}=\alpha\boldsymbol{\pi}^{\mathrm{T}}\boldsymbol{F}(\boldsymbol{I}-\alpha\tilde{\boldsymbol{S}})^{-1},$$

计算其范数有

$$\begin{aligned}\|\boldsymbol{\pi}^{\mathrm{T}}-\tilde{\boldsymbol{\pi}}^{\mathrm{T}}\|_1&\leqslant\alpha\|\boldsymbol{\pi}^{\mathrm{T}}\boldsymbol{F}\|_1\|(\boldsymbol{I}-\alpha\tilde{\boldsymbol{S}})^{-1}\|_\infty\\&=\frac{\alpha}{1-\alpha}\|\boldsymbol{\pi}^{\mathrm{T}}\boldsymbol{F}\|_1。\end{aligned}$$

请参见参考文献［108］中的定理和证明，它们表明 $\boldsymbol{I}-\alpha\tilde{\boldsymbol{S}}$ 非奇异，且每列元素的和为 $1/(1-\alpha)$。现在我们对 $\boldsymbol{F}$（以及 $\boldsymbol{\pi}^{\mathrm{T}}$）重新排列，使得对应于更新页面的行（非零行）被排在矩阵最顶部。于是

$$\boldsymbol{\pi}^{\mathrm{T}}\boldsymbol{F}=(\boldsymbol{\pi}_1^{\mathrm{T}}\quad\boldsymbol{\pi}_2^{\mathrm{T}})\begin{pmatrix}\boldsymbol{F}_1\\\boldsymbol{0}\end{pmatrix}=\boldsymbol{\pi}_1^{\mathrm{T}}\boldsymbol{F}_1,$$

因此，$\|\boldsymbol{\pi}^{\mathrm{T}}\boldsymbol{F}\|_1=\|\boldsymbol{\pi}_1^{\mathrm{T}}\boldsymbol{F}_1\|_1\leqslant\|\boldsymbol{\pi}_1^{\mathrm{T}}\|_1\|\boldsymbol{F}_1\|_\infty$。而 $\|\boldsymbol{F}_1\|_\infty=\|\boldsymbol{S}_1-\tilde{\boldsymbol{S}}_1\|_\infty\leqslant\|\boldsymbol{S}_1\|_\infty+\|\tilde{\boldsymbol{S}}_1\|_\infty=2$，其中 $\boldsymbol{S}_1$ 和 $\tilde{\boldsymbol{S}}_1$ 同样对应于更新页面，因此 $\|\boldsymbol{\pi}^{\mathrm{T}}\boldsymbol{F}\|_1\leqslant2\sum_{i\in U}\pi_i$。最后有

$$\|\boldsymbol{\pi}^{\mathrm{T}}-\tilde{\boldsymbol{\pi}}^{\mathrm{T}}\|_1\leqslant\frac{2\alpha}{1-\alpha}\sum_{i\in U}\pi_i。\quad\blacksquare$$

第 7 章　作为线性系统的 PageRank 问题

亚伯拉罕·林肯（Abraham Lincoln）曾以他那幽默而自嘲的风格说道：“如果我有两副面孔，我会用现在的这一副吗?”诚实的亚伯并没有两副面孔，但是 PageRank 问题却有。在其诞生的时候，PageRank 的创造者布林和佩奇赋予了它一副特征向量的面孔；与此同时，它还有着一副线性系统的面孔，而要得到这副面孔则只需要利用代数运算来进行一点整容手术。由于布林和佩奇最初是将 PageRank 问题作为一个特征向量问题（寻找谷歌矩阵的主特征向量）来考虑的，因此对这副面孔的报道和高调的宣传比第二副面孔要多得多。但是，正规化的特征向量问题 $\boldsymbol{\pi}^{\mathrm{T}}[\alpha\boldsymbol{S}+(1-\alpha)\boldsymbol{e}\boldsymbol{v}^{\mathrm{T}}]=\boldsymbol{\pi}^{\mathrm{T}}$ 可以通过代数运算重写为

$$\boldsymbol{\pi}^{\mathrm{T}}(\boldsymbol{I}-\alpha\boldsymbol{S})=(1-\alpha)\boldsymbol{v}^{\mathrm{T}}。\tag{7.0.1}$$

这个线性系统总是与正规方程 $\boldsymbol{\pi}^{\mathrm{T}}\boldsymbol{e}=1$ 相伴。现在的问题是：PageRank 应该戴上哪一副面孔？或者说戴哪一副面孔的这个问题是否真的重要？在本章结尾处，我们将回答关于生就了两副面孔的 PageRank 的这些问题。

7.1　$(\boldsymbol{I}-\alpha\boldsymbol{S})$ 的性质

在第 4 章中，我们对特征向量问题中的谷歌马尔可夫矩阵 $\boldsymbol{G}$ 的性质进行了讨论，并从而了解了许多有关 PageRank 的知识。现在是时候来仔细考察线性系统公式（7.0.1）了。以下是该公式中系数矩阵的若干有趣的性质。（这些陈述的证明都非常直接，请参见伯曼（Berman）和普雷蒙斯（Plemmons）[21]、格拉伯（Golub）和范龙（Van Loan）[82]或梅耶[127]等人的著作。）

$(\boldsymbol{I}-\alpha\boldsymbol{S})$ 的性质：

1）$(\boldsymbol{I}-\alpha\boldsymbol{S})$ 是一个 M-矩阵（M-matrix）；

2）$(\boldsymbol{I}-\alpha\boldsymbol{S})$ 非奇异；

3）$(\boldsymbol{I}-\alpha\boldsymbol{S})$ 的行和为 $1-\alpha$；

4）$\|\boldsymbol{I}-\alpha\boldsymbol{S}\|_{\infty}=1+\alpha$；

5）由于 $(\boldsymbol{I}-\alpha\boldsymbol{S})$ 是一个 M-矩阵，因此有 $(\boldsymbol{I}-\alpha\boldsymbol{S})^{-1}\geqslant 0$；

6）$(\boldsymbol{I}-\alpha\boldsymbol{S})^{-1}$ 的行和为$(1-\alpha)^{-1}$，因此 $\|(\boldsymbol{I}-\alpha\boldsymbol{S})^{-1}\|_{\infty}=(1-\alpha)^{-1}$；

7）因此，条件数 $\kappa_{\infty}(\boldsymbol{I}-\alpha\boldsymbol{S})=(1+\alpha)/(1-\alpha)$。

这些都是 $(\boldsymbol{I}-\alpha\boldsymbol{S})$ 具有的好性质。但是，请回想一下，一旦悬挂结点的数量很大时，则 $(\boldsymbol{I}-\alpha\boldsymbol{S})$ 将会变得非常稠密，因为它们所对应的非常稀疏的行将会被完全稠密的行所代

替。而我们却希望只要有可能，就应该在非常稀疏的 $\boldsymbol{H}$ 矩阵上进行操作。因此我们不禁会想，类似的性质对 $(I-\alpha\boldsymbol{H})$ 是否也成立。

7.2 $(\boldsymbol{I}-\alpha\boldsymbol{H})$ 的性质

使用秩一（rank-one）悬挂结点的处理技巧（即 $\boldsymbol{S}=\boldsymbol{H}+\boldsymbol{a}\boldsymbol{v}^{\mathrm{T}}$），我们可以再次用非常稀疏的超链接矩阵 $\boldsymbol{H}$ 来表达 PageRank 问题。线性系统（7.0.1）可重写为

$$\boldsymbol{\pi}^{\mathrm{T}}(\boldsymbol{I}-\alpha\boldsymbol{H}-\alpha\boldsymbol{a}\boldsymbol{v}^{\mathrm{T}})=(1-\alpha)\boldsymbol{v}^{\mathrm{T}}。$$

若令 $\boldsymbol{\pi}^{\mathrm{T}}\boldsymbol{a}=\gamma$，则上述线性系统变为

$$\boldsymbol{\pi}^{\mathrm{T}}(\boldsymbol{I}-\alpha\boldsymbol{H})=(1-\alpha+\alpha\gamma)\boldsymbol{v}^{\mathrm{T}}。$$

标量 γ 为所有悬挂结点 PageRank 值的总和。由于正规方程 $\boldsymbol{\pi}^{\mathrm{T}}\boldsymbol{e}=1$ 将在最后才派上用场，因此我们可以任意选择一个便于处理的 γ 值，比方说 $\gamma=1$［55，80，109，138］。由此可得以下结论。

定理 7.2.1（谷歌问题的线性系统） 求解线性系统

$$\boldsymbol{x}^{\mathrm{T}}(\boldsymbol{I}-\alpha\boldsymbol{H})=\boldsymbol{v}^{\mathrm{T}}, \tag{7.2.1}$$

并令 $\boldsymbol{\pi}^{\mathrm{T}}=\boldsymbol{x}^{\mathrm{T}}/\boldsymbol{x}^{\mathrm{T}}\boldsymbol{e}$，即可得 PageRank 向量。

此外，$(\boldsymbol{I}-\alpha\boldsymbol{H})$ 还具有许多与 $(\boldsymbol{I}-\alpha\boldsymbol{S})$ 相同的性质。

$(\boldsymbol{I}-\alpha\boldsymbol{H})$ 的性质：

1）$(\boldsymbol{I}-\alpha\boldsymbol{H})$ 是一个 M-矩阵；

2）$(\boldsymbol{I}-\alpha\boldsymbol{H})$ 非奇异；

3）$(\boldsymbol{I}-\alpha\boldsymbol{H})$ 的行和或者为 $1-\alpha$（对非悬挂结点）或者为 1（对悬挂结点）；

4）$\|\boldsymbol{I}-\alpha\boldsymbol{H}\|_{\infty}=1+\alpha$；

5）由于 $(\boldsymbol{I}-\alpha\boldsymbol{H})$ 是一个 M-矩阵，因此有 $(\boldsymbol{I}-\alpha\boldsymbol{H})^{-1}\geqslant 0$；

6）$(\boldsymbol{I}-\alpha\boldsymbol{H})^{-1}$ 的行和对悬挂结点为 1，对非悬挂结点则小于等于 $\dfrac{1}{1-\alpha}$；

7）条件数 $\kappa_{\infty}(\boldsymbol{I}-\alpha\boldsymbol{H})\leqslant\dfrac{1+\alpha}{1-\alpha}$；

8）$(\boldsymbol{I}-\alpha\boldsymbol{H})^{-1}$ 中对应于悬挂结点 i 的行为 $\boldsymbol{e}_i^{\mathrm{T}}$，其中，$\boldsymbol{e}_i$ 为恒等矩阵的第 i 列。

PageRank 问题的线性系统

PageRank 问题的稀疏线性系统形式为

$$\mathbf{x}^{\mathrm{T}}(\mathbf{I}-\alpha\mathbf{H})=\mathbf{v}^{\mathrm{T}},\ \text{且}\ \boldsymbol{\pi}^{\mathrm{T}}=\mathbf{x}^{\mathrm{T}}/\mathbf{x}^{\mathrm{T}}\mathbf{e}。$$

如同特征向量形式一样，PageRank 问题具有一个非常**稀疏**的线性系统形式（至少具有 8 个良好的性质）。求解这两种形式，你将得到同一个向量，即 PageRank 向量。那么现在的关键之处在哪里呢？我们要牢记 PageRank 的两面性，这是出于几个很好的理由。首先，对于一个小规模的问题而言，例如要计算某个公司内联网的排名的话，则应用于线性系统的直接法要比幂法快得多。请用 MATLAB 来试一试，并将第 51 页上 PageRank 幂法的代码和 MATLAB 的某些内建的线性系统求解程序如 pi = v/ (eye (n) - alpha * H) 加以比较；其次，在第 5 章中我们曾警告过读者，当 $\alpha\to 1$ 时，幂法将需要更长的时间才能收敛。但是，直接法的求解时间不受参数 α 的影响，因此我们可以通过增大 α 来更好地体现万维网的真实状况，并对人为的跳转矩阵赋以更小的权值。不过不要忘记第 6 章中的敏感性问题。不幸的是，PageRank 向量在 $\alpha\to 1$ 时对 α 敏感，而这一点与问题的形式无关[100]；第三，将 PageRank 作为一个线性系统来考虑为我们提供了一个新的研究方向。几乎所有的 PageRank 研究都聚焦于求解特征向量问题。研究者们最近已经开始在试验新的 PageRank 方法如预处理子（preconditioner）、多网格方法（multigrid methods）和重排方法（reorderings）等[55,80,109]。实际上，雅虎的一个小组最近就在多个大型网络图上试用了如 BiCGSTAB 和 GMRES 这样的流行线性系统迭代方法[80]。从这些方法给出的初步结果来看颇具前途，请参见 8.4 节。

《谷歌技巧》

由 O'Reilly 出版社出版的著作《谷歌技巧：100 个工业级技巧与工具（Google Hacks：100 Industrial-Strength Tips and Tools）》[44]向读者表明，对于谷歌，在大多数人所知的东西之外，还有着更多的内容。谷歌提供了一个可定制的界面，以及一个更为灵活的编程接口（谷歌的 Web API；请参见第 97 页上的杂谈），这些工具使用户能够锻炼他们的创造力。如果你知道使用方法，而且从《谷歌技巧》中的确有所心得，那么谷歌就是一种——仅仅只举出少数几个——娱乐、研究、社会交往、信息处理、新闻、档案、拼写、计算、购物和电子邮件工具，而这些都被囊括在了一个用户友好的软件包中。

7.3 PageRank 稀疏线性系统的证明

定理 7.3.1 求解线性系统

$$\mathbf{x}^{\mathrm{T}}(\mathbf{I}-\alpha\mathbf{H})=\mathbf{v}^{\mathrm{T}}, \tag{7.3.1}$$

并令 $\boldsymbol{\pi}^{\mathrm{T}}=\mathbf{x}^{\mathrm{T}}/\mathbf{x}^{\mathrm{T}}\mathbf{e}$，即可得 PageRank 向量。

证明 如果 $\boldsymbol{\pi}^{\mathrm{T}}$ 满足 $\boldsymbol{\pi}^{\mathrm{T}}\boldsymbol{G}=\boldsymbol{\pi}^{\mathrm{T}}$ 且 $\boldsymbol{\pi}^{\mathrm{T}}\boldsymbol{e}=1$，则 $\boldsymbol{\pi}^{\mathrm{T}}$ 就是 PageRank 向量。显然，$\boldsymbol{\pi}^{\mathrm{T}}\boldsymbol{e}=1$。证明 $\boldsymbol{\pi}^{\mathrm{T}}\boldsymbol{G}=\boldsymbol{\pi}^{\mathrm{T}}$ 就等价于证明 $\boldsymbol{\pi}^{\mathrm{T}}(\boldsymbol{I}-\boldsymbol{G})=\boldsymbol{0}^{\mathrm{T}}$，而这又等价于证明 $\boldsymbol{x}^{\mathrm{T}}(\boldsymbol{I}-\boldsymbol{G})=\boldsymbol{0}^{\mathrm{T}}$。

$$\begin{aligned}\boldsymbol{x}^{\mathrm{T}}(\boldsymbol{I}-\boldsymbol{G}) &= \boldsymbol{x}^{\mathrm{T}}[\boldsymbol{I}-\alpha\boldsymbol{H}-\alpha\boldsymbol{a}\boldsymbol{v}^{\mathrm{T}}-(1-\alpha)\boldsymbol{e}\boldsymbol{v}^{\mathrm{T}}] \\ &= \boldsymbol{x}^{\mathrm{T}}(\boldsymbol{I}-\alpha\boldsymbol{H})-\boldsymbol{x}^{\mathrm{T}}[\alpha\boldsymbol{a}+(1-\alpha)\boldsymbol{e}]\boldsymbol{v}^{\mathrm{T}} \\ &= \boldsymbol{v}^{\mathrm{T}}-\boldsymbol{v}^{\mathrm{T}}=\boldsymbol{0}^{\mathrm{T}}。\end{aligned}$$

上面这一行由 $\boldsymbol{x}^{\mathrm{T}}[\alpha\boldsymbol{a}+(1-\alpha)\boldsymbol{e}]=1$ 这一事实而得，而这是因为

$$\begin{aligned}1 &= \boldsymbol{v}^{\mathrm{T}}\boldsymbol{e} \\ &= \boldsymbol{x}^{\mathrm{T}}(\boldsymbol{I}-\alpha\boldsymbol{H})\boldsymbol{e} \\ &= \boldsymbol{x}^{\mathrm{T}}\boldsymbol{e}-\alpha\boldsymbol{x}^{\mathrm{T}}\boldsymbol{H}\boldsymbol{e} \\ &= \boldsymbol{x}^{\mathrm{T}}\boldsymbol{e}-\alpha\boldsymbol{x}^{\mathrm{T}}(\boldsymbol{e}-\boldsymbol{a}) \\ &= (1-\alpha)\boldsymbol{x}^{\mathrm{T}}\boldsymbol{e}+\alpha\boldsymbol{x}^{\mathrm{T}}\boldsymbol{a}。\quad \blacksquare\end{aligned}$$

第 8 章　PageRank 大规模实现中的问题

有那么两回，我被（国会议员）问道："拜托，巴比吉先生，如果你把错误的数字放进这个机器里，能出来正确的结果吗？"我实在无法搞清楚到底思维要混乱到何种地步，才会问出这样一个问题。——查尔斯·巴比吉（Charles Babbage），第一台计算机的原型——"分析机器（Analytical Machine）"的设计者。

这是段有趣的引语，不过对于我们而言，问题当然是：如果你将正确的（在我们所考虑的情况中就是指任意的）数据输入 PageRank 机器，能得到正确的答案吗？这个问题很简单，因此我们可以给出答案，即只要对任意输入 $\boldsymbol{\pi}^{(0)\mathrm{T}}$，检查输出是否能够在某个容许限内满足 $\boldsymbol{\pi}^{(k)\mathrm{T}}\boldsymbol{G}=\boldsymbol{\pi}^{(k)\mathrm{T}}$ 就成了。但是，当问题的规模急剧增加时，就有可能出现一些很疯狂的事情，而简单的问题也变得不再那么简单了。这时候，要把数字输入机器很困难，要让机器开始运行很困难，而要知道是否获得了正确的答案也很困难。

我们已经对问题规模所带来的麻烦有了最初的体验。事情并非总是能够顺利地推广开来。如果要对 15～20 个露营者提出建议的话，那照顾两三个孩子的方法就无法奏效了。（至少作者之一通过亲身经历的教训发现了这一点。）在这一章里，我们将讨论一些重要问题，这些问题正是研究者们将 PageRank 模型扩展到网络大小的规模时所面临的问题。例如，如果 $\boldsymbol{G}$ 的阶次达到了 81 亿，那应该如何存储这个矩阵？PageRank 的解应该有多精确？悬挂结点应该如何处理？在万维网规模的尺度上，这些都成为了至关重要的问题。

8.1　存储问题

每个称职的搜索引擎都需要巨量的存储设施，来将网页及其位置、倒排索引和图像索引、内容评分、PageRank 评分以及超链接图等信息加以存档。布林和佩奇于 1998 年发表的论文[39]以及谷歌工程师们所发表的更近期的论文[19,78]详细讨论了谷歌搜索引擎为其信息检索系统的各部分所使用的多个存储方案。在阿拉苏（Arasu）等人[9]的出色综述中，也专门有一节是讲述每个网络搜索引擎都需要的存储方案的。由于本书关注于链接分析算法的数学内容，因此我们仅关注谷歌系统中 PageRank 部分的数学元素——矩阵和向量——的存储问题。

计算 PageRank 向量需要访问表 8.1 中的项目。此处，$nnz(\boldsymbol{H})$ 是 $\boldsymbol{H}$ 中的非零元素的个数，$|D|$ 是悬挂结点的个数，而 n 是网络图中网页的数量。当个性化向量 $\boldsymbol{v}^{\mathrm{T}}$ 为均匀分布向量（$\boldsymbol{v}^{\mathrm{T}}=\boldsymbol{e}^{\mathrm{T}}/n$）时，其存储不需要任何空间。

表 8.1　PageRank 问题的存储需求

项　　目	说　　明	存储需求
$\boldsymbol{H}$	稀疏的超链接矩阵	$nnz(\boldsymbol{H})$ 个双精度浮点数
$\boldsymbol{a}$	稀疏的二值悬挂结点向量	$\lvert D \rvert$ 个整型数
$\boldsymbol{v}^{\mathrm{T}}$	稠密的个性化向量	n 个双精度浮点数
$\boldsymbol{\pi}^{(k)\mathrm{T}}$	稠密 PageRank 幂法的当前迭代值	n 个双精度浮点数

由于平均而言每个页面包含约 10 条出链，因此 $nnz(\boldsymbol{H})$ 约为 $10n$，这意味着表 8.1 所开列的项目中，稀疏的超链接矩阵 $\boldsymbol{H}$ 需要最大的存储空间。所以，我们将从 $\boldsymbol{H}$ 开始讨论 PageRank 的存储问题。由于矩阵本身的大小相当可观，因此这个问题不容小觑，而且在某些时候，我们还需要一些创造力才能解决这个问题。对于 $\boldsymbol{H}$ 所要决定的第一件事情，就是是否应该将 $\boldsymbol{H}$ 放在可用的计算机系统的主存中。

对于万维网的小规模子集，当 $\boldsymbol{H}$ 能够被存放在主存中时，PageRank 向量的计算可以用常规方式（如使用类似于第 42 页和第 51 页上给出的 MATLAB 程序的代码）来实现。但是，当 $\boldsymbol{H}$ 矩阵不能被容纳在主存中时，就需要更多一些的精度（和复杂度）了。当一个大的超链接矩阵超出了机器的内存容量时，可以有两种选择：对所需的数据进行压缩，使得数据的压缩表达能够被容纳在主存中，然后创造性地实现一个应用于压缩表达上的 PageRank 的改进版本；或者保持数据的未压缩形式不变，而专门针对大规模未压缩数据计算的高效实现开发出 I/O（输入/输出）。

即使对于超链接矩阵 $\boldsymbol{H}$ 能够被存放于主存（这意味着数据的压缩并非必需）的中等规模网络图而言，也应当使用一些存储方面的小技巧，来减少每次迭代的工作量。例如，仅对随机上网者模型而言，$\boldsymbol{H}$ 矩阵可以被分解为对应于结点出度的对角阵 $\boldsymbol{D}$ 的逆与元素值为 0 或 1 的邻接矩阵这两者的乘积。首先，进行简单的分解 $\boldsymbol{H}=\boldsymbol{D}^{-1}\boldsymbol{L}$ 可以节约存储空间，其中，当 i 为非悬挂结点时 $[\boldsymbol{D}^{-1}]_{ii}=1/d_{ii}$，否则为 0。这时，相比于存放 $nnz(\boldsymbol{H})$ 个双精度浮点型的实数，我们可以（为 $\boldsymbol{D}$）存储 n 个整数和（为 $\boldsymbol{L}$ 中值为 1 的元素位置）$nnz(\boldsymbol{H})$ 个整数。整数比双精度浮点数需要的空间更少；其次，$\boldsymbol{H}=\boldsymbol{D}^{-1}\boldsymbol{L}$ 减少了每次 PageRank 幂法迭代中的计算量。此时的幂法迭代按如下方式执行

$$\boldsymbol{\pi}^{(k+1)\mathrm{T}}=\alpha\boldsymbol{\pi}^{(k)\mathrm{T}}\boldsymbol{H}+(\alpha\boldsymbol{\pi}^{(k)\mathrm{T}}\boldsymbol{a}+1-\alpha)\boldsymbol{v}^{\mathrm{T}}。$$

计算量最大的部分是向量-矩阵乘法 $\boldsymbol{\pi}^{(k)\mathrm{T}}H$，它需要 $nnz(\boldsymbol{H})$ 次乘法和 $nnz(\boldsymbol{H})$ 次加法。利用向量 $\mathrm{diag}(\boldsymbol{D}^{-1})$，$\boldsymbol{\pi}^{(k)\mathrm{T}}\boldsymbol{H}$ 的计算可以按 $\boldsymbol{\pi}^{(k)\mathrm{T}}\boldsymbol{D}^{-1}\boldsymbol{L}=(\boldsymbol{\pi}^{(k)\mathrm{T}}).*(\mathrm{diag}(\boldsymbol{D}^{-1}))\boldsymbol{L}$ 的方式来完成，其中 $.*$ 表示两个向量的逐元素乘法。第一个部分 $(\boldsymbol{x}^{\mathrm{T}}).*(\mathrm{diag}(\boldsymbol{D}^{-1}))$ 需要 n 次乘法。由于 $\boldsymbol{L}$ 是一个邻接矩阵，$(\boldsymbol{\pi}^{(k)\mathrm{T}}).*(\mathrm{diag}(\boldsymbol{D}^{-1}))\boldsymbol{L}$ 现在总共只需要 n 次乘法和 $nnz(\boldsymbol{H})$ 次加法。因此，使用 $\boldsymbol{H}=\boldsymbol{D}^{-1}\boldsymbol{L}$ 的分解，可以节省 $nnz(\boldsymbol{H})-n$ 次乘法。不幸的是，这一分解仅限于随机上网者模型。对于智能上网者模型，可以使用其他的紧凑存储方案[18]，

如行压缩存储或列压缩存储等。当然，对每种压缩格式，在节省了一定存储空间的同时，在进行矩阵运算时也需要更多的额外计算量。

我们这些数学家总是喜欢把任何东西都看成是矩阵和向量，因此我们更愿意将 $\boldsymbol{H}$，$\boldsymbol{\pi}^{(k)\mathrm{T}}$，$\boldsymbol{v}^{\mathrm{T}}$ 和 $\boldsymbol{a}$ 设想为矩阵或压缩矩阵的形式。不过，在计算机科学家们的眼中，他们所看到的则是数组、堆栈和列表这类的东西，因此，他们将我们的矩阵存储在了**邻接链表**（adjacency list）中。

万维网规模的 PageRank 模型的实现将 $\boldsymbol{H}$（或 $\boldsymbol{L}$）矩阵存放于矩阵各列中的元素所对应的邻接链表中[139]。为了计算 PageRank 向量，PageRank 幂法需要在每次迭代 k 中计算向量-矩阵乘法 $\boldsymbol{\pi}^{(k)\mathrm{T}}\boldsymbol{H}$，因此，对矩阵 $\boldsymbol{H}$（或 $\boldsymbol{L}$）的列进行迅速访问，对于算法的速度而言至关重要。第 i 列中包含了页面 i 的入链信息，对于网页排名的 PageRank 系统来说，它们比 $\boldsymbol{H}$（或 $\boldsymbol{L}$）的行中所包含的出链信息更为重要。表 8.2 即为图 8.1 中所示的微型 6 结点网络的 $\boldsymbol{L}$ 矩阵中各列的邻接链表表示。

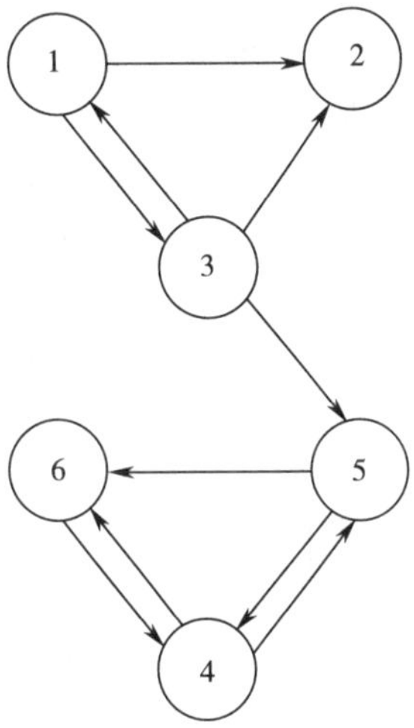

图 8.1 微型的 6 结点网络

表 8.2 图 8.1 的随机上网者模型所用的邻接链表

结点	入链来源
1	3
2	1，3
3	1
4	5，6
5	3，4
6	4，5

克里夫·莫勒尔最近的著作《MATLAB 数值计算》[132] 中的习题 2.24 给出了使用邻接链表的 PageRank 幂法的一个可能的实现，同时还给出了 MATLAB 的示例代码（PageRank-pow. m），它可从 http://www. mathworks. com/moler/下载。当邻接链表也不能容纳于主存

时，参考文献［139，141］给出了压缩数据的一些建议方法。

综合各种方法的应用潜力和前景等方面的考虑，我们将简要地介绍两种压缩邻接链表信息的方法，即间隔法（gap technique）[25] 和参考编码法（reference encoding technique）[140,141]。间隔法利用了通过超链接连在一起的文档之间所具有的局域性。局域性指的是如下事实，即通过某个超链接联系起来的源页面和目标页面，其页面序数通常是比较接近的。编号为 100 的页面常常拥有一些序数接近的入链，例如，这些入链更可能来自页面 112，113，116 和 117，而并非来自页面 924 和 4 931 010。根据这一局域性原则，页面 100 对应的邻接链表中的信息可按以下方式存储。

结点	入链来源
100	112 0 2 0

页面 100 的第一个入链页面的编号——即 112——被保存下来，而在它之后，仅保存后续的入链页面编号与前一个页面编号之间的间隔。由于这些间隔通常都是较小的整数，因此保存它们就只需要更少的存储空间。

另一种图压缩方法——参考编码法——则是利用网页之间的相似性。如果页面 P_i 和 P_j 具有相似的邻接链表，那么就可以用邻接链表 P_i 中的项来表示邻接链表 P_j，从而达到压缩的目的，此时 P_i 称为 P_j 的参考页。同一个域中的页面常常会分享相同的出链，而参考编码法在这种情况下就颇具吸引力。考虑一下如图 8.2 所示的来自于参考文献［141］

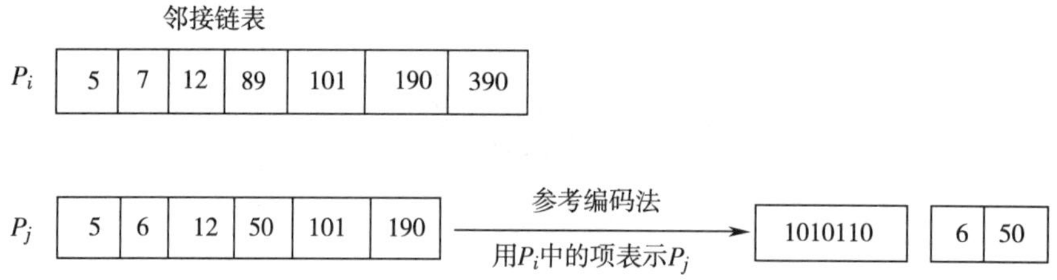

图 8.2

中的示例。页面 P_j 的邻接链表看起来和 P_i 的邻接链表十分类似。实际上，两个页面都具有指向页面 5，12，101 和 190 的出链。我们需要构造两个向量以利用这个重复性：一个由 1 和 0 所构成的共享向量，以及一个整型的差异向量。二值的共享向量的大小和 P_i 的邻接链表的大小相同，如果 P_i 的邻接链表中的第 k 个条目出现在了 P_j 的邻接链表中，则共享向量的第 k 个位置上的值为 1；参考编码中的第二个向量则是 P_j 的邻接链表中没有出现在 P_i 的邻接链表中的那些条目所构成的链表。当然，P_j 的共享向量的存储开销将少于 P_j 的邻接链表，因此，参考编码法的有效性依赖于差异页面的多少。如果 P_i 和 P_j 的邻接链表中页面的重复率很高，则差异向量将很短，P_i 也就是 P_j 的一个好的参考页面。但是，要为索引中的每个页面都确定一个参考页面却并不容易，因此在参考文献［140］中给出了一些指导方法。间隔法和参考编码法连同其他压缩方法一道，在标准的网络图中获得了令人印象深刻的信息压缩效率。这些方法可以在高效的图压缩工具

WebGraph 中免费获得，这是由帕奥罗·博尔迪（Paolo Boldi）和塞巴斯蒂亚诺·维格纳（Sebastiano Vigna）所开发的[33,34]。

参考文献［47，86］则采用了另一种方法：他们提出了对 PageRank 问题的高效 I/O 实现，而不是对矩阵信息进行压缩。此外，由于 PageRank 向量中包含了超过 43 亿个页面，其本身规模大而且完全稠密，而且在处理每个用户查询时都需要使用到该向量，因此哈维利瓦拉[87]提出了一种方法用于压缩 PageRank 向量。对 PageRank 向量进行的这个编码希望能够保持缓存在主存中的排名信息，从而提高查询处理的速度。

8.2　收敛准则

应用于 $\mathbf{G}$ 的幂法是计算 PageRank 向量的主要方法。它是一种迭代方法，其运行将一直持续到某个终止准则被满足为止。在第 4 章中，我们提到了幂法的传统终止准则：当残差（以相邻两次迭代所得结果的差别来衡量）小于某个预先给定的容许限（如 $\|\boldsymbol{\pi}^{(k+1)\mathrm{T}}-\boldsymbol{\pi}^{(k)\mathrm{T}}\|_1<\tau$）时，算法停止。但是，PageRank 的研究者塔赫·哈维利瓦拉[86]正确地注意到，PageRank 向量精确值的重要性实际上并不如这些值的正确排序的重要性，也就是说，迭代应该在幂法所得的 PageRank 向量近似值的排序达到收敛时停止。考虑到 PageRank 问题的规模，哪怕只是减少了几次迭代数量，也都是值得肯定的。哈维利瓦拉的实验表明，在某些数据集上，节省的迭代次数甚至可能还要多。最少到 10 次循环就可以给出不错的近似排序，而且该近似排序与传统收敛度量下给出的精确排序相比，也具有足够的可比性。由此就产生了几个有趣的问题：我们应当如何衡量两个排序之间的差异？我们应当如何确定排序何时收敛到了令人满意的结果？或者更好地，是否有可能开发一个“幂法”，在每次循环中，它仅仅对排序进行操作，也仅仅只保存排序，而不是对 PageRank 值进行运算和存储？在多篇论文[65,68,69,86,88,120]中已经就排名顺序的比较问题给出了多个答案，其中使用了如肯德尔（Kendall）的 τ 度量、排名聚合（rank aggregation）和集交叠（set overlap）等度量。

8.3　精度

另一个实现方面的问题，就是 PageRank 计算的精度。我们并不知道谷歌所使用的精度是多少，但是它至少高到能够区分谷歌所返回的、通常是非常长的排名列表中的页面。由于 $\boldsymbol{\pi}^{\mathrm{T}}$ 是一个概率向量，因此每个 π_i 都在 0 和 1 之间取值。假设 $\boldsymbol{\pi}^{\mathrm{T}}$ 是一个 1 乘 40 亿大小的向量，由于我们已知 PageRank 向量服从**幂律**（power law）或说齐夫分布（Zipfian distribution）[16,70,136]，因此落在这个向量尾部的、按降序排列的某一小段结果看起来可能会是下面这个样子：

$$\boldsymbol{\pi}^{\mathrm{T}}=(\cdots\quad 0.000\,001\,532\quad 0.000\,001\,531\,6\quad 0.000\,001\,531\,2\quad 0.000\,001\,521\,0\quad\cdots)。$$

要能够区分开这个经过了排位的子向量中的元素，我们**至少**需要 10^{-9} 量级的精度。不过，比较仅需在排名后的向量元素的子集上进行，因此，尽管整个全局性的 PageRank 向量的元素可能非常密集地集中在（0，1）区间中的某些小段内，但与某个特定查询相关的子集中的元素分布则可能远没有这般稠密。因此，对于这个应用来说，10^{-12} 量级的极高精度很可能是不必要的。

布林和佩奇公布了若干对于 $\boldsymbol{\pi}^{\mathrm{T}}$ 的合理的估计，它是在一个阶次为 322 000 000 的矩阵上通过仅仅 50 次幂法迭代而得到的。以上事实意味着下面两点：或者（1）他们对于 $\boldsymbol{\pi}^{T}$ 的估计并不够精确，或者（2）用于迭代的矩阵的次主特征值远离 $\lambda_1=1$。对于无法接触到内部信息的外人而言，第一点是永远无法验证的，因为谷歌从未公开过其收敛测试的相关信息；第二点则隐含着跳转矩阵 $E=\boldsymbol{e}\boldsymbol{v}^{T}$ 必须具有相当部分的权重，而且 α 可能小于 0.8，以便增加本征间隙（eigengap）并提高收敛速度。通过同时减小 α 和增加跳转矩阵的权重，转移概率矩阵将更加脱离万维网本来所具有的超链接结构。

8.4 悬挂结点

在开始进行 PageRank 的大规模实现时，我们必须在设计方面做出一个决策，以确定如何处理悬挂结点。这个决策将会影响到所得的 PageRank 排名。每个网页都要么是一个悬挂结点，要么是一个非悬挂结点。我们最初接触到悬挂结点是在第 4 章中——它们是一些没有出链的页面，并造成了排名下沉的问题。所有其他至少包括一条出链的页面称为非悬挂结点。悬挂结点可以具有多种形式，例如一个数据页、一个 PostScript 图片的页面、一个 JPEG 图片的页面、一个 PDF 文档、一个由爬虫所返回但还未访问过的页面等——这些都是可能的悬挂结点的例子。爬虫越贪心，悬挂结点的比例就越高，因为爬虫获取的但未访问的页面将迅速增长。实际上，对于万维网的某些子集，悬挂结点可以占到高达该子集中网页总数 80% 的比例。

这些悬挂结点的存在，给 PageRank 的理论和计算都带来了的问题。要理解这一点，让我们重新回忆一下，在 PageRank 模型中是如何考虑悬挂结点的。谷歌的创始人布林和佩奇提出将稀疏的超链接矩阵 $\boldsymbol{H}$ 中的$\boldsymbol{0}^{T}$ 行用稠密向量（均匀分布向量 $\boldsymbol{e}^{T}/n$ 或更具有普遍性的 $\boldsymbol{v}^{T}$ 向量）来代替，以产生随机矩阵 $\boldsymbol{S}$。当然，如果要直接按照这个想法来实现，那对存储空间的需求将急剧增加。我们在第 4 章中采取了不同的做法，展示了如何通过构建悬挂结点向量 $\boldsymbol{a}$ 这一随机性调整，来隐式地进行建模。如果 $\boldsymbol{H}$ 的第 i 行对应于一个悬挂结点，则元素 $a_i=1$，否则为 0。于是，$\boldsymbol{S}$（以及 $\boldsymbol{G}$）可以被写为 $\boldsymbol{H}$ 的秩一修正。

$$\boldsymbol{S}=\boldsymbol{H}+\boldsymbol{a}\boldsymbol{v}^{T},$$

因而

$$\begin{aligned}\boldsymbol{G}&=\alpha\boldsymbol{S}+(1-\alpha)\boldsymbol{e}\boldsymbol{v}^{T}\\&=\alpha\boldsymbol{H}+[\alpha\boldsymbol{a}+(1-\alpha)\boldsymbol{e}]\boldsymbol{v}^{T}。\end{aligned}$$

然后 PageRank 幂法

$$\boldsymbol{\pi}^{(k+1)T}=\alpha\boldsymbol{\pi}^{(k)T}\boldsymbol{H}+(\alpha\boldsymbol{\pi}^{(k)T}\boldsymbol{a}+1-\alpha)\boldsymbol{v}^{T}\tag{8.4.1}$$

就被用来计算 PageRank 向量。（PageRank 幂法的 MATLAB 代码在第 51 页上的文本框中给出。）但是，这并非布林和佩奇最初用来处理悬挂结点的确切方法[38,40]。实际上，他们提出“在计算 PageRank 的过程中移除悬挂结点，然后在 PageRank 收敛后再将其加回”[38]，而且很可能只是在最后几次迭代中采取这种做法[102]。

这就给我们带来了有关悬挂结点的一个哲学问题。悬挂还是不悬挂，这是个问题。而且这不是个容易回答的问题。我们在此警告各位——要么小心谨慎地回答，要么就准备好面临歧视的指控吧。把悬挂结点排除在外的做法，让我们觉得在道德上有些说不过去。从功利主义的角度来争辩说悬挂结点无论如何都不可能那么重要的说法，在科学上肯定是错误的。一个具有来自于许多重要网页入链的悬挂结点和另一个同样如此的非悬挂结点相比，它们都具有同样的权利来获得高 PageRank 排名，而不应当仅仅为了算法方便的考虑而把悬挂结点随手扔在一边（正如布林和佩奇所建议的那样）。的确，这一点已经由凯文·麦柯利（Kevin McCurley）通过实验加以了确认，他是最早对万维网边界（凯文给悬挂结点集合起的名字，因为许多悬挂结点都是尚待爬虫访问的网页）进行大胆探索的科学家之一。他证明，不论是在小型图还是巨型图中，某些悬挂结点都可能获得比非悬挂结点更高的排名[66]。将悬挂结点彻底去除甚至可能会带来更多的问题。去除这些结点的过程本身可能会制造出新的悬挂结点。如果这一过程一直重复到没有悬挂结点被留下来，那么在理论上有可能（尽管实际中不大可能）没有任何结点能够被保留下来。此外，移除悬挂结点将会导致大量有用数据被不必要地移除。

在开始时将悬挂结点排除在外，然后试图在之后进行补救（布林和佩奇的解决方案），这种做法让我们同样觉得是错误的。实际上，这些悬挂结点遭受到了类似于美国原住民的待遇。更进一步地，这一排除/纠正的过程使得所有非悬挂结点和悬挂结点的 PageRank 值都发生了偏离，而这样的偏离实际上并非必须。

一个更好的解决之道，便是从一开始就公平对待所有的结点。悬挂结点应当被包括在内，但是要清楚它们的独特之处。这正是李（Lee）等[112]、麦柯利等[66]以及在下（作者艾米和卡尔）[109]等三个研究小组所提出的解决方法。我们注意到，PageRank 问题的第一个解法（通过式（8.4.1）的幂法和式（7.2.1）的线性系统所表示的），从一开始就公平地对待所有的结点，不过这个解法却并未利用悬挂结点所独有的潜能。我们将在下面几段中说明这一潜能。

斯坦福的研究生克里斯·李（Chris Lee）及其同事注意到，对于很大一部分的悬挂结点来说，它们看上去都差不多，至少它们对应的 $\boldsymbol{H}$（以及 $\boldsymbol{S}$ 和 $\boldsymbol{G}$）中的行看上去是差不多的[112]。此外，一旦随机上网者到达了一个悬挂结点，那他的行为方式总是相同的。不管他是处在哪个特定的悬挂结点，他总是立即跳转到一个新的页面（如果 $\boldsymbol{e}^T/n$，那就是随机跳转，而如果 $\boldsymbol{v}^T \neq \boldsymbol{e}^T/n$，则根据相应的跳转概率来跳转）。出于这种情形，李等人就考虑，为什么不把所有单个的悬挂结点汇聚成一个新的状态、一个所谓的跳转状态呢。这将极大地缩小问题的规模，特别是当悬挂结点所占的比例很高的时候。但是，较小的（（$|ND|+1$）×（$|ND|+1$））系统（$|ND|$为非悬挂结点的数量）带来了两个新问题。首先，排名评分只能对非悬挂页面加上一个归总的跳转状态来给出；其次，这个较小的排名集合是有偏的。现在的问题是：如何才能恢复每个悬挂结点各自的评分，并去除排名中的有偏性？尽管我们可以用聚合[51,56,92,151,154,155]以及随机补（stochastic complementation）[125]等数学方法来说明李等人对于这个问题所给出的回答，但我们将给出另一个替代答案，这个答案更容易理解，而它的灵感则来自于麦柯利等人所给出的线性系统形式化[112]。

假设 $\boldsymbol{H}$ 的行和列都被进行了排列（即它们的下标被重新排序），使得对应于悬挂结点的行处在矩阵的底部。

$$\boldsymbol{H} = \begin{matrix} & ND & D \\ ND & \boldsymbol{H}_{11} & \boldsymbol{H}_{12} \\ D & \boldsymbol{0} & \boldsymbol{0} \end{matrix}。$$

式中，ND 是非悬挂结点的集合，而 D 是悬挂结点的集合。此时，第 7 章中稀疏线性系统形式（即 $\boldsymbol{x}^{\mathrm{T}}(\boldsymbol{I}-\alpha\boldsymbol{H})=\boldsymbol{v}^{\mathrm{T}}$，且 $\boldsymbol{\pi}^{\mathrm{T}}=\boldsymbol{x}/\boldsymbol{x}^{\mathrm{T}}\boldsymbol{e}$）中的系数矩阵变为

$$(\boldsymbol{I}-\alpha\boldsymbol{H}) = \begin{pmatrix} \boldsymbol{I}-\alpha\boldsymbol{H}_{11} & -\alpha\boldsymbol{H}_{12} \\ \boldsymbol{0} & \boldsymbol{I} \end{pmatrix},$$

而它的逆为

$$(\boldsymbol{I}-\alpha\boldsymbol{H})^{-1} = \begin{pmatrix} (\boldsymbol{I}-\alpha\boldsymbol{H}_{11})^{-1} & \alpha(\boldsymbol{I}-\alpha\boldsymbol{H}_{11})^{-1}\boldsymbol{H}_{12} \\ \boldsymbol{0} & \boldsymbol{I} \end{pmatrix}。$$

因此，未归一化的 PageRank 向量 $\boldsymbol{x}^{\mathrm{T}}=\boldsymbol{v}^{\mathrm{T}}(\boldsymbol{I}-\alpha\boldsymbol{H})^{-1}$ 可以写为

$$\boldsymbol{x}^{\mathrm{T}} = (\boldsymbol{v}_1^{\mathrm{T}}(\boldsymbol{I}-\alpha\boldsymbol{H}_{11})^{-1} \mid \alpha\boldsymbol{v}_1^{\mathrm{T}}(\boldsymbol{I}-\alpha\boldsymbol{H}_{11})^{-1}\boldsymbol{H}_{12}+\boldsymbol{v}_2^{\mathrm{T}})。$$

式中，个性化向量 $\boldsymbol{v}^{\mathrm{T}}$ 已经被相应地划分为非悬挂部分（$\boldsymbol{v}_1^{\mathrm{T}}$）和悬挂部分（$\boldsymbol{v}_2^{\mathrm{T}}$）。注意，$\boldsymbol{I}-\alpha\boldsymbol{H}_{11}$ 继承了第 7 章中 $\boldsymbol{I}-\alpha\boldsymbol{H}$ 的许多性质，特别是非奇异性。总的来说，我们现在有了一个计算 PageRank 向量的算法，它利用了悬挂结点调整的秩一结构（以及由此而来的可聚合性），从而可以仅使用网络中的非悬挂部分来完成计算。

悬挂结点 PageRank 算法 1

1）求解 $\boldsymbol{x}_1^{\mathrm{T}}(\boldsymbol{I}-\alpha\boldsymbol{H}_{11})=\boldsymbol{v}_1^{\mathrm{T}}$ 中的 $\boldsymbol{x}_1^{\mathrm{T}}$；

2）计算 $\boldsymbol{x}_2^{\mathrm{T}}=\alpha\boldsymbol{x}_1^{\mathrm{T}}\boldsymbol{H}_{12}+\boldsymbol{v}_2^{\mathrm{T}}$；

3）归一化 $\boldsymbol{\pi}^{\mathrm{T}}=(\boldsymbol{x}_1^{\mathrm{T}}\ \ \boldsymbol{x}_2^{\mathrm{T}})/\|(\boldsymbol{x}_1^{\mathrm{T}}\ \ \boldsymbol{x}_2^{\mathrm{T}})\|_1$。

这个算法更为简单明了，同时与李等人[112]提出的专门的迭代法是等价的，后者利用悬挂结点减少 PageRank 向量的计算开销，在一个 80% 的结点都是悬挂结点的图上，这一计算开销降到了原来的 1/5。尽管对悬挂结点问题如此处理给予了它们公平的待遇，并且利用了它们的独特性质，但我们甚至还能做得更好。

受到以上悬挂结点 PageRank 算法的启发，我们不禁思忖道，对于“亚悬挂”结点进行更深层的搜索，是否能提供进一步的帮助？换而言之，如果悬挂结点以及伴随而来的 $\boldsymbol{H}$ 中的 $\boldsymbol{0}^{\mathrm{T}}$ 行具有如此的优越性，那我们是否能在 $\boldsymbol{H}$ 的子矩阵中找到更多的 $\boldsymbol{0}^{\mathrm{T}}$ 行？实际上，在参考文献［109］中，我们提出将定位全零行的过程递归地重复应用于 $\boldsymbol{H}$ 的越来越小的子矩阵之上，一直继续到获得一个没有任何全零行的子矩阵为止。例如，假设在一个行列数均为 9 664、具有 16 773 个非零元素的超链接矩阵 $\boldsymbol{H}$ 上运行这个程序，其中非零元素的位置分布如图 8.3 中的左图所示。该程序将给出这个马尔可夫链的状态的一个简单的重排。

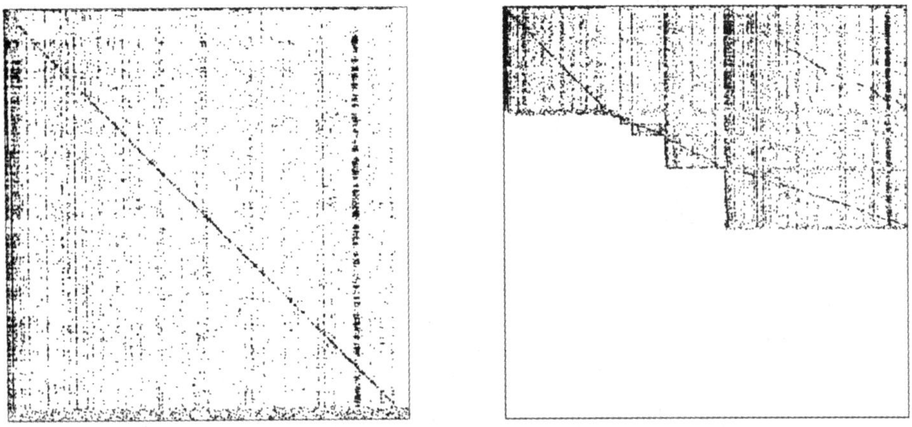

图 8.3　示例网络超链接矩阵 H 的初始表示以及经过重排后的结果

左图显示了 $\boldsymbol{H}$ 中的非零元素的分布模式，而右图则给出了 $\boldsymbol{H}$ 中的行经过上述递归思路进行重排后的非零元素分布模式。

一般而言，经过这样的对称重排后，PageRank 问题的线性系统形，即式（7.2.1）中的系数矩阵将具有如下结构。

$$(\boldsymbol{I}-\alpha\boldsymbol{H})=\begin{pmatrix}\boldsymbol{I}-\alpha\boldsymbol{H}_{11} & -\alpha\boldsymbol{H}_{12} & -\alpha\boldsymbol{H}_{13} & \cdots & -\alpha\boldsymbol{H}_{1b}\\ & \boldsymbol{I} & -\alpha\boldsymbol{H}_{23} & \cdots & -\alpha\boldsymbol{H}_{2b}\\ & & \boldsymbol{I} & \cdots & -\alpha\boldsymbol{H}_{3b}\\ & & & & \vdots\\ & & & & \boldsymbol{I}\end{pmatrix}。$$

式中，b 是重排后的矩阵中对角线上的方阵块的数量。因此，重排后的系统可以通过前向替换法来求解。必须直接进行求解的唯一一个系统就是第一个子系统 $\boldsymbol{x}_1^{\mathrm{T}}(\boldsymbol{I}-\alpha\boldsymbol{H}_{11})=\boldsymbol{v}_1^{\mathrm{T}}$，而 $\boldsymbol{\pi}^{\mathrm{T}}$ 和 $\boldsymbol{v}^{\mathrm{T}}$ 也同样被进行了相应的划分。$\boldsymbol{x}^{\mathrm{T}}$ 剩下的子向量可通过前向替换被迅速高效地解出。

悬挂结点 PageRank 算法 2

1）重新排列原始的马尔可夫链的状态，使得重排后的矩阵具有上述结构；

2）求解 $\boldsymbol{x}_1^{\mathrm{T}}(\boldsymbol{I}-\alpha\boldsymbol{H}_{11})=\boldsymbol{v}_1^{\mathrm{T}}$ 中的 $\boldsymbol{x}_1^{\mathrm{T}}$；

3）计算 $\boldsymbol{x}_i^{\mathrm{T}}=\alpha\sum_{j=1}^{i-1}\boldsymbol{x}_j^{\mathrm{T}}\boldsymbol{H}_{ji}+\boldsymbol{v}_i^{\mathrm{T}}$，其中，$i=2, \cdots, b$；

4）归一化 $\boldsymbol{\pi}^{\mathrm{T}}=(\boldsymbol{x}_1^{\mathrm{T}}\ \ \boldsymbol{x}_2^{\mathrm{T}}\ \ \cdots\ \ \boldsymbol{x}_b^{\mathrm{T}})/\|(\boldsymbol{x}_1^{\mathrm{T}}\ \ \boldsymbol{x}_2^{\mathrm{T}}\ \ \cdots\ \ \boldsymbol{x}_b^{\mathrm{T}})\|_1$。

在图 8.3 的示例中，我们现在可以对一个 2 622×2 622 的系统进行求解，而不是求解整个 9 664×9 664 的系统。小的子系统 $\boldsymbol{x}_1^{\mathrm{T}}(\boldsymbol{I}-\alpha\boldsymbol{H}_{11})=\boldsymbol{v}_1^{\mathrm{T}}$ 可使用直接法（如果足够小的话）或迭代法（如雅可比法）来求解。参考文献［109］给出了重排方法的更多细节及实

验结果、建议使用的 $\boldsymbol{x}_1^{\mathrm{T}}(\boldsymbol{I}-\alpha\boldsymbol{H}_{11})=\boldsymbol{v}_1^{\mathrm{T}}$ 系统的求解方法以及收敛性质。幸运的是，我们最终发现这个悬挂结点 PageRank 算法具有与式（5.3.1）中原有的 PageRank 算法相同的渐进收敛率，由于前者运行于一个规模小得多的问题之上，因此它需要的时间比标准的 PageRank 幂法要少得多，前提是如果能够高效地实现重排的话。

8.5 对后退按钮建模

与悬挂结点相关的，便是后退按钮的问题。在学术会议上有关 PageRank 的讨论中，我们常常会遭遇这样的情况，我们刚介绍完悬挂结点以及它们的问题和求解，就会马上被问道："但是浏览器上的后退按钮该怎么处理呢？PageRank 应如何将其考虑在内？"一个简短的回答便是，正如最初所设想的那样，PageRank 模型并没有考虑后退按钮。我们的提问者常常不会这么轻易地放弃："我在上网浏览的过程中，不管什么时候进入到一个悬挂结点时，我都会简单地原路返回，直到我可以再次沿着前向链接前进为止。"我们承认这一点——这正是大多数上网者的做法。但是，将后退按钮考虑在内将会使 PageRank 模型在数学上更加复杂。实际上，马尔可夫链所具有的一个与生俱来的性质，便是它没有记忆。换句话说，在发生转移并达到一个新的网页时，链并没有记住它是从哪儿到达目前的位置的。因此，一种对后退按钮进行建模的方式，便是在马尔可夫链中加入记忆。不幸的是，这种做法将很快掩盖掉马尔可夫链所具有的优雅的数学美和计算美。尽管如此，还是有若干研究者在这个方向上向前推进了一些[67,119,157]，希望在复杂性方面的增加，能够被后退按钮对万维网上网行为更为精确的描述所补偿。

可以有许多方式来对网络浏览器上的后退按钮进行建模。我们提出了一个非常简化的方法，它在 PageRank 模型中对后退按钮进行了有限度地使用，但同时仍保持了马尔可夫框架。在这个模型中，一旦随机上网者到达悬挂结点，他将立刻回到他所来自的那个页面。请注意，重要的一点是这个回弹式的特性仅在悬挂结点上对后退按钮进行了模拟。不幸的是，为了实现这个回弹，我们需要为指向每个悬挂结点的每条入链增加一个新的结点。不过，我们所得的、称为 $\overline{\boldsymbol{H}}$ 的更大的超链接矩阵具有一些良好的结构。为了理解回弹模型，考虑图 8.4 中的例子。图 8.4 所对应的超链接矩阵 $\boldsymbol{H}$ 为

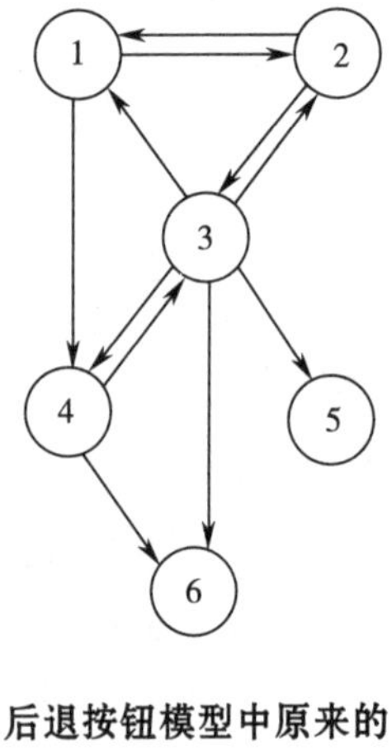

图 8.4 后退按钮模型中原来的 6 结点图

$$
\boldsymbol{H} = \begin{matrix} & 1 & 2 & 3 & 4 & 5 & 6 \\ 1 & 0 & 1/2 & 0 & 1/2 & 0 & 0 \\ 2 & 1/2 & 0 & 1/2 & 0 & 0 & 0 \\ 3 & 1/5 & 1/5 & 0 & 1/5 & 1/5 & 1/5 \\ 4 & 0 & 0 & 1/2 & 0 & 0 & 1/2 \\ 5 & 0 & 0 & 0 & 0 & 0 & 0 \\ 6 & 0 & 0 & 0 & 0 & 0 & 0 \end{matrix}
$$

加入了回弹能力的修改后的图如图 8.5 所示。修改后的矩阵上加一横线。因此，回弹超链接矩阵 $\overline{\boldsymbol{H}}$ 为

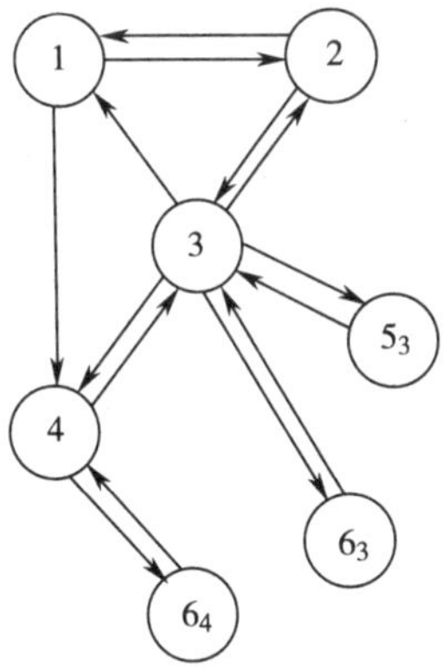

图 8.5　后退按钮模型中的回弹 6 结点图

$$
\overline{\boldsymbol{H}} = \begin{matrix} & 1 & 2 & 3 & 4 & 5_3 & 6_3 & 6_4 \\ 1 & 0 & 1/2 & 0 & 1/2 & 0 & 0 & 0 \\ 2 & 1/2 & 0 & 1/2 & 0 & 0 & 0 & 0 \\ 3 & 1/5 & 1/5 & 0 & 1/5 & 1/5 & 1/5 & 0 \\ 4 & 0 & 0 & 1/2 & 0 & 0 & 0 & 1/2 \\ 5_3 & 0 & 0 & 1 & 0 & 0 & 0 & 0 \\ 6_3 & 0 & 0 & 1 & 0 & 0 & 0 & 0 \\ 6_4 & 0 & 0 & 0 & 1 & 0 & 0 & 0 \end{matrix}
$$

现在，$\overline{\boldsymbol{H}}$ 是随机的，因此不需要人为的随机调整。但是，最终仍然需要使用不可约性调整。回弹模型的随机超链接矩阵 $\overline{\boldsymbol{H}}$ 的产生可按如下步骤执行。（注意 $\overline{\boldsymbol{H}}$ 可以被称为 $\overline{\boldsymbol{S}}$。）

- 重排 $\boldsymbol{H}$，使得

$$
H = \begin{matrix} & ND & D \\ ND & \boldsymbol{H}_{11} & \boldsymbol{H}_{12} \\ D & \boldsymbol{0} & \boldsymbol{0} \end{matrix}。
$$

见 8.4 节；

- 对每个指向悬挂结点的入链，生成一个回弹结点。图中将有 $nnz(\boldsymbol{H}_{12})$ 个这样的回弹结点，而不是悬挂结点集合中的 $|D|$ 个结点。如果每个悬挂结点都有不止一条入链，而又有许多悬挂结点的话，这将极大地增加矩阵的规模。回弹超链接矩阵具有

如下的分块形式：

$$\bar{\boldsymbol{H}} = \begin{matrix} & ND & BB \\ ND & \bar{\boldsymbol{H}}_{11} & \bar{\boldsymbol{H}}_{12} \\ BB & \bar{\boldsymbol{H}}_{21} & \mathbf{0} \end{matrix}\text{。}$$

- 形成 $\bar{\boldsymbol{H}}$ 的三个非零分块。首先，$\bar{\boldsymbol{H}}_{11} = \boldsymbol{H}_{11}$；其次，在 $\bar{\boldsymbol{H}}_{12}$ 和 $\bar{\boldsymbol{H}}_{21}$ 之间存在着可以利用的结构上的对称性，即如果 $\bar{\boldsymbol{H}}_{12}$ 的元素 (i,j) 不为零，则 $\bar{\boldsymbol{H}}_{21}$ 的元素 (j,i) 为 1；此外，尽管 $\bar{\boldsymbol{H}}$ 的大小可能远大于 $\boldsymbol{H}$，但是 $\bar{\boldsymbol{H}}$ 仅仅比 $\boldsymbol{H}$ 多包含了 $nnz(\boldsymbol{H}_{12})$ 个非零元素，这些元素的取值均为 1。这个良好结构带来的一个后果就是，利用 MATLAB 中的 find 和 sparse 命令就能够产生出分块 $\bar{\boldsymbol{H}}_{12}$ 和 $\bar{\boldsymbol{H}}_{21}$。

```
[r, c, v] =find (H12);
H̄12 =sparse (r, 1:nnz (H12), v);
H̄21 =  (H̄12 >0)';
```

为了计算回弹模型的 PageRank 向量，只需要运行任一 PageRank 算法即可，如第 40 页上式（4.6.1）中的原始算法，或是第 9 章中运行于 $\bar{\boldsymbol{G}} = \alpha\bar{\boldsymbol{H}} + (1-\alpha)\boldsymbol{e}\boldsymbol{v}^{\mathrm{T}}$ 上的加速版本。当然，由于现在 $\bar{\boldsymbol{H}}$ 也是随机的，这些算法将会稍有修改。因此，回弹 PageRank 幂法为

$$\begin{aligned}\bar{\boldsymbol{\pi}}^{(k+1)\mathrm{T}} &= \bar{\boldsymbol{\pi}}^{(k)\mathrm{T}}\bar{\boldsymbol{G}} \\ &= \alpha\bar{\boldsymbol{\pi}}^{(k)\mathrm{T}}\bar{\boldsymbol{H}} + (1-\alpha)\boldsymbol{v}^{\mathrm{T}}\text{。}\end{aligned}$$

$\bar{\boldsymbol{H}}$ 的回弹 PageRank 向量比 $\boldsymbol{H}$ 的标准 PageRank 向量要长一些。为了比较这两个向量，只需简单地将每个悬挂结点的多个回弹结点归并回一个结点。对于上面的例子，当 $\alpha = 0.85$ 和 $\boldsymbol{v}^{\mathrm{T}} = \boldsymbol{e}^{\mathrm{T}}/n$ 时，有

$$\begin{matrix} & 1 & 2 & 3 & 4 & 5 & 6 \\ \boldsymbol{\pi}^{\mathrm{T}}(\boldsymbol{H}) = (& 0.1726 & 0.1726 & 0.2102 & 0.1726 & 0.0993 & 0.1726 \ ) \end{matrix}$$

以及

$$\begin{matrix} & 1 & 2 & 3 & 4 & 5_3 & 6_3 & 6_4 \\ \bar{\boldsymbol{\pi}}^{\mathrm{T}}(\bar{\boldsymbol{H}}) = (& 0.1214 & 0.1214 & 0.2846 & 0.2186 & 0.0698 & 0.0698 & 0.1143 \ )\text{。} \end{matrix}$$

归并后的向量 $\bar{\boldsymbol{\pi}}^{\mathrm{T}}(\bar{\boldsymbol{H}}) = (0.1214 \quad 0.1214 \quad 0.2846 \quad 0.2186 \quad 0.0698 \quad 0.1841)$。$\boldsymbol{\pi}^{\mathrm{T}}$ 对应的页面排名（按重要性由高到低）为（3　1/2/4/6　5），而 $\bar{\boldsymbol{\pi}}^{\mathrm{T}}$ 对应的页面排名为（3　4　6　1/2　5），其中，符号“/”表示重要性相等。当然，在这样一个小规模例子中，这两个排名之间的差别是明显的。但要确定回弹 PageRank 作为一种替代性的排名方法的价值，还需要进行规模大得多的实验。

杂谈：谷歌的首次公开募股

对谷歌股票的首次公开募股（initial public offering，IPO）的揣测和传言始于 2003 年。在 2004 年 8 月 1 日，谷歌发布了关于其 IPO 的新闻稿。正如其创建的原则一样，谷歌的 IPO 也独具原创性。谷歌使用荷兰式拍卖（Dutch auction）来获得投资者的投标。在拍卖时，投

资者提出一个投标价格以及他们希望购买的股数。然后谷歌以及为其担保的摩根斯坦利（Morgan Stanley）和瑞士信贷第一波士顿银行（Credit Suisse Group First Boston）确定一个出清价格（clearing price），这个价格正是希望获得所有 2 460 万股股份的报价最高者的价格，而发行价就被定在出清价上或者更低一些。谷歌相信荷兰式拍卖是一种最佳的途径，它能够提供一个平等的机会，使得小的个人投资者和大的公司投资者都能享有同样的获取股票的权利。谷歌预计发行价将落在 108 美元到 135 美元之间的某个价位上。在 2004 年 7 月 31 日，此次 IPO 的信息发布网站 www. ipo. google. com 对外开放。网站上包括了一份 100 多页的计划书，向潜在的投资者们告知了风险因素、拍卖过程、公司历史和业务、搜索的发展趋势以及财务数据。网站上还包括一个“与管理层见面”的演示，其中，公司的领导人员即创始人谢尔盖·布林和拉里·佩奇、CEO 埃里克·施密特（Eric Schmidt）以及 CFO 乔治·雷耶斯（George Reyes），对详细计划书中的若干主要问题进行了总结。谷歌的股票最终在 2004 年 8 月 19 日以每股 85 美元的价格出售，为公司带来了 11 亿美元，并使之成为了历史上规模最大的技术类 IPO，并且在所有的 IPO 中排名第 25 位。如果对纳斯达克股票代码 GOOG 加以留意，便能跟踪谷歌的股价变化。

第 9 章　加速 PageRank 计算

人们对于速度有着一种天生的迷恋。看看我们的周围吧：跟速度有关的文章数不胜数，比如说美国汽车比赛协会和世界上最快的一对——马里昂·琼斯（Marion Jones）和蒂姆·蒙哥马利（Tim Montgomery），快艇比赛和快速交友，快餐和协和号喷气式客机，等等。因此，人们对于提高 PageRank 计算速度所持的兴趣，看来是再自然不过的事了。实际上这个问题也至关重要，因为使用标准的幂法来计算 PageRank 需要数天的时间才能收敛，而万维网的增长是迅速的，因此，如果不找到新方法的话，数天的计算时间可能会逐渐演变为数个星期。

由于经典幂法缓慢的收敛速度是众所周知的，因此研究者们立即开始寻找其他的解决方法。但是，网络矩阵的规模以及稀疏性带来了对求解方法的限制，并使幂法占据了主导地位。幂法的局限性迫使研究者对这一饱受批评的方法展开新的研究，并由此获得了专为 PageRank 问题所定制的、对原有的平淡无奇的幂法的众多改进。自 1998 年以来，幂法研究的重新兴起，已经为这个旧的、不修边幅的老黄牛算法带来了激动人心的、创新性的改变。正因为在网络规模的矩阵上运行的每次幂法迭代的代价都是如此高昂，所以即使是减少屈指可数的几次迭代，也能够节约几个小时的计算时间。在这个领域的研究中，斯坦福的研究者们做出了若干最具价值的贡献，他们发现了数种加快幂法的方法。事实上，可以用来减少任何迭代方法计算负荷的途径不过就是两条：或者减少每次迭代中的计算量，或者减少总的迭代次数。而这两个目标通常相互矛盾，即减少迭代次数常常会导致每次迭代中计算量的稍许上升，而反之亦然。只要这一额外的计算量为最小，那么新的加速方法就可以被认为是有利可图的。在本章中，我们将回顾减少 PageRank 向量计算量最为成功的方法中的三种。

9.1　一种自适应的幂法

PageRank 游戏的目的，是计算 $\boldsymbol{G}$ 的稳态向量 $\boldsymbol{\pi}^{\mathrm{T}}$，或者从技术上而言，迭代求幂 $\boldsymbol{\pi}^{(k)\mathrm{T}}$，使得 $\|\boldsymbol{\pi}^{(k)\mathrm{T}}-\boldsymbol{\pi}^{(k-1)\mathrm{T}}\|_1<\tau$，其中，$\tau$ 是一个可接受的收敛判据。我们暂时假设在一开始的时候，我们就神奇地知道了 $\boldsymbol{\pi}^{\mathrm{T}}$。当然，如此一来，我们的事儿就搞定了，问题被解决了。不过，出于好奇，让我们运行一下幂法，看看每次迭代 $\boldsymbol{\pi}^{(k)\mathrm{T}}$ 离最终的解 $\boldsymbol{\pi}^{\mathrm{T}}$ 之间到底有多远。我们希望知道，在整个迭代过程中，幂法是如何逐步推进的。有几种方法可以做到这一点。我们可以计算 $\|\boldsymbol{\pi}^{(k)\mathrm{T}}-\boldsymbol{\pi}^{\mathrm{T}}\|_1$，并从宏观的角度来考察当前迭代 $\boldsymbol{\pi}^{(k)\mathrm{T}}$ 距离那个神奇的最终结果 $\boldsymbol{\pi}^{\mathrm{T}}$ 有多远。使用以上范数，各个元素位置上的误差被归总为一个单一的标量，它给出了总误差。标准的幂法在每次迭代中采取的就是这个宏观视角，利用总误差 $\|\boldsymbol{\pi}^{(k)\mathrm{T}}-\boldsymbol{\pi}^{(k-1)\mathrm{T}}\|_1$ 来测试收敛情况。另一个思路则是从微观的视角，来观察两个

向量的各个单独的元素，看看在每次迭代中，$\pi_i^{(k)}$ 距离 π_i 有多远。这正是斯坦福的研究者斯潘达·卡姆瓦尔、塔赫·哈维利瓦拉、吉恩·格拉伯（Gene Golub）和克里斯·曼宁（Chris Manning）所做的事情。

卡姆瓦尔等人[102]注意到，有些页面会比其他页面更快地收敛到它们的 PageRank 值。但是，从宏观的视角来考虑收敛的标准幂法却未能发现这一点，而只是闭着眼睛往前冲，进行着不必要的计算。实际上，上面这个斯坦福小组发现，大多数页面都迅速地收敛到它们最终的 PageRank 值。由于一小部分的顽固页面需要更长的时间才能稳定到最终的 PageRank 值，因此幂法的运行时间被迫拖长。随着 PageRank 向量的各个元素逐渐收敛，自适应 PageRank 方法会“锁定”它们，并且在之后的迭代中不再计算它们。但是我们怎样才能知道应该锁定哪个元素，以及何时锁定呢？在我们神奇地知道了 $\boldsymbol{\pi}^{\mathrm{T}}$ 的情形下，一旦 $|\pi_i^{(k)}-\pi_i|<\epsilon$ 成立，便可锁定元素 i，其中，ϵ 是一个微观收敛容许限。（卡姆瓦尔等使用了 $\epsilon=10^{-3}$ 的值。）在实际中，当 $|\pi_i^{(k)}-\pi_i^{(k-1)}|<\epsilon$ 成立时，即当相邻迭代所得的值之间的差别足够小时，便可锁定元素 i。

自适应幂法对 PageRank 向量的计算进行了中等程度的提速，在卡姆瓦尔等人的实验数据集上，速度提高了 17%。但是，尽管该算法在若干数据集上表明它确实收敛了，但还是存在着严重的理论问题。例如，收敛性并未得到证明；算法可能收敛，也可能不收敛。而且即使它确实收敛了，最后的答案却可能是不正确的。这是因为在确定锁定的决策过程中，仅考虑了短期的动态行为，所以并不清楚算法最终是否会收敛到真实的 PageRank 值上，或者是收敛在某个比较粗略的估计值上。实际上，我们已经知道，近解耦链的每个簇都会显示出短期的稳定性，然后再经过一段时间来到达全局平衡点。此外，最终的全局平衡点常常不具有类似于短期平衡点的性质，这意味着自适应方法可能会过早地停止，并对解耦链给出一个很不精确的答案。尽管如此，通过尝试减少幂法在每次迭代中的计算量，自适应算法为 PageRank 的加速计算做出了具有实用意义的贡献。

9.2 外插

这个斯坦福研究小组还提出了另一个加速方法，希望能减少幂法的迭代次数。幂法的期望迭代次数由次主特征值 λ_2 所决定。外插的思路大致如下：“如果次主特征值导致幂法运行缓慢，那就把它割掉并扔到一边。”为了理解这句话的含义，让我们戴上专用的谱分解这副分解镜，来观察一下幂法的迭代过程。谱分解这副分解镜有点儿类似于用 X 射线来观察事物，它使我们能够看到矩阵的深层部分，并检视它的谱组分。为简单起见，假设 $\boldsymbol{G}$ 可对角化，并且 $1>|\lambda_2|>\cdots\geqslant|\lambda_n|$。幂法的迭代如下

$$\begin{aligned}\boldsymbol{\pi}^{(k)\mathrm{T}}&=\boldsymbol{\pi}^{(k-1)\mathrm{T}}\boldsymbol{G}=\boldsymbol{\pi}^{(0)\mathrm{T}}\boldsymbol{G}^k\\&=\boldsymbol{\pi}^{(0)\mathrm{T}}(\boldsymbol{e}\boldsymbol{\pi}^{\mathrm{T}}+\lambda_2^k\boldsymbol{x}_2\boldsymbol{y}_2^{\mathrm{T}}+\lambda_3^k\boldsymbol{x}_3\boldsymbol{y}_3^{\mathrm{T}}+\cdots+\lambda_n^k\boldsymbol{x}_n\boldsymbol{y}_n^{\mathrm{T}})\\&=\boldsymbol{\pi}^{\mathrm{T}}+\lambda_2^k\gamma_2\boldsymbol{y}_2^{\mathrm{T}}+\lambda_3^k\gamma_3\boldsymbol{y}_3^{\mathrm{T}}+\cdots+\lambda_n^k\gamma_n\boldsymbol{y}_n^{\mathrm{T}},\end{aligned}\qquad(9.2.1)$$

式中，$\boldsymbol{x}_i$ 和 $\boldsymbol{y}_i$ 分别是 $\boldsymbol{G}$ 对应于 λ_i 的右特征向量和左特征向量，且 $\gamma_i = \boldsymbol{\pi}^{(0)\mathrm{T}}\boldsymbol{x}_i$。这个式子让人十分沮丧——在每次迭代中，我们所希望得到的 PageRank 向量 $\boldsymbol{\pi}^{\mathrm{T}}$ 都一直待在那里，不停地奚落着我们。实际上，式（9.2.1）表明 $\lambda_2^k\gamma_2\boldsymbol{y}_2^{\mathrm{T}}$ 在幂法中起着破坏性的作用。$\boldsymbol{\pi}^{\mathrm{T}}$ 一直都隐藏着，直到 $\lambda_2^k \to 0$，而当 $|\lambda_2|$ 较大时，这可就要花些时间了。外插方法可以去除这个破坏者。注意到

$$\boldsymbol{\pi}^{(k)\mathrm{T}} - \lambda_2^k\gamma_2\boldsymbol{y}_2^{\mathrm{T}} = \boldsymbol{\pi}^{\mathrm{T}} + \lambda_3^k\gamma_3\boldsymbol{y}_3^{\mathrm{T}} + \cdots + \lambda_n^k\gamma_n\boldsymbol{y}_n^{\mathrm{T}}。$$

当 $|\lambda_2| > |\lambda_3|$ 时，上式将更加接近于正确的 PageRank 向量 $\boldsymbol{\pi}^{\mathrm{T}}$。这意味着如果我们能在当前迭代中将 $\lambda_2^k\gamma_2\boldsymbol{y}_2^{\mathrm{T}}$ 减掉，就可以使幂法更进一步。但是，现在的问题是如何计算 $\lambda_2^k\gamma_2\boldsymbol{y}_2^{\mathrm{T}}$。当我们取下专用的分解镜时，谱组分就会聚成一体，而我们能看到的就只有 $\boldsymbol{\pi}^{(k)\mathrm{T}}$ 这一个向量。幸运的是，我们可以通过我们拥有的或可以得到的东西——即 $\boldsymbol{\pi}^{(k+2)\mathrm{T}}$，$\boldsymbol{\pi}^{(k+1)\mathrm{T}}$ 和 $\boldsymbol{\pi}^{(k)\mathrm{T}}$—— 来估计 $\lambda_2^k\gamma_2\boldsymbol{y}_2^{\mathrm{T}}$。卡姆瓦尔等人已经证明

$$\lambda_2^k\gamma_2\boldsymbol{y}_2^{\mathrm{T}} \approx \frac{(\boldsymbol{\pi}^{(k+1)\mathrm{T}} - \boldsymbol{\pi}^{(k)\mathrm{T}})^{.2}}{\boldsymbol{\pi}^{(k+2)\mathrm{T}} - 2\boldsymbol{\pi}^{(k+1)\mathrm{T}} - \boldsymbol{\pi}^{(k)\mathrm{T}}}。$$

式中，$(\ast)^{.2}$ 表示对向量 $(\ast)$ 逐元素求平方。由于外插需要额外的计算（计算并保存接下去两次迭代的数据），因此它应该是每隔一段时间才使用一次，比如说每 10 次迭代进行一次。这个方法称为埃特金（Aitken）外插法，它得名自对线性收敛序列进行加速的经典埃特金 Δ^2 法。不幸的是，埃特金外插法只能实现中等程度的加速。造成这种情况的一个原因与特征值 λ_3 有关。如果 λ_2 和 λ_3 成复共轭，则 $|\lambda_2| = |\lambda_3|$，这时埃特金外插将表现糟糕。

卡姆瓦尔等人提出了一种改进的外插法，称为二次外插，尽管它更为复杂，但思路却与埃特金外插法一致，即“如果 λ_2 和 λ_3 带来了我们遇到的问题，那么就将它们割离并扔到一边”。在进行测试的数据集上，二次外插以最少的额外计算将 PageRank 的计算时间缩短了 50% ~300%。图 9.1 比较了标准幂法和使用二次外插的幂法在同一个小规模网络图上各自所得的残差。在这个例子中，每隔 20 次迭代使用一轮二次外插。

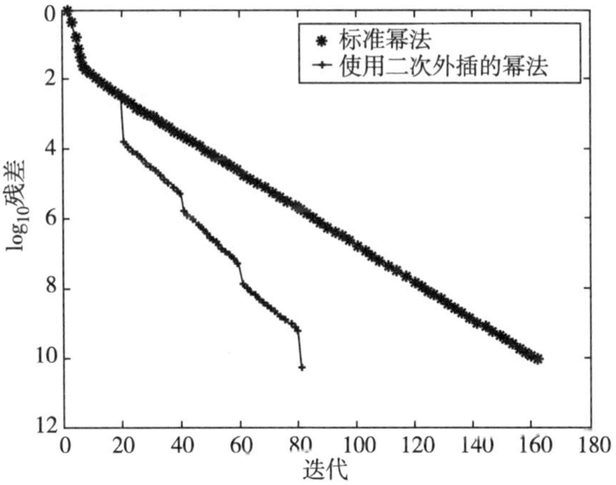

图 9.1　标准幂法和使用二次外插的幂法的残差对比图

请注意，每次应用了二次外插后得到的迭代结果都显著地朝着真实的解前进了一步。不幸的是，二次外插的计算代价高昂，只能每隔一段时间使用一次。研究外插方法的专家如克劳德·布瑞津斯基（Claude Brezinski）等研究者最近已经开始实验其他经典的外插方法，如切比雪夫（Chebyshev）外插和 ϵ-外插等。

使用埃特金外插的 PageRank 幂法的 MATLAB m 文件

这个 m 文件实现了应用于谷歌矩阵 $G = \alpha S + (1-\alpha)ev^{T}$ 的 PageRank 幂法，其中每“l”次迭代就使用了一次埃特金插值。

```
function[pi, time, numiter] =aitkenPageRank (pi0, H, v, n, alpha,
  epsilon, l);
% AITKENPageRank 函数用于计算 n 乘 n 阶的马尔可夫矩阵 H 的 PageRank 向量，初
% 始向量为 pi0（行向量），比例因子为 alpha（标量），跳转向量为 v（行向量）。幂
% 法每 l 次迭代使用 l 次埃特金外插。
%
% 例：[pi,time,numiter]=aitkenPageRank(pi0,H,v,900,.9,1e-8,10);
%
% 输入：pi0 =第 0 次迭代时的初始向量（行向量）
%       H =按行归一化了的超链接矩阵（n 乘 n 阶稀疏矩阵）
%       v =跳转向量（1 乘 n 阶的行向量）
%       n =P 矩阵的大小（标量）
%       alpha =PageRank 中的比例参数（标量）
%       epsilon =收敛误差限（标量，如 1e-8）
%       l =每 l 次使用一次埃特金外插（标量）
%
% 输出：pi =PageRank 向量
%       time =计算 PageRank 向量所需的时间
%       numiter =达到收敛时的迭代次数
%
% 初始向量通常设为一个均匀分布的向量 pi0 =1/n* ones (1, n)。
% 注意：MATLAB 按列来存放稀疏矩阵，因此在 H 的转置 H'上来进行某些操作将会更快。
% 获取“a”向量，其中若行 i 为悬挂结点，则 a (i) =1，否则为 0。
rowsumvector =ones (1, n) * H';
nonzerorows =find (rowsumvector);
zerorows =setdiff (1: n, nonzerorows); l =length (zerorows);
a =sparse (zerorows, ones (l, 1), ones (l, 1), n, 1);

k =0;
residual =1;
pi =pi0;
tic;

while (residual > =epsilon)
```

```
prevpi =pi;
k =k +1;
pi =alpha* pi* H + (alpha* (pi* a) +1 -alpha)* v;
residual =norm (pi -prevpi, 1);
if (mod (k, 1)) ==0
    % "埃特金斯外插"
    nextpi =alpha* pi* H + (alpha*(pi*a) +1 -alpha)* v;
    g= (pi -prevpi) .^2;
    h =nextpi -2* pi +prevpi;
    nextpi =prevpi - (g. /h);
    if (any(nextpi == -Inf) ==1)
        pi =pi;
      else
        pi =nextpi;
    end
    % "埃特金斯外插结束"
  end
end
numiter =k;
time =toc;
```

使用二次外插的 PageRank 幂法的 MATLAB m 文件

这个 m 文件实现了应用于谷歌矩阵 $G = \alpha S + (1 - \alpha) ev^{T}$ 的 PageRank 幂法，其中每"l"次迭代使用一回二次插值。

```
function [pi, time, numiter] = quadPageRank (pi0, H, v, n, alpha,
  epsilon, l);
% QUADPageRank 函数用于计算 n 乘 n 阶的马尔可夫矩阵 H 的 PageRank 向量，初始
  向量为 pi0（行向量），比例因子为 alpha（标量），跳转向量为 v（行向量）。幂法
  每 l 次迭代使用 1 次二次外插。
%
% 例：[pi,time,numiter] =quadPageRank(pi0,H,v,900,.9,1e -8,10);
% 输入：pi0 =第 0 次迭代时的初始向量（行向量）
%       H =按行归一化了的超链接矩阵（n 乘 n 阶稀疏矩阵）
%       v =跳转向量（1 乘 n 阶的行向量）
%       n =P 矩阵的大小（标量）
%       alpha =PageRank 中的比例参数（标量）
%       epsilon =收敛误差限（标量，如 1e -8）
%       l =每次使用 l 次二次外插（标量）
%
% 输出：pi =PageRank 向量
%       time =计算 PageRank 向量所需的时间
%       numiter =达到收敛时的迭代次数
%
% 初始向量通常设为一个均匀分布的向量 pi0 =1/n* ones (1, n)。
% 注意：MATLAB 按列来存放稀疏矩阵，因此在 H 的转置 H'上来进行某些操作将会更快。
```

```
% 获取“a”向量，其中若行 i 为悬挂结点，则 a(i) =1，否则为 0。
rowsumvector =ones (1, n)* H';
nonzerorows = find (rowsumvector);
zerorows = setdiff (1: n, nonzerorows); l = length (zerorows);
a = sparse (zerorows, ones (1, l), ones (1, l), n, 1);

k =0;
residual =1;
pi =pi0;
tic;

while (residual > =epsilon)
  prevpi =pi;
  k =k +1;
  pi =alpha* pi* H + (alpha*(pi*a) +1 -alpha)* v;
  residual =norm (pi -prevpi, 1);
  if (mod (k, l)) ==0
    % “二次外插”
        nextpi =alpha* pi* H + (alpha*(pi*a) +1 -alpha)* v;
        nextnextpi =alpha*nextpi*H + (alpha*(nextpi*a) +1 -alpha)*v;
        y =pi -prevpi;nexty =nextpi -prevpi;nextnexty =nextnextpi -prevpi;
        Y = [v'nexty'];
        gamma3 =1;
        % 用改进的格拉姆-施密特 (gram-schmidt) QR 分解来替代 matlab 的 [Q,
          R] =qr (Y);
        [m, n] =size (Y);
        Q =zeros (m, n);
        R =zeros (n);
        for j =1: n
            R (j, j) =norm (Y (:, j));
            O (:, j) =Y (:, j) /R (j, j);
            R (j, j +1: n) =Q (:, j) '* Y (:, j +1: n);
            Y(:,j +1:n) =Y(:,j +1:n) -Q(:,j)*R(j,j +1:n);
        end
        Qnextnexty =Q'* nextnexty';
        gamma2 = -Qnextnexty (2) /R (2, 2);
        gamma1 =  ( -Qnextnexty (1) -gamma2* R (1, 2)) /R (1, 1);
        gamma0 = - (gamma1 +gamma2 +gamma3);
        beta0 =gamma1 +gamma2 +gamma3;
        beta1 =gamma2 +gamma3;
        beta2 =gamma3;
        nextnextpi =beta0* pi +beta1* nextpi +beta2* nextnextpi;
        nextnextpi =nextnextpi/sum (nextnextpi);
        pi =nextnextpi;
        % “二次外插结束”
  end
  pi =pi/sum (pi);
end
numiter =k;
time =toc;
```

9.3 聚合

斯坦福的研究者卡姆瓦尔等人[101]的这个小组还为 PageRank 的加速做出了另一个贡献。该方法试图同时实现两个加速目标，即减少迭代次数以及每次迭代中的计算量。这个被称为

BlockRank 的大有希望的方法是一种聚合方法，它将万维网的不同部分依据主站而归总到一起。在 BlockRank 开始时，它首先获取网络图（其中的结点代表网页），然后将其压缩为一个主站图（其中的结点代表主站）。主站是诸如 www. ncsu. edu 这样的高层网页，其下链接了许多其他网页。主站内的大多数页面都会内部链接到该主站的其他页面，但有一些链接则是主站间的链接，它们将不同的主站链接了起来。在全局的主站图中，内部链接被忽略了。当 PageRank 模型应用于这个小的主站图时，就会输出一个 HostRank 向量。主站 i 的 HostRank 排名给出了该主站的相对重要性。虽然 HostRank 问题规模比原来的 PageRank 问题小了很多，但它却无法给出我们想要的答案，即单个页面的重要性，而不是单个主站的重要性。为了获得全局 PageRank 向量，我们首先计算许多局部 PageRank 向量——每个独立站点内的页面的 PageRank 向量。这一步中仅使用了内部链接，而忽略掉外部链接。这个计算很简单，因为一般来说主站只有不到几千个的页面。因此，PageRank 模型被应用于如 www. ncsu. edu，www. msmary. edu，www. cofc. edu 之类网页的每个主站。至此，我们得到了一个全局的 $1\times|H|$ 大小的 HostRank 向量，其中 $|H|$ 为主站的数量，以及 $|H|$ 个局部 PageRank 向量，每个向量的大小为 $1\times|H_i|$，其中，$|H_i|$ 为主站 H_i 中的页面数量。要得到全局 PageRank 向量的近似值，就只需要简单地将主站 H_i 的局部 PageRank 向量乘以该主站的访问概率，这个概率可由 HostRank 向量的第 i 个元素给出。这一步称为扩展步。

该方法给出的结果，是由幂法计算所得的真实 PageRank 向量的一个近似。之所以只是近似，是由于在方法的每一步中都忽略了某些链接，这意味着某些有价值的信息在压缩或所谓的聚合步骤中被丢失了。幸运的是，如果我们用一种类似于拉手风琴的方式来不断重复压缩/扩展的过程直至收敛，那么我们就可以改善这个近似。BlockRank 实际上不过就是经典的聚合方法[51,56,92,151,155]在 PageRank 问题上的应用。（更多有关聚合的内容，请见 10.3 ~ 10.5 节。）这个方法通常能够同时减少所需的迭代次数以及每次迭代的计算量。在卡姆瓦尔等人所使用的某些数据集上，它可以给出 2 倍的提速效果。更近期的且密切相关的算法[42,116]中也运用到了聚合技术，从而能够利用万维网的结构来加快排名的计算。

例 为了理解 BlockRank 算法中聚合的原理，我们现在考虑第6章例2中的近解耦链。在下面的图 9.2 中，我们在此给出这个 7 结点的图。显然，由于结点 1，2，3 和 7 之间有很强的内部关联，我们可以将它们视为一个主站（称为主站 1）；而结点 4，5 和 6 则构成了主站 2。BlockRank 算法将这个 7 结点的图聚合为一个更小的 2 结点的主站图。与主站图相关联的转移矩阵为

$$\begin{array}{c} \\ H_1 \\ H_2 \end{array}\begin{array}{c} \begin{array}{cc} H_1 & H_2 \end{array} \\ \begin{pmatrix} 0.96 & 0.04 \\ 0 & 1 \end{pmatrix} \end{array}。$$

该主站图的 HostRank 向量——即主站图的谷歌矩阵的稳态向量——为 $(0.3676 \quad 0.6324)$（在此我们使用了 $\alpha=0.9$ 和 $\boldsymbol{v}^{\mathrm{T}}=(0.5 \quad 0.5)$）。也就是说，我们预计在 36.76% 的时间内，随机上网者都会访问主站 1 下的某个状态，即网页 1，2，3 和 7。

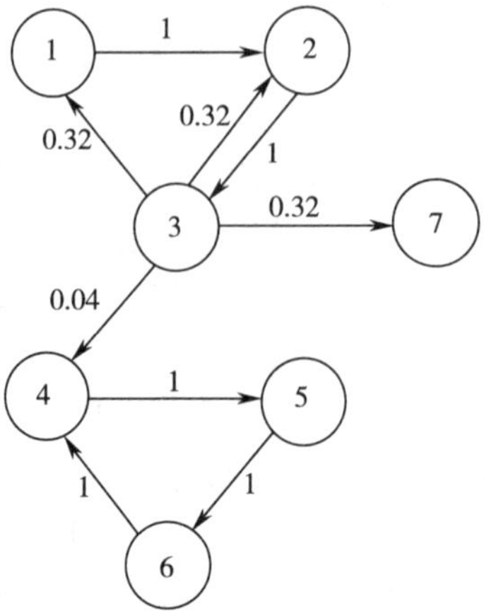

图 9.2　7 个网页所构成的网络的近解耦图

接着计算每个主站的局部 PageRank 向量。对主站 1，超链接矩阵为

$$H_1 = \begin{array}{c} \\ P_1 \\ P_2 \\ P_3 \\ P_7 \end{array} \begin{array}{c} \begin{array}{cccc} P_1 & P_2 & P_3 & P_7 \end{array} \\ \begin{pmatrix} 0 & 1 & 0 & 0 \\ 0 & 0 & 1 & 0 \\ 1/3 & 1/3 & 0 & 1/3 \\ 0 & 0 & 0 & 0 \end{pmatrix} \end{array}。$$

在求取 $\boldsymbol{H}_1$ 时仅使用了主站内的链接，而所有主站之间的链接都被忽略了，具体来说，就是链接 3→4 被忽略了。对于 $\alpha=0.9$ 和 $\boldsymbol{v}^{\mathrm{T}}=(0.25\quad 0.25\quad 0.25\quad 0.25)$，主站 1 的局部 PageRank 向量为（0.167 1　0.317 5　0.348 3　0.167 1）。这个向量中第二个元素的含义：**当随机上网者处于主站 1 时，他有 31.75%的时间是在浏览网页 2**。类似地，主站 2 的局部超链接矩阵为

$$H_2 = \begin{array}{c} \\ P_4 \\ P_5 \\ P_6 \end{array} \begin{array}{c} \begin{array}{ccc} P_4 & P_5 & P_6 \end{array} \\ \begin{pmatrix} 0 & 1 & 0 \\ 0 & 0 & 1 \\ 1 & 0 & 0 \end{pmatrix} \end{array}。$$

而主站 2 的局部 PageRank 向量为（1/3　1/3　1/3）。

最后一步是去聚合步骤，它使用这三个较小的向量来产生一个 1×7 阶的向量 $\tilde{\boldsymbol{\pi}}^{\mathrm{T}}$，它近似于精确的 PageRank 向量 $\boldsymbol{\pi}^{\mathrm{T}}$。

$$\tilde{\boldsymbol{\pi}}^{\mathrm{T}} = \begin{array}{c} \begin{array}{ccccccc} & 1 & 2 & 3 & 7 & & 4 \quad 5 \quad 6 \end{array} \\ (0.3676\ \ (0.1671\ \ 0.3175\ \ 0.3483\ \ 0.1671)\ \ 0.6324\ \ (1/3\ \ 1/3\ \ 1/3)) \end{array}$$

$$= \begin{array}{ccccccc} 1 & 2 & 3 & 7 & 4 & 5 & 6 \\ (0.0614 & 0.1167 & 0.1280 & 0.0614 & 0.2108 & 0.2108 & 0.2108)。 \end{array}$$

请将它与幂法给出的精确 PageRank 向量 $\boldsymbol{\pi}^{\mathrm{T}}$ 相对比。

$$\boldsymbol{\pi}^{\mathrm{T}} = \begin{array}{ccccccc} 1 & 2 & 3 & 7 & 4 & 5 & 6 \\ (0.0538 & 0.1022 & 0.1132 & 0.0538 & 0.2271 & 0.2256 & 0.2242)。 \end{array}$$

我们已经知道经典聚合方法能够良好运行，而且对于近解耦马尔可夫链，它可以减少计算稳态向量的工作量。网络链在一定程度上来说是解耦的，因此只要进行了适当程度的主站聚合，BlockRank 就能良好运行。

9.4　其他数值方法

另一个来自斯坦福而之后又加入了 IBM 的研究小组，则对幂法进行了约束。阿拉苏等人[10]在其简短的论文中给出了一个小规模的实验，其中在 PageRank 问题上应用了高斯-赛德尔法。比安奇尼等[29]建议使用雅可比法来计算 PageRank 向量。格拉伯和格瑞夫（Greif）也使用阿诺迪（Arnoldi）法进行了若干实验[81]。

另一条把握较大的加速 PageRank 的途径，于最近开始赢得了学术界的关注：这条途径便是并行处理。丹尼尔·舍尔德（Daniel Szyld）及其同事已经试验了 PageRank 幂法的并行执行，其中只需要非常少的处理器间通信的额外负担。其他人也已经明确了 PageRank 计算并行处理带来的好处以及所面临的特殊挑战。

尽管取得了这些进展，但它们都仅仅只是开始而已。如果实时个性化搜索的圣杯真的能够得以实现，那我们就必须获得速度上的极大改进，这一改进也许通过创新型的新算法来达到，也许是将当前的许多加速方法简单地合并为一个算法而得以实现。

杂谈：谷歌 API

2002 年 4 月，谷歌发布了它的网络应用程序接口（API），它为粉丝们提供了一个（目前）免费而且合法的途径，来获取自动化查询的结果。（如果没有使用这个 API，那么自动化查询就违反了谷歌的服务条款。）谷歌的这一做法实际上使全世界的程序员都能够免费地在谷歌实验室中运行程序。而谷歌突然之间也就多了数以千计的免费雇员，而且其中的一些人比其他人更加富有创造力，同时也更为慷慨，他们创造了谷歌的新服务和新应用，并反过来将这些新服务和新应用提供给了公众。例如，在 http://www.telepro.co.uk/scripts/google/上可以获取来自 API 程序员的 4 个产品。开发者们可以自由地公开他们的结果，只要不是用于商业目的即可。对这个 API 感兴趣的软件开发者们可以下载一个免费的开发包，创建一个账号，然后获得一个许可证。许可证允许开发者每天进行 1 000 次查询（这正好解释了，为什么在第 65 页杂谈中的 RankPulse 这个由谷歌 API 所产生的应用，每天就正好对 1 000 个项进行跟踪）。有了这个许可证，开发者们就可以自由地试验各种不同的获取标准谷歌索引（不包括图像、新闻、购物以及其他特殊目的的索引）的方法。例如，《谷歌技巧》一书（见第 73 页上的文本框）中就提供了 API 代码，该代码能够在任一网页上添加一个小方框，以显示你所选定的查询的谷歌搜索结果，并且每天都会更新。其他开发者则预见到可以利用 API 来开发某种应用，以使得我们能够用一条命令，就同时对传统的图书馆目录和整个万维网进行搜索。当然，有了对世界上最大索引的访问权，这个 API 还是排名研究者们用来测试他们新算法的一个非常好的方式。

第 10 章 更新 PageRank 向量

在万维网上，每个月都会上演一台著名的舞蹈。尽管在我们现代的历史里有着许多同样著名的其他舞蹈——如玛卡蕾娜（Macarena）、曼波（Mambo #5）、小鸡舞（Chicken Dance）等，但是我们所说的舞蹈，却是首个在搜索领域影响深远的舞蹈。每个月，搜索引擎优化者（SEO）们都会仔细地观看**谷歌之舞**（Google Dance），热切地希望去了解舞步中是否发生了变化。有时我们可以轻松地躲过这些舞步中的变化，但有时它们却会激起一阵骚动。

谷歌之舞是谷歌每个月更新排名这一举动的俗称。我们首先来给出一些统计数据，以强调频繁对排名进行更新的必要性。网络研究者曹郑后和赫克托·加西亚-莫里纳于 2000 年进行的的一项研究[52]指出，在他们所用的数据集中，有 40% 的网页在一周内发生了变化，而有 23% 的 .com 网页则每天都在发生改变。在一项更为广泛而且更近期的研究中，丹尼斯·费特莱与其同事[74]也得到了一致的结果。在他们的研究期间，约 35% 的网页发生了变化，同时，相比于较小的网页，大型网页中的变化则更为频繁，影响面也更宽。在上述的研究中，变化被定义为页面内容的改变，或是页面出链的改变，或是两者都发生了改变。现在来考虑一下新增的网页，这时，内容和链接的更新都可能发生在以小时计算的时间尺度上。反映页面内容的内容评分以及反映万维网图结构的 PageRank 评分都必须频繁更新，以保证提供最新的结果。在理想情况下，排名评分应该和万维网保持同样的动态变化。不过就目前来说，普遍相信谷歌是逐月对其 PageRank 向量进行更新的，而内容评分的更新则可能更加频繁[7]。因此，研究者们一直在设法使更新过程更为容易，它们利用以往所进行过的计算来加速更新步骤的计算，并由此使得更为频繁的更新成为可能。

本章将关注与谷歌之舞有关的数学问题，具体来说就是更新 PageRank 向量的问题。“更新 PageRank”是指当完成了万维网图结构的月度改变后，再计算新 PageRank 向量的过程。在两次更新之间，可能有数以千计的链接被加入或删除，也可能有数以千计的页面被加入或删除。最简单也最朴素的更新策略就是从头来过，即重新计算新的 PageRank 向量，而对之前的 PageRank 向量不加任何利用。据我们所知，整个谷歌索引的 PageRank 向量每个月都会被完全重新计算，或差不多是完全重新计算。（受欢迎网站的 PageRank 值可能更新得更加频繁些。）也就是说，在计算这个月的向量时，上个月的向量并没有得到任何利用。在 2002 年的 SIAM 年度会议上，谷歌的一位发言人称，由前一个月的向量来重新启动当月的幂法似乎没有给出任何改善。研究更新的目的，则是要超越这个朴素的方法。我们确信，上个月在计算 PageRank 上的付出，肯定具有某种价值，使我们能够用较少的工作量来计算本月的 PageRank。

更新问题的设定如下。假设上个月谷歌矩阵 $\boldsymbol{Q}_{m\times m}$ 的 PageRank 向量 $\boldsymbol{\phi}^{\mathrm{T}}=(\phi_1,\phi_2,\cdots,\phi_m)$（通过之前的计算）已经得到。现在由于某些超链接发生了改变或某些网页被加入或删除，我们需要对网络图进行更新，更新后的谷歌矩阵 $\boldsymbol{G}_{n\times n}$ 可能与 $\boldsymbol{Q}$ 的大小不同，即 $m\neq n$。于是，我们的更新问题是，如何通过某种方式来利用 $\boldsymbol{\phi}^{\mathrm{T}}$ 中的值计算 $\boldsymbol{G}$ 的更新后的 PageRank$\boldsymbol{\pi}^{\mathrm{T}}=(\pi_1,\pi_2,\cdots,\pi_n)$，使得所需的计算量要少于从头开始完全重新计算（即在 $\boldsymbol{\phi}^{\mathrm{T}}$ 未知的情况下计算 $\boldsymbol{\pi}^{\mathrm{T}}$）。

10.1 两类更新问题及其发展历程

使得更新 PageRank 的任务具有如此挑战性的一个事实就是，实际上有两类可能发生的更新。首先，当超链接被加入到万维网中或从万维网中被删除（或其权值发生了改变）时，超链接矩阵 $\boldsymbol{H}$ 的元素发生了改变，而矩阵的大小并未改变。如果只有这一类型的更新，那么现在的问题就是一个链接更新问题。但是，网页本身也可能被加入到万维网中或从万维网中被删除，那么对于这个页面更新问题来说，就会发生状态被加入到谷歌马尔可夫链中，或者从链中被删除的情况，而谷歌矩阵的大小也会发生改变。两者中的页面更新问题更为困难，而它通常也把链接更新问题作为一种特殊情况而包括在内。（在 10.6 节中，我们将给出一个一般性用途的算法，它能同时处理这两类更新问题。）

由于对马尔可夫链及其稳态向量已经进行了差不多一个世纪的研究，所以更新问题也不是什么新问题，研究者们也已经就此问题研究了数十年。历史的发展是受着理论的指引的：对较为简单链接更新问题的研究，要远比对更加困难的页面更新问题的研究广泛。实际上，研究者已经提出了多个链接更新的求解方法。1980 年，在参考文献［129］中推导出了一个精确链接更新的理论公式。不幸的是，这个公式要求链接更新只能影响马尔可夫转移矩阵中的单独某一行，所以对更一般的更新，就必须通过按次序的一次一行的程序来加以处理。这个方法的思路类似于人们熟知的谢尔曼-莫里森（Sherman-Morrison）公式[127,第124页]，该公式用于将一个解更新为一个非奇异线性系统，但是为了能够适用于奇异阵 $\boldsymbol{A}=\boldsymbol{I}-\boldsymbol{Q}$，这个方法必须被加以修改。利用 $\boldsymbol{A}$ 的群逆 $\boldsymbol{A}^{\#}$ 就可以做到这一点，群逆是一个唯一的矩阵，满足以下三个方程：$\boldsymbol{AA}^{\#}\boldsymbol{A}=\boldsymbol{A}$，$\boldsymbol{A}^{\#}\boldsymbol{AA}^{\#}=\boldsymbol{A}^{\#}$，且 $\boldsymbol{AA}^{\#}=\boldsymbol{A}^{\#}\boldsymbol{A}$。这个矩阵经常出现在与马尔可夫链相关的问题中——若干这方面的一般性背景知识请见参考文献［46，122，127］，而它在马尔可夫链中的应用请见参考文献［46，49，50，76，83，130，122，124，121，126，129］。

当把参考文献［129］中最早的精确更新的理论结果用于 PageRank 问题时，可以得到如下结论。

定理 10.1.1 令 $\boldsymbol{Q}$ 为一个谷歌马尔可夫矩阵的转移概率矩阵，并假设 $\boldsymbol{Q}$ 的第 i 行 $\boldsymbol{q}^{\mathrm{T}}$ 被修改为更新后的马尔可夫链对应的谷歌矩阵 $\boldsymbol{G}$ 中的第 i 行 $\boldsymbol{g}^{\mathrm{T}}=\boldsymbol{q}^{\mathrm{T}}-\boldsymbol{\delta}^{\mathrm{T}}$。若 $\boldsymbol{\phi}^{\mathrm{T}}$ 和 $\boldsymbol{\pi}^{\mathrm{T}}$ 分别表示 $\boldsymbol{Q}$ 和 $\boldsymbol{G}$ 的稳态概率分布，且若 $\boldsymbol{A}=\boldsymbol{I}-\boldsymbol{Q}$，则 $\boldsymbol{\pi}^{\mathrm{T}}=\phi^{\mathrm{T}}-\epsilon^{\mathrm{T}}$，其中

$$\boldsymbol{\epsilon}^{\mathrm{T}} = \left[\frac{\phi_i}{1+\boldsymbol{\delta}^{\mathrm{T}}\boldsymbol{A}^{\#}_{*i}}\right]\boldsymbol{\delta}^{\mathrm{T}}\boldsymbol{A}^{\#}(\boldsymbol{A}^{\#}_{*i} = \boldsymbol{A}^{\#} \text{ 的第 } i \text{ 列})。 \tag{10.1.1}$$

为了处理对 $\boldsymbol{Q}$ 中多行的更新，必须按顺序一次一行地使用该公式，这也意味着群逆必须被按顺序地更新。将 $(\boldsymbol{I}-\boldsymbol{Q})^{\#}$ 更新为 $(\boldsymbol{I}-\boldsymbol{G})^{\#}$ 的公式如下。

$$(\boldsymbol{I}-\boldsymbol{G})^{\#} = \boldsymbol{A}^{\#} + \boldsymbol{e}\boldsymbol{\epsilon}^{\mathrm{T}}[\boldsymbol{A}^{\#} - \gamma\boldsymbol{I}] - \frac{\boldsymbol{A}^{\#}_{*i}\boldsymbol{\epsilon}^{\mathrm{T}}}{\phi_i}, \tag{10.1.2}$$

式中，$\gamma = \dfrac{\boldsymbol{\epsilon}^{\mathrm{T}}\boldsymbol{A}^{\#}_{*i}}{\phi_i}$，而 $\boldsymbol{e}$ 是一个全 1 列向量。

尽管这些结果对链接更新问题给出了理论上的答案，但从计算角度而言，却不能令人满意，特别是当更新所涉及的不仅仅是一两行的时候就更是如此。如果每一行都发生了改变，那么上述公式需要进行 O（n^3）次浮点运算。

还有一些其他的更新公式[50,77,96,104,148]，但它们都是秩一更新这个思路的不同变体，在这个思路中使用了谢尔曼-莫里森[127,第124页]类型的公式，而它们对于一般性的更新问题而言，算法复杂度都是 O（n^3）。此外，所有这些秩一更新的技术都只能用于比较简单的链接更新问题，而要对它们进行改造，以能够处理更加复杂的页面更新问题，并不那么容易。因此得到的结论是，尽管对于仅有一两行发生了改变而且没有页面被加入或删除的情形而言，已知的精确链接更新公式可能是有用的，但从计算角度来说，它们对更为一般的更新而言并不实用，所以由于万维网所具有的动态性，这些算法对于更新 PageRank 几乎毫无用处。而对可用于页面更新问题所进行的调查，它给出的结果则甚至还要黯淡。对于马尔可夫链的页面更新问题，并不存在任何理论或实用的解法。由于万维网所具有的动态性，更新 PageRank 的确是一个重要而开放的挑战。

10.2 重启幂法

因此现在看来，从头开始计算大概是 PageRank 更新问题的唯一选项。让我们从链接更新这个比较简单的问题来开始我们的讨论。假设 $\boldsymbol{Q}$ 仅仅只经历了链接更新而得到 $\boldsymbol{G}$。假设幂法被应用于新的、更新过的谷歌矩阵 $\boldsymbol{G}$，但却使用旧的 PageRank 向量 $\boldsymbol{\phi}^{\mathrm{T}}$（而不是随机或均匀分布的初始向量）来作为迭代过程的初始向量。假设已知 $\boldsymbol{G}$ 的更新后的稳态分布 $\boldsymbol{\pi}^{\mathrm{T}}$ 在某种意义上接近于原有的 Q 的稳态向量 $\boldsymbol{\phi}^{\mathrm{T}}$，比如对 $\boldsymbol{Q}$ 的扰动较小时可能会发生的情况那样。那么从直观上来说，如果 $\boldsymbol{\phi}^{\mathrm{T}}$ 和 $\boldsymbol{\pi}^{\mathrm{T}}$ 比较接近，则相比于使用一个随意的初始向量，使用

$$\boldsymbol{\pi}^{(k+1)\mathrm{T}} = \boldsymbol{\pi}^{(k)\mathrm{T}}\boldsymbol{G} \text{ 且 } \boldsymbol{\pi}^{(0)\mathrm{T}} = \boldsymbol{\phi}^{\mathrm{T}} \tag{10.2.1}$$

应该能在更少的迭代次数内给出 $\boldsymbol{\pi}^{\mathrm{T}}$ 的一个精确估计。从某种程度而言，这一点是成立的，但是直觉一般会过高地估计这种做法所带来的影响，解释如下。

我们已经熟知，如果 λ_2 为 $\boldsymbol{G}$ 的次主特征值，且 λ_2 的指数（index）为 1（线性初等因子），则式（10.2.1）的渐近收敛速率[127,第621页]为

$$R = -\log_{10}|\lambda_2| \tag{10.2.2}$$

对于线性平稳迭代过程（linear stationary iterative procedure），该渐近收敛率 R 可视为一个指标，它给出了每次迭代中能够期望获得的精度位数，而这与初始向量无关。例如，假设 $\boldsymbol{G}-\boldsymbol{Q}$ 中的元素都小到能够保证每个元素 π_i 和 ϕ_i 都能在第一个有效数字位置上相吻合，并且假设我们希望式（10.2.1）计算得到的更新结果 $\boldsymbol{\pi}^{\mathrm{T}}$ 能够精确到第 12 个有效数字位上。由于 $\boldsymbol{\pi}^{(0)\mathrm{T}}=\boldsymbol{\phi}^{\mathrm{T}}$ 已经具有了一位正确的有效数字，而要多获得一个有效数字位的精度，大约需要 $1/R$ 次迭代，因此利用式（10.2.1）进行计算大约需要 $11/R$ 次迭代，而从一个完全没有正确有效数字的初始向量开始则需要大约 $12/R$ 次迭代。换而言之，对于每个 $\boldsymbol{\pi}^{(0)\mathrm{T}}$ 中的正确有效数字位，可以减少约 8% 的计算量，而这也决定了我们应该用多大的代价来确定一个“好的”初始向量。

为了能使读者领会使用式（10.2.1）作为一种更新方法所具有的有效性，让我们举个例子。假定 $|\lambda_2|=0.85$（PageRank 问题中的一个常用值），并假定将 $\boldsymbol{Q}$ 更新为 $\boldsymbol{G}$ 时所引入的扰动，使得每个元素 π_i 与 ϕ_i 在第一个有效数字位上相吻合，则由式（10.2.2）可知，我们需要约 156 次迭代才能达到所需的精度。这比重新由随机初始向量开始计算仅少了约 16 次迭代。所以，由旧的 PageRank 向量开始重启幂法，对于链接更新问题而言并不是一个很有吸引力的方法，哪怕当变化相对较小时也是如此。由于我们不能简单地对幂法进行调整以处理更加复杂的页面更新问题，因此仅靠幂法本身来由旧的 PageRank 向量重启算法，显然并不是一个切实可行的更新方法。

因此现在看来，利用关于 $\boldsymbol{Q}$ 和 $\boldsymbol{\phi}^{\mathrm{T}}$ 的理论来高效地更新马尔可夫链 $\boldsymbol{G}$ 的稳态向量 $\boldsymbol{\pi}^{\mathrm{T}}$，可能是要求过高了。由 $\boldsymbol{\phi}^{\mathrm{T}}$ 重启幂法的这种唯一可同时用于链接更新和页面更新的方法，相比于完全重新计算——即由一个随机或均匀分布的向量重启幂法——而言，几乎没有带来任何好处。

10.3 使用近似聚合进行近似更新

如果我们不是一定要获得更新后的稳态分布的精确值，而是能够接受一个近似值，那么解决之路就会更宽敞一些了。例如，史蒂夫·钱㊀（Steve Chien）及其同事[48]利用一个基于状态聚合（state aggregation）的近似方法来估计谷歌的 PageRank。状态聚合是近似聚合技术（approximate aggregation technique）[151]这类著名方法中的一部分，它曾被用来估计近解耦链的稳态分布。第 9 章的 BlockRank 算法正是利用聚合加速了 PageRank 的计算。

尽管近似聚合只给出了 $\boldsymbol{\pi}^{\mathrm{T}}$ 的估计，但它可以同时处理链接更新和页面更新，而且计算量小。

近似聚合的思路是利用之前已知的分布

$$\boldsymbol{\phi}^{\mathrm{T}}=(\phi_1,\phi_2,\cdots,\phi_m)$$

以及 $\boldsymbol{G}$ 中更新后的转移概率，来构建一个聚合马尔可夫链，它的转移概率矩阵 $\boldsymbol{C}$ 比 $\boldsymbol{G}$ 更小，而 $\boldsymbol{C}$ 的稳态分布 $\boldsymbol{\xi}^{\mathrm{T}}$ 可用来产生真实的更新分布 $\boldsymbol{\pi}^{\mathrm{T}}$ 的一个估计，其方法简述如下。

㊀ 按英文音译。——译者注

首先，将更新的马尔可夫链的状态空间 $\mathcal{S}$ 划分为两组，即 $\mathcal{S}=L\cup\overline{L}$，其中，$L$ 是由稳态概率可能受更新影响最大的状态所构成的子集（新加入的状态被自动包含在 L 中，对删除的状态，则可以将受影响的转移概率设为 0 来加以处理），而补集 $\overline{L}$ 自然包括了所有其他状态。一个直观的想法是，如果一个扰动只涉及大的稀疏链（如谷歌 PageRank 中的情况）中的少数状态，那么它对于稳态向量的影响将主要是局部性的，因此，大多数稳态概率并未受到显著影响。现在的关键问题是找到一个能够确定 L 的好方法，我们将在 10.7 节中对此进行更为详细的讨论。

将更新后的链的状态划分为 $\mathcal{S}=L\cup\overline{L}$ 就导出了更新后的转移矩阵及其对应的稳态分布的一个划分（以及重排）

$$\boldsymbol{G}_{n\times n}=\begin{matrix} \\ L \\ \overline{L}\end{matrix}\begin{matrix} L & \overline{L} \\ \begin{pmatrix}\boldsymbol{G}_{11} & \boldsymbol{G}_{12}\\ \boldsymbol{G}_{21} & \boldsymbol{G}_{22}\end{pmatrix}\end{matrix} \text{且 } \boldsymbol{\pi}^{\mathrm{T}}=(\pi_1,\cdots,\pi_l \mid \pi_{l+1},\cdots,\pi_n)。\qquad (10.3.1)$$

式中，$\boldsymbol{G}_{11}$ 的大小为 $l\times l$，$l=|L|$ 为 L 的势[⊖]，而 $\boldsymbol{G}_{22}$ 的大小为 $(n-l)\times(n-l)$。来自原有分布 $\boldsymbol{\phi}^{\mathrm{T}}$ 的、对应于 $\overline{L}$ 中的状态的稳态概率被存入一个行向量 $\boldsymbol{\omega}^{\mathrm{T}}$ 中，而 $\overline{L}$ 中的状态被聚合为一个超级状态，从而得到一个更小的聚合马尔可夫链，其转移矩阵大小为 $(l+1)\times(l+1)$，由下式给出

$$\widetilde{\boldsymbol{C}}=\begin{pmatrix}\boldsymbol{G}_{11} & \boldsymbol{G}_{12}\boldsymbol{e}\\ \widetilde{\boldsymbol{s}}^{\mathrm{T}}\boldsymbol{G}_{21} & 1-\widetilde{\boldsymbol{s}}^{\mathrm{T}}\boldsymbol{G}_{21}\boldsymbol{e}\end{pmatrix} \qquad (10.3.2)$$

式中 $\widetilde{\boldsymbol{s}}^{\mathrm{T}}=\dfrac{\boldsymbol{\omega}^{\mathrm{T}}}{\boldsymbol{\omega}^{\mathrm{T}}\boldsymbol{e}}$（$\boldsymbol{e}$ 是全 1 列）

参考文献 [48] 中给出的近似程序就可以计算出 $\widetilde{\boldsymbol{C}}$ 的稳态分布

$$\widetilde{\boldsymbol{\xi}}^{\mathrm{T}}=(\widetilde{\xi}_1,\widetilde{\xi}_2,\cdots,\widetilde{\xi}_l,\widetilde{\xi}_{l+1})。$$

利用 $\widetilde{\boldsymbol{\xi}}^{\mathrm{T}}$ 中的前 l 个元素以及 $\boldsymbol{\omega}^{\mathrm{T}}$ 中的元素，就能产生精确的更新分布 $\boldsymbol{\pi}^{\mathrm{T}}$ 的一个近似 $\widetilde{\boldsymbol{\pi}}^{\mathrm{T}}$，这个近似为

$$\widetilde{\boldsymbol{\pi}}^{\mathrm{T}}=(\widetilde{\xi}_1,\widetilde{\xi}_2,\cdots,\widetilde{\xi}_l \mid \boldsymbol{\omega}^{\mathrm{T}}),\qquad (10.3.3)$$

换而言之，

$$\widetilde{\pi}_i=\begin{cases}\widetilde{\xi}_i, & \text{若状态 } i \text{ 属于 } L,\\ \phi_i, & \text{若状态 } i \text{ 属于 } \overline{L}。\end{cases}$$

对该近似方法的理论证明以及近似精度将在 10.4 节中加以讨论。就目前而言，重要的是认识近似聚合所能带来的计算量的减少。相比于寻找完整的更新 PageRank 向量 $\boldsymbol{\pi}^{\mathrm{T}}$，我们只使用了一个远小得多的稳态向量 $\widetilde{\boldsymbol{\xi}}^{\mathrm{T}}$ 来构建 $\boldsymbol{\pi}^{\mathrm{T}}$ 的近似 $\widetilde{\boldsymbol{\pi}}^{\mathrm{T}}$。

参考文献 [48] 还指出，在具有数百万个状态的链上所进行的数值实验中，得到了如下的精度估计

⊖ 设 A，B 是两个集，如果存在从 A 到 B 上的一个一一映射，则称 A 对等于 B。称对等的集具有相同的基数或势。——编辑注

$$\|\boldsymbol{\pi}^{\mathrm{T}}-\tilde{\boldsymbol{\pi}}^{\mathrm{T}}\|_1=O(10^{-5})。$$

但是，我们并不清楚这个结果是否就是一个好结果，因为这个结果给出的是绝对误差，而对于大的链来说，绝对误差作为精度指标可能会具有欺骗性。如果一条链具有数百万个状态，并且我们可以合理地期待某些稳态概率 π_i 的数量级在10^{-5}，那么从相对误差上来说，近似的 $\tilde{\pi}_i$ 就可能与精确的 π_i 之间存在 100% 的差异，同时却仍然给出了一个具有欺骗性的小的绝对差值。应当把相对度量考虑在内，才能得到完整的结论。

10.4　精确聚合

10.3 节中所介绍的只是对**精确**聚合（exact aggregation）的结果进行近似的一种特殊方法。精确聚合在参考文献［125］中被提出，我们对它简介如下。对于一个不可约的 n 状态马尔可夫链，假设其状态空间已被划分为 k 个互不相交的部分 $\mathcal{S}=L_1\cup L_2\cup\cdots\cup L_k$，并假设与之对应的转移概率矩阵具有分块矩阵的形式

$$\boldsymbol{G}_{n\times n}=\begin{array}{c} \\ L_1 \\ L_2 \\ \vdots \\ L_k\end{array}\begin{array}{c}\begin{matrix} L_1 & L_2 & \cdots & L_k\end{matrix}\\ \begin{pmatrix}\boldsymbol{G}_{11} & \boldsymbol{G}_{12} & \cdots & \boldsymbol{G}_{1k}\\ \boldsymbol{G}_{21} & \boldsymbol{G}_{22} & \cdots & \boldsymbol{G}_{2k}\\ \vdots & \vdots & & \vdots\\ \boldsymbol{G}_{k1} & \boldsymbol{G}_{k2} & \cdots & \boldsymbol{G}_{kk}\end{pmatrix}\end{array}\text{（其中，对角线上的分块均为方阵）。}\quad(10.4.1)$$

这条由 $\boldsymbol{G}$ 所定义的父马尔可夫链（parent Markov chain）可诱导出 k 条更短的马尔可夫链，称为**受限链**（censored chain），诱导方法如下。与 L_i 这一组状态相对应的**受限马尔可夫链**（censored Markov chain）定义为一个马尔可夫过程，仅当父链对 L_i 中的状态进行访问时，该过程才记录下父链的位置，而忽略所有对 L_i 之外的状态的访问。已知第 i 条受限链的转移概率矩阵为**第 i 个随机补**，且由如下公式给出

$$\boldsymbol{S}_i=\boldsymbol{G}_{ii}+\boldsymbol{G}_{i*}(\boldsymbol{I}-\boldsymbol{G}_i^*)^{-1}\boldsymbol{G}_{*i}。\quad(10.4.2)$$

式中，$\boldsymbol{G}_{i*}$ 和 $\boldsymbol{G}_{*i}$ 分别为 $\boldsymbol{G}_{ii}$ 被移除后的第 i 行和第 i 列的分块，而 $\boldsymbol{G}_i^*$ 为 $\boldsymbol{G}$ 的主子矩阵，它通过去除第 i 行和第 i 列的分块而得。例如，如果现在对状态的划分仅包括两个组 $\mathcal{S}=L_1\cup L_2$，则仅有两条受限链，它们各自的转移矩阵为如下两个随机补

$$\boldsymbol{S}_1=\boldsymbol{G}_{11}+\boldsymbol{G}_{12}(\boldsymbol{I}-\boldsymbol{G}_{22})^{-1}\boldsymbol{G}_{21}\text{ 和 }\boldsymbol{S}_2=\boldsymbol{G}_{22}+\boldsymbol{G}_{21}(\boldsymbol{I}-\boldsymbol{G}_{11})^{-1}\boldsymbol{G}_{12},$$

如果 $\boldsymbol{G}$ 的稳态分布为 $\boldsymbol{\pi}^{\mathrm{T}}=(\boldsymbol{\pi}_1^{\mathrm{T}}\,|\,\boldsymbol{\pi}_2^{\mathrm{T}}\,|\cdots|\,\boldsymbol{\pi}_k^{\mathrm{T}})$（进行了与 $\boldsymbol{G}$ 一致的划分），则已知**第 i 个受限分布**（censored distribution，$\boldsymbol{S}_i$ 的稳态分布）等于

$$\boldsymbol{s}_i^{\mathrm{T}}=\frac{\boldsymbol{\pi}_i^{\mathrm{T}}}{\boldsymbol{\pi}_i^{\mathrm{T}}\boldsymbol{e}}\text{（}\boldsymbol{e}\text{ 为具有适当长度的全 1 列）。}\quad(10.4.3)$$

对于正则链（regular chain）[104]，$\boldsymbol{s}_i^{\mathrm{T}}$ 的第 j 个元素即是当给定过程处于状态组 L_i 中某处时，其所处的位置为 L_i 中的第 j 个状态的极限条件概率。

为了将每个组 L_i 压缩为一个单一的状态，以获得较小的 k 状态聚合链，我们如下将父转移矩阵 $\boldsymbol{G}$ 压缩为聚合转移矩阵（aggregated transition matrix，又称为耦合矩阵（coupling matrix））

$$\boldsymbol{C}_{k\times k}=\begin{pmatrix}\boldsymbol{s}_1^{\mathrm{T}}\boldsymbol{G}_{11}\boldsymbol{e} & \cdots & \boldsymbol{s}_1^{\mathrm{T}}\boldsymbol{G}_{1k}\boldsymbol{e}\\ \vdots & & \vdots\\ \boldsymbol{s}_k^{\mathrm{T}}\boldsymbol{G}_{k1}\boldsymbol{e} & \cdots & \boldsymbol{s}_k^{\mathrm{T}}\boldsymbol{G}_{kk}\boldsymbol{e}\end{pmatrix}(\text{已知该矩阵为随机且不可约})。\qquad(10.4.4)$$

对于正则链，在由 $\boldsymbol{C}$ 所定义的聚合链中的状态转移，就对应了当未聚合的父链达到平衡时，在父链中的组 L_i 之间的转移。

这个聚合思路中引人注意的一个特性在于，它允许父链被分解为 k 个小的受限链，这些受限链可以分别独立求解，而解得的受限分布 $\boldsymbol{s}_i^{\mathrm{T}}$ 可以通过 $\boldsymbol{C}$ 的稳态分布加以组合，从而构造出父链的稳态分布 $\boldsymbol{\pi}^{\mathrm{T}}$。这就是精确聚合定理。

定理 10.4.1（精确聚合定理[125]） 若 $\boldsymbol{G}$ 是一条不可约的 n 状态马尔可夫链的分块转移概率矩阵（10.4.1），其稳态概率分布为

$$\boldsymbol{\pi}^{\mathrm{T}}=(\boldsymbol{\pi}_1^{\mathrm{T}}\mid\boldsymbol{\pi}_2^{\mathrm{T}}\mid\cdots\mid\boldsymbol{\pi}_k^{\mathrm{T}})(\text{进行了与 }\boldsymbol{G}\text{ 一致的划分})。$$

并且若 $\boldsymbol{\xi}^{\mathrm{T}}=(\xi_1,\xi_2,\cdots,\xi_k)$ 是式（10.4.4）中矩阵 $\boldsymbol{C}_{k\times k}$ 所定义的聚合链的稳态分布，则 $\boldsymbol{G}$ 的稳态分布为

$$\boldsymbol{\pi}^{\mathrm{T}}=(\xi_1\boldsymbol{s}_1^{\mathrm{T}}\mid\xi_2\boldsymbol{s}_2^{\mathrm{T}}\mid\cdots\mid\xi_k\boldsymbol{s}_k^{\mathrm{T}}),$$

式中，$\boldsymbol{s}_i^{\mathrm{T}}$ 为式（10.4.2）中的随机补 $\boldsymbol{S}_i$ 所对应的受限分布。

10.5 精确聚合与近似聚合的比较

尽管在定理 10.4.1 里的精确聚合中，使用了分而治之这一优美而令人心动的想法，但是对于计算 $\boldsymbol{\pi}^{\mathrm{T}}$ 而言，其数值求解过程却并非高效，因为在式（10.4.2）的随机补中包含了计算开销很大的求逆运算，而要获得受限分布 $\boldsymbol{s}_i^{\mathrm{T}}$ 就需要计算随机补。因此，一种常见的做法是对受限分布进行一定程度上的近似。要做到这一点，至少可以通过两种途径。有时，我们首先估计出随机补 $\boldsymbol{S}_i$（例如，对于近解耦链，用 $\boldsymbol{G}_{ii}$ 来估计 $\boldsymbol{S}_i$ 可以获得良好的效果），然后计算这些估计的分布来得到近似设限分布，进而得到近似聚合转移矩阵，从而能够使用精确聚合定理来计算 $\boldsymbol{\pi}^{\mathrm{T}}$ 的近似值。另一条途径则是完全绕过随机补，而直接对设限分布 $\boldsymbol{s}_i^{\mathrm{T}}$ 进行估计，这就是 10.3 节中所描述的 PageRank 近似方案的实质。

要理解这一点，就需要考虑式（10.3.1）中所给出的更新转移矩阵 $\boldsymbol{G}$，并将其划分为 $l+1$ 层，其中前 l 个对角分块都是简单的 1×1 大小，而右下角的分块为 $(n-l)\times(n-l)$ 的矩阵 $\boldsymbol{G}_{22}$，它与 $\overline{L}$ 中的状态相关联。换句话说，按照定理 10.4.1 的设定条件，（10.3.1）中的划分可被视为

$$
G = \begin{matrix} & L & \bar{L} \\ L & G_{11} & G_{12} \\ \bar{L} & G_{21} & G_{22} \end{matrix} = \left(\begin{array}{c|c|c|c} g_{11} & \cdots & g_{1l} & G_{1*} \\ \hline \vdots & & \vdots & \vdots \\ \hline g_{l1} & \cdots & g_{ll} & G_{l*} \\ \hline G_{*1} & \cdots & G_{*l} & G_{22} \end{array}\right), \tag{10.5.1}
$$

式中，

$$
G_{11} = \begin{pmatrix} g_{11} & \cdots & g_{11} \\ \vdots & & \vdots \\ g_{l1} & \cdots & g_{ll} \end{pmatrix}, G_{12} = \begin{pmatrix} G_{1*} \\ \vdots \\ G_{l*} \end{pmatrix}, \text{且 } G_{21} = (G_{*1} \quad \cdots \quad G_{*l})。
$$

既然划分式（10.5.1）中的前 l 个对角分块都是 1×1 的大小（即为标量），那它们所对应的随机补显然是 $S_i=1$（均为 1×1 的随机矩阵），因此受限分布为 $s_i^{\mathrm{T}} = 1(i = 1,\cdots,l)$。这意味着与划分（10.5.1）相对应的**精确**聚合转移矩阵为

$$
C = \left(\begin{array}{c|c|c|c} g_{11} & \cdots & g_{1l} & G_{1*}e \\ \hline \vdots & & \vdots & \vdots \\ \hline g_{l1} & \cdots & g_{ll} & G_{l*}e \\ \hline s^{\mathrm{T}}G_{*1} & \cdots & s^{\mathrm{T}}G_{*l} & s^{\mathrm{T}}G_{22}e \end{array}\right)_{(l+1)\times(l+1)} \tag{10.5.2}
$$

$$
= \begin{pmatrix} G_{11} & G_{12}e \\ s^{\mathrm{T}}G_{21} & s^{\mathrm{T}}G_{22}e \end{pmatrix} = \begin{pmatrix} G_{11} & G_{12}e \\ s^{\mathrm{T}}G_{21} & 1 - s^{\mathrm{T}}G_{21}e \end{pmatrix}。
$$

式中，s^{T} 为由唯一关键的随机补

$$
S = G_{22} + G_{21}(I - G_{11})^{-1}G_{12}
$$

所导出的设限分布。请对比一下上述精确耦合矩阵 C 和钱等人在式（10.3.2）中给出的近似 $\tilde{C}$。如果 C 的稳态分布为

$$
\xi^{\mathrm{T}} = (\xi_1, \cdots, \xi_l, \xi_{l+1}),
$$

则精确聚合（定理 10.4.1）将确保 G 的**精确**稳态分布为

$$
\pi^{\mathrm{T}} = (\xi_1, \cdots, \xi_l \mid \xi_{l+1}s^{\mathrm{T}}) = (\pi_1, \cdots, \pi_l \mid \pi_2^{\mathrm{T}})。 \tag{10.5.3}
$$

现在，一个根本性的问题，便是说明式（10.3.3）给出的估计 $\tilde{\pi}^{\mathrm{T}}$ 对式（10.5.3）给出的精确分布 π^{T} 的近似的精确程度。显然，对于 $i>l$，$\tilde{\pi}_i \approx \pi_i$ 的程度（即 $\omega^{\mathrm{T}} \approx \pi_2^{\mathrm{T}}$ 的程度）依赖于所构造的划分 $\mathcal{S} = L \cup \bar{L}$ 的恰当程度。直观来看，这个划分恰当与否的程度，应该也同样会影响到 $i \leqslant l$ 时 $\tilde{\pi}_i$ 对 π_i 的近似程度，但至少在深入分析之前，对于后一个近似可以预期达到什么样的良好程度，我们还并不是很清楚。理由如下。

如果我们现在不是使用精确的受限分布 $\mathbf{s}^{\mathrm{T}}$ 来构造式（10.5.2）中的精确聚合矩阵 $\boldsymbol{C}$，而是用向量 $\mathbf{s}^{\mathrm{T}}$ 的近似 $\tilde{\mathbf{s}}^{\mathrm{T}}=\boldsymbol{\omega}^{\mathrm{T}}/\boldsymbol{\omega}^{\mathrm{T}}\boldsymbol{e}$ 来构造式（10.3.2）中的 $\tilde{\boldsymbol{C}}$，则

$$\boldsymbol{\delta}^{\mathrm{T}}=\mathbf{s}^{\mathrm{T}}-\tilde{\mathbf{s}}^{\mathrm{T}}=\frac{\boldsymbol{\pi}_2^{\mathrm{T}}}{\boldsymbol{\pi}_2^{\mathrm{T}}\boldsymbol{e}}-\frac{\boldsymbol{\omega}^{\mathrm{T}}}{\boldsymbol{\omega}^{\mathrm{T}}\boldsymbol{e}}$$

和

$$\boldsymbol{E}=\boldsymbol{C}-\tilde{\boldsymbol{C}}=\begin{pmatrix}\mathbf{0} & \mathbf{0}\\ \boldsymbol{\delta}^{\mathrm{T}}\boldsymbol{G}_{21} & -\boldsymbol{\delta}^{\mathrm{T}}\boldsymbol{G}_{21}\boldsymbol{e}\end{pmatrix}=\begin{pmatrix}\mathbf{0}\\ \boldsymbol{\delta}^{\mathrm{T}}\end{pmatrix}\boldsymbol{G}_{21}(\boldsymbol{I}\mid-\boldsymbol{e}) \tag{10.5.4}$$

显然都在同一个数量级。这意味着如果能够适当地构造出划分 $\mathcal{S}=L\cup\bar{L}$，从而保证 $\boldsymbol{\delta}^{\mathrm{T}}$ 的量级很小，那么 $\tilde{\boldsymbol{C}}$ 将接近于 $\boldsymbol{C}$，因此它们各自的稳态分布 $\tilde{\xi}^{\mathrm{T}}$ 和 ξ^{T} 也应该相互接近，从而可以保证对于 $i\leqslant l$，$\tilde{\pi}_i$ 和 π_i 相互接近。但是，在做出这个结论之前，我们必须要保持一定的谨慎态度，因为马尔可夫链有时会表现出对微小扰动的敏感性。

关于扰动对马尔可夫链的影响，已经有了完善的记述，而且也有多种方法可以衡量稳态概率对于转移概率中变化的敏感程度。这些度量包括转移矩阵次主特征值的绝对值接近于 1 的程度[126,128]、不同种类“条件数”的微小程度[50,76,83,98,123]以及平均首达时间（mean first passage time）的微小程度[49]等。使用这些度量中的任何一个，都可以就式（10.5.4）中的扰动项给出详细的扰动分析，但考虑到我们现在的目的，我们只需注意到以下这一点就足够了，也就是说，当 $\boldsymbol{\delta}^{\mathrm{T}}$（并且进而使 $\boldsymbol{E}$）的元素取小值时，对于 $i\leqslant l$，在 $\tilde{\xi}_i$ 和 ξ_i 之间（以及进而在 $\tilde{\pi}_i$ 和 π_i）也可能距离相对较远。例如，当 $\boldsymbol{G}_{12}$ 的值较小时，这种病态行为就有可能会发生，因为 $\boldsymbol{G}_{12}$ 取小值将使 $\boldsymbol{C}$ 的次主特征值接近于 1（而某些平均首达时间也较大），而我们已经知道，这种情况将导致稳态概率对于扰动的敏感性[49,126,128]。$\boldsymbol{C}$ 中的其他偏差也能导致类似的问题。当然，如果 $\boldsymbol{C}$ 所定义的链在以上任何一个度量下都是良态的，那么 ξ^{T} 对于微小扰动将相对不敏感，而 $\boldsymbol{\omega}^{\mathrm{T}}\approx\boldsymbol{\pi}_2^{\mathrm{T}}$ 的程度（即划分 $\mathcal{S}=L\cup\bar{L}$ 的恰当程度）也就能够更加直接地体现 $i\leqslant l$ 时 $\tilde{\pi}_i\approx\pi_i$ 的程度。这里的关键在于，除非能够确定 $\boldsymbol{C}$ 的良态程度，否则不论 $\boldsymbol{\omega}^{\mathrm{T}}$ 对于 $\boldsymbol{\pi}_2^{\mathrm{T}}$ 的近似程度有多好，式（10.3.3）中近似的良好程度便都是可疑的。

这看起来似乎是对式（10.3.3）中的近似思路的一种批判，但实际情况恰好相反，本章的目的是要对这一思路加以辩护。它实际上是一个很好的思路，因为它可以被作为一个性能优异的**迭代**聚合方案中的第一步。下一节将集中讨论一种更新稳态概率的迭代聚合方法的提出。

10.6 利用迭代聚合进行更新

迭代聚合是一种求解近解耦（有时称为近完全可分解的）马尔可夫链的算法，在参考文献［154］中对它有详细讨论。迭代聚合并不是一种普遍用途的方法，对于并非近解耦的链，它一般不能获得良好的运行效果。但是，我们可以对该算法的思想加以修改来使之

适用于更新问题，而且所提出的这些变体都极其有效，甚至当所处理的马尔可夫链并非近解耦时也是如此。之所以能够如此，部分原因在于近似聚合矩阵（10.3.2）与精确聚合矩阵（10.5.2）之间仅仅只相差了一行，具体来说就是最后一行。迭代聚合更新算法描述如下。

假设通过某种方式，比如说通过之前的计算，我们已知某个不可约马尔可夫链 $\boldsymbol{C}$ 的稳态分布

$$\boldsymbol{\phi}^{\mathrm{T}}=(\phi_1,\phi_2,\cdots,\phi_m)。$$

假设 $\boldsymbol{C}$ 需要进行更新。如同在前几节中一样，令更新后的链的转移概率矩阵和稳态分布分别为 $\boldsymbol{G}$ 和

$$\boldsymbol{\pi}^{\mathrm{T}}=(\pi_1,\pi_2,\cdots,\pi_n)。$$

假设更新后的矩阵 $\boldsymbol{G}$ 不可约。当然，我们现在所考虑的特定应用情况就是谷歌的 PageRank（此时该矩阵可以保证为不可约），但是这个方法同样也可以用来更新其他普通的不可约马尔可夫链。注意 m 不一定等于 n，因为更新过程可能会新增或删除状态以及改变转移概率。

迭代聚合更新算法

初始化

- 将更新后的链的状态划分为 $\mathcal{S}=L\cup\overline{L}$，并按式（10.3.1）中的方式对 $\boldsymbol{G}$ 进行重排；
- $\boldsymbol{\omega}^{\mathrm{T}}\leftarrow$对应于 $\overline{L}$ 状态的 $\boldsymbol{\phi}^{\mathrm{T}}$ 中的元素；
- $\boldsymbol{s}^{\mathrm{T}}\leftarrow\boldsymbol{\omega}^{\mathrm{T}}/(\boldsymbol{\omega}^{\mathrm{T}}\boldsymbol{e})$（初始近似受限分布）

迭代直至收敛

1）$C\leftarrow\begin{pmatrix}\boldsymbol{G}_{11} & \boldsymbol{G}_{12}\boldsymbol{e}\\ \boldsymbol{s}^{\mathrm{T}}\boldsymbol{G}_{21} & 1-\boldsymbol{s}^{\mathrm{T}}\boldsymbol{G}_{21}\boldsymbol{e}\end{pmatrix}_{(l+1)\times(l+1)}\quad(l=|L|)$；

2）$\boldsymbol{C}$ 的稳态分布 $\xi^{\mathrm{T}}\leftarrow(\xi_1,\xi_2,\cdots,\xi_l,\xi_{l+1})$；

3）$\boldsymbol{\chi}^{\mathrm{T}}\leftarrow(\xi_1,\xi_2,\cdots,\xi_l\mid\xi_{l+1}\boldsymbol{s}^{\mathrm{T}})$；

4）$\boldsymbol{\psi}^{\mathrm{T}}\leftarrow\boldsymbol{\chi}^{\mathrm{T}}\boldsymbol{G}=(\boldsymbol{\psi}_1^{\mathrm{T}}\mid\boldsymbol{\psi}_2^{\mathrm{T}})$（见算法后的备注）；

5）若对于给定的容许限 τ 有 $\|\boldsymbol{\psi}^{\mathrm{T}}-\boldsymbol{\chi}^{\mathrm{T}}\|<\tau$，则退出算法；否则 $\boldsymbol{s}^{\mathrm{T}}\leftarrow\boldsymbol{\psi}_2^{\mathrm{T}}/\boldsymbol{\psi}_2^{\mathrm{T}}\boldsymbol{e}$，返回至第 1 步。

第 4 步的备注。第 4 步是必需的，因为第 3 步所生成的向量 $\boldsymbol{\chi}^{\mathrm{T}}$ 是一个不动点，即如果忽略第 4 步并利用 $\boldsymbol{\chi}^{\mathrm{T}}$ 而非 $\boldsymbol{\psi}^{\mathrm{T}}$ 重启算法的话，那在之后的迭代中，第 3 步都将简单地复制出相同的 $\boldsymbol{\chi}^{\mathrm{T}}$。第 4 步有两个目的——将循环移出不动点，同时对收敛过程有所贡献。第 4 步类似于代数多重网格法（algebraic multigrid algorithm）中的平滑操作，它几乎可以被任何求解线性系统的迭代方法中的一个步骤来替代——例如有时就使用了高斯-赛德尔步骤[154]。

尽管我们很难明确地给出一般的迭代聚合算法的精确收敛率，但这里的迭代聚合更新算法所具有的特有性质，使我们能够容易地得到其收敛率。以下的定理表明，该收敛率直接依赖于主随机补 $\mathbf{S} = \mathbf{G}_{22} + \mathbf{G}_{21}(\mathbf{I} - \mathbf{G}_{11})^{-1}\mathbf{G}_{12}$ 的幂的迅速收敛程度。换而言之，由于 $\mathbf{S}$ 是一个不可约随机矩阵，因此收敛率完全由 $\mathbf{S}$ 最大的次主特征值（以及若当结构）所决定。

定理 10.6.1 （迭代聚合更新算法的收敛定理[111]）。如上定义的迭代聚合更新算法对所有划分 $S = L \cup \overline{L}$ 都将收敛到 $\mathbf{G}$ 的稳态分布 $\boldsymbol{\pi}^T$。迭代收敛到 $\boldsymbol{\pi}^T$ 的速度正好就是幂 $\mathbf{S}^n$ 收敛的速度，后者由 $\mathbf{S}$ 最大的次主特征值 λ_2（以及若当结构）所决定。当 λ_2 为实的且单纯时，迭代将以 $\lambda_2^n \to 0$ 的速度收敛到 $\boldsymbol{\pi}^T$。

此外，伊尔泽·伊普森（Ilse Ipsen）和史蒂夫·柯克兰（Steve Kirkland）业已证明，在几个（对于 PageRank 而言很容易满足的）假设条件下，该迭代聚合更新算法的收敛率总是小于等于标准幂法的收敛率[97]。

10.7 确定划分

迭代聚合更新算法总是能够收敛，而且要获得给定的收敛程度，也并不需要比幂法更多的迭代次数。但是，相比于幂法，迭代聚合算法的每次迭代都需要进行更多的计算。如果迭代聚合相比于幂法要想有所改进，那么关键就在于如何恰当地选择划分 $S = L \cup \overline{L}$。正如定理 10.6.1 所解释的那样，一个好的划分，应是能使得到的随机补 $\mathbf{S} = \mathbf{G}_{22} + \mathbf{G}_{21}(\mathbf{I} - \mathbf{G}_{11})^{-1}\mathbf{G}_{12}$ 的次主特征值 λ_2 的绝对值较小。

尽管以下陈述并非定理，但经验表明，当 $|L| = l$（即 $\mathbf{G}_{11}$ 的大小）增大时，迭代聚合趋向于在更少的迭代次数内收敛。但随着 l 变大，每次迭代都需要更多的计算，因此关键在于如何获得一个可以接受的权衡。理想的情况是得到能明显减小 $|\lambda_2|$ 的一个较小的 l 值。

即使对于中等规模的问题而言，也有着数量极大的可能划分方式，不过有一些试探性规则可以帮助选择 L，以获得具有合理的良好质量的结果。例如一个相对简单的方法，就是取 L 为所有“接近”更新的状态的集合，其中的“接近”可能是利用图论来进行度量，或者是利用瞬态流（transient flow）的大小来衡量。当缺少任何其他信息的时候，这种策略并非一无是处，至少它可以作为一个不错的起始点。但是，存在其他的操作，可以给出更好的“L-集”，其中的某些方法将在下文中介绍。

10.7.1 通过改变时间尺度进行划分

在大多数与不可约非周期性马尔可夫链有关的应用中，第 n 步的分布向量中的元素并非都按照均匀的速率收敛，因此，包括幂法在内的迭代方法，常常会将大部分时间花在一小部分的收敛缓慢的元素之上。通过监视少数几次迭代的过程，或通过如参考文献［111］中所介绍的理论方法，可以隔离出这些收敛缓慢的元素。（在 9.1 节中，我们已经介绍了 PageRank 问题中的慢收敛与快收敛状态相比较的思路与检测方法。）如果对应于收敛较慢的元素的状态被置于 L 中，而收敛较快的状态被聚合在 $\overline{L}$ 中，那么迭代聚合算法就会将计算集中于数量较少的慢收敛状态之上。

宽泛地说，迭代聚合算法中的第 1 ~ 3 步，从本质上而言，就是希望使那个仅包含 L 中的“慢状态”的较小的链，能与一个处理 $\overline{L}$ 中所有的“快状态”的附加聚合状态一同趋于平衡（或稳态）。第 4 步中的幂迭代使整个过程在全局上向前推进，因此，如果 L 中的慢状态已经通过步骤 1 ~ 3 得到了充分的处理，那么就不需要很多次的全局求幂的步骤来驱使整条链前往全局平衡点。这就是参考文献［151］和［125］中所阐释和分析的、西蒙-安藤（Simon-Ando）的原创性思路的实质。如果 $l = |L|$ 相对 n 为小，那么步骤 1 ~ 3 的计算相对简单，因此该过程可以迅速收敛（从迭代次数和实际时间的意义上来说都是如此）。参考文献［111］中给出了若干示例。

在某些应用中，我们能够很容易地识别出慢状态，因为它们就是那些具有更高稳态概率的状态。对于更新问题而言，这是个极为理想的局面，因为我们完全把握了以往计算所得的稳态概率，因此我们所要做的，不过就是构建一个良好的 L-集，以包括所有先验稳态概率较大的状态，并将新加入的或更新过的状态连同与它们最为接近的几个相邻状态一起放入 L-集中。显然，只有在少数几个“大”状态的情况下，这一做法才是有优势的。幸运的是，从实际来看，这正是谷歌 PageRank 应用以及其他具有幂律分布的尺度无关网络（scale-free network）所具有的特征。

10.7.2 尺度无关网络以及谷歌 PageRank

如同在参考文献［16，17，41，63］中所讨论的那样，万维网的链接结构组成了一个“尺度无关”的网络。这意味着网络中具有 j 条（可能有向的）边的结点数 $n(j)$ 与 j^{-k} 成比例，其中 k 是一个常数，当网络规模扩大时，它保持不变（这也是“尺度无关”一词的由来）。换而言之，结点的度的分布似乎在如下的意义下服从某个“幂律分布”

$$\text{对于某个 } k > 1,\ \text{Prob}[\deg(N) = d] \propto \frac{1}{d^k}。$$

（符号 $\propto$ 读做“与……成比例”。）例如，参考文献［16，17，41，63］中的研究已经证明，对于万维网而言，入度的幂律分布参数为 $k \approx 2.1$，而出度的分布参数为 $k \approx 2.7$。

万维网尺度无关的性质，可以通过 PageRank 值的幂律分布来另加陈述。实际上，在参考文献［63，136］中所说明的实验指出，PageRank 值具有幂律分布，其参数 $k \approx 2.1$。换句话说，具有高 PageRank 值的页面相对而言非常少，而占压倒性多数的页面都具有几乎可忽略不计的 PageRank 值。因此，当把 PageRank 按绝对值的降序作图时，所得的图形具有明显的“L”型，其转折非常尖锐。图 10.1 显示了由 hollins.edu 这个域名所采集的超

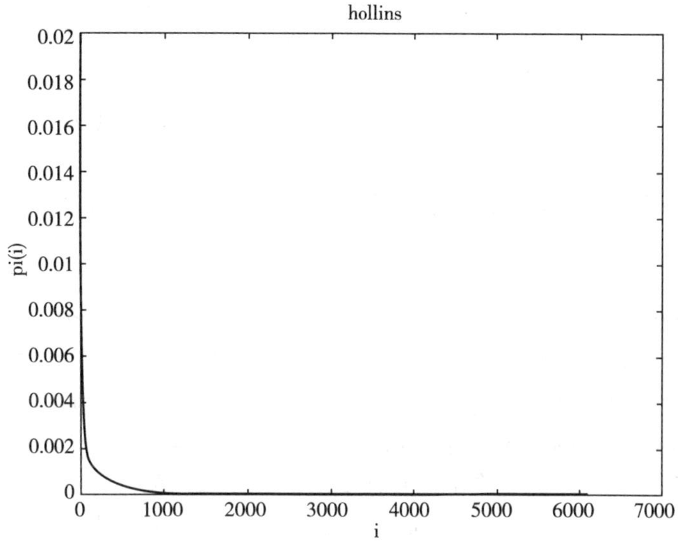

图 10.1　PageRank 值的幂律分布

过 6000 个页面构成的示例网络图中，PageRank 值按绝对值降序排序后的曲线。正如在下一节中所要说明，而且在参考文献［111］也通过实验所证得的那样，正是这个独特的“L 型”的 PageRank 分布，给出了一个接近最优的划分 $\mathcal{S}=L\cup\overline{L}$。

10.8　结论

参考文献［111］中包括了许多实验结果，这些实验将迭代聚合算法用于了万维网小型子集的 PageRank 更新。这些实验给出了如下几个结论。

1）当使用了一个良好的 L-集时，相比于幂法，迭代聚合方法能够带来明显的改善。在某些例子里，它仅需要幂法所需时间的 1/7；

2）随着数据集规模的扩大，改善变得更为明显；

3）迭代聚合方法为甚至更大的改进提供了余地。例如，在 9.1 节中介绍的外插方法可以与迭代聚合算法联合使用，以进一步加速更新过程；

4）好的 L-集可如下构造：

- 首先将所有的新状态以及链接发生改变的状态（可能连通若干最为接近的相邻状态）放入 L；
- 然后根据更新后所剩状态的先验稳态概率绝对值大小，将其他状态加入 L，直到这些稳态概率开始拉平（即将 PageRank 的 L 型曲线转折点左侧的所有状态加入 L）。

当然，这个选择 L-集的策略中带有一定的主观性。但是，对于 L 型曲线中具有非常尖锐的转折点的分布而言，拉平点相对容易确定。只有当分布是缓慢趋于消失或不服从幂律分布时，拉平点的确定才会成为问题。

5）最后一点（但却很重要的一点）是，当迭代聚合被用于更新方法时，更新可能使得问题的规模发生改变的这一事实，几乎不会或完全不会带来任何不利的后果。因此，这个算法是首个能够用来同时处理链接和页面更新这两类更新的算法。

杂谈：谷歌之舞

人们普遍相信谷歌是按月度来更新其 PageRank 向量的。这个更新过程被称为谷歌之舞，因为在为期 3 天的更新计算过程中，页面的排名将忽上忽下。我们可以用一个称为谷歌之舞（http://www. seochat. com/googledance/）的有趣工具来观赏这场舞蹈。该工具向谷歌的三台主服务器发出查询。首先，它将查询发往谷歌主服务器 www. google. com，然后是另外两台辅助服务器 www2. google. com 和 www3. google. com，据信，这两台服务器是谷歌的测试服务器。工具将把所得的三个前 10 位排名清单并列地显示在一幅图中。

在每个月的大部分日子里，这三个列表几乎没有或根本没有任何不同。但当谷歌在进行更新时，就能清晰地看到这些列表发生了明显的变化。很可能在当月的更新时间内，主服务器将使用上个月的 PageRank 向量，而测试服务器则可能显示出更新的 PageRank 向量在计算过程中不同迭代内的排名情况。当舞蹈在几天之后结束的时候，所有服务器又将再次给出相同的列表，因为它们现在都使用完全经过更新的 PageRank 向量。

许多网络管理员已经变得惧怕谷歌之舞了。他们非常努力地（通过陷阱、欺诈或真正优秀的内容）改进自己的网页排名，但谷歌的 PageRank 或内容评分算法中的一个小小调整，就可能使他们的流量和生意毁于一旦。实际上，著名的有道德的 SEO 权威丹尼·苏利文（Danny Sullivan）（请见第 43 页上的杂谈）创造出了谷歌之舞综合症（Google Dance Syndrome，DGS）这个词，以描述某些网络管理员每个月都表现出的种种不安。2003 年 5 月，谷歌对算法做出了若干重要修改，增加了垃圾行为过滤器、流行网页的迅速刷新和更多的镜像站点，这时就引起了 GDS 的大爆发。在 2002 年 9 月，谷歌以其惯有的玩世不恭的风格，举办了一场真正的谷歌之舞（见 http://www. google. com/googledance2002/中的相片），邀请正在附近召开的搜索引擎策略大会的与会者们来到谷歌总部，并跳了个通宵。

杂谈：谷歌垄断

记者们使用谷歌垄断这个词来指代谷歌在网络搜索上所占据的支配性地位。在 2004 年 5 月，谷歌占有了 36. 8% 的市场份额。包括了雅虎、AllTheWeb、AltaVista 和 Overture 的雅虎联合体以 26. 6% 的份额位居次席，之后是 MSN 的 14. 5%。谷歌稳步地增加了更多方便使用的特性，如在线计算器、字典和拼写改正等。他们最近首次展示的 Gmail——一个允许具有 1KB 容量、能在多条消息和多个消息话题中进行搜索的电子邮件服务——使许多人确信，谷歌已经做好了完全占据市场的准备。BBC 技术方面的新闻记者比尔·汤普森（Bill Thompson）甚至声称需要依靠政府的介入来打破谷歌垄断。汤普森称谷歌是一个面向大众的工具，因此必须符合公众的利益。而谷歌的拥护者则以个人身份来为谷歌辩护，他们提到了公司在决策方面历来都是道德良好的，并称那些打破垄断的呼声不过是杞人忧天者的唠叨。此外，他们还辩称，布林和佩奇为公司制订了一条座右铭——“不作恶”，而这清楚地体现了他们真诚的动机。

现在，图书管理员们每天都要应付谷歌垄断。他们不得不请求学生去使用谷歌之外的搜索服务。学生对图书管理员竟然能找到他们无法在谷歌中搜得的信息这一点，常常感到讶异。他们似乎觉得如果一条信息在于谷歌上查不到，那它就根本不存在。其他更为分散、更为专门化的搜索工具，也拥有着像谷歌这样的一般性用途的引擎所无法提供的巨大价值。依照图书管理员的建议，学着去使用更多一般性或专门化的搜索引擎，你就能发现自己的搜索技能将会得到成倍的提高。顺带提一句，对谷歌成瘾的 10 大迹象中的第 8 条就是：如果图书管理员在寻找你需要的信息时花了超过 0.1 秒的时间，你就会对他大喊大叫。另一个与此相关的幽默则以漫画的形式流传于万维网之上。在这幅漫画中，作为一个教训，巴特·辛普森（Bart Simpson）被罚在黑板上重复地抄写：“在问蠢问题之前，我会先用一下谷歌”。

第 11 章　HITS 网页排名方法

如果你是个体育迷，那你一定看到过那些印有“……就是生活”字样的 T 恤，其中空白处则被填入了某个体育项目的名字，比如橄榄球、足球、拉拉队、钓鱼等。读完了本书的前十章后，你大概也准备放言称“谷歌就是生活”。但令堂可能很久以前就告诉过你，“生活中不仅仅只有体育”。而搜索也不仅仅就是谷歌。实际上，还有 Teoma，还有 Alexa，还有 A9，而这些只是我们列举出来的其中几个例子而已。接下来的几章将要讨论除谷歌之外的其他搜索方法。本章特别关注于 HITS 这个算法，它构成了 Teoma 的欢迎度排名方法的基础。

11.1　HITS 算法

我们早先在第 3 章中就介绍了另外一个按欢迎度对网页进行排名的体系，即 HITS 体系。由于这已经是许多页之前的事情了，所以我们将在此回顾一下与 HITS 有关的要点。HITS 是超文本归纳主题搜索（Hypertext Induced Topic Search）的简写，由乔恩·克莱因伯格于 1998 年所创造——这差不多跟布林和佩奇在 PageRank 算法上埋头苦干是同一个时间段。类似于 PageRank，HITS 利用万维网的超链接结构来生成网页的欢迎度评分。但是，HITS 有着一些重要的不同点。PageRank 为每个页面给出一个欢迎度评分，相比之下，HITS 则给出了两个评分；PageRank 和查询无关，相比之下，HITS 则是查询相关的。HITS 从权威和枢纽的角度来看待网页。权威是拥有众多入链的页面，而枢纽则是拥有众多出链的页面。当如下的循环表述成立时，就称权威和枢纽是好的：**好的权威被好的枢纽所指向，而好的枢纽则指向好的权威**。因此，每个页面都是某个权威的某种度量，也是某个枢纽的某种度量。HITS 给出的权威和枢纽度量已经被结合在了 IBM 阿尔马登研究中心的 CLEVER 项目中[2]。此外，HITS 还是新的搜索引擎 Teoma 所使用的排名技术中的一个组成部分[150]。

进行了以上回顾之后，我们准备开始将这些有关 HITS 的言辞翻译为数学语言。每个页面 i 都具有一个**权威评分**（authority score）x_i 和一个**枢纽评分**（hub score）y_i。令 E 为网络图中全体有向边的集合，并令 e_{ij} 为结点 i 到结点 j 的有向边。如果每个页面都通过某种方式被赋予了一个初始的权威评分 $x_i^{(0)}$ 和枢纽评分 $y_i^{(0)}$，那么 HITS 就通过如下的计算来逐步改进这些评分

$$x_i^{(k)} = \sum_{j:e_{ji}\in E} y_j^{(k-1)} \text{ 和 } y_i^{(k)} = \sum_{j:e_{ij}\in E} x_j^{(k)}, \quad k = 1,2,3,\cdots。 \tag{11.1.1}$$

这些克莱因伯格的原始方程可以通过有向网络图的邻接矩阵 $\boldsymbol{L}$ 写为矩阵形式

$$\boldsymbol{L}_{ij}=\begin{cases}1, & \text{若存在一条结点 } i \text{ 到结点 } j \text{ 的边,}\\ 0, & \text{其他。}\end{cases}$$

例如，如图 11.1 所示的小规模图的邻接矩阵 $\boldsymbol{L}$ 为

$$\boldsymbol{L}=\begin{matrix} & P_1 & P_2 & P_3 & P_4 \\ P_1 & 0 & 1 & 1 & 0 \\ P_2 & 1 & 0 & 1 & 0 \\ P_3 & 0 & 1 & 0 & 1 \\ P_4 & 0 & 1 & 0 & 0 \end{matrix}。$$

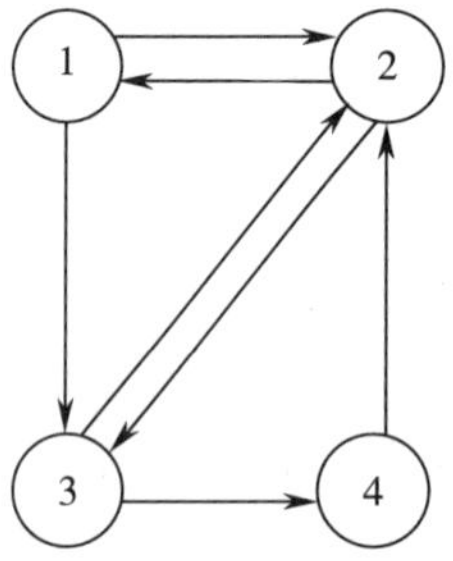

图 11.1 具有 4 个网页的网络图

利用矩阵记法，(11.1.1) 中的方程如下

$$\boldsymbol{x}^{(k)}=\boldsymbol{L}^{\mathrm{T}}\boldsymbol{y}^{(k-1)} \text{ 和 } \boldsymbol{y}^{(k)}=\boldsymbol{L}\boldsymbol{x}^{(k)}。$$

式中，$\boldsymbol{x}^{(k)}$ 和 $\boldsymbol{y}^{(k)}$ 为 $n\times 1$ 阶的向量，其中保存了每次迭代中的近似权威和枢纽评分。

由此得到了如下的计算最终权威评分 $\boldsymbol{x}$ 和枢纽评分 $\boldsymbol{y}$ 的迭代算法。

原始的 HITS 算法

1）初始化：$\boldsymbol{y}^{(0)}=\boldsymbol{e}$，其中 $\boldsymbol{e}$ 为全 1 列向量。也可以使用其他正的初始向量（见 11.3 节）。

2）执行以下步骤直至收敛

$$\boldsymbol{x}^{(k)}=\boldsymbol{L}^{\mathrm{T}}\boldsymbol{y}^{(k-1)},$$
$$\boldsymbol{y}^{(k)}=\boldsymbol{L}\boldsymbol{x}^{(k)},$$
$$k=k+1,$$

对 $\boldsymbol{x}^{(k)}$ 和 $\boldsymbol{y}^{(k)}$ 进行归一化处理（见 11.3 节）。

注意在这个算法的第 2 步中，以下两个方程

$$\boldsymbol{x}^{(k)} = \boldsymbol{L}^{\mathrm{T}}\boldsymbol{y}^{(k-1)},$$
$$\boldsymbol{y}^{(k)} = \boldsymbol{L}\boldsymbol{x}^{(k)}$$

可以通过变量替换简化为

$$\boldsymbol{x}^{(k)} = \boldsymbol{L}^{\mathrm{T}}\boldsymbol{L}\boldsymbol{x}^{(k-1)},$$
$$\boldsymbol{y}^{(k)} = \boldsymbol{L}\boldsymbol{L}^{\mathrm{T}}\boldsymbol{y}^{(k-1)},$$

这两个新的方程给出了计算矩阵 $\boldsymbol{L}^{\mathrm{T}}\boldsymbol{L}$ 和 $\boldsymbol{L}\boldsymbol{L}^{\mathrm{T}}$ 的主特征向量的迭代幂法。它非常类似于第 4 章中的 PageRank 幂法，只不过在此使用的是不同于谷歌矩阵 $\boldsymbol{G}$ 的系数矩阵（$\boldsymbol{L}^{\mathrm{T}}\boldsymbol{L}$ 和 $\boldsymbol{L}\boldsymbol{L}^{\mathrm{T}}$）。由于矩阵 $\boldsymbol{L}^{\mathrm{T}}\boldsymbol{L}$ 决定了权威评分，因此它被称为**权威矩阵**（authority matrix），而 $\boldsymbol{L}\boldsymbol{L}^{\mathrm{T}}$ 被称为**枢纽矩阵**（hub matrix）。$\boldsymbol{L}^{\mathrm{T}}\boldsymbol{L}$ 和 $\boldsymbol{L}\boldsymbol{L}^{\mathrm{T}}$ 是**对称半正定**阵（symmetric positive semidefinite matrix）。计算权威向量 $\boldsymbol{x}$ 和枢纽向量 $\boldsymbol{y}$ 的过程，可以被分别视为寻找 $\boldsymbol{L}^{\mathrm{T}}\boldsymbol{L}$ 和 $\boldsymbol{L}\boldsymbol{L}^{\mathrm{T}}$ 的主右特征向量的过程。

11.2　HITS 的实现

HITS 的实现有两个主要步骤。首先，构建与查询项相关的**邻域图**（neighborhood graph）N；其次，计算 N 中每个页面的权威和枢纽评分（$\boldsymbol{x}$ 和 $\boldsymbol{y}$），并向用户给出最权威页面以及最“枢纽”页面这两个排名列表。由于第二步已经在上一节中进行了介绍，因此我们将关注于第一步。所有包含了与查询项有关的内容的页面都将被放入邻域图 N 中。有多种方式可以用来确定这些页面。一个简单的方法就是根据**倒排文件索引**（见第 2 章）来确定，索引看起来可能如下：

- 项 1（aardvark）-3，117，3961

  ⋮
- 项 10（aztec）-3，15，19，101，673，1199
- 项 11（baby）-3，31，56，94，673，909，11114，253791

  ⋮
- 项 m（zymurgy）-1159223

对于每一个查询项而言，所有提及了该项的页面都被作为列表存放起来。因此，对项 1 和项 10 进行的查询，会在 N 中加入页面 3，15，19，101，117，673，1199 和 3961。接下来，N 中所包括的这个结点子集附近的图将被展开，那些或者指向 N 中结点或者被 N 中结点所指向的结点将被加入进来。通过这个扩展，能够实现某些语义上的关联，也就是说，对于查询项 car，通过对包含 car 的页面进行扩展，某些包含了 automobile 的页面现在也可能被加入 N 中（假设某些与 car 有关的页面指向了与 automobile 有关的页面，反之亦然）。一般情况下，这种做法就解决了同义词的问题。但是，N 集合可能会因为扩充过程而变得很大，因为一个包含查询项的页面可能具有非常高的入度和出度。因此在实际中，对于 N 中某个特定结点上可以添加的入链数和出链数，会设置一个固定的上限值，比方说 100，此时，包含了某查询项的页面中，只有前 100 个出链会被加入到 N 中。（邻域图的构建过程与信息

过滤中水平集的构建过程有着非常紧密的联系，它将一个稀疏矩阵简化为一个小得多的、与查询更为相关的矩阵[165]。)

一旦集合 N 被构造了出来，就可以得到对应于 N 中结点的邻接矩阵 $\boldsymbol{L}$ 了。$\boldsymbol{L}$ 的阶次将远小于万维网中的页面总数。因此，利用 $\boldsymbol{L}^T\boldsymbol{L}$ 和 $\boldsymbol{L}\boldsymbol{L}^T$ 的主特征向量来计算权威和枢纽评分的代价，将小于将万维网上所有文档都放入 N 中来计算权威和枢纽评分的代价。

我们还可以进一步减少计算开销。我们只需计算其中一个矩阵的主特征向量就可以了，或者是 $\boldsymbol{L}^T\boldsymbol{L}$ 的主特征向量，或者是 $\boldsymbol{L}\boldsymbol{L}^T$ 的主特征向量，但不必两个都算出来。例如，权威向量 $\boldsymbol{x}$ 可以通过计算 $\boldsymbol{L}^T\boldsymbol{L}$ 的主特征向量而得到，然后枢纽向量 $\boldsymbol{y}$ 可以通过公式 $\boldsymbol{y}=\boldsymbol{L}\boldsymbol{x}$ 而得到。如果首先通过特征向量问题求得枢纽向量，则类似的陈述仍然成立。

HITS 问题的记法

N	邻域图
$\boldsymbol{L}$	N 的稀疏二值邻接矩阵
$\boldsymbol{L}^T\boldsymbol{L}$	稀疏的权威矩阵
$\boldsymbol{L}\boldsymbol{L}^T$	稀疏的枢纽矩阵
n	N 中页面的数量 $=\boldsymbol{L}$ 的阶次
$\boldsymbol{x}$	权威向量
$\boldsymbol{y}$	枢纽向量

HITS 算法的 MATLAB m 文件

该 m 文件是 11.1 节中 HITS 幂法的一个 MATLAB 实现。

```
function [x, y, time, numiter] =hits (L, x0, n, epsilon);

%  HITS 函数用于计算 n 乘 n 阶的邻接矩阵 L 的权威向量 x 和枢纽向量 y，初始向量为
   x0 (行向量)。
%  对 L'* L 使用幂法。
%
%  例: [x, y, time, numiter] =hits (L, x0, 100, 1e-8);
%
%  输入: L =邻接矩阵 (n 乘 n 阶的稀疏矩阵)
%        x0 =初始向量 (行向量)
%        n =L 矩阵的大小 (整数)
%        epsilon =收敛限 (标量，例如 1e-8)
%
%  输出: x =HITS 权威向量
```

```
%          y = HITS 枢纽向量
%          time = 收敛时间
%          numiter = 收敛迭代次数
%
%   初始向量通常设为均匀分布的向量 pi0 = 1/n* ones (1, n)。

k = 0;
residual = 1;
x = x0;
tic;

while (residual > = epsilon)
  prevx = x;
  k = k + 1;
  x = x* L';
  x = x* L;
  x = x/sum (x);
  residual = norm (x - prevx, 1);
end
y = x* L';
y = y/sum (y);
numiter = k;
time = toc;
```

11.3　HITS 的收敛性

计算 HITS 向量的迭代算法，实际上就是应用于 $\boldsymbol{L}^{\mathrm{T}}\boldsymbol{L}$ 和 $\boldsymbol{L}\boldsymbol{L}^{\mathrm{T}}$ 的幂法（从第 4 章开始就一直陪伴我们的老朋友）。对于一个**可对角化**的矩阵 $\boldsymbol{B}_{n\times n}$，假设其各个特征值为 $\{\lambda_1, \lambda_2, \cdots, \lambda_k\}$，且 $|\lambda_1| > |\lambda_2| \geqslant |\lambda_3| \cdots \geqslant |\lambda_k|$，幂法开始于一个初始向量 $\boldsymbol{x}^{(0)}$，并按如下迭代计算

$$\boldsymbol{x}^{(k)} = \boldsymbol{B}\boldsymbol{x}^{(k-1)},\ \boldsymbol{x}^{(k)} \leftarrow \frac{\boldsymbol{x}^{(k)}}{m(\boldsymbol{x}^{(k)})}。$$

式中，$m(\boldsymbol{x}^{(k)})$ 是由 $\boldsymbol{x}^{(k)}$ 得到的归一化标量。例如，通常将 $m(\boldsymbol{x}^{(k)})$ 取为绝对值最大的那个元素的带符号值（如果有多于一个这样的值的话，就取第一个），这时 $m(\boldsymbol{x}^{(k)})$ 将收敛到主特征值 λ_1，而 $\boldsymbol{x}^{(k)}$ 将收敛到与它对应的归一化特征向量[127]。如果只需要得到一个主特征向量（而不是特征值 λ_1），则可以使用如 $m(\boldsymbol{x}^{(k)}) = \|\boldsymbol{x}^{(k)}\|$ 这样的归一化。（如果 $\lambda_1 < 0$，则 $m(\boldsymbol{x}^{(k)}) = \|\boldsymbol{x}^{(k)}\|$ 不能收敛到 λ_1，但是 $\boldsymbol{x}^{(k)}$ 仍然能收敛到 λ_1 所对应的一个归一化特征向量。）该幂法的渐近收敛率即为 $(|\lambda_2(\boldsymbol{B})|/|\lambda_1(\boldsymbol{B})|)^k \to 0$ 的速率。

矩阵 $\boldsymbol{L}^{\mathrm{T}}\boldsymbol{L}$ 和 $\boldsymbol{L}\boldsymbol{L}^{\mathrm{T}}$ 为对称、**半正定**且**非负**，因此它们互不相等的**特征值** $\{\lambda_1, \lambda_2, \cdots, \lambda_k\}$ 必然是非负实数，且有 $\lambda_1 > \lambda_2 > \cdots > \lambda_k \geqslant 0$。换而言之，在**单位圆**上不可能存在多个特征值。因此，HITS 的专用幂法绕过了大多数可能带来麻烦的收敛问题——使用归一化的 HITS 总是能够收敛，而收敛率由 $[\lambda_2(\boldsymbol{L}^{\mathrm{T}}\boldsymbol{L})/\lambda_1(\boldsymbol{L}^{\mathrm{T}}\boldsymbol{L})]^k \to 0$ 的速率所给出。不同于 PageRank，我们不能为 HITS 的渐近收敛率给出一个好的近似。（请回忆一下，PageRank 问题的收敛率是 $\alpha^k \to 0$ 时的速率。）许多实验表明，HITS 问题中的本征间隔（$\lambda_1 - \lambda_2$）较大，而研究者们也指出，

该方法要达到收敛仅需 10 ~ 15 次迭代[59,60,106,134,133]。但是，尽管收敛很快，极限权威向量和枢纽向量的唯一性却存在问题。当 $\lambda_1 > \lambda_2$ 时，$\boldsymbol{L}$ 的结构，使 λ_1 有可能是特征多项式（characteristic polynomial）的一个重根，此时它所对应的特征空间（eigenspace）将不止一维。这就意味着如果选择了不同的初始向量，就有可能得到不同的极限权威（及枢纽）向量。

参考文献［72］中的一个简单例子对上述问题进行了说明。在这个例子中，

$$\boldsymbol{L} = \begin{pmatrix} 0 & 0 & 0 & 0 \\ 1 & 0 & 0 & 0 \\ 1 & 0 & 0 & 0 \\ 0 & 1 & 1 & 0 \end{pmatrix}，而 \boldsymbol{L}^{\mathrm{T}}\boldsymbol{L} = \begin{pmatrix} 2 & 0 & 0 & 0 \\ 0 & 1 & 1 & 0 \\ 0 & 1 & 1 & 0 \\ 0 & 0 & 0 & 0 \end{pmatrix}。$$

权威矩阵 $\boldsymbol{L}^{\mathrm{T}}\boldsymbol{L}$（以及枢纽矩阵 $\boldsymbol{L}\boldsymbol{L}^{\mathrm{T}}$）具有两个不同的特征值 $\lambda_1 = 2$ 和 $\lambda_2 = 0$，这两个特征值都是双重根。对于初始向量 $\boldsymbol{x}^{(0)} = 1/4\boldsymbol{e}^{\mathrm{T}}$，应用于 $\boldsymbol{L}^{\mathrm{T}}\boldsymbol{L}$ 的（按 1-范数进行归一化的）幂法收敛到 $\boldsymbol{x}^{(\infty)} = (1/3 \quad 1/3 \quad 1/3 \quad 0)^{\mathrm{T}}$；而对于 $\boldsymbol{x}^{(0)} = (1/4 \quad 1/8 \quad 1/8 \quad 1/2)^{\mathrm{T}}$，幂法则收敛到 $\boldsymbol{x}^{(\infty)} = (1/2 \quad 1/4 \quad 1/4 \quad 0)^{\mathrm{T}}$。这个唯一性问题的核心，在于可约性。

一个方阵 $\boldsymbol{B}$ 称为**可约的**（reducible），如果存在一个**置换矩阵** $\boldsymbol{Q}$，满足

$$\boldsymbol{Q}^{\mathrm{T}}\boldsymbol{B}\boldsymbol{Q} = \begin{pmatrix} \boldsymbol{X} & \boldsymbol{Y} \\ \boldsymbol{0} & \boldsymbol{Z} \end{pmatrix}，其中，\boldsymbol{X} 和 \boldsymbol{Z} 均为方阵。$$

否则，矩阵就是不可约的（irreducible）。矩阵的可约性意味着，存在这样一组状态，我们能够进入到这些状态之中，但一旦进入后，便不可能再脱离它们。另一方面，如果每个状态都可以从任何其他状态所达到，则此时的矩阵为不可约的。佩隆-弗罗贝尼乌斯定理[127]保证，一个不可约的非负矩阵具有唯一一个归一化的正主特征向量，称为佩隆向量（Perron vector）。因此，正是 $\boldsymbol{L}^{\mathrm{T}}\boldsymbol{L}$ 的可约性，导致 HITS 算法不能收敛到唯一解。PageRank 实际上也遇到了相同的唯一性问题，不过谷歌的创始人耍了个小花招，将矩阵进行了改变，从而迫使其具有不可约性（实际上素性也是如此得到的），从而保证了排名向量的存在性与唯一性——详情请见 4.5 节。类似于谷歌素性调整的修正，同样也可以用于 HITS，即产生一个经过修改的权威矩阵 $\xi\boldsymbol{L}^{\mathrm{T}}\boldsymbol{L} + (1-\xi)/n\boldsymbol{e}\boldsymbol{e}^{\mathrm{T}}$，其中，$0 < \xi < 1$[134]。修改过的枢纽矩阵也是相似的。米勒（Miller）等人[72]和吴等人[134]也为 HITS 设计了类似的修正，称为幂 HITS（Exponentiated HITS）和随机 HITS（Randomized HITS）。

最后一点与幂法有关的附加说明，是关于初始向量 $\boldsymbol{x}^{(0)}$ 的。一般而言，不管迭代矩阵 $\boldsymbol{B}$ 的主特征值 λ_1 是单根还是重根，幂法要想收敛到非零向量，都要求初始向量 $\boldsymbol{x}^{(0)}$ 没有落在 $(\boldsymbol{B} - \lambda_1\boldsymbol{I})$ 的范围内。如果 $\boldsymbol{x}^{(0)}$ 是随机产生的话，这个条件几乎肯定能够成立。因此在实际中，这一点很少会成为一个问题。

11.4 HITS 示例

我们将给出一个规模很小的例子，来说明 HITS 算法的实现。首先，用户向 HITS 系统提出查询项。有多种方案可以用来确定哪些结点“包含”了这些查询项。例如，我们可以选出包含了至少一个查询项的结点；或者为了产生比较小的稀疏图，我们可以只选出包含了所

有查询项的结点。对于我们的例子而言，假定包含了查询项的结点子集为 {1，6}。接下来，我们将构造结点 1 和 6 的邻域图。假设由此得到了如图 11.2 所示的图 N。由这个邻域图 N，

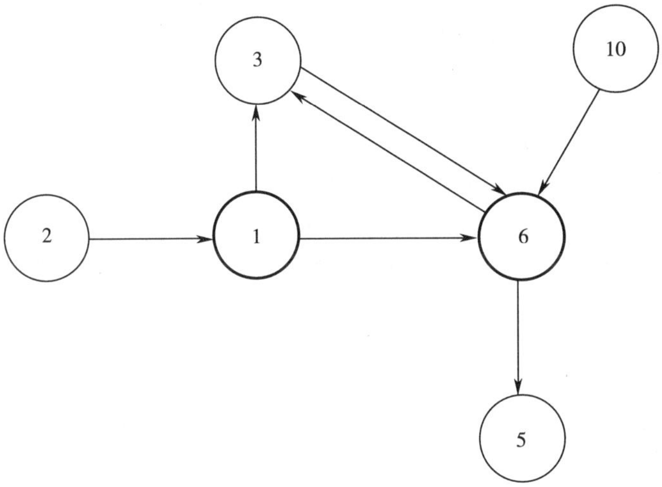

图 11.2　页面 1 和 6 的邻域图 *N*

可以生成邻接矩阵 $\boldsymbol{L}$。

$$L = \begin{array}{c} \\ 1 \\ 2 \\ 3 \\ 5 \\ 6 \\ 10 \end{array} \begin{array}{c} \begin{array}{cccccc} 1 & 2 & 3 & 5 & 6 & 10 \end{array} \\ \begin{pmatrix} 0 & 0 & 1 & 0 & 1 & 0 \\ 1 & 0 & 0 & 0 & 0 & 0 \\ 0 & 0 & 0 & 0 & 1 & 0 \\ 0 & 0 & 0 & 0 & 0 & 0 \\ 0 & 0 & 1 & 1 & 0 & 0 \\ 0 & 0 & 0 & 0 & 1 & 0 \end{pmatrix} \end{array}。$$

权威矩阵和枢纽矩阵分别为：

$$\boldsymbol{L}^{\mathrm{T}}\boldsymbol{L} = \begin{array}{c} \\ 1 \\ 2 \\ 3 \\ 5 \\ 6 \\ 10 \end{array} \begin{array}{c} \begin{array}{cccccc} 1 & 2 & 3 & 5 & 6 & 10 \end{array} \\ \begin{pmatrix} 1 & 0 & 0 & 0 & 0 & 0 \\ 0 & 0 & 0 & 0 & 0 & 0 \\ 0 & 0 & 2 & 1 & 1 & 0 \\ 0 & 0 & 1 & 1 & 0 & 0 \\ 0 & 0 & 1 & 0 & 3 & 0 \\ 0 & 0 & 0 & 0 & 0 & 0 \end{pmatrix} \end{array} \text{和 } \boldsymbol{L}\boldsymbol{L}^{\mathrm{T}} = \begin{array}{c} \\ 1 \\ 2 \\ 3 \\ 5 \\ 6 \\ 10 \end{array} \begin{array}{c} \begin{array}{cccccc} 1 & 2 & 3 & 5 & 6 & 10 \end{array} \\ \begin{pmatrix} 2 & 0 & 1 & 0 & 1 & 1 \\ 0 & 1 & 0 & 0 & 0 & 0 \\ 1 & 0 & 1 & 0 & 0 & 0 \\ 0 & 0 & 0 & 0 & 0 & 0 \\ 1 & 0 & 0 & 0 & 2 & 0 \\ 1 & 0 & 1 & 0 & 0 & 1 \end{pmatrix} \end{array}。$$

给出了权威评分 $\boldsymbol{x}$ 和枢纽评分 $\boldsymbol{y}$ 的归一化主特征向量为

$$\boldsymbol{x}^{\mathrm{T}} = (0 \quad 0 \quad 0.3660 \quad 0.1340 \quad 0.5 \quad 0)$$

和

$$\boldsymbol{y}^{\mathrm{T}} = (0.3660 \quad 0 \quad 0.2113 \quad 0 \quad 0.2113 \quad 0.2113)。$$

这个例子表明，可能发生两类评分持平的情况：在 0 值上持平，或者在某个正的值上持平。利用 11.3 节结尾处所说的素性调整，可以避免在 0 值上持平的情况。对于现实中大得多的矩阵而言，不大可能在主特征向量中出现相同的正值。尽管如此，这种平分的情况仍然有可

能发生，而通过任何一种平局处理策略，都可以打破这种局面。如果使用“先来先得”的平局处理策略，则权威和枢纽评分按降序排序后给出的页面编号为

$$\text{权威评分} = (6 \quad 3 \quad 5 \quad 1 \quad 2 \quad 10),$$
$$\text{枢纽评分} = (1 \quad 3 \quad 6 \quad 10 \quad 2 \quad 5),$$

这意味着对于该查询而言，页面 6 最为权威，而页面 1 是最佳枢纽。

为了进行对比，我们现在重新计算进行调整后的 HITS 方法的权威和枢纽向量，此时我们使用不可约阵 $\xi \boldsymbol{L}^{\mathrm{T}}\boldsymbol{L} + (1-\xi)/n\boldsymbol{ee}^{\mathrm{T}}$ 作为权威矩阵，而 $\xi \boldsymbol{L}\boldsymbol{L}^{\mathrm{T}} + (1-\xi)/n\boldsymbol{ee}^{\mathrm{T}}$ 作为枢纽矩阵。经过这样的修正后，这两个矩阵就都变为了不可约阵，从而根据佩隆-弗罗贝尼乌斯定理，它们各自都具有一个唯一的、归一化的正的主特征向量（称为佩隆向量）。当 $\xi = 0.95$ 时，

$$\boldsymbol{x}^{\mathrm{T}} = (0.0032 \quad 0.0023 \quad 0.3634 \quad 0.1351 \quad 0.4936 \quad 0.0023),$$
$$\boldsymbol{y}^{\mathrm{T}} = (0.3628 \quad 0.0032 \quad 0.2106 \quad 0.0023 \quad 0.2106 \quad 0.2106),$$

请注意，对于这个例子而言，以上的不可约调整并未改变权威和枢纽的排名。但是这些修改后的评分更加适用，因为它们均为唯一的正数（从而避免了在 0 分上的平分），而且可以保证经有限步后幂法将收敛到这些值。

11.5 HITS 的优点与缺点

HITS 算法的一个优点就是它能给出双排名。HITS 给用户提供了两个排名列表：一个是与查询相关的最为权威的文档，而另一个则是最为“枢纽”的文档。对于用户来说，这样的功能是很棒的。有时你可能在深入地搜索一个与你的研究有关的查询，这时你希望找到权威页面；而其他时候你可能在进行较为广泛的搜索，因此希望得到枢纽（或跳转）页面。HITS 的另一个优点便是问题的规模。HITS 将排名问题变为了一个小规模的问题，对较小的矩阵寻找其主特征向量。相比于整个万维网的页面总数，这些矩阵非常之小。

但是，HITS 排名系统也存在若干明显的不足。其中最麻烦的问题，就是 HITS 对查询的依赖性。在查询时，必须构建一个邻域图，并至少求解一个矩阵的特征向量问题。而对于每个查询，都必须要进行以上步骤。当然，要使得 HITS 变得与查询无关也很容易。我们可以简单地抛开邻域图这个步骤，而直接用整个网络图的邻接矩阵来计算权威和枢纽向量 $\boldsymbol{x}$ 与 $\boldsymbol{y}$。有关 HITS 的查询无关版本的更多内容，请见 11.7 节。

HITS 的第二个重大缺陷，是它容易受到垃圾信息的影响。通过增加指向或发自你的网页的链接，就可以对你的页面的权威和枢纽评分产生些许影响，而这些评分的些许改变可能就足以使你的页面在返回给用户的排名列表中向上升个几级。我们已经提到，能否挤入搜索引擎返回结果中的最前几个位置，对于页面而言非常重要，因为用户通常只会浏览返回到排名列表中的前 20 个页面。当然，增加发自你的页面的出链比增加指向你的页面的入链要容易得多。因此，要影响枢纽评分并不困难。既然枢纽评分和权威评分之间存在

着相互依赖关系，并以相互影响的方式而计算得到，因此当枢纽评分增加时，权威评分也会增加。此外，由于邻域图相比于整个万维网而言要更小，所以链接结构局部改变的影响就显得更为明显。幸运的是，莫妮卡·亨辛格（Monika Henzinger）和克里什纳·巴拉特（Krishna Bharat）已经提出了对 HITS 的一个改进，利用被称为 L1 归一化的步骤，来缓解垃圾链接的问题[26]。

HITS 的最后一个缺点就是主题漂移。当我们在构造一个查询的邻域图 N 的时候，可能会碰到一个非常权威但是跑题的页面，却被链接到了一个包含查询词的页面中。这个非常权威的页面可能有着很大的权重，使得它以及它的邻近页面会在返回给用户的排名列表中占据前列，从而使得搜索结果偏向于跑题的文档。亨辛格和巴拉特为主题漂移问题提出了一种解决方法，即通过衡量页面与查询的相关性来为 N 中结点的权威和枢纽评分进行加权[26]。实际上，要衡量 N 中的结点与查询的相关性，他们使用了在如 LSI 这类向量空间方法中常用的余弦相似性度量（cosine similarity measure）[24,64]。主题漂移问题的这个解决方法，类似于基本 PageRank 模型的智能上网者修正（请见 5.2 节）。只不过现在是 $\boldsymbol{L}$（而不是 PageRank 模型中的 $\boldsymbol{H}$）中的二值元素被赋予了权值，从而实际上就提高了 HITS 体系的智商。

11.6　HITS 与文献统计学的关系

HITS 算法与文献统计学（bibliometrics）研究有着密切的联系。文献统计学是对书面文档及其引用结构进行的研究，它利用一组文档的引用结构来产生描述了论文重要性和影响力的数值度量。劳伦斯·伯克利国家实验室（Lawrence Berkeley National Laboratory）的克里斯·丁（Chris Ding）及其同事注意到，在 HITS 与两个常用的文献统计学概念——**同引用**（co-citation）和**同指涉**（co-reference）——之间，存在着一个隐藏的联系[59,60]。

在文献统计学中，当两篇文档都同时被第三篇文档所引用时，即为同引用；当两个文档都参考了同样的第三篇文献时，即为同指涉。在万维网中，当两个结点有着同一个入链结点时即为同引用，而当两个结点有着相同的出链结点时即为同指涉。丁等人已经证明，HITS 的权威矩阵 $\boldsymbol{L}^{\mathrm{T}}\boldsymbol{L}$ 与同引用的概念有着直接关系，而枢纽矩阵 $\boldsymbol{L}\boldsymbol{L}^{\mathrm{T}}$ 则与同指涉有关[59,60]。假设现在我们来研究一下图 11.1 中的小型超链接图。它的邻接矩阵为

$$\boldsymbol{L} = \begin{array}{c} \\ P_1 \\ P_2 \\ P_3 \\ P_4 \end{array} \begin{array}{c} \begin{matrix} P_1 & P_2 & P_3 & P_4 \end{matrix} \\ \begin{pmatrix} 0 & 1 & 1 & 0 \\ 1 & 0 & 1 & 0 \\ 0 & 1 & 0 & 1 \\ 0 & 1 & 0 & 0 \end{pmatrix} \end{array},$$

因此权威和枢纽矩阵为

$$\boldsymbol{L}^{\mathrm{T}}\boldsymbol{L} = \begin{pmatrix} 1 & 0 & 1 & 0 \\ 0 & 3 & 1 & 1 \\ 1 & 1 & 2 & 0 \\ 0 & 1 & 0 & 1 \end{pmatrix} = \boldsymbol{D}_{in} + \boldsymbol{C}_{cit}$$

和

$$\boldsymbol{LL}^{\mathrm{T}}=\begin{pmatrix}2&1&1&1\\1&2&0&0\\1&0&2&1\\1&0&1&1\end{pmatrix}=\boldsymbol{D}_{out}+\boldsymbol{C}_{ref}。$$

丁等人[59,60]证明，在一般情况下，$\boldsymbol{L}^{\mathrm{T}}\boldsymbol{L}=\boldsymbol{D}_{in}+\boldsymbol{C}_{cit}$，其中，$\boldsymbol{D}_{in}$ 是一个对角阵，在对角线上是各个结点的入度，而 $\boldsymbol{C}_{cit}$ 为同引用矩阵。例如，$\boldsymbol{L}^{\mathrm{T}}\boldsymbol{L}$ 中的（3，3）这个元素，意味着结点 3 的入度为 2，而 $\boldsymbol{L}^{\mathrm{T}}\boldsymbol{L}$ 的（1，3）这个元素则说明，结点 1 和 3 仅有一个相同的入链结点，由图 11.1 可明显看出，这个入链结点就是结点 2。$\boldsymbol{L}^{\mathrm{T}}\boldsymbol{L}$ 的（4，3）这个元素意味着结点 3 和 4 并没有共同的入链结点，而这在图 11.1 中也是显然的。类似地，枢纽矩阵实际上是 $\boldsymbol{D}_{out}+\boldsymbol{C}_{ref}$，其中，$\boldsymbol{D}_{out}$ 为出度的对角阵，而 $\boldsymbol{C}_{ref}$ 为同指涉阵。$\boldsymbol{LL}^{\mathrm{T}}$ 的（1，2）这个元素说明结点 1 和 2 有着一个相同的出链结点，即结点 3。（4，2）这个元素则说明结点 4 和 2 没有共同的出链结点。丁等人根据权威和同引用以及枢纽和同指涉之间的这些关系指出，简单的入链排名可以给出 HITS 权威评分的一个不错的近似，而简单的出链排名可以给出对枢纽评分的近似[59,60,61]。

11.7 查询无关的 HITS

HITS 可以被强行转换为与查询无关的方法，通过计算一个全局权威向量和一个全局枢纽向量，就可以做到这一点，而同时这也稍许减轻了垃圾链接的影响。下面的算法将给出完成这个计算的一种有效的、万无一失的方法，它能保证收敛到唯一的正枢纽向量和权威向量，而无论网络图的可约性究竟如何（因为算法中使用了经过调整的 HITS 矩阵）。我们建议应该将使用调整后的 HITS 矩阵作为默认的做法，因为与搜索引擎的整个索引相对应的网络图大多数是可约的，并将因此带来 HITS 的收敛性和唯一性问题。

查询无关的改进 HITS 算法

1）初始化：$\boldsymbol{x}^{(0)}=\boldsymbol{e}/n$，其中 $\boldsymbol{e}$ 为全 1 列向量（也可以使用其他正的归一化的初始向量）；

2）执行以下步骤直至收敛

$$\begin{aligned}\boldsymbol{x}^{(k)}&=\xi\boldsymbol{L}^{\mathrm{T}}\boldsymbol{L}\boldsymbol{x}^{(k-1)}+(1-\xi)/n\boldsymbol{e},\\\boldsymbol{x}^{(k)}&=\boldsymbol{x}^{(k)}/\|\boldsymbol{x}^{(k)}\|_1,\\\boldsymbol{y}^{(k)}&=\xi\boldsymbol{LL}^{\mathrm{T}}\boldsymbol{y}^{(k-1)}+(1-\xi)/n\boldsymbol{e},\\\boldsymbol{y}^{(k)}&=\boldsymbol{y}^{(k)}/\|\boldsymbol{y}^{(k)}\|_1,\\k&=k+1;\end{aligned}$$

3）置权威向量 $\boldsymbol{x}=\boldsymbol{x}^{(k)}$，枢纽向量 $\boldsymbol{y}=\boldsymbol{y}^{(k)}$。

当使用查询无关的 HITS 算法时，$\boldsymbol{L}$ 是搜索引擎整个网络图的邻接矩阵，因为此时将不再求取邻域图 N。如果 Teoma 使用了查询无关的 HITS 的话，那么 $\boldsymbol{L}$ 的大小约为 15 亿。

我们值得花些时间将上述查询无关的 HITS 算法与另一个查询无关的排名方法 PageRank 进行一下比较。在每一步中，计算都被归结为矩阵-向量乘法：对于 HITS 是 $\boldsymbol{L}^{\mathrm{T}}\boldsymbol{L}\boldsymbol{x}^{(k-1)}$，对于随机上网者的 PageRank 是 $\boldsymbol{L}^{\mathrm{T}}\boldsymbol{D}^{-1}\boldsymbol{x}^{(k-1)}$，而对于智能上网者的 PageRank 是 $\boldsymbol{H}^{\mathrm{T}}\boldsymbol{x}^{(k-1)}$。每种方法每次迭代需要的近似计算量在表 11.1 中给出，其中，$nnz(\boldsymbol{L})$ 是 $\boldsymbol{L}$ 中的非零元素个数，n 是矩阵的大小。

表 11.1　各种查询无关的排名方法每次迭代所需的计算量

方　法	乘 法 次 数	加 法 次 数
HITS	0	$2nnz(\boldsymbol{L})$
改进的 HITS	0	$4nnz(\boldsymbol{L})+2n$
随机上网者 PageRank	n	$nnz(\boldsymbol{L})+n$
智能上网者 PageRank	$nnz(\boldsymbol{H})$	$nnz(\boldsymbol{H})+n$

对于查询无关的 HITS，$nnz(\boldsymbol{L}) = nnz(\boldsymbol{H})$，但是对于查询相关的 HITS，$nnz(\boldsymbol{L}) \ll nnz(\boldsymbol{H})$，其中，$\boldsymbol{H}$ 是 PageRank 的原始超链接矩阵。查询无关的 HITS 每次迭代所需的计算量约是 PageRank 的 2 倍（可多至 4 倍）。（可以通过其他方式来实现改进的 HITS，其中只需一次而非两次幂法。例如，可以获取修正权威矩阵 $\boldsymbol{M} = \tilde{\boldsymbol{L}}^{\mathrm{T}}\tilde{\boldsymbol{L}}$，其中，$\tilde{\boldsymbol{L}} = \boldsymbol{L} + \xi\boldsymbol{e}\boldsymbol{e}^{\mathrm{T}}$。但是，这些方法并不具有我们提出的改进方法的良好数学性质。请见定理 11.7.1。）现在，为了使得比较更为全面，让我们讨论一下这 4 种方法所需的迭代次数。

对于以上的 HITS 改进，我们有一个非常好的推论，而且在本章中也已经对它有所提及。不同于其他的调整方法[72,134]，我们的方法能够使我们对调整后的 HITS 矩阵的谱得到更多了解。针对我们现在考虑的特定情况来改变一下参考文献［82］中的陈述，就得到了调整后的权威矩阵的如下定理。类似的陈述对于枢纽矩阵也同样成立。

定理 11.7.1　令 $\boldsymbol{M} = \xi\boldsymbol{L}^{\mathrm{T}}\boldsymbol{L} + (1-\xi)/n\boldsymbol{e}\boldsymbol{e}^{\mathrm{T}}$ 为调整后的权威矩阵。令 $\lambda_1 \geqslant \lambda_2 \geqslant \cdots \geqslant \lambda_n$ 为 $\boldsymbol{L}^{\mathrm{T}}\boldsymbol{L}$ 的特征值，$\gamma_1 \geqslant \gamma_2 \geqslant \cdots \geqslant \gamma_n$ 为 $\boldsymbol{M}$ 的特征值。则如下的交错关系成立，

$$\gamma_1 \geqslant \alpha\lambda_1 \geqslant \gamma_2 \geqslant \alpha\lambda_2 \geqslant \cdots \geqslant \gamma_n \geqslant \alpha\lambda_n。$$

进一步地，存在标量 $\beta_i \geqslant 0$，$\sum_{i-1}^{n}\beta_i = 1$，使得 $\gamma_i = \xi\lambda_i + (1-\xi)\beta_i$。

利用这条定理，我们现在就可以比较以上 4 种查询无关方法的渐近收敛速率。比较结果请见表 11.2。γ_2/γ_1 的界限可通过对极端行为的考察而得出。在最好的情况下，对 $\boldsymbol{L}^{\mathrm{T}}\boldsymbol{L}$ 的调整将仅对 λ_2 造成改变，而且最多也只会改变为 $\lambda_2 + 1 - \xi$（即 $\beta_2 = 1$，而对 $i \neq 2$，有 $\beta_i = 0$）。在最坏的情况下，则只有 λ_1 发生了改变，且 λ_1 会增加为 $\lambda_1 + 1 - \xi$（即 $\beta_1 = 1$，而对 $i \neq 1$，有 $\beta_i = 0$）。实际中，许多 β_i 值都会同时发生改变（但仍有 $\sum_i \beta_i = 1$），这时造成的影响将不如以上两种极端情况之下来得明显。不管 β_i 的精确值为多少，对于改进的 HITS 来说，ξ 通常都被取得接近于 1，因此 $\gamma_2/\gamma_1 \approx \lambda_2/\lambda_1$。于是，HITS 和改进 HITS 的渐近收敛速率差不多是相同的。许多 HITS 的实验表明，$\lambda_2/\lambda_1 < 0.5$[59,60,106,133,134]，这个值远小于 $\alpha = 0.85$（典型的 PageRank 因子），因此我们可以得出结论，即 HITS 和改进的 HITS 所需要的迭代次数远少于 PageRank。

表 11.2 各种查询无关排名方法的渐近收敛率

	典型情况
HITS	$\frac{\lambda_2}{\lambda_1}$
改进的 HITS	$\frac{\xi\lambda_2}{\xi\lambda_1+1-\xi} \leqslant \frac{\gamma_2}{\gamma_1} \leqslant \frac{\lambda_2}{\lambda_1}+\frac{(1-\xi)}{\xi\lambda_1}$
随机上网者 PageRank	α
智能上网者 PageRank	α

因此，与查询无关的 HITS 相比查询无关的 PageRank，每次迭代需要两倍时间，但是要达到同样的容许限水平则仅需不到四分之一的迭代次数。查询无关的 HITS（甚至包括我们那个理论上漂亮但实际中较慢的改进 HITS，它需要两个幂法迭代过程）比查询无关的 PageRank 要更快。此外，你可以用获得一个 PageRank 向量的代价得到两个 HITS 排名向量。

11.8 加速 HITS

克莱因伯格在其最早的 HITS 论文[106]中，使用了幂法来计算枢纽和权威向量，它们分别是 $\boldsymbol{L}^{\mathrm{T}}\boldsymbol{L}$ 和 $\boldsymbol{L}\boldsymbol{L}^{\mathrm{T}}$ 的主右特征向量。计算主特征向量是一个老问题了，已有多种可用的数值方法来进行求解，特别是对于稀疏对称系统进行求解[18,57,137,145,162]。

计算原始的、查询相关的 HITS 向量中所遇到的问题，与计算 PageRank 向量中所遇到的问题并不一样，因为各自所涉及的矩阵大小差别悬殊。HITS 矩阵很小，仅仅只是邻域图的大小，而 PageRank 矩阵则非常巨大，等于整个搜索引擎索引的大小。PageRank 只能使用存储高效的方法，这种方法不需要矩阵，也不需要存放额外的中间信息，这一点也就解释了幂法在 PageRank 的领域中所占据的主导地位。另一方面，对于规模小得多的 HITS 问题，则可以使用更快、更加耗费内存的方法。我们并不知道如 Teoma 这样的基于 HITS 的商用引擎用的是什么方法，但是我们猜测会是一个速度更快的迭代方法，如兰佐希（Lanczos）算法等[57,82]，而不是缓慢的幂法。而对于 HITS 在计算加速方面的研究并未展开，其中一个原因同样是由于 HITS 问题中矩阵所具有的小规模——这就使得现有算法已经足够迅速了。相比之下，由于 PageRank 矩阵的规模巨大，所以我们用了整整一章的篇幅（第 9 章）来说明加速 PageRank 计算的方法。当然，如果要使用查询无关的 HITS，那么 HITS 的大规模实现就必须处理与 PageRank 相同的问题。而类似于 PageRank 所用的那些加速方法，如第 9 章中的外插法等，也可以被修改以用于 HITS 问题。

11.9 HITS 的敏感性

假设 HITS 邻域图的邻接矩阵 $\boldsymbol{L}$ 发生了改变，并产生了一个新的矩阵 $\tilde{\boldsymbol{L}}$，那么这一节中的问题就是：对于网络图结构中的这些改变，权威向量和枢纽向量将会有多么敏感？无论这些改变的本质究竟如何，权威和枢纽矩阵 $\tilde{L}^{\mathrm{T}}\tilde{L}$ 和 $\tilde{L}\tilde{L}^{\mathrm{T}}$ 仍然是对称正定阵，这就简化了扰动分析。

针对我们所考虑的情况，我们改写了皮特·斯图尔特（Pete Stewart）的著作[152,第51页]中的定理。

定理 11.9.1　令 $\boldsymbol{E}$ 为扰动矩阵，故而 $\tilde{\boldsymbol{L}}^{\mathrm{T}}\tilde{\boldsymbol{L}} = \boldsymbol{L}^{\mathrm{T}}\boldsymbol{L} + \boldsymbol{E}$。当 λ_1 是一个单根时，

$$\sin\angle(\boldsymbol{x}, \tilde{\boldsymbol{x}}) \leqslant \frac{\|\boldsymbol{E}\|_2}{\lambda_1 - \lambda_2}。$$

相比于新旧权威向量 $\boldsymbol{x}$ 和 $\tilde{\boldsymbol{x}}$ 之间的差别的长度（$\|\boldsymbol{x} - \tilde{\boldsymbol{x}}\|$）而言，更合适的做法是考查它们之间的角度（$\angle(\boldsymbol{x}, \tilde{\boldsymbol{x}})$），其原因有二：①在 HITS 程序中，权威向量被进行了归一化；②元素的排名十分重要。定理 11.9.1 告诉我们，这两个主特征向量之间的间隔，决定了 HITS 的敏感性。如果本征间隔 $\delta = \lambda_1 - \lambda_2$ 较大，则权威向量对于网络图中的小改变不敏感。另一方面，如果本征间隔较小，则该向量可能会非常敏感。对枢纽向量也有着类似的定义和解释。

仅当 λ_1 为单根时该定理才适用，而由改进 HITS 方法保证了这一点的成立（其中，不可约阵 $\xi\boldsymbol{L}^{\mathrm{T}}\boldsymbol{L} + (1-\xi)/n\boldsymbol{e}\boldsymbol{e}^{\mathrm{T}}$ 或其他调整过的矩阵[72,134]取代 $\boldsymbol{L}^{\mathrm{T}}\boldsymbol{L}$ 而成为了权威矩阵）。如果没有对 HITS 进行修正，且 λ_1 是一个重根，那么我们可以通过 λ_1 所对应的特征空间来考察敏感性。参考文献［153］中的一个结果给出了相同的结论：与对称阵的重根 λ_1 所对应的不变子空间的敏感性，主要由本征间隔所决定。

让我们考虑一个极端（但并非罕见）的例子，它清楚说明了为什么当本征间隔较小时，HITS 向量能够变得很敏感。假设邻域图中包括两个相互分离的连通组分（connected component），则 $\boldsymbol{L}$ 是完全解耦的，即 $\boldsymbol{L}$ 可以通过重排而变成以下形式

$$\begin{pmatrix} \boldsymbol{X} & \boldsymbol{0} \\ \boldsymbol{0} & \boldsymbol{Z} \end{pmatrix}。$$

首先，我们考虑使用原始的、未修正的 HITS 时所发生的情况。权威矩阵的谱与连通组分的谱有关：$\sigma(\boldsymbol{L}^{\mathrm{T}}\boldsymbol{L}) = \sigma(\boldsymbol{X}^{\mathrm{T}}\boldsymbol{X}) \cup \sigma(\boldsymbol{Z}^{\mathrm{T}}\boldsymbol{Z})$。包含了最大特征值的连通组分称为最大连通组分（largest connected component）。$\boldsymbol{L}^{\mathrm{T}}\boldsymbol{L}$ 的主特征向量（即权威向量）仅在最大连通组分中的结点所对应的位置上不等于零，这是因为 $\boldsymbol{L}^{\mathrm{T}}\boldsymbol{L}$ 具有如下的特征分解形式

$$\boldsymbol{L}^{\mathrm{T}}\boldsymbol{L} = \begin{pmatrix} \boldsymbol{U}_1 & \boldsymbol{0} \\ \boldsymbol{0} & \boldsymbol{U}_2 \end{pmatrix}\begin{pmatrix} \boldsymbol{\Lambda}_1 & \boldsymbol{0} \\ \boldsymbol{0} & \boldsymbol{\Lambda}_2 \end{pmatrix}\begin{pmatrix} \boldsymbol{U}_1^{\mathrm{T}} & \boldsymbol{0} \\ \boldsymbol{0} & \boldsymbol{U}_2^{\mathrm{T}} \end{pmatrix}。$$

也就是说，权威向量具有 $\boldsymbol{x} = (\boldsymbol{x}_1 \quad \boldsymbol{0})^{\mathrm{T}}$ 的形式。现在，只需增加仅仅一条链接，来将这两个连通组分联系起来，就会使权威向量变为正向量，从而显著地改变权威排名。

另外一种能够保持连通组分仍然相互分离的扰动，甚至可以更为剧烈地改变权威向量

及对应排名。假设主特征值与次主特征值分别处于不同的连通组分中，而且它们之间较为接近。假设我们在包含次主特征值的连通组分 2 中加入足够多的链接，使得这个连通组分的特征值得到增加，并超过了另一个连通组分即连通组分 1 的主特征值。现在最大连通组分的桂冠就从连通组分 1 转移到了连通组分 2，而权威向量现在仅对连通组分 2 中的结点具有非零值，而不是如之前那样，仅对连通部分 1 中的结点具有非零值。

在这个例子的开始，我们使用了一个完全解耦矩阵。但是，即使利用改进的 HITS 来使得 $\boldsymbol{L}^{\mathrm{T}}\boldsymbol{L}$ 不可约，权威矩阵却仍然可能是近解耦的。这时，对于微小扰动的敏感性，尽管在一定程度上被不可约性调整所削弱，但却仍然可能存在，其原因与完全解耦时相同。尽管调整使得权威向量中的零元变为了正数，但它们的值却仍然接近于 0。请参见 11.4 节算例中的调整所造成的效果。如果某个扰动使得最大连通组分的头衔在两个连通组分之间发生了转移，那么权威向量中那些较大的值就从一个连通组分调换到了另一个连通组分。（吴等人[134]提出了一个称为子空间 HITS（Subspace HITS）的方法，它削弱了最大连通组分在 HITS 排名中所占据的优势，并试图将评分在若干连通组分之间加以传播。）

既然我们已经对调整后的权威矩阵 $\boldsymbol{M}$ 的谱有了相当了解，那我们便可以试着给出某些更具体的结论，来说明调整是如何影响系统的敏感性的。设未调整的方法的本征间隔为 $\delta = \lambda_1 - \lambda_2$，而修正后的方法的本征间隔为 $\rho = \gamma_1 - \gamma_2$。利用定理 11.7.1，我们有

$$\xi\delta - (1 - \xi) \leqslant \rho \leqslant \xi\delta + (1 - \xi)。$$

随着 $\xi \to 0$，跳转矩阵 $1/n\boldsymbol{ee}^{\mathrm{T}}$ 逐渐占据主导地位，这将导致一种没有多少实际意义的情况，即本征间隔为 1，而权威和枢纽向量稳定为均匀向量。$\xi \to 1$ 时发生的情况则更为有趣。正如所预计的那样，当 $\xi \to 1$ 时，改进方法的本征间隔 ρ 趋向于原来的本征间隔 δ。我们由此可以得出结论，即改进的 HITS 系统大致和原来的 HITS 系统一样敏感。总之，改进 HITS 并没有明显地影响系统的收敛率或敏感性，它仅仅只影响了 HITS 向量的存在性与唯一性，即改进 HITS 可以确保收敛到唯一的正 HITS 向量。

杂谈：根据特征向量进行排名

PageRank 和 HITS 都用主特征向量来进行排名。不过这可不是什么新想法。尽管公众对于这个思路的了解程度要低得多，但它却已经存在了数十年之久。早在 1939 年，莫里斯·肯德尔（Maurice Kendall）和巴宾顿·史密斯（Babington Smith）就撰写了利用线性代数进行排名方面的最早的论文之一[105]。为了根据投票者的偏好来产生排名，肯德尔和史密斯构造了一个偏好矩阵 $\boldsymbol{A}$，其中，a_{ij} 是在参与者 i 和 j 中更倾向于 i 的投票者的人数。这里的参与者可以是一名候选人、一支球队、一名参赛者、一个网页，等等。偏好矩阵的归一化行和 $\boldsymbol{r}$ 就是玩家 i 的“获胜比率”的一个度量，即 $\boldsymbol{r} = \boldsymbol{Ae}/\|\boldsymbol{Ae}\|$。（肯德尔和史密斯还提出了一个系数，来描述某个投票者的偏好的一致性，用这个系数可以发现那些投票结果自相矛盾的投票者，并将他们的评分排除在外。利用这个一致性系数，可以判断数据是否能保证给出一个全局排名——可能会发生所有投票者做出的决定看来都自相矛盾的情

况，这就表明投票者们面临着一个不可能完成的任务，即要求他们对无法区分的对象进行排名。)

T. H. 魏㊀（T. H. Wei）对行和排名方法进行了扩展，在其中加入了偏好矩阵 $\boldsymbol{A}$ 的幂。在其 1952 年的剑桥大学论文[161]中，魏提出了排名向量 $\boldsymbol{r}^{(k)}=\boldsymbol{A}^k\boldsymbol{e}/\|\boldsymbol{A}^k\boldsymbol{e}\|$，其中，$k$ 是某个整数。当 $k=2$ 时，排名向量 $\boldsymbol{r}^{(2)}$ 给出了赛程强度方面的信息。拿体育排名问题来说，$r_i^{(2)}$ 给出了被队伍 i 所击败的那些队伍的胜率；当 $k=3$ 时，$r_i^{(3)}$ 则是被队伍 i 所击败的那些队伍所击败的队伍的胜率，依此类推。在更近期的研究中，詹姆斯 P. 基纳（James P. Keener）在其 1993 年的论文[103]中证明，许多早期的排名方法，都可以被纳入到佩隆-弗罗贝尼乌斯定理的范畴之中。实际上，可以对魏的求幂思想进一步扩展，使得 $\boldsymbol{r}=\lim_{k\to\infty}\boldsymbol{A}^k\boldsymbol{e}/\|\boldsymbol{A}^k\boldsymbol{e}\|$，从某个初始向量 $\boldsymbol{e}$ 开始，将幂法应用于 $\boldsymbol{A}$，便能得到这一结果。当 $\boldsymbol{A}$ 是非负且不可约阵时，幂法将收敛到 $\boldsymbol{A}$ 的主特征向量。

解决排名问题的匠心主要在于如何定义 $\boldsymbol{A}$。对于美国大学橄榄球队排名的问题，基纳给出了以下一些可能的定义方式：

- 若队伍 i 击败了队伍 j，则 $a_{ij}=1$，否则为 0；
- $a_{ij}=i$ 击败 j 的比例；
- $a_{ij}=$ 在橄榄球排名调查中 i 比 j 更为靠前的比例；
- $a_{ij}=s_{ij}/(s_{ij}+s_{ji})$，其中 s_{ij} 为 i 与 j 交手时 i 所得的分数。

基纳还扩展到了更为复杂的评分方案，但所有方法的共同联系就是佩隆-弗罗贝尼乌斯定理，以及主特征向量的计算。

除了网页评分和体育队伍排名之外，使用主特征向量的排名还有着许多其他的应用。这些应用包括（网球或高尔夫球之类的）巡回赛事中种子选手的确定等。最近研究者们也对其他类型网络的排名问题进行了探索，如同事间的电子邮件网络和疑似恐怖分子之间的联系与通信网络等。在市场份额统计和种群动力学模型中，主特征向量也扮演了突出的角色。

㊀ 按英文音译。——译者注

第 12 章　网页排名的其他链接方法

之前各章已经对主要的排名算法 PageRank 和 HITS 进行了深入的讨论，但在这个排名的比赛中，还有着其他一些较为次要的参与者。本章将对其他这些可供选用的排名算法给出一个简要的介绍。

12.1　SALSA

在 1998 年，人们使用 PageRank 或 HITS 来对网页的受欢迎程度进行排名。而到了 2000 年，SALSA[114] 也大张旗鼓地加入了这个比赛。SALSA 是链接结构分析的随机方法（Stochastic Approach to Link Structure Analysis）的简写，它是由罗尼·伦佩尔和什洛莫·莫兰所发明的另一种网页排名方法，其中结合了 HITS 和 PageRank 这两者的某些思路。如同 HITS 一样，SALSA 为网页生成了枢纽和权威评分，同时又如同 PageRank 一样，这些评分是通过马尔可夫链而导出的。在本节中，我们将通过一个示例来说明 SALSA 的步骤。

12.1.1　SALSA 示例

类似于原始的、查询相关的 HITS，我们可以为某个特定查询产生一个对应的邻域图 N。我们将使用与上一章中的示例相同的邻域图 N，这个图被再次给出，如图 12.1 所示。

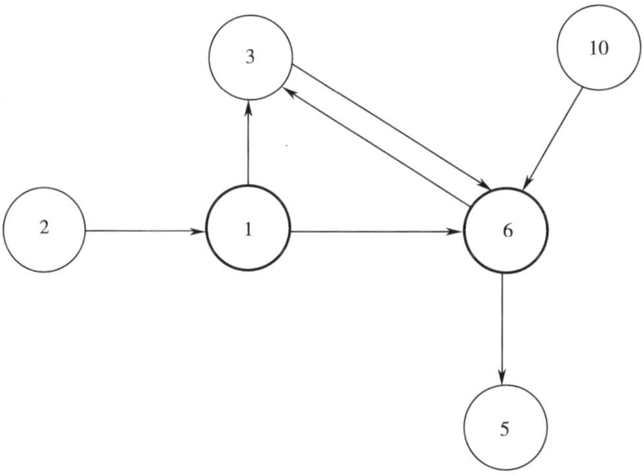

图 12.1　页面 1 和 6 的邻域图 N

到了后面的这一步，SALSA 便和 HITS 有所区别了。SALSA 并不去构造邻域图 N 的邻接矩阵 $\boldsymbol{L}$，而是构建了一个二分无向图（bipartite undirected graph），记作 G。G 由三个集合给出：V_h、V_a 和 E，其中，V_h 为枢纽结点集合（N 中所有出度 >0 的结点），V_a 为权威结点集合（N 中所有入度 >0 的结点），而 E 是 N 中有向边的集合。请注意，N 中的某个结

点可能同时出现在 V_h 和 V_a 中。对于上述邻域图，

$$V_h = \{1,2,3,6,10\},$$

$$V_a = \{1,3,5,6\}。$$

如图 12.2 所示的二分无向图中有一个“枢纽侧”和一个“权威侧”。V_h 中的结点列在了枢纽侧，而 V_a 中的结点则列在了权威侧。E 中的每条有向边由 G 中的一条无向边所表示。接着，由 G 可以得到两条马尔可夫链：一条枢纽马尔可夫链，其转移概率矩阵为 $\mathbf{H}$；以及一条权威马尔可夫链，其转移概率矩阵为 $\mathbf{A}$。请注意，在本章中，$\mathbf{H}$ 矩阵是 SALSA 的枢纽矩阵，请勿将其与之前的 PageRank 的原始超链接矩阵混为一谈。参考文献［114］给出了计算 $\mathbf{H}$ 和 $\mathbf{A}$ 中各元素值的公式，但有一种更有启发性的 $\mathbf{H}$ 和 $\mathbf{A}$ 的构建方法，我们认为这种方法能够更清晰地解释 SALSA 和 HITS 及 PageRank 两者之间的联系。请回忆一下，HITS 使用了 N 的邻接矩阵 $\mathbf{L}$，来计算这个未加权矩阵 $\mathbf{L}$ 的权威和枢纽评分；另一方面，PageRank 则使用行归一化的加权矩阵 $\mathbf{G}$，来计算出一个类似于权威评分的度量。SALSA 同时使用了行加权和列加权来计算其枢纽和权威评分。令 $\mathbf{L}_r$ 为 $\mathbf{L}$ 中的非零行除以其行和后所得的矩阵，而 $\mathbf{L}_c$ 为 $\mathbf{L}$ 中的非零列除以其列和后所得的矩阵。就我们的例子而言，有

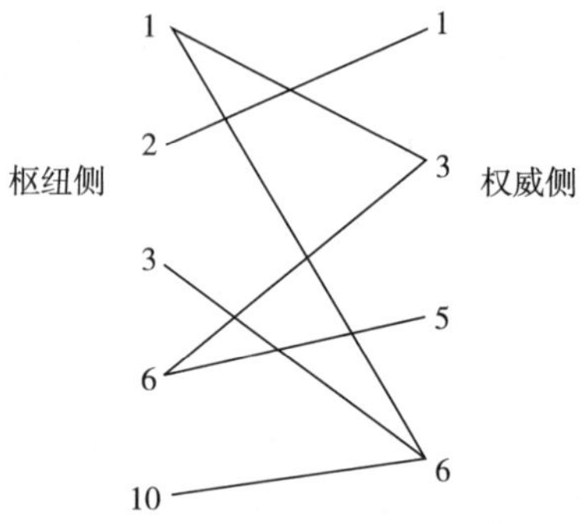

图 12.2　G：SALSA 的二分图

$$\mathbf{L} = \begin{array}{c} \\ 1 \\ 2 \\ 3 \\ 5 \\ 6 \\ 10 \end{array}\begin{array}{c} \begin{array}{cccccc} 1 & 2 & 3 & 5 & 6 & 10 \end{array} \\ \begin{pmatrix} 0 & 0 & 1 & 0 & 1 & 0 \\ 1 & 0 & 0 & 0 & 0 & 0 \\ 0 & 0 & 0 & 0 & 1 & 0 \\ 0 & 0 & 0 & 0 & 0 & 0 \\ 0 & 0 & 1 & 1 & 0 & 0 \\ 0 & 0 & 0 & 0 & 1 & 0 \end{pmatrix} \end{array},$$

$$\mathbf{L}_r = \begin{array}{c} \\ 1 \\ 2 \\ 3 \\ 5 \\ 6 \\ 10 \end{array}\begin{array}{c} \begin{array}{cccccc} 1 & 2 & 3 & 5 & 6 & 10 \end{array} \\ \begin{pmatrix} 0 & 0 & \frac{1}{2} & 0 & \frac{1}{2} & 0 \\ 1 & 0 & 0 & 0 & 0 & 0 \\ 0 & 0 & 0 & 0 & 1 & 0 \\ 0 & 0 & 0 & 0 & 0 & 0 \\ 0 & 0 & \frac{1}{2} & \frac{1}{2} & 0 & 0 \\ 0 & 0 & 0 & 0 & 1 & 0 \end{pmatrix} \end{array}, \quad \mathbf{L}_c = \begin{array}{c} \\ 1 \\ 2 \\ 3 \\ 5 \\ 6 \\ 10 \end{array}\begin{array}{c} \begin{array}{cccccc} 1 & 2 & 3 & 5 & 6 & 10 \end{array} \\ \begin{pmatrix} 0 & 0 & \frac{1}{2} & 0 & \frac{1}{3} & 0 \\ 1 & 0 & 0 & 0 & 0 & 0 \\ 0 & 0 & 0 & 0 & \frac{1}{3} & 0 \\ 0 & 0 & 0 & 0 & 0 & 0 \\ 0 & 0 & \frac{1}{2} & 1 & 0 & 0 \\ 0 & 0 & 0 & 0 & \frac{1}{3} & 0 \end{pmatrix} \end{array}。$$

然后，SALSA 的枢纽矩阵 $\mathbf{H}$ 由 $\mathbf{L}_r\mathbf{L}_c^{\mathrm{T}}$ 中的非零行和非零列所构成，而 $\mathbf{A}$ 由 $\mathbf{L}_c^{\mathrm{T}}\mathbf{L}_r$ 中的非零行和非零列所构成。

$$
\boldsymbol{L}_r\boldsymbol{L}_c^{\mathrm{T}} = \begin{array}{c} \\ 1 \\ 2 \\ 3 \\ 5 \\ 6 \\ 10 \end{array}\begin{array}{c} \begin{array}{cccccc} 1 & 2 & 3 & 5 & 6 & 10 \end{array} \\ \begin{pmatrix} \frac{5}{12} & 0 & \frac{2}{12} & 0 & \frac{3}{12} & \frac{2}{12} \\ 0 & 1 & 0 & 0 & 0 & 0 \\ \frac{1}{3} & 0 & \frac{1}{3} & 0 & 0 & \frac{1}{3} \\ 0 & 0 & 0 & 0 & 0 & 0 \\ \frac{1}{4} & 0 & 0 & 0 & \frac{3}{4} & 0 \\ \frac{1}{3} & 0 & \frac{1}{3} & 0 & 0 & \frac{1}{3} \end{pmatrix} \end{array}, \quad \boldsymbol{L}_c^{\mathrm{T}}\boldsymbol{L}_r = \begin{array}{c} \\ 1 \\ 2 \\ 3 \\ 5 \\ 6 \\ 10 \end{array}\begin{array}{c} \begin{array}{cccccc} 1 & 2 & 3 & 5 & 6 & 10 \end{array} \\ \begin{pmatrix} 1 & 0 & 0 & 0 & 0 & 0 \\ 0 & 0 & 0 & 0 & 0 & 0 \\ 0 & 0 & \frac{1}{2} & \frac{1}{4} & \frac{1}{4} & 0 \\ 0 & 0 & \frac{1}{2} & \frac{1}{2} & 0 & 0 \\ 0 & 0 & \frac{1}{6} & 0 & \frac{5}{6} & 0 \\ 0 & 0 & 0 & 0 & 0 & 0 \end{pmatrix} \end{array}。
$$

由此得到的 SALSA 枢纽矩阵和权威矩阵为

$$
\boldsymbol{H} = \begin{array}{c} \\ 1 \\ 2 \\ 3 \\ 6 \\ 10 \end{array}\begin{array}{c} \begin{array}{ccccc} 1 & 2 & 3 & 6 & 10 \end{array} \\ \begin{pmatrix} \frac{5}{12} & 0 & \frac{2}{12} & \frac{3}{12} & \frac{2}{12} \\ 0 & 1 & 0 & 0 & 0 \\ \frac{1}{3} & 0 & \frac{1}{3} & 0 & \frac{1}{3} \\ \frac{1}{4} & 0 & 0 & \frac{3}{4} & 0 \\ \frac{1}{3} & \frac{1}{3} & 0 & 0 & \frac{1}{3} \end{pmatrix} \end{array}, \quad \boldsymbol{A} = \begin{array}{c} \\ 1 \\ 3 \\ 5 \\ 6 \end{array}\begin{array}{c} \begin{array}{cccc} 1 & 3 & 5 & 6 \end{array} \\ \begin{pmatrix} 1 & 0 & 0 & 0 \\ 0 & \frac{1}{2} & \frac{1}{4} & \frac{1}{4} \\ 0 & \frac{1}{2} & \frac{1}{2} & 0 \\ 0 & \frac{1}{6} & 0 & \frac{5}{6} \end{pmatrix} \end{array}。
$$

如果二分图 G 是连通的，那么 $\boldsymbol{H}$ 和 $\boldsymbol{A}$ 就都是不可约的马尔可夫链，而 $\boldsymbol{H}$ 的稳态向量 $\boldsymbol{\pi}_h^{\mathrm{T}}$ 就给出了查询关于邻域图 N 的枢纽评分，而 $\boldsymbol{\pi}_a^{\mathrm{T}}$ 则给出了权威评分。如果 **G** 不连通，那么 $\boldsymbol{H}$ 和 $\boldsymbol{A}$ 各自包含了若干个不可约的组分。在这种情况下，必须通过将每个单独的不可约部分的稳态向量拼接在一起，来得到全局的枢纽和权威评分。（参考文献［114］中给出了以上两个“如果-那么”命题的证明。）

既然当每个结点对任何一个其他结点而言都是可达的时候，无向图 G 才是连通的，所以图 12.2 中的 G 是不连通的，比如说结点 2 就不能由其他任何结点到达。对于更大些的图，当不能通过简单地观察来了解连通性时，那么也已经有图的遍历算法，能够判断图的连通性并识别其连通组分[54]。由于 G 不连通，因此 $\boldsymbol{H}$ 和 $\boldsymbol{A}$ 中包含了多个连通组分。$\boldsymbol{H}$ 包含了两个连通组分，即 $C=\{2\}$ 和 $D=\{1,3,6,10\}$；$\boldsymbol{A}$ 的连通组分为 $E=\{1\}$ 和 $F=\{3,5,6\}$。同样可以在 $\boldsymbol{H}$ 和 $\boldsymbol{A}$ 的结构中清晰看出马尔可夫链的**周期性**。$\boldsymbol{H}$ 和 $\boldsymbol{A}$ 中所有不可约组分都包含了自循环，这意味着以上的链都是非周期性的。$\boldsymbol{H}$ 的两个不可约组分的稳态向量为

$$
\boldsymbol{\pi}_h^{\mathrm{T}}(C) = \begin{array}{c} 2 \\ (1) \end{array}, \quad \boldsymbol{\pi}_h^{\mathrm{T}}(D) = \begin{array}{c} \begin{array}{cccc} 1 & 3 & 6 & 10 \end{array} \\ \begin{pmatrix} \frac{1}{3} & \frac{1}{6} & \frac{1}{3} & \frac{1}{6} \end{pmatrix} \end{array},
$$

而 $\boldsymbol{A}$ 的两个不可约组分的稳态向量为

$$
\boldsymbol{\pi}_a^{\mathrm{T}}(E) = \begin{array}{c} 1 \\ (1) \end{array}, \quad \boldsymbol{\pi}_a^{\mathrm{T}}(F) = \begin{array}{c} \begin{array}{ccc} 3 & 5 & 6 \end{array} \\ \begin{pmatrix} \frac{1}{3} & \frac{1}{6} & \frac{1}{2} \end{pmatrix} \end{array},
$$

SALSA 的原始论文[114]中的命题 6 给出了由单个组分的枢纽和权威评分拼接得到全局的欢迎度向量的方法。方法的思路简单而直观。既然枢纽组分 C 仅包含了所有 5 个枢纽结点中的 1 个，那么它的稳态枢纽向量的权值就应该是 1/5，而 D 包含了 5 个枢纽结点中的 4 个，因此其稳态向量的权值为 4/5。而全局的枢纽向量为

$$\boldsymbol{\pi}_h^{\mathrm{T}} = \begin{array}{c} \begin{matrix} 1 & 2 & 3 & 6 & 10 \end{matrix} \\ \left(\begin{matrix} \frac{4}{5}\cdot\frac{1}{3} & \frac{1}{5}\cdot 1 & \frac{4}{5}\cdot\frac{1}{6} & \frac{4}{5}\cdot\frac{1}{3} & \frac{4}{5}\cdot\frac{1}{6} \end{matrix}\right) \end{array}$$

$$= \begin{array}{c} \begin{matrix} 1 & 2 & 3 & 6 & 10 \end{matrix} \\ (\begin{matrix} 0.2667 & 0.2 & 0.1333 & 0.2667 & 0.1333 \end{matrix}) \end{array}。$$

对权威结点进行类似的加权，可由单独的权威向量构造出如下全局权威向量

$$\boldsymbol{\pi}_a^{\mathrm{T}} = \begin{array}{c} \begin{matrix} 1 & 3 & 5 & 6 \end{matrix} \\ \left(\begin{matrix} \frac{1}{4}\cdot 1 & \frac{3}{4}\cdot\frac{1}{3} & \frac{3}{4}\cdot\frac{1}{6} & \frac{3}{4}\cdot\frac{1}{2} \end{matrix}\right) \end{array}$$

$$= \begin{array}{c} \begin{matrix} 1 & 3 & 5 & 6 \end{matrix} \\ (\begin{matrix} 0.25 & 0.25 & 0.125 & 0.375 \end{matrix}) \end{array}。$$

我们来比较一下 SALSA 和 11.4 节中 HITS 所给出的枢纽和权威向量。这两者之间颇不相同。它们甚至连长度都不一样，而且它们对这个例子给出了明显不同的排名。按重要性由高到低对网页进行排名，有

SALSA 的枢纽排名 =(1/6　2　3/10)，

HITS 的枢纽排名 =(1　3/6/10　2　5)，

SALSA 的权威排名 =(6　1/3　5)，

HITS 的权威排名 =(6　3　5　1　2/10)，

式中，符号“/”代表排名相同。

这个小型示例还可以在另外两个方面给我们以启发。首先，它展示了将独立部分的评分加以拼接来构成全局评分的一种方法。当然，拼接过程还可以使用其他加权方法；其次，示例中存在的多个连通组分（当 G 不连通时，就会出现这种情况，而在实际中，G 不连通是十分常见的），对于计算而言这是一个很大的优点，因为现在有待求解的马尔可夫链要小得多。这与 PageRank 对不连通网络图进行的人工调整形成了鲜明对比，PageRank 中的调整通过在所有的网页间增加有向链接，来迫使连通性得以成立。PageRank 研究者康斯坦丁·阿弗拉琴科夫（Konstantin Avrachenkov）和奈利·利特瓦克（Nelly Litvak）建议采用类似于 SALSA 的方式，在较小的连通组分上计算 PageRank，然后再通过拼接而获得全局 PageRank 向量[11]。当然，为了实现这一提议，首先必须找到整个网络图的多个连通组分。不过这并不是很困难——我们可以采用塔扬（Tarjan）的 $O(V+E)$ 线性时间复杂度的算法[54]来做到这一点，其中，V 和 E 分别为图中顶点和边的数量。不幸的是，将 PageRank 问题中的连通组分加以分解，其潜力仍然有限，因为研究者们已经发现万维网具有所谓的领结形结构[41]，其中最大的连通组分占据了超过整个万维网 1/4 大小的部分，这意味着即使在最好的情况下，分解也只能将问题的规模缩小 4 倍。

12.1.2　SALSA 的优点与缺点

由于SALSA将HITS和PageRank各自最好的一些特点进行了结合，因此它拥有许多长处。例如，SALSA不像HITS，它不会碰到主题漂移的问题[26,114]，即跑题的重要页面会偷偷地混进邻域集，并由此而获得了位居前列的评分。再请回想一下，HITS由于枢纽和权威评分的相互依赖性所导致的易于受到垃圾信息攻击的问题。SALSA相比而言不那么容易受到垃圾信息的影响，因为枢纽和权威评分之间的耦合相对要弱得多。但是，HITS和SALSA都比PageRank更容易受到垃圾信息的影响。如同HITS一样，SALSA也有着双排名的这个好处，而这是PageRank所无法提供的。最后一点，SALSA的二分图 $\boldsymbol{G}$ 中存在的、实际中常常会出现的多个连通组分，对于计算而言非常有利。

但是，对SALSA算法的广泛使用来说，最拖它后腿的一个因素，就是查询相关性。在查询期间，必须构建查询的邻域图 N，并计算两条马尔可夫链的稳态向量。SALSA的另一个问题便是收敛性。SALSA的收敛性类似于HITS。由于原始形式的HITS和SALSA都不能强行使得图具有不可约性，因此当邻域图可约时，算法给出的向量可能不唯一（而且可能依赖于初始向量）[72]。尽管如此，通过PageRank的不可约性调整的这种简单方法，在进行了某种小的改动之后，就可以使图具有不可约性。

12.2　混成排名方法

排名算法在为网络信息检索提供帮助的这一方面已经展现出了有效性，因此，研究者们又提出了许多新的算法来进行网页排名。这些方法大多是PageRank、HITS和SALSA这三种原始方法的改进或组合[26,36,53,60,71,88,120,134,142]。在下一节中，我们将讨论其中一种最具原创性的新的排名算法——TrafficRank。

某些近期的研究工作试图将多个相互独立的评分算法的结果加以融合。这一做法看来前景光明，因为实验表明，由不同算法给出的排名前 k 位的网页列表彼此间常常存在明显差别。排名列表这一令人吃惊的缺乏一致性的表现，却能够起到振奋人心的作用——这个表现实际上暗示着，将来（通过**元搜索引擎**来实现的）信息检索算法的混合体，可能会对用户的查询给出最为相关且精准的文档[120]。目前工作于微软的辛西娅·德沃克（Cynthia Dwork）是排名聚合领域的领军人物之一，这个领域所研究的，是如何最好地将多个搜索引擎给出的排名前 k 位的网页列表组合成为一个统一的排名列表。

杂谈：排名聚合与投票方法

元搜索引擎所完成的排名聚合，非常类似于投票者各自偏爱的聚合。在网络搜索的问题中，网页取代了政治候选人的位置，而某个特定算法所给出的页面的排名列表，则取代了投票人在选举中所投出的对候选人排名的列表。在选举中，一旦给定了若干按名次排序的列表，我们接下来的目标通常就是找到一个整体上的获胜者（可能还有之后的几名）；而对于元搜索，我们的目标则不仅是要找到总的获胜者，而且还要找到整个联合排名，即对所有候选人的一个排名。投票理论对于政府具有相当影响力，该理论又称为社会选择理论，对它所开展的研究已经有着悠久的历史。早在1785年，法国哲学家、数学家、经济学家和社会科学家孔多塞侯爵马利·让·安托万·尼古拉斯·卡利塔（Marie Jean Antoine Nicolas

Caritat, Marquis de Condorcet）便撰写了一篇《论多数决策概率之分析的应用》（An Essay on the Application of Analysis to the Probability of Majority Decisions），在该文中，他指出了所谓的孔多塞投票悖论（Condorcet voting paradox）。在一个候选人两两逐对比较的投票体系中，孔多塞胜者（Condorcet winner）——如果存在的话——是指在所有成对比较中都击败对手或与对手打成平局的那个候选者。现在考虑一个例子。三名投票者根据各自的喜好对三名候选者 A、B 和 C 进行排名如下：投票者 1 将候选者排为 ABC，投票者 2 排为 BCA，而投票者 3 排为 CAB。大多数的投票者都认为 A 击败了 B，B 击败了 C，而 C 击败了 A，但这些排名却造成了一个循环，并形成了孔多塞悖论，因为确定胜者的多数规则出现了自相矛盾的地方。针对这个循环的问题，已经提出了许多方法，来决定得到一个孔多塞胜者。

与投票悖论相关的另一个成果，则是肯尼斯·阿罗（Kenneth Arrow）的不可能性定理。美国经济学家阿罗因其在社会选择理论上的成果而荣获 1972 年的诺贝尔经济学奖。他的 1951 年的博士论文《社会选择与个体价值》（Social Choice and Individual Values）描述了任何一个公平的投票系统所应具有的 5 种性质。然后他证明了不存在任何投票系统能够同时满足所有这 5 种性质。学者们对阿罗所提出的条件展开了争论，以确定哪些条件是必需的，而哪些条件则不那么重要，等等。尽管有着这样的争论，他的定理仍然表明，在许多情况下，不存在公平的、合乎逻辑的方式，能够对个人的喜好加以归总，并精确地确定投票者的总体偏好。现在已经存在着许多面向不同的投票情况设置的投票体系，而对投票体系的评判也通过不同的准则来进行，如对操纵投票行为的抵抗力、孔多塞效率（Condorcet efficiency，能够选出孔多塞胜者的选举所占的比例）、中立性和自洽性等。

了解了以上关于确立一个公平的投票体系来获得唯一的总获胜者的问题后，我们就大致能够估摸出来，要确定所有候选者的完整排名，将更为困难，而网络搜索的排名聚合问题则是难上加难。

12.3 基于流量的排名

因特网常常被称为信息高速公路。这一比喻将有助于我们描述下面这最后一个排名方法——TrafficRank。在 TrafficRank 中，我们并不是去设想某个孤独的上网者在万维网上蹦来蹦去（就像谷歌所做的那样），而是去想象有数百万或数十亿的上网者在万维网上蹦来蹦去，正如在实际中所发生情况的那样。现在，万维网的链接就变成了页面间的公路，而有公路就会有拥堵和车流。尽管在机动车道路上，这种事情难以让人开心，但对于信息高速公路上的网页排名而言，它们却十分有用。我们用汽车来做个类比。如果我们已经知道了通往北卡罗来纳州外滩（North Carolina Outer Banks）的公路上的车辆总数，那我们就有了一个度量，来衡量外滩作为目的地的受欢迎程度。（如果你体验过被堵在通往纳格斯黑德（Nags Head）的 12 号公路上，并在等待中度过夏日的周六的话，那你就一定会同意我们的观点，即这个数据的确给出了目的地受欢迎程度的一个相当不错的近似。）实际上，进入外滩的车辆总数除以所有公路上的车辆总数，就给出了外滩相比于其他目的地的受欢迎程度的相对度量。不幸的是，要计算万维网的各条链接上的上网者数量，是不可能做到的。（我们可以对浏览某个页面的上网者人数进行计数，这个数字更加容易处理。请见第 138 页上关于 Alexa 的杂谈。）但前途并非完全黯淡无光：利用已有的图的信息，我们有办法来近似出每条链接上的上网者数量。

令 p_{ij} 为由页面 i 到页面 j 的链接上的流量占总网络流量的比例。于是，如果没有从 i 到 j 的超链接，则 $p_{ij}=0$。p_{ij} 的这一定义意味着，对万维网中的每条超链接，都对应着一个变量。现在我们要估计出这些 p_{ij} 的值，然后将进入页面 j 的流量比例 $\sum_i p_{ij}$ 作为页面 j 的 TrafficRank 值。变量 p_{ij} 必须满足某些约束。首先，当然应该有 $\sum_{i,j} p_{ij} = 1$；其次，我们假设进入某个页面的流量等于离开该页面的流量，即对任何页面 j，有 $\sum_i p_{ij} - \sum_i p_{ji} = 0$。除此之外，$p_{ij}$ 可以任意取值。IBM 的研究人员约翰・汤姆林（John Tomlin）设计了如下最优化问题，来寻找他的 TrafficRank 模型中的 p_{ij} 值[159]。

$$\max \; -\sum_{i,j} p_{ij}\log p_{ij}\text{，满足}$$

$$\sum_{i,j} p_{ij} = 1,$$

$$\text{对所有 } j,\quad \sum_i p_{ij} - \sum_i p_{ji} = 0,$$

$$p_{ij} \geqslant 0。$$

这个目标函数就是著名的熵函数，它来自于克劳德・香农（Claude Shannon）在信息论方面所做的工作[149]。熵函数对选择 p_{ij} 的自由度进行了最大化。理论结果指出，熵函数给出了在以上约束下，对这些概率的最佳无偏估计。它仅使用了约束中的给定信息，而且对于缺失的信息而言，其不确定度最高。

好了，现在我们要做的，就只是求解这个最优化问题来获得 p_{ij}，并给出每个页面的 TrafficRank 值了。问题搞定了。不过稍等一下。你可能会提出抗议，因为这个最优化问题的规模非常巨大，它有 $|E|$ 个变量，其中，$|E|$ 是网络图中边的数量。的确如此，不过汤姆林给出了一个计算这些变量的快速迭代算法。该算法使用拉格朗日乘子，而且此算法对于问题本身的特有结构的利用令人印象深刻，这一特有结构使得该最优化问题的求解时间仅为在相同的图上求解 PageRank 问题所需时间的 2.5 倍。汤姆林的结果表明，高的 TrafficRank 值倾向于对应具有许多出链的情况，从这个意义上来说，TrafficRank 类似于 HITS 的枢纽评分。这种相似性是合理的，因为 TrafficRank 衡量了流经一个页面的流量，而大量的流量需要大量的入链和出链。

TrafficRank 有着两个有趣的扩展。首先，当更多的流量信息变得可用的时候，可以用约束的形式将这些信息轻易地加入到模型之中。例如，如果在受欢迎的网站上收集了真实的流量数据，那如下形式的约束，就给出了为受欢迎的站点集 J 中页面计算得到的 TrafficRank 值的一个容许范围

$$\beta_j \leqslant \sum_i p_{ij} \leqslant \omega_j,\; j \in J。$$

其次，对于该最优化问题的对偶解（dual solution），可以给出一个有意思的解释㊀。将原始解的拉格朗日乘子（对每个约束都有一个拉格朗日乘子）取倒数，就能得到每个网页的“热度”。（这个解释来自于熵和热之间的热动力学关系。）因此，汤姆林便使用这个对偶度量，来构成了每个页面的 HotRank。当用于一种权威性的度量时，这个 HotRank 的作用就类似于 PageRank 了，但一般要优于后者。

㊀ 许多最优化问题都具有原始形式和对偶形式，它们的解由著名的对偶性定理联系在一起。

最后，我们将稍微谈论一下 TrafficRank 与已经被深入研究的排名算法 PageRank 和 HITS 之间的联系。在 TrafficRank 最优化问题求解过程中生成的矩阵 $P_{n \times n} = [p_{ij}]$（其中，$n$ 是索引中页面的数量）是一个稀疏、非负且次随机的矩阵。当然，我们可以计算出该矩阵的佩隆向量（主特征向量），并将其与查询无关的 HITS 向量进行比较。类似地，TrafficRank 矩阵 P 可以按行归一化而成为随机矩阵，然后再计算其主左特征向量，在我们考虑的问题中，这个向量实际上就是智能上网者模型中的 PageRank 向量。

杂谈：Alexa 流量排名

amazon. com 的搜索公司 Alexa 用它的工具条来收集与网络使用相关的信息，并根据站点流量来生成欢迎度排名。正如 Alexa 的网站所言："用 Alexa（特别是它的工具条）的人越多，它就会变得越有用。" Alexa 所收集的数据还另有用途。例如，有一个"移动者和摇摆者（Movers and Shakers）"列表，即在过去一周中流量增加或减少最多的前 10 名网站。此外还有一个 Alexa 所确定的 500 个最受欢迎网站的列表。而且还有一段时间内受欢迎网页的流量排名曲线图。图 12. 3 就显示了雅虎、谷歌、AltaVista 和 Teoma 在 2004 年 2 月到 8 月间的流量排名趋势曲线。

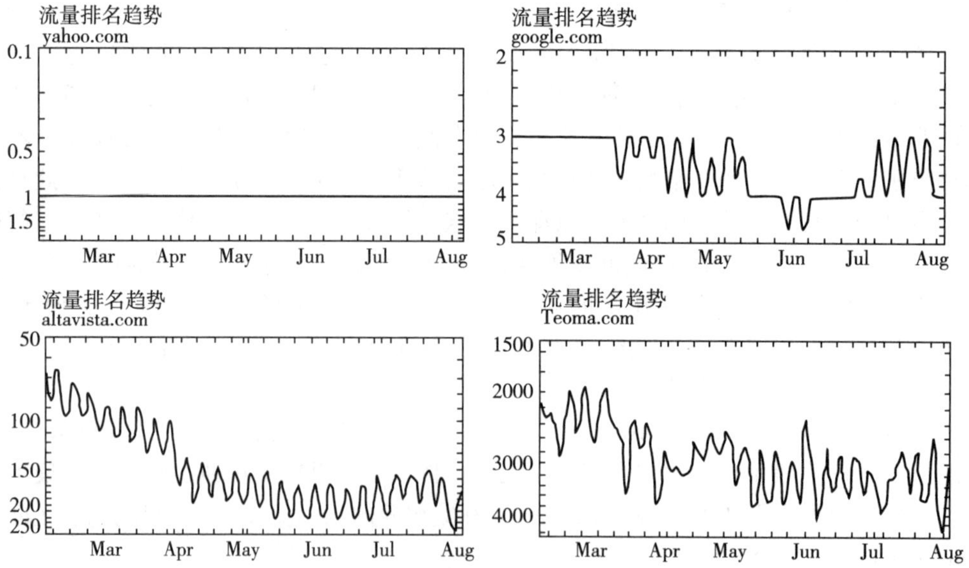

图 12. 3　4 个搜索引擎的 Alexa 流量排名趋势图

按照 Alexa 用户的话来说，雅虎和谷歌显然比 AltaVista 和 Teoma 有着更大的流量。此外，Alexa 还是定期为"因特网档案馆计划"（请见第 21 页上的文本框）提供网页的公司。

第 13 章 网络信息检索的未来

网络搜索是一个年轻的研究领域，它还有着巨大的成长空间。在本章，我们将总结若干未来的可能研究方向，而在此期间，我们还穿插了一些故事。

13.1 垃圾信息

杂谈：搜索的鬼魂

垃圾信息制造者山米（Sammy）已经在计算机键盘上连续敲击了 27 个多小时了。山米已经习惯了这种一段时间内的持续而爆发式的工作量——自从 4 岁能够打字以来，他就一直在干着黑掉别人的计算机、写代码、编程序和制造垃圾信息的事儿。他来自一个辉煌的垃圾信息制造者家族。他最小的哥哥是名黑客，而更大些的哥哥也是名黑客，因此，山米在年幼时便自然地显示出了这方面的天赋。在搜索引擎优化（SEO）的圈子里，这个家族非常有名。他的家族勤奋地（但有些人说是不顾道德地）工作着，以求能够统治地下搜索排名的这片天地。如果你想在排名大战中甩开几个竞争对手，那么就来找山米吧。这个家族所拥有的计算机技能得到了丰厚的回报。山米本人拥有三套房产——一套在那个“谷”里，当然，就是硅谷啦；一套在毛伊岛（Maui）；还有一套在伦敦。

在许多个连续工作了 20 多个小时之后的夜晚，山米都趴在键盘上进入梦乡。但这一次他醒过来时，好像有些事情发生了改变。他的视线模糊，思绪混乱。他感觉自己看到了一个身材消瘦、满头白发、身着红色长袍的人，头上发着光芒，站在他面前 10 英尺的地方。山米眨了两次眼——那人还在那儿。他以前从未见过这个人，但却又感觉似曾相识。他奇怪地发现，他对这个神秘人物并没有戒备感。山米确信他还在做梦，因此他想，不妨就这样逢场作戏一番。于是他问道：“你是个精灵吗?”“我是的。”一个温柔的答复。“你是谁？你是做什么的?”山米接着刺探着。“我是搜寻过去的精灵。”“是很久以前的过去吗?”山米问道。“不是。是你的过去。”精灵说道。

精灵捉住了山米的胳膊，以往的情景在眼前匆匆掠过。山米看到一个小男孩在科学博览会上拿着奖品。山米还记得那个课题——他做了一个网络爬虫，来寻找并连接到万维网上其他年轻的发明家的个人主页。接着，山米看到了 13 岁时的自己坐在比萨饼店的桌旁，和兄长们说着话。他们刚刚带着小山米去参加了他的第一次 SEO 会议。这个三人组正在低声谈论着万维网上的商机。他们坐在一起，制订着各种通过万维网来赚钱的计划。现在再目睹这场谈话时，山米仍然能够感觉到多年前所体会到的那种激动。然后他被一把猛拉回了现在。搜寻过去的精灵说道：“我的时间不多了。快点。”于是山米看到了最后一个场景。山米和他的哥哥坐在一间办公室里，聚精会神地聆听他们的兄长和朋友保罗通电话。保罗以他自己的教训来警告他们兄弟三人：保罗刚刚输掉了和搜索引擎 Anetta 的一场官司，并因此失去了自己的生意。

突然之间，山米发现他又回到了自己的房间。搜寻过去的精灵已经离开，而另一个已经到来。“你一定就是搜寻现在的精灵。”山米说。“是的。不过我们没时间了，我们必须跟着故事向前走。”精灵说道。一道闪光，然后是一片黑暗，而当山米再次能够看见东西时，他发现自己站在了一个墓地中央，旁边是一个身穿葬衣的灰暗精灵，这是搜寻未来的精灵。精灵指着一块墓碑——PageRank，1998—2006。“发生了什么事？”山米问道。“PageRank 统治了搜索。在 PageRank 之前，网络搜索实在是太低级了。那个算法改变了一切。我只用键盘就能完成我所有的活计，感谢 PageRank，我甚至几乎不用离开自己的房间。但现在发生了什么？”山米再次问道。精灵递给他一台 PDA，上面是一则讣告。

讣告：生于 1998 年，PageRank 传承自其父拉里·佩奇和谢尔盖·布林。卒于 2006 年 11 月 27 日。在一场与垃圾链接的漫长而艰苦的斗争之后，PageRank 最终落败……

山米面无表情地转向精灵，PDA 从他手中滑落。“告诉我实话，精灵，这件事是我做的吗？我是不是改变了这个算法的命运？”没有回答。当然没有。山米已经知道未来的精灵从来不说话。山米的目光慢慢地扫过墓地。他看到了那些他所知道的其他算法的墓碑：HITS，SALSA，TrafficRank。这实在难以承受。他向那个沉默的精灵恳求着，恳求能够让他回到原来。然后啪的一声，他回到了现实之中。山米在他的房间里、在他的键盘前醒了过来。

这个搜索精灵的故事应该不算太诡异。实际上，它的撰写受到了最近的某个博客帖子的启发。在 2003 年 5 月 24 日，扎沃德尼（Zawodny）声称 PageRank 已死。他说这个算法已不再有用，因为对于这个算法，博主们和 SEO 已经知道了太多东西，而且实际上已经改变了万维网的本质。PageRank 植根于一个乐观的假设，即所有的链接都被设想为具有正直的信念，而没有其他隐藏的动机，但这个假设已经不再成立，因此 PageRank 不再有用。《PageRank 已死（PageRank is Dead)》这篇博文激起了许多有意思的反驳（私下来说的话）。我们确信 PageRank 并没有死。它仍然是谷歌技术的一个主要部分，但仅仅只是一个部分而已——新的增强和改进不断涌现。虽然垃圾信息可能还没有彻底杀死 PageRank，但它的确使得大量的损害控制成为必要。实际上，垃圾信息是所有搜索引擎的主要研究领域。当新的搜索引擎为他们所使用的算法不受垃圾信息影响的说法做出担保时，他们常常会将视线转移开，而不敢直视。

目前的一个研究目标，是创造出对垃圾信息具有抵抗力的排名算法。但与此同时，哪怕是只能识别出垃圾页面，对许多引擎而言也是能够接受的，然后它们就能根据这个结果，在完成排名计算之后将这些页面的值大幅下调。垃圾信息的识别可能并不比从头开始创造一个新的、对垃圾信息具有抵抗力的算法要来得容易，但许多引擎都采取了这个途径，其原因主要是出于私人的眷恋之情，以及搜索引擎在目前所用的排名算法上已经投入的资源等方面的考虑。

在这些识别垃圾信息的算法中，有一种方法利用了链接农场的结构和提升排名的主要方式——链接交换，它通过这些结构和方式来识别参与了垃圾链接制造的页面。具体来说，这个算法一次考虑一个页面，并就这个页面提出如下问题：“在这个页面的出链中，有多大的比例会重新指回到它自己？”（换而言之，页面的链接中有多少比例是属于互惠型的链接？）如果答案大于某个阈值（比方说 80%），则该页面被标记为一个可能参与了垃圾链接制造的页面。随后将对该页面寄出一封类似如下的电子邮件。

您已经被标记为垃圾链接制造者。我们将把您的页面从索引中删除，除非您立即删除所有指向参与了链接交换或链接农场的其他垃圾链接制造者的链接。

搜索引擎专家们还指出了这个方法所具有的一个另外的好处：被逮到的垃圾信息制造者们通常会背叛那些参与了同一个交换行为的同伙，以保证同伙们不会得益于他自己的损失。只要留意这个被识别出的垃圾链接制造者所删除的链接，便能有助于找到其他潜在的垃圾信息制造者。但是，这个简单的算法也有几个缺点。首先，这是一个冗长的计算，要对索引中的每个页面进行；其次，它并非万无一失。假设我们从一个更为聪明的（或我们之前已经逮到过一次的）垃圾链接制造者那儿收到了如下的电子邀请函。

您好，

我们提供住宿服务，并且我想您可能会对链接交换感兴趣。我们能够提供数个与旅游有关的站点，它们的 PageRank 值全都为 6。

由于过多的互惠链接可能具有破坏性，我们建议不要使用互惠链接。您可以从您的站点链接到我们，而我们将从我们的另一个站点回连到您的站点。

如果您是误收到这条消息，请将这封邮件转发给您的网管。

盼复。

顺颂商祺！马克

另一条制止垃圾链接的思路，便是构建一个与 PageRank 正好“相反”的评分。这个评分称为 BadRank（http://pr. efactory. de/）。PageRank 是页面良好程度的一个度量，由指向该页面的其他页面的质量来加以衡量。不过好并不意味着就没有任何不好的方面，所以我们同样可以给每个页面打一个 BadRank 评分，它衡量了该页面有多坏。BadRank 的论点是：一个页面如果指向其他坏的页面，那它就是坏的。BadRank 在出链方向上传播，而 PageRank 则沿着入链进行传播。将 PageRank 和 BadRank 结合起来，便可以给出每个页面的一个总的健康程度评分。在纽约市召开的 2004 年万维网大会上，安德烈·布洛德（Andrei Broder）和他的 IBM 同事也提出了一个类似的思路[15]。他们给出了一个类似于 PageRank 的算法，如果某个页面指向了被废弃站点的死亡页面，他们的算法便会对这个页面进行惩罚。

某些人声称，长期来看，最好的阻止垃圾信息的方法，也就是最显然的方法——给搜索引擎优化者们提供另外一条提升排名的途径，这样就可以了。与其通过和竞争对手们在链接互利上讨价还价，来换取排名的提升，不如让他们能够直接购买到最靠前的名次。通常对于更为专门、更不流行的查询而言，较为便宜的单击付费广告的价格，一般要好过垃圾链接制造过程中所承受的辛苦和压力。但是，由于结果链表中的赞助链接并不具有纯链接所具有的权威性（许多用户也会忽视它们），因此某些 SEO 仍然愿意投入时间，以借助垃圾链接进入到纯搜索结果的列表之中。

唔，我们有鸡蛋和熏肉，鸡蛋香肠和熏肉，鸡蛋和世棒，鸡蛋熏肉和世棒，鸡蛋熏肉香肠和世棒，世棒熏肉香肠和世棒，世棒鸡蛋世棒世棒熏肉和世棒，世棒香肠世棒世棒熏肉世棒西红柿和世棒。——蒙提·派森（Monty Python）的世棒（Spam）小喜剧㊀

就像这个蒙提·派森的小喜剧一样，我们似乎就是无法摆脱万维网上的垃圾信息。垃圾信息已经明显成为一个越来越具挑战性的问题。可以预计，在未来，最好的引擎所使用

㊀ 世棒（Spam）是一个肉食品品牌，而垃圾信息的英文也是 spam。此处的小喜剧讲述的是一家小餐馆，其中的每一道菜点中都包含世棒午餐肉，因此作者在此用这个小喜剧来说明垃圾信息的无处不在。——译者注

的排名算法，将是在设计之初便将处理垃圾信息的问题考虑在内的全新的排名算法。

13.2 个性化

在 5.3 节中，我们已经谈到了个性化搜索。个性化搜索的座右铭就是使你能够“按你自己的方式来得到”搜索结果的排名。（在谷歌实验室测试版中的）谷歌个性化搜索就能使你做到这一点，不过仅在他们提供的用户感兴趣领域复选框中所支持的粒度上，才能做到这一点。（请见 5.3 节以及 51 页上的文本框。）但是，现在有一家更新的公司能够提供更多的个性化服务。亚马逊下属的 A9 公司（www.a9.com），根据一个简单的思路来确定他们的搜索结果。不管你是在什么时候想要找到某个东西、特别是某个你遗失了的东西时，不妨沿着之前的路线试着重走一遍。A9 就为你记录下了之前的操作。它自动地记录下你所进行的搜索的详细历史：你浏览过的页面，你浏览它们的时间和次数，以及你之前所尝试过的所有查询。除了返回页面之外，A9 还提供了一个“网站信息”按钮，其中包含了如页面的亚马逊平均流量排名、顾客评论列表、首次上线时间、入链数量之类的统计信息，此外还有亚马逊著名的推荐系统：“浏览过这个页面的人还浏览过……”A9 看来是属于一个正在壮大的潮流——在未来，网络用户甚至将拥有更多的个性化服务。

13.3 聚类

各个主要搜索引擎都花费了许多精力来改进排名算法。他们不断地调整排名，因为他们知道用户只会看最前面的 20 个结果。对于维持住用户的忠诚度而言，保证这些页面是最好、最相关的页面就十分重要。但无论如何努力，我们总是无法将多于 20 个的高度相关页面塞到最前面的 20 个结果中去。因此，这些公司便不再固执于给出一个排名列表，而是试图产生一个搜索结果的多层聚类。这些聚类可以帮助用户往下深究，并迅速找到最为适当的范畴。而这也进而有助于查询的精化，即根据之前的搜索结果来提交一个稍加修改的查询。使用了基于 HITS 的算法的 Teoma，除了给出我们在第 11 章中介绍的枢纽和权威列表之外，实际上还给出了第三个结果集，这个结果集称为细化列表，其中包含了与查询有关的范畴。

沿着这条思路，正在兴起的元搜索引擎 Viv’isimo 正试图制订一个“新标准来规范文档集合的组织方式。”Viv’isimo 于 2000 年由卡耐基梅隆大学的计算机科学家们所创建。在搜索结果页面的左侧，是分层的范畴文件夹。例如，试着输入查询“凯利·沃尔什（Kerri Walsh）”。她是职业沙滩排球的梅-沃尔什（May/Walsh）组合中的那个高个子，这对组合最近刚在雅典奥运会上获得了一枚金牌。对这个查询，Viv’isimo 找到了 153 个结果：其中 47 个被归入“金牌”这个范畴，20 个被归入排球专业协会（Association of Volleyball Professionals，AVP），8 个被归入扬斯-麦克匹克（Youngs/McPeak，梅-沃尔什最强劲的对手），5 个被归入米丝蒂（Misty，沃尔什的搭档米丝蒂·梅），等等。结果页面的右侧跟谷歌或 AltaVista 这样的标准搜索引擎所返回的结果列表一样，即这 153 个结果根据相关性由高到低地排列，而不考虑所属的范畴。Viv’isimo 技术并不仅限于万维网，他们最近还制作了一个专用工具，来帮助媒体和公众在 911 调查委员会发表的 570 多页的报告中迅速寻找信息。（你可以在 http://vivisimo.com/911 上试一下。）

杂谈：Kartoo 聚类

法国的元搜索引擎 KartOO（http://kartoo. com/）是一个真正有意思的工具。这个工具的作用，就好像是一位艺术家对 Viv'isimo 的结果进行了再演绎一般。KartOO 除了将聚类的搜索结果在左侧以列表的形式显示出来之外，还通过一个可交互的图，来可视化地显示结果。请注意图 13.1 中所示的示例查询“凯利 · 沃尔什”的结果是如何变得更为生动的。

不幸的是，我们无法在这个截图上进行交互操作，因此我们无法看到，当把鼠标滑过这张图时所显示出来的主题和网页之间的联系。单击图中的任何一个主题，都将自动地对查询进行细化，使得重新获得的结果更加倾向于这个主题。KartOO 落在了搜索引擎这个群体的另一端。大多数搜索引擎都认定用户缺少时间、精力和辨别能力，因此它们都只提供给用户一个简单明了的排名列表；而 KartOO 则在页面中填入了尽可能多的信息，以允许用户能够对页面进行梳理，并在这个过程中形成新的联系。用户更喜欢哪种显示方式呢？这依赖于你问的是谁，以及你何时提问。有时人们很赶时间，因此希望搜索引擎把所有的事情都包办下来；而有时人们则有时间去反复琢磨，并自己去发现。

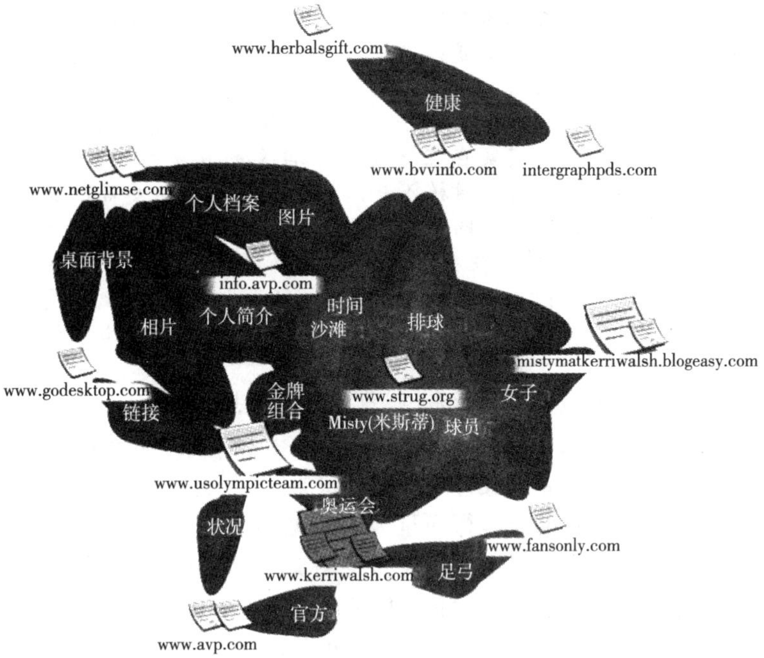

图 13.1　KartOO 的示例结果图

13.4　智能体

杂谈：首例大脑植入

《纽约时报》，2009 年 6 月 30 日。昨天，36 岁的拉里 · 佩奇从一次外科手术中苏醒了过来，仍然还觉得有些虚弱无力。他术后的第一句话是：“我饿了。”记者本来期待着会有一些更有预言性的话语，不过这次手术本身就已经足够具有新闻性了。仅仅 12 小时之前，谷歌的共同创始人和拥有者在一次大胆的公关活动中，成为了第一个愿意接受一种新型的、激进的手术——谷歌大脑植入——的人。

仅在 6 年前，佩奇在谈到未来的研究领域时说：“在这个更为激动人心的前沿，我们可以想象谷歌将会增强我们的大脑。"[135] 在这短短的时间里，人类取得了多大的进步啊！玛乔丽·斯特茨（Marjorie States）早已知道她会怎样去利用谷歌植入。居住在波基普西（Poughkeepsie）时，斯特茨总喜欢坐在她的讴歌中，用 GPS 系统来寻找城里的餐馆和道路方向。自打三个月前搬到纽约市后，她就一直是步行或者乘坐地铁，而不是自己开车。她简直是迫不及待地希望能进行谷歌大脑植入，以取代目前靠拨打线路繁忙的 411 电话来寻找餐馆的方法。"在手机上拨打 411 简直太 90 年代了。有了谷歌植入，我每天都可以少走 5 个街区，省下 15 分钟。"而时间的损失可是无法估量的。

但并非所有公民都为这项科学成就而激动不已。实际上，几个月来，一个人数不多但充满激情的团体已经在华盛顿安营扎寨，要求通过一项宪法修正案，来禁止任何形式的大脑植入——信息的植入、记忆的植入、感觉的植入、声音/视觉信息的植入，等等。尽管这个团体描绘出了思维控制、分析能力衰退以及长期记忆损伤等这样一幅末日般的未来图景，但另外一些人却实实在在地卖掉了自家的农场，以确保在植入者名单上占有价值 20 万美元的一席之地。这些对植入充满期待的人相信，更高的测验分数、更好的工作表现以及各方面的方便性所带来的好处远远超过了风险。而约翰霍普金斯大学（Johns Hopkins University）的神经外科医生乔纳斯·史密斯（Jonas Smith）博士则从更为长远的角度来看待这些风险："我对大脑植入的感觉是，只有时间才能告诉我们谁是对的，而谁是死的。"的确，这是科学发展中的一个非常骇人却又非常振奋人心的时刻。

尽管拉里·佩奇对于未来网络搜索的设想有那么一点不着边际，但这个故事却引来了一个更为现实的展望——其中包括了搜索宠物（search pet）和智能体（agent）。智能体是一个软件机器人，它被设计用来自动检索特定的信息。"智能"这个形容词所描述的，是该智能体无需监督便能运行而且能够根据你的搜索历史和浏览器 Cookies 之类的信息，来了解你的个人喜好的能力。智能体已经实际存在了。许多智能体在为你搜索你在（由谷歌实验室提供的）谷歌 Web Alert 上预先选定的主题领域中的新帖子；还有一些则为你寻找你希望购买的商品的最优惠价格；其他的则为你收集和整理电子邮件。

还有一个具有未来主义风格的智能体，谷歌的技术总监克雷格·西尔弗斯坦（Craig Silverstein）称之为搜索宠物。现在的大多数搜索都仅限于对事实的搜索。但是，根据西尔弗斯坦的观点，未来将不会是这种情形了。因为这些搜索宠物将能够了解人的情感，以及人们交往的方式，所以人们将能够搜索到并不一定是事实的东西。这个要求对于宠物而言未免有些离谱，因为即使对大多数人来说，都还不能很好地理解其他人的想法。但尽管如此，在未来，我们将能够从智能体身上了解到更多的东西。

13.5 趋势与时间敏感搜索

杂谈：博客与趋势

2004 年 5 月时，我第一次参加了 WWW 大会，即在纽约召开的第 13 届万维网大会。由于本人并非计算机科学家，因此在计算机科学家们 20 比 1 的人数优势面前，我不禁觉得有点来得不是地方。在第一篇论文宣读期间，我注意到了 WWW 大会和我通常参加的 SIAM（Society for Industrial and Applied Mathematicians）大会是多么的不同。当宣读者在讲解他的材料时，我的这些新同事们就在他们的便携式计算机上查收电子邮件或是上网浏览，我不禁想，这还真是不礼貌啊。我对一个朋友提到了如下的事实，即超过 80% 的与会者（包括那些坐在最前排的人）都在会议期间敲打着键盘。而只有少数一些走神的 SIAM

与会者才会靠着靠背坐在椅子上。我的朋友解释道，大多数的与会者并非粗鲁无礼，相反，他们都十分专心。他们一直紧跟着会议的进程，主持着针对正在进行的讨论而开启的聊天室，并上网搜索那些简写的定义。他们对技术的这种运用，给我留下了深刻的印象。

以下就是我和一位计算机科学领域的新朋友之间的谈话。“艾米，你对计算机有多入迷？”乌尔班（Urban）问道。“不算多入迷。”我说。“那你连个博客都没有！”“没有。”“但你一定读过Slashdot，是吧？”“从没听说过。”我说道。乌尔班倒吸了口凉气接着说，“Slashdot博客——计算机爱好者的新闻网站。真正有用的东西。就在上个礼拜，他们贴出了这个帖子……”

整个会议期间，我的这些计算机科学领域的新朋友们，兴高采烈地在我这张白纸上写满了东西。很快，我就学到了足够的知识来填补我在博客方面的赤字。我知道了博客（和flog“鞭策”是同一个韵脚）是网络日志的简称，它是一个交互式的在线日记，其中的内容都被打上了时间戳。很快，我就满怀好奇地浏览了Salon和Slashdot，这两个博客里面包括了颇为有趣的故事、诙谐的政治评论以及极客[㊀]必读的新闻等内容。我还知道了博客既容易创建，也容易维护。（只要有了Blogger、Radio Userland或Live Journal这些软件的帮助，任何人的伙伴都能建立起他自己的博客。）我知道了大多数博客都有一个博客清单，它是博主所推荐的其他博客的列表。博客中包含了大量链接，因此读者们可以跟踪不同博客之间所进行的交谈。博客通常按主线（thread）来加以组织，这些主线就是对同一话题的一连串评论。我知道了有些博客拥有固定的粉丝，而对于其他大多数博客来说，则只有屈指可数的那么几个粉丝会去阅读它们。我还知道了我在很大程度上可以忽视博客中所包含的内容。大多数博客都不过是那些东施效颦的艺术家、作家、诗人、政治评论家或诸如此类的人的一个有创意的宣泄口而已。比方说密歇根州富兰克林（Franklin，Michigan）的皮特叔叔每天都可以向他的家人（以及全世界）倾诉他对于那辆1980年产的福特卡车所抱有的想法。但尽管如此，仍有极少数的博客，其中的确包含了能够服务于社会需求的信息，并具有作为档案的有用潜力。正是这个事实，使我在整整一个星期的对博客进行的学习中，注意到了最为紧要的那件事情：对博客进行搜索，会是一个很有意思的新研究领域。

与博客搜索相伴而来的，是如下几个问题。例如，对博客的搜索结果是否应该被列在搜索引擎的结果列表之中，或者说博客实际上是一个异类？既然大多数博客都几乎或完全没有包含什么信息，因此大多数人都认为它们不应当和标准的搜索结果混在一起。但博客也并非毫无用处。如果你想知道如何去更换你那辆1980年产的卡车的前车灯，那你就可能会有兴趣去搜索密歇根州富兰克林的皮特叔叔所发布的图片和帖子；或许我们应该换另一种方式，让博客在一个孤立的范围内被搜索，就如同谷歌新闻只在新闻网站中进行搜索一样。这是目前占主导地位的想法，因为博客确实不同于大多数网页。博客比普通网页更新得更为频繁，而包含了时间戳的博客，可能将有助于对时间敏感的信息的搜索。同时，博客网页上链接丰富但内容贫乏。博客充斥了诸如“看看这个很酷的网页”或“这里是一篇很棒的文章”这样的链接，其间穿插了寥寥数语的评论。如果页面中只包含这样稀少的内容，那么传统的信息检索评分将在识别主题的时候碰到麻烦。但这同时也凸显了博客作为一种汇编性文档的本性。博客中充斥了抒发个人意见的短小片段，这些意见之间可能相互支持，也可能相互冲突，而对于新闻网站而言，它们却只会给出作者的一个总体看法。当你想要选择购买10GB的iPod或20GB的iPod时，这些个人意见就会很有用。Technorati（www.technorati.com）便是这样一个对博客空间（blogspace）即博客的世界进行跟踪的搜索引擎，它留意着超过3百万个博客以及4亿7千万条链接。例如，Technorati会跟踪与排行榜前列的书籍和新闻报道有关的有趣意见。

㊀ 极客是美国俚语“geek”的音译。随着互联网文化的兴起，这个词含有智力超群和努力的语意，又被形容对计算机和网络技术有狂热兴趣并投入大量时间钻研的人。——编辑注

惠普信息动力学实验室（Hewlett-Packard Information Dynamics Lab）的埃坦·阿达尔（Eytan Adar）及其同事开发了一个算法，来进行博客空间中的页面排名[8]。他们根据所谓的传播重要性即迅速传播信息的能力来对博客进行排名。这个算法称为 iRank，它与 PageRank 非常相似。但两者间存在两个本质的不同。首先，该算法对称为显式图的博客空间的原始链接图进行了扩充，加入了所谓的隐链接。并非通过显式的超链接而将两个博客联系起来的隐链接，是指在这两个博客之中的某个文本中隐式地对另一个进行了引用，或者两个博客的文本和链接相似度很高。例如，安迪的博客可能写道："布莱恩的博客有一个关于新的埃尔莫（Elmo）填充玩具的有趣帖子。你可以在 website1 或 website2 购买到这个玩具。"安迪的博客中的显链接指向了两个网上商店，而没有指向布莱恩的博客的显链接。但这两个博客之间显然存在着联系，而一个博客的读者很可能也会去阅读另一个博客。阿达尔的算法利用文本分析来发现这些隐链接，并将它们加入博客图。iRank 的第二个与众不同的特点，在于它对于时间因素的考虑。所有的链接都根据其新旧程度被加权。一条链接的权值与两个博客的时间差成反比。因此，如果一个博客于近期在另一个博客的帖子中被引用，那它就会得到奖励。然后，对这个扩展了的、经时间加权的图，就可以使用普通的 PageRank 了，它将给出一个包含了博客排名的 iRank 向量。阿达尔等人发现，iRank 的结果与 PageRank 的结果有着本质的不同。具有高 iRank 值的博客更可能是跳转页或希望找到最近期信息的页面，而具有高 PageRank 值的博客则通常是包含了原创性权威材料的博客。从搜索目的不同的用户看来，其中的某个排名可能会更有价值。

使用时间作为搜索中的一个区分因素的想法相对较新。万维网中的某些信息如博文和新闻文章等并不具有显式的时间戳。在其他一些场合中，时间敏感的信息可以被隐含地抽取出来。例如，因特网档案利用其周期性的爬虫，来获得网页进行修改的粗略日期。因特网档案的追忆机以及谷歌讨论组（Google Groups）都允许对给定时间范围内发布的信息进行搜索。这一特性可以使我们进行针对性非常明确的查询。例如，有了这个对时间敏感的搜索能力后，我们就可以轻易地对比一下 2001 年 9 月 11 日惨剧发生后一个月内的文章的语气和内容，以及三年之后的文章的语气和内容。

13.6 隐私和审查

确定对哪些页面进行索引的这件事情，已经不像从前那样简单了。在万维网早期的日子里，我们要做的事很简单，那就是索引尽可能多的页面。现在，搜索公司必须更为审慎。它们必须考虑到用户的隐私。例如，网络蜘蛛必须认真地遵守所有的 robots. txt 文件。类似地，应该为用户查询获取哪些页面的任务，也因为用户安全性之类的问题而变得复杂了。由于少年儿童现在可以很容易地获得搜索引擎的使用权，因此大多数公司都已在所提供的服务中增加了安全搜索过滤器。这些问题以及下面的杂谈表明，搜索公司的领导层必须是具有批判性思维的文科生。他们日常所面临的，都是哲学、道德、政治、商业和法律问题，而这些领域早已远离了他们在研究生期间所学的计算机科学、工程学和数学等领域。

杂谈：谷歌 Cookie

在隐私权的倡导者们看来，谷歌工具条和 Gmail 简直就是场噩梦。这些隐私斗士们非常鄙视谷歌的“不道德的”cookie，这些 cookie 会收集工具条使用者的 IP 地址、进行搜索的时间、日期和搜索项，而且这些信息将一直保留到 2038 年。对于隐私斗士而言，如此长的有效期就已经足够作为证据，来说明谷歌的不值得信任之处了。但是，谷歌可以对某些收集而来的信息善加利用。例如，他们可以使用 IP 地址来增强新的局部搜索服务，根据和用户计算机位置的接近程度来排序某些查询的结果（如商业、地址、电话号码等方面的查询）。谷歌所收集的总的数据量十分巨大，这使得单独的个体几乎和匿名没什么两样了。这一事实使得许多工具条用户都放下心来。如果愿意的话，特别谨慎的用户可以关闭工具条的某些功能，以限制谷歌的信息收集。

13.7　图书馆分类方式

20 世纪的图书馆，完成了一次书籍分类和提供方面的转变。由梅尔文·杜威（Melvin Dewey）于 1876 年为安默斯特学院（Amherst College）所引入的杜威十进分类法（DDC）系统，被进行了修改和改进，因此时至今日，该系统的 21 世纪版本仍是两种流行的、得到应用的分类系统之一。另一个系统则是国会图书馆分类（LC）系统。由于这些系统在世界范围内都得到了应用——如杜威十进图书分类系统目前就被超过 135 个国家所使用——因此一个自然的想法便是将网页也通过类似的方式加以分类。一些小组正试图鼓励用户在元标签中使用 DDC 号码或 LC 号码。不过，要想在网页和传统图书馆分类系统之间建立更为紧密的联系，那这个工作很可能将落在网络搜索引擎的爬虫和索引器的身上。如果在将来，每个网页都有着对应的 DDC 或 LC 号码，那上网者只需通过短短一条链接的距离，便能访问亚马逊或数字图书馆来获取相关书籍的信息了。

杂谈：谷歌的数字图书馆倡议

2004 年 12 月，谷歌宣布了一项为期数十年的倡议，以扫描各主要研究性大学藏书中的数百万册书籍。哈佛、密歇根州立、斯坦福和牛津都名列合作大学，此外还包括非学术性的纽约公共图书馆。倡议的终极目标是使上网者能够在线搜索这些书籍的文本。对于仍受到版权保护的书籍，则只会显示书中的简要片段和参考文献信息。

但是，几家出版公司对于谷歌新的倡议却并未表现出热情。这些公司更希望他们的书籍和丛书不被包括在这个数字图书馆的藏品中。对书籍进行扫描的举动明显违反了版权法，只有在得到许可时才能进行。大多数出版公司愿意授权这样的许可，不过他们只是希望能够先被征求一下意见。实际上，这些出版公司向谷歌发出了一条警告，即搜索巨头必须尊重这个存在已久的行业规则。而与此同时，谷歌还必须等待那一大堆的“我是否可以”的许可信得到签署。

13.8 数据融合

基于地图的新类型的网络检索应用，是一种最新的技术。Where 2.0 大会召集了基于位置技术的领域中的研究者和开发者。这种技术的想法，是在人们所熟悉的地图之上，再增加一层高级的、用户友好的交互搜索。例如，最近赢得瑞士最佳网络奖的瑞士搜索引擎 search. ch，就在瑞士的卫星地图之上加上了餐馆、戏院、公交车站、停车库、旅馆之类的符号。将鼠标移到某个符号上，就会显示相关细节，如下一趟公交车在多少分钟后到达、戏院中的空位数量、停车库中的空位数量、票价、电话号码等。要实现这种程度的即时信息查询，引擎需要定期地爬过相关网站来获得有关信息。通过与其他数据源如电话号码簿和餐馆指南等等的数据加以融合，search. ch 为用户提供了一个便于使用的可视化工具。实际上，对 www. map. search. ch 进行一下访问，便可以完成一次视觉上的环瑞士旅行。一旦最终能够通过手机和 PDA 来进行访问，那旅行就将变得尤为容易。

第 14 章　网络信息检索资源

14.1　入门阶段的资源

如果你是一名学生，或是新近才进入该领域的研究者，那你可能会发现下面这些资源对于入门而言非常有用。这些数据集的规模小，容易处理，代码简单，算法运行也很快。

14.1.1　数据集

通过下载可以获得几个小规模网络图。下表给出了详细信息。

表 14.1　小的网络图

数据集	页面数量	链接数量	获取网站
电影	451	713	网站 1
审查制度	562	736	网站 1
人工流产	1 693	4 325	网站 1
遗传学	2 952	6 485	网站 1
EPA	4 772	8 965	网站 2
霍林斯大学（Hollins）	6 012	23 875	网站 3
加利福尼亚	9 664	16 150	网站 2

这些网页中大多还包括了其他的图，它们在规模和来源上都比较类似。例如，帕纳伊奥提斯·沙帕拉斯（Panayiotis Tsaparas）创建了一个不错的网站（网站 4），其中包含了更多的图（以及若干 C 语言代码）。

网站 1：http://www.cs.toronto.edu/~tsap/experiments/datasets/index.html

网站 2：http://www.cs.cornell.edu/Courses/cs685/2002fa/

网站 3：http://www.math.vt.edu/people/kemassey/ir/

网站 4：http://www.cs.toronto.edu/~tsap/experiments/download/download.html

14.1.2 爬虫

在第 17 页上，我们给出了克里夫・莫勒尔的 MATLAB 代码，可以用来产生你自己的数据集。这个 m 文件可从克里夫的新书《MATLAB 数值计算》的网站 http://www.mathworks.com/moler/ncmfilelist.html 上下载。这个 m 文件子程序可以用来产生小型定制数据集。但是，它的速度可能较慢，而且存在一些已有记载的问题，例如，它可能会傻等着下载包含图像和数据文件的页面。

14.1.3 代码

MATLAB 是一个很棒的工具，可以用来进行算法编程并在合理规模的数据集上验证思路。本书中包含了许多算法的 MATLAB 代码，如 PageRank 和 HITS 算法。其他编程者也为这些链接分析问题编写了 MATLAB 代码。比如说可参见如下网站：

- http://www.stanford.edu/~sdkamvar/research.html#Data
- http://math.cofc.edu/langvillea/PRDataCode/index.html

14.1.4 参考文献

更为广泛的参考文献列表可在以下网站获得，其中有些是以超链接形式提供的

- http://www.cs.cornell.edu/Courses/cs685/2002fa
- http://linkanalysis.wlv.ac.uk/
- http://math.cofc.edu/~langvillea/#Current%20Research

此外，每年的万维网会议都会有数篇关于链接分析的论文发表。

14.2 用于严肃的科学研究的资源

当你准备转向更大规模的问题时，请考虑选用本节所给出的工具。

14.2.1 数据集

对于那些有兴趣对链接分析进行更为严肃的科学研究的人而言，也有规模大得多的数据集可供使用。表 14.2 给出了某些代表性的数据集的相关信息。

网站 5：http://www.stanford.edu/~sdkamvar/research.html#Data

网站 6：http://cybermetrics.wlv.ac.uk/database/

表 14.2　大型网络图

数据集	页面数量	链接数量	获取网站
斯坦福大学网页	28 万	230 万	网站 5
斯坦福-伯克利网页	68 万	760 万	网站 5
23 个美国大学网站	300 万	2 390 万	网站 6
38 个澳大利亚大学网站	230 万	1 980 万	网站 6

14.2.2　网络爬虫

有几个不错的工具可以用来在万维网上爬行，并收集大数据集的链接信息。例如，可以试试以下的工具：

- SocSciBot3：http://socscibot.wlv.ac.uk/
- WebBot：下载信息和指导可在 http://www.math.vt.edu/people/kemassey/ir/获得
- 斯坦福 WebBase 计划：http://www-diglib.stanford.edu/ ~ testbed/doc2/WebBase/
- WebGraph 图压缩工具：http://webgraph.dsi/unimi.it/

14.2.3　代码

任何对于算法的严肃研究——即目的在于产生商业级代码的研究——必须利用 Fortran、C 或 C++ 来加以实现，而不是使用诸如 MATLAB 这样的更为用户友好但更高级的语言。为了计算排名向量，本书中的许多链接分析方法都使用了经典的数值算法。幸运的是，这些经典算法的有效且高效的代码都是现成的。例如，在 Netlib（http://www.netlib.org）这个算法仓库中，便包括了用几种最为流行的编程语言所编写的多种幂法或其他特征向量方法的实现。

第 15 章　数学指南

要能够欣赏 PageRank、HITS 和其他排名方法的精妙之处，需要掌握一些数学概念。特别是我们必须了解线性代数、离散马尔可夫链和图论的某些知识。本章的目的并不是要给出一个有关这些领域的全面综述，而仅仅只涉及在有关网络搜索的数学分析中出现的最为相关的若干话题。技术性的证明一般都被略去了。

以上数学概念的共同背景就是线性代数，因此我们将由此开始。希望了解更多细节的读者，或者只是希望对不在本章内的更为广泛的基本线性代数知识进行复习的读者，请见参考文献［127］。

15.1　线性代数

在网络搜索的问题中，我们所遇到的矩阵几乎总是实的，但由于对实矩阵的处理也可能冒出复数（如特征值），因此通常需要考虑复数、向量和矩阵。在本章中，实数、实向量和实矩阵分别记为 $\mathbf{R}$、$\mathbf{R}^n$ 和 $\mathbf{R}^{m\times n}$，而复数、复向量和复矩阵分别记为 $\mathbf{C}$、$\mathbf{C}^n$ 和 $\mathbf{C}^{m\times n}$。以下是网络搜索问题的数学分析中的一些基本概念。

范数

最为常见的一种衡量实数或复数行（或列）向量 $\boldsymbol{x} = (x_1, x_2, \cdots, x_n)$ 大小的方法，就是欧氏范数（有时称为 2-范数），定义为

$$\|\boldsymbol{x}\|_2 = \left(\sum_{i=1}^{n} |x_i|^2\right)^{1/2}。$$

但是，在涉及 PageRank 和马尔可夫链的应用中，更自然（也更方便）的方法则是使用 1-范数，定义为

$$\|\boldsymbol{x}\|_1 = \sum_{i=1}^{n} |x_i|。$$

比方说 $\boldsymbol{p}$ 是一个 PageRank（或概率）向量（即一个非负的向量，所有元素和为 1）时，则有 $\|\boldsymbol{p}\|_1 = 1$。有时也会使用向量的∞-范数

$$\|\boldsymbol{x}\|_\infty = \max_i |x_i|。$$

所有的范数都满足三个性质

$$\|x\| \geqslant 0, \text{当且仅当 } x = 0 \text{ 时，有 } \|x\| = 0;$$
$$\text{对于所有标量 } \alpha, \|\alpha x\| = |\alpha| \|x\|;$$
$$\|x + y\| \leqslant \|x\| + \|y\| \text{（三角不等式）。}$$

对每种向量范数，都有相对应的从属矩阵范数（induced matrix norm）。若 $\boldsymbol{A}$ 的大小为 $m \times n$，$\boldsymbol{x}$ 的大小为 $n \times 1$，且 $\| * \|_*$ 是任意向量范数，则对应的从属矩阵范数定义为

$$\|\boldsymbol{A}\|_* = \max_{\|\boldsymbol{x}\|_* = 1} \|\boldsymbol{A}\boldsymbol{x}\|_*\text{。}$$

由 1-向量范数、2-向量范数和∞-向量范数导出的从属矩阵范数分别为

$\|\boldsymbol{A}\|_1 = \max_j \sum_i |a_{ij}|$ = 列元素绝对值和的最大者；

$\|\boldsymbol{A}\|_2 = \sqrt{\lambda_{\max}}$，其中，$\lambda_{\max} = \boldsymbol{A}^{\mathrm{T}}\boldsymbol{A}$ 的最大特征根（当 $\boldsymbol{A}$ 为复矩阵时，用复共轭代替转置）；

$\|\boldsymbol{A}\|_\infty = \max_i \sum_j |a_{ij}|$ = 行元素绝对值之和的最大者。

有关这些性质的细节可以在参考文献［127］中找到。

对于从属矩阵范数来说，很好的一点便是它们与对应的向量范数在如下意义下是相容（compatible）的，即

$$\|\boldsymbol{A}\boldsymbol{x}\|_* \leqslant \|\boldsymbol{A}\|_* \|\boldsymbol{x}\|_*\text{。}$$

但是，这个协调性关系仅对矩阵-向量的右乘成立。对于马尔可夫链应用中常见的向量-矩阵的左乘而言，需要通过转置转换为矩阵-向量的右乘，而这将导致不同的协调性规则。如果 $\boldsymbol{x}^{\mathrm{T}}$ 大小为 $1 \times n$ 而 $\boldsymbol{A}$ 的大小为 $m \times n$，则

$$\|\boldsymbol{x}^{\mathrm{T}}\boldsymbol{A}\|_1 \leqslant \|\boldsymbol{x}^{\mathrm{T}}\|_1 \|\boldsymbol{A}\|_\infty, \|\boldsymbol{x}^{\mathrm{T}}\boldsymbol{A}\|_\infty \leqslant \|\boldsymbol{x}^{\mathrm{T}}\|_\infty \|\boldsymbol{A}\|_1\text{。}$$

线性系统的敏感性

我们假定读者已经熟悉了求解含有 n 个未知数的 m 个线性方程所构成的系统 $\boldsymbol{A}_{m\times n}\boldsymbol{x}_{n\times 1} = \boldsymbol{b}_{m\times 1}$ 的高斯消元法（Gaussian elimination method）。如果读者对此还不熟悉，请见参考文献［127］。求解 $\boldsymbol{A}\boldsymbol{x} = \boldsymbol{b}$ 的算法十分重要，但当系数中存在微小的不确定性或扰动时，解在扰动的影响下所表现出的行为则尤其有用，特别是由于 PageRank 向量本身就是一个特殊的线性系统的解。

尽管能够推广到更一般的情形，但此处我们考虑一个非奇异方阵系统 $\boldsymbol{A}\boldsymbol{x} = \boldsymbol{b}$ 就足够了，其中，$\boldsymbol{A}$ 和 $\boldsymbol{b}$ 都受到不确定性的影响，这些不确定性可能是建模误差、数值圆整误差、测量误差或任何类型的微小扰动。那么解 $\boldsymbol{x} = \boldsymbol{A}^{-1}\boldsymbol{b}$ 可能表现出多大程度的不确定性（或敏感性）呢？

利用微积分可以给出一个答案。考虑 $\boldsymbol{A} = \boldsymbol{A}(t)$ 和 $\boldsymbol{b} = \boldsymbol{b}(t)$ 的元素随参数 t 发生可求

导的变化，对 $\mathbf{b}=\mathbf{A}\mathbf{x}$ 求导可得 $\mathbf{b}'=(\mathbf{A}\mathbf{x})'=\mathbf{A}'\mathbf{x}+\mathbf{A}\mathbf{x}'$（$*'$表示 $\mathrm{d}*/\mathrm{d}t$），由此可计算 $\mathbf{x}=\mathbf{x}(t)$ 的导数的相对大小。取范数（随便哪种范数都可以）可得

$$\|\mathbf{x}'\| = \|\mathbf{A}^{-1}\mathbf{b}' - \mathbf{A}^{-1}\mathbf{A}'\mathbf{x}\| \leqslant \|\mathbf{A}^{-1}\mathbf{b}'\| + \|\mathbf{A}^{-1}\mathbf{A}'\mathbf{x}\|$$

$$\leqslant \|\mathbf{A}^{-1}\|\,\|\mathbf{b}'\| + \|\mathbf{A}^{-1}\|\,\|\mathbf{A}'\|\,\|\mathbf{x}\|,$$

因此，

$$\frac{\|\mathbf{x}'\|}{\|\mathbf{x}\|} \leqslant \frac{\|\mathbf{A}^{-1}\|\,\|\mathbf{b}'\|}{\|\mathbf{x}\|} + \|\mathbf{A}^{-1}\|\,\|\mathbf{A}'\|$$

$$\leqslant \|\mathbf{A}\|\,\|\mathbf{A}^{-1}\|\,\frac{\|\mathbf{b}'\|}{\|\mathbf{A}\|\,\|\mathbf{x}\|} + \|\mathbf{A}\|\,\|\mathbf{A}^{-1}\|\,\frac{\|\mathbf{A}'\|}{\|\mathbf{A}\|}$$

$$\leqslant \kappa\frac{\|\mathbf{b}'\|}{\|\mathbf{b}\|} + \kappa\frac{\|\mathbf{A}'\|}{\|\mathbf{A}\|} = \kappa\left(\frac{\|\mathbf{b}'\|}{\|\mathbf{b}\|} + \frac{\|\mathbf{A}'\|}{\|\mathbf{A}\|}\right)。$$

式中，$\kappa=\|\mathbf{A}\|\,\|\mathbf{A}^{-1}\|$。项 $\|\mathbf{x}'\|/\|\mathbf{x}\|$，$\|\mathbf{b}'\|/\|\mathbf{b}\|$ 和 $\|\mathbf{A}'\|/\|\mathbf{A}\|$ 分别表示 $\mathbf{x}$、$\mathbf{b}$ 和 $\mathbf{A}$ 的相对敏感性。由于 κ 代表了对 $\mathbf{b}$ 和 $\mathbf{A}$ 的相对敏感性之和的放大因子，因此 κ 被称为 $\mathbf{A}$ 的条件数（condition number）。以上情况可以总结如下。

线性系统的敏感性

对于非奇异系统 $\mathbf{A}\mathbf{x}=\mathbf{b}$，$\mathbf{x}$ 对于 $\mathbf{A}$ 和 $\mathbf{b}$ 中的不确定性或扰动的相对敏感性，不会超过 $\mathbf{A}$ 和 $\mathbf{b}$ 的相对变化量之和被条件数 $\kappa=\|\mathbf{A}\|\,\|\mathbf{A}^{-1}\|$ 进行放大后的结果。

一条实用的经验法则。如果使用选列主元的高斯消元法来求解良态（$\mathbf{A}$ 的行范数近似为 1）的非奇异系统 $\mathbf{A}\mathbf{x}=\mathbf{b}$，使用 t 个数位的浮点运算，而且 κ 的量级为10^p，当假设没有其他误差来源时，则可以预计所得的解至少能精确到约 $t-p$ 个有效数位。也就是说，我们可以预计将大致丢失 p 个有效数字。这并非指我们不能幸运地获得更高的准确度——只不过在这一点上最好别期望太高。

秩一更新

假设 $\mathbf{A}\in\mathbf{R}^{n\times n}$ 为非奇异系统 $\mathbf{A}\mathbf{x}=\mathbf{b}$ 的系数矩阵，其中包含了需要进行周期性更新的数据。当每次接收到新的数据时，必须对系统重新求解。但相比于每次都重新开始计算，更加合理的方式则是用一种简单但可预测的方式，来对解进行摄动。理论上而言，系统的解总是 $\mathbf{x}=\mathbf{A}^{-1}\mathbf{b}$，因此更新线性系统的解的问题，就等价于更新逆矩阵 $\mathbf{A}^{-1}$。如果新的数据可以被表述为一个秩一矩阵 $\mathbf{c}\mathbf{d}^{\mathrm{T}}$，其中，$\mathbf{c}$，$\mathbf{d}\in\mathbf{R}^{n\times 1}$，则存在一个更新 $\mathbf{A}^{-1}$的公式。

谢尔曼-莫里森秩一更新公式

若 $\boldsymbol{A}_{n\times n}$ 非奇异，且 $\boldsymbol{c}$ 和 $\boldsymbol{d}$ 为列向量，并满足 $1+\boldsymbol{d}^{\mathrm{T}}\boldsymbol{A}^{-1}\boldsymbol{c}\neq 0$，则和矩阵 $\boldsymbol{A}+\boldsymbol{c}\boldsymbol{d}^{\mathrm{T}}$ 非奇异，且

$$(\boldsymbol{A}+\boldsymbol{c}\boldsymbol{d}^{\mathrm{T}})^{-1}=\boldsymbol{A}^{-1}-\frac{\boldsymbol{A}^{-1}\boldsymbol{c}\boldsymbol{d}^{\mathrm{T}}\boldsymbol{A}^{-1}}{1+\boldsymbol{d}^{\mathrm{T}}\boldsymbol{A}^{-1}\boldsymbol{c}}。\tag{15.1.1}$$

谢尔曼-莫里森公式清楚地表明，当一个非奇异系统 $\boldsymbol{A}\boldsymbol{x}=\boldsymbol{b}$ 被更新为另一个非奇异系统 $(\boldsymbol{A}+\boldsymbol{c}\boldsymbol{d}^{\mathrm{T}})\boldsymbol{z}=\boldsymbol{b}$ 时，其中，$\boldsymbol{b}$，$\boldsymbol{c}$，$\boldsymbol{d}\in\mathbf{R}^{n\times 1}$，则更新后的系统的解为

$$\boldsymbol{z}=(\boldsymbol{A}+\boldsymbol{c}\boldsymbol{d}^{\mathrm{T}})^{-1}\boldsymbol{b}=\left(\boldsymbol{A}^{-1}-\frac{\boldsymbol{A}^{-1}\boldsymbol{c}\boldsymbol{d}^{\mathrm{T}}\boldsymbol{A}^{-1}}{1+\boldsymbol{d}^{\mathrm{T}}\boldsymbol{A}^{-1}\boldsymbol{c}}\right)\boldsymbol{b}$$

$$=\boldsymbol{A}^{-1}\boldsymbol{b}-\frac{\boldsymbol{A}^{-1}\boldsymbol{c}\boldsymbol{d}^{\mathrm{T}}\boldsymbol{A}^{-1}\boldsymbol{b}}{1+\boldsymbol{d}^{\mathrm{T}}\boldsymbol{A}^{-1}\boldsymbol{c}}=\boldsymbol{x}-\frac{\boldsymbol{A}^{-1}\boldsymbol{c}\boldsymbol{d}^{\mathrm{T}}\boldsymbol{x}}{1+\boldsymbol{d}^{\mathrm{T}}\boldsymbol{A}^{-1}\boldsymbol{c}}。$$

当更新仅影响到 $\boldsymbol{A}$ 中的一行或一列时，谢尔曼-莫里森公式便尤为有用。例如，假设仅有 $\boldsymbol{A}$ 中的第 i 行受到了影响——比如说行 $\boldsymbol{A}_{i*}$ 被更新为 $\boldsymbol{B}_{i*}$，并令 $\boldsymbol{\epsilon}_i^{\mathrm{T}}=\boldsymbol{B}_{i*}-\boldsymbol{A}_{i*}$。若 $\boldsymbol{e}_i$ 表示第 i 个单位列向量（恒等矩阵 $\boldsymbol{I}$ 的第 i 列），则更新后的矩阵可写为

$$\boldsymbol{B}=\boldsymbol{A}+\boldsymbol{e}_i\boldsymbol{\epsilon}_i^{\mathrm{T}}。$$

因此 $\boldsymbol{e}_i$ 扮演了式（15.1.1）中 $\boldsymbol{c}$ 的角色，而 $\boldsymbol{A}^{-1}\boldsymbol{c}=\boldsymbol{A}^{-1}\boldsymbol{e}_i=[\boldsymbol{A}^{-1}]_{*i}$ 即 $\boldsymbol{A}^{-1}$ 的第 i 列。接下来，$\boldsymbol{B}^{-1}$ 可以直接由 $\boldsymbol{B}^{-1}$ 中的元素和扰动向量 $\boldsymbol{\epsilon}^{\mathrm{T}}$ 加以构造如下

$$\boldsymbol{B}^{-1}=(\boldsymbol{A}+\boldsymbol{e}_i\boldsymbol{\epsilon}_i^{\mathrm{T}})^{-1}=\boldsymbol{A}^{-1}-\frac{[\boldsymbol{A}^{-1}]_{*i}\boldsymbol{\epsilon}_i^{\mathrm{T}}\boldsymbol{A}^{-1}}{1+\boldsymbol{\epsilon}_i^{\mathrm{T}}[\boldsymbol{A}^{-1}]_{*i}}。$$

特征值与特征向量

对矩阵 $\boldsymbol{A}\in\mathbf{C}^{n\times n}$，如果标量 λ 和向量 $\boldsymbol{x}_{n\times 1}\neq\mathbf{0}$ 满足 $\boldsymbol{A}\boldsymbol{x}=\lambda\boldsymbol{x}$，则分别称为 $\boldsymbol{A}$ 的特征值和特征向量。如果有 $\boldsymbol{y}^{\mathrm{T}}\boldsymbol{A}=\lambda\boldsymbol{y}^{\mathrm{T}}$，则行向量 $\boldsymbol{y}^{\mathrm{T}}$ 称为左特征向量。

不同特征值的集合 $\sigma(\boldsymbol{A})$ 称为 $\boldsymbol{A}$ 的谱（spectrum），而 $\boldsymbol{A}$ 的谱半径（spectral radius）为非负值

$$\rho(\boldsymbol{A})=\max_{\lambda\in\sigma(\boldsymbol{A})}|\lambda|。$$

复平面上圆心在原点且半径为 $\rho(\boldsymbol{A})$ 的圆称为谱圆（spectral circle），可以直接验证

$$\rho(\boldsymbol{A})\leqslant\|\boldsymbol{A}\|\tag{15.1.2}$$

对于所有矩阵范数均成立。

$\boldsymbol{A}_{n\times n}$ 的特征值是特征多项式 $p(\lambda)=\det(\boldsymbol{A}-\lambda\boldsymbol{I})$ 的根，其中，$\det(*)$ 表示行列式。

$p(\lambda)$ 的阶次为 n，因此，$\boldsymbol{A}$ 总共有 n 个特征值，不过其中有的可能为复值（即使 $\boldsymbol{A}$ 中所有元素均为实数也是如此），而且有些特征值可能会发生重复。如果 $\boldsymbol{A}$ 中仅包含实数，则其复特征值必然以共轭对的形式出现，即若 $\lambda \in \sigma(\boldsymbol{A})$，则 $\bar{\lambda} \in \sigma(\boldsymbol{A})$。

$\boldsymbol{A}$ 的某特征值 λ 的代数重数（algebraic multiplicity）是指 λ 作为特征方程的根重复出现的次数。如果 $\text{alg mult}_{\boldsymbol{A}}(\lambda) = 1$，则 λ 称为简单特征值（simple eigenvalue）。

$\boldsymbol{A}$ 的某特征值 λ 的几何重数（geometric multiplicity）是指与 λ 对应的线性无关特征向量的数量。更正式来说，$\text{geo mult}_{\boldsymbol{A}}(\lambda) = \dim N(\boldsymbol{A} - \lambda\boldsymbol{I})$，其中，$N(*)$ 表示矩阵的零空间（nullspace）或核（kernel）。$\text{geo mult}_{\boldsymbol{A}}(\lambda) \leqslant \text{alg mult}_{\boldsymbol{A}}(\lambda)$ 总是成立，而如果 $\text{geo mult}_{\boldsymbol{A}}(\lambda) = \text{alg mult}_{\boldsymbol{A}}(\lambda)$，则 λ 称为半简特征值（semisimple eigenvalue）。

特征值 $\lambda \in \sigma(\boldsymbol{A})$ 的指数（index）定义为满足 $\text{rank}((\boldsymbol{A} - \lambda\boldsymbol{I})^k) = \text{rank}((\boldsymbol{A} - \lambda\boldsymbol{I})^{k+1})$ 的最小正整数 k。可以知道，当 $\lambda \notin \sigma(\boldsymbol{A}_{n\times n})$ 时，$\text{index}(\lambda) = 0$。

可以用几种不同方式来描述指数。对于 $\lambda \in \sigma(\boldsymbol{A}_{n\times n})$，说 $k = \text{index}(\lambda)$，就等价于说 k 是满足以下任一陈述的最小正整数。

- $R((\boldsymbol{A} - \lambda\boldsymbol{I})^k) = R((\boldsymbol{A} - \lambda\boldsymbol{I})^{k+1})$，其中，$R(*)$ 表示像空间（range）；
- $N((\boldsymbol{A} - \lambda\boldsymbol{I})^k) = N((\boldsymbol{A} - \lambda\boldsymbol{I})^{k+1})$，其中，$N(*)$ 表示零空间（或核）；
- $R((\boldsymbol{A} - \lambda\boldsymbol{I})^k) \cap N((\boldsymbol{A} - \lambda\boldsymbol{I})^k) = \boldsymbol{0}$；
- $\mathbf{C}^n = R((\boldsymbol{A} - \lambda\boldsymbol{I})^k) \oplus N((\boldsymbol{A} - \lambda\boldsymbol{I})^k)$，其中，$\oplus$表示直和（direct sum）。

若当形

特征值和特征向量之于矩阵，就如同 DNA 之于生物体一般，而方阵 $\boldsymbol{A}$ 的若当形就完全描述了 $\boldsymbol{A}$ 的特征结构。虽然我们在下面将会涉及一些有关若当形之由来的理论基础，但是这个“形式”本身是容易理解的，而对于理解网络搜索概念中所遇到的问题而言，这就是我们所需要了解的全部知识。

给定矩阵 $\boldsymbol{A}_{n\times n}$，特征值 $\lambda \in \sigma(\boldsymbol{A})$ 所对应的若当块定义为如下形式的矩阵

$$\boldsymbol{J}_*(\lambda) = \begin{pmatrix} \lambda & 1 & & \\ & & \ddots & \\ & \ddots & & 1 \\ & & & \lambda \end{pmatrix}。 \tag{15.1.3}$$

$\lambda \in \sigma(\boldsymbol{A})$ 所对应的若当部分（Jordan segment）$\boldsymbol{J}(\lambda)$ 定义为一个分块对角阵，其中包括了一个或多个若当块。换而言之，若当部分形如

$$\boldsymbol{J}(\lambda) = \begin{pmatrix} \boldsymbol{J}_1(\lambda) & \boldsymbol{0} & \cdots & \boldsymbol{0} \\ \boldsymbol{0} & \boldsymbol{J}_2(\lambda) & \cdots & \boldsymbol{0} \\ \vdots & \vdots & & \vdots \\ \boldsymbol{0} & \boldsymbol{0} & \cdots & \boldsymbol{J}_t(\lambda) \end{pmatrix}，其中，每个 \boldsymbol{J}_*(\lambda) 为一个若当块。$$

$\boldsymbol{A}$ 的若当标准形（Jordan canonical form，又简称为若当形）是一个分块对角阵，由每个不同特征值的若当部分所构成。换而言之，如果 $\sigma(\boldsymbol{A}) = \{\lambda_1, \lambda_2, \cdots, \lambda_s\}$，则 $\boldsymbol{A}$ 的若当形为

$$\boldsymbol{J} = \begin{pmatrix} \boldsymbol{J}(\lambda_1) & \boldsymbol{0} & \cdots & \boldsymbol{0} \\ \boldsymbol{0} & \boldsymbol{J}(\lambda_2) & \cdots & \boldsymbol{0} \\ \vdots & \vdots & & \vdots \\ \boldsymbol{0} & \boldsymbol{0} & \cdots & \boldsymbol{J}(\lambda_s) \end{pmatrix}。\tag{15.1.4}$$

每个特征值仅有一个若当部分，但每个若当部分可能包含数个不同大小的若当块。确定若当块的大小和数量的公式，将在下面对若当形的完整陈述中给出。

若当定理

对每个 $\boldsymbol{A} \in \mathbf{C}^{n\times n}$，存在一个非奇异阵 $\boldsymbol{P}$，满足

$$\boldsymbol{P}^{-1}\boldsymbol{A}\boldsymbol{P} = \boldsymbol{J}, \tag{15.1.5}$$

$\boldsymbol{J}$ 为若当形（15.1.4），它具有如下特性。

- $\boldsymbol{J}$ 对每个不同的特征值 $\lambda \in \sigma(\boldsymbol{A})$ 都包含一个若当部分 $\boldsymbol{J}(\lambda)$；
- 每个若当部分 $\boldsymbol{J}(\lambda)$ 包含 $t = \dim N(\boldsymbol{A} - \lambda\boldsymbol{I})$ 个若当块；
- $\boldsymbol{J}(\lambda)$ 中大小为 $i\times i$ 的若当块的数量为
  $\nu_i(\lambda) = r_{i-1}(\lambda) - 2r_i(\lambda) + r_{i+1}(\lambda)$，其中，$r_i(\lambda) = \mathrm{rank}((\boldsymbol{A} - \lambda\boldsymbol{I})^i)$。
- 每个若当部分 $\boldsymbol{J}(\lambda)$ 中最大的若当块的大小为 $k\times k$，其中，$k = \mathrm{index}(\lambda)$。

$\boldsymbol{J}$ 中每个若当部分的若当块数量和大小均由 $\boldsymbol{A}$ 中的元素值所唯一确定，就这个意义而言，$\boldsymbol{J}$ 的结构是唯一的。当且仅当两个 $n\times n$ 的矩阵 $\boldsymbol{A}$ 和 $\boldsymbol{B}$ 具有相同的若当形时，$\boldsymbol{A}$ 和 $\boldsymbol{B}$ 是相似的（即对于某个非奇异的 $\boldsymbol{Q}$，有 $\boldsymbol{B} = \boldsymbol{Q}^{-1}\boldsymbol{A}\boldsymbol{Q}$）。

式（15.1.5）中的矩阵 $\boldsymbol{P}$ 并不唯一，但是它的列总是形成了如下意义的若当链（Jordan chain，或广义特征向量，generalized eigenvector）：对每个若当块 $\boldsymbol{J}_*(\lambda)$，在 $\boldsymbol{P} = [\cdots|\boldsymbol{P}_*|\cdots]$ 中有一组具有相应大小和位置的列 $\boldsymbol{P}_*$，对某个 i 和某个 $\boldsymbol{x}_*$ 有

$$\boldsymbol{P}_* = [(\boldsymbol{A} - \lambda\boldsymbol{I})^i\boldsymbol{x}_* \,|\, (\boldsymbol{A} - \lambda\boldsymbol{I})^{i-1}\boldsymbol{x}_* \,|\cdots|\, (\boldsymbol{A} - \lambda\boldsymbol{I})\boldsymbol{x}_* \,|\, \boldsymbol{x}_*]_{(i+1)\times n}。$$

式中，$(\boldsymbol{A} - \lambda\boldsymbol{I})^i\boldsymbol{x}_*$ 为与 λ 相对应的某个特定的特征向量。存在公式可以用来确定 i 和 $\boldsymbol{x}_*$[127,第594页]，但是计算可能较为复杂。幸运的是，我们很少需要去计算 $\boldsymbol{P}$。

若当定理（15.1.5）的一个重要引理即为如下方阵可对角化的命题。

可对角化

以下任一陈述均等价于说 $\boldsymbol{A} \in \mathbf{C}^{n\times n}$ 与某个对角阵相似——即 $\boldsymbol{J}$ 为对角阵（所有若当块均为 1×1 的矩阵）。

- 对每个 $\lambda \in \sigma(\boldsymbol{A})$，有 $\text{index}(\lambda) = 1$（即每个特征值都是半简的）；
- 对每个 $\lambda \in \sigma(\boldsymbol{A})$，有 $\text{alg mult}_{\boldsymbol{A}}(\lambda) = \text{geo mult}_{\boldsymbol{A}}(\lambda)$；
- $\boldsymbol{A}$ 具有完备的 n 个线性无关特征向量组成的集合（即 $\boldsymbol{P}$ 中的每一列都是 $\boldsymbol{A}$ 的一个特征向量）。

矩阵的函数

若当形的一个重要用途，就是用来定义 $\boldsymbol{A} \in \mathbf{C}^{n\times n}$ 的函数。若给定一个函数 $f:\mathbf{C}\to\mathbf{C}$，那 $f(\boldsymbol{A})$ 的含义应该是什么？答案是直截了当的。假设 $\boldsymbol{A} = \boldsymbol{PJP}^{-1}$，其中，$\boldsymbol{J} = \begin{pmatrix} \ddots & & \\ & \boldsymbol{J}_* & \\ & & \ddots \end{pmatrix}$为若当形，$\boldsymbol{J}_*$ 表示式（15.1.3）中所给出的若当块，则可以自然地定义 f 在 $\boldsymbol{A}$ 上的值为

$$f(\boldsymbol{A}) = \boldsymbol{P}f(\boldsymbol{J})\boldsymbol{P}^{-1} = \boldsymbol{P}\begin{pmatrix} \ddots & & \\ & f(\boldsymbol{J}_*) & \\ & & \ddots \end{pmatrix}\boldsymbol{P}^{-1}。 \tag{15.1.6}$$

现在的关键是如何正确定义 $f(\boldsymbol{J}_*)$。后来发现，这一正确方法是令

$$f(\boldsymbol{J}_*) = f\begin{pmatrix} \lambda & 1 & & \\ & \ddots & \ddots & \\ & & & 1 \\ & & & \lambda \end{pmatrix} = \begin{pmatrix} f(\lambda) & f'(\lambda) & \frac{f''(\lambda)}{2!} & \cdots & \frac{f^{(k-1)}(\lambda)}{(k-1)!} \\ & f(\lambda) & f'(\lambda) & & \vdots \\ & & \ddots & & \frac{f''(\lambda)}{2!} \\ & & & f(\lambda) & f'(\lambda) \\ & & & & f(\lambda) \end{pmatrix}。 \tag{15.1.7}$$

矩阵函数

令 $\boldsymbol{A} \in \mathbf{C}^{n\times n}$，$\sigma(\boldsymbol{A}) = \{\lambda_1,\lambda_2,\cdots,\lambda_s\}$；并令 $f:\mathbf{C}\to\mathbf{C}$ 满足对每个 i，$f(\lambda_i)$，$f'(\lambda_i)$，$\cdots$，$f^{(k_i-1)}(\lambda_i)$ 均存在，其中，$k_i = \text{index}(\lambda_i)$。定义

$$f(\boldsymbol{A}) = \boldsymbol{P}f(\boldsymbol{J})\boldsymbol{P}^{-1} = \boldsymbol{P}\begin{pmatrix} \ddots & & \\ & f(\boldsymbol{J}_*) & \\ & & \ddots \end{pmatrix}\boldsymbol{P}^{-1}, \tag{15.1.8}$$

式中，$\boldsymbol{J}$ 为 $\boldsymbol{A}$ 的若当形，而 $f(\boldsymbol{J}_*)$ 由式（15.1.7）给出。

至少可以通过两种等价且有用的方式来看待矩阵函数。第一种是矩阵函数的谱定理（spectral theorem for matrix function），通过式（15.1.8）右侧乘积的展开而给出。

一般矩阵的谱定理

若 $\boldsymbol{A}\in\mathbf{C}^{n\times n}$ 有 $\sigma(\boldsymbol{A})=\{\lambda_1,\lambda_2,\cdots,\lambda_s\}$，则

$$f(\boldsymbol{A})=\sum_{i=1}^{s}\sum_{j=0}^{k_i-1}\frac{f^{(j)}(\lambda_i)}{j!}(\boldsymbol{A}-\lambda_i\boldsymbol{I})^j\boldsymbol{G}_i。\qquad(15.1.9)$$

式中，每个 $\boldsymbol{G}_i$ 都具有如下性质。

- $\boldsymbol{G}_i$ 是沿着 $R((\boldsymbol{A}-\lambda_i\boldsymbol{I})^{k_i})$ 到 $N((\boldsymbol{A}-\lambda_i\boldsymbol{I})^{k_i})$ 上的一个投影(即 $\boldsymbol{G}_i^2=\boldsymbol{G}_i$)；
- $\boldsymbol{G}_1+\boldsymbol{G}_2+\cdots+\boldsymbol{G}_s=\boldsymbol{I}$;
- 当 $i\neq j$ 时，$\boldsymbol{G}_i\boldsymbol{G}_j=0$;
- $(\boldsymbol{A}-\lambda_i\boldsymbol{I})\boldsymbol{G}_i=\boldsymbol{G}_i(\boldsymbol{A}-\lambda_i\boldsymbol{I})$ 为幂零（nilpotent）的，其指数为 k_i；

$\boldsymbol{G}_i$ 称为矩阵 $\boldsymbol{A}$ 的谱投影（spectral projector）。

对矩阵函数的另一种有用的观察方法，则是借助于无穷级数。

无穷级数表达

若 $\sum_{j=0}^{\infty}c_j(z-z_0)^j$ 在圆 $|z-z_0|=r$ 中的每一点都收敛到 $f(z)$，且若对每个特征值 $\lambda\in\sigma(\boldsymbol{A})$ 有 $|\lambda-z_0|<r$，则 $\sum_{j=0}^{\infty}c_j(\boldsymbol{A}-z_0\boldsymbol{I})^j$ 收敛，且

$$f(\boldsymbol{A})=\sum_{j=0}^{\infty}c_j(\boldsymbol{A}-z_0\boldsymbol{I})^j。$$

如果 $\boldsymbol{A}$ 可对角化——即如果它与某个对角阵相似

$$\boldsymbol{A}=\boldsymbol{P}\begin{pmatrix}\lambda_1\boldsymbol{I} & \mathbf{0} & \cdots & \mathbf{0}\\ \mathbf{0} & \lambda_2\boldsymbol{I} & \cdots & \mathbf{0}\\ \vdots & \vdots & & \vdots\\ \mathbf{0} & \mathbf{0} & \cdots & \lambda_s\boldsymbol{I}\end{pmatrix}\boldsymbol{P}^{-1},$$

则

$$f(\boldsymbol{A})=\boldsymbol{P}\begin{pmatrix}f(\lambda_1)\boldsymbol{I} & \mathbf{0} & \cdots & \mathbf{0}\\ \mathbf{0} & f(\lambda_2)\boldsymbol{I} & \cdots & \mathbf{0}\\ \vdots & \vdots & & \vdots\\ \mathbf{0} & \mathbf{0} & \cdots & f(\lambda_s)\boldsymbol{I}\end{pmatrix}\boldsymbol{P}^{-1}。$$

而式（15.1.9）将给出如下的可对角化矩阵的谱定理。

可对角化矩阵的谱定理

若 $\boldsymbol{A}$ 可对角化，且 $\sigma(\boldsymbol{A})=\{\lambda_1,\lambda_2,\cdots,\lambda_s\}$，则

$$\boldsymbol{A}=\lambda_1\boldsymbol{G}_1+\lambda_2\boldsymbol{G}_2+\cdots+\lambda_s\boldsymbol{G}_s \tag{15.1.10}$$

以及

$$f(\boldsymbol{A})=f(\lambda_1)\boldsymbol{G}_1+f(\lambda_2)\boldsymbol{G}_2+\cdots+f(\lambda_s)\boldsymbol{G}_s。 \tag{15.1.11}$$

式中，谱投影 $\boldsymbol{G}_i$ 具有如下性质

- $\boldsymbol{G}_i=\boldsymbol{G}_i^2$ 是沿着 $R(\boldsymbol{A}-\lambda_i\boldsymbol{I})$ 到特征空间 $N(\boldsymbol{A}-\lambda_i\boldsymbol{I})$ 的投影；
- $\boldsymbol{G}_1+\boldsymbol{G}_2+\cdots+\boldsymbol{G}_s=\boldsymbol{I}$；
- 当 $i\neq j$ 时，$\boldsymbol{G}_i\boldsymbol{G}_j=0$；
- 对 $i=1,\ 2,\ \cdots,\ k$，有 $\boldsymbol{G}_i=\prod\limits_{\substack{j=1\\j\neq i}}^{k}(\boldsymbol{A}-\lambda_j\boldsymbol{I})\Big/\prod\limits_{\substack{j=1\\j\neq i}}^{k}(\lambda_i-\lambda_j)$；
- 若 λ_i 恰好为一个简单特征值，则

$$\boldsymbol{G}_i=\boldsymbol{x}\boldsymbol{y}^*/\boldsymbol{y}^*\boldsymbol{x}。 \tag{15.1.12}$$

其中，$\boldsymbol{x}$ 和 $\boldsymbol{y}^*$ 分别为 λ_i 对应的右特征向量和左特征向量。

矩阵的幂及其收敛

分析 PageRank 中的一个根本性问题，就是矩阵的幂的收敛性。由式（15.1.8）可得，$\boldsymbol{A}\in\mathbf{C}^{n\times n}$的幂由下式给出

$$\boldsymbol{A}^k=\boldsymbol{P}\boldsymbol{J}^k\boldsymbol{P}^{-1}=\boldsymbol{P}\begin{pmatrix}\ddots & & \\ & \boldsymbol{J}_*^k & \\ & & \ddots\end{pmatrix}\boldsymbol{P}^{-1}，\text{其中，}\boldsymbol{J}_*=\begin{pmatrix}\lambda & 1 & \\ & \ddots & \ddots \\ & & \lambda\end{pmatrix},$$

且

$$\boldsymbol{J}_*^k=\begin{pmatrix}\lambda^k & \binom{k}{1}\lambda^{k-1} & \binom{k}{2}\lambda^{k-2} & \cdots & \binom{k}{m-1}\lambda^{k-m+1} \\ & \lambda^k & \binom{k}{1}\lambda^{k-1} & & \vdots \\ & & \ddots & & \binom{k}{2}\lambda^{k-2} \\ & & & \lambda^k & \binom{k}{1}\lambda^{k-1} \\ & & & & \lambda^k\end{pmatrix}_{m\times m}。 \tag{15.1.13}$$

这一结论给出了如下的极限性质。

极限为零的收敛性与诺依曼级数

对 $\boldsymbol{A} \in \mathbf{C}^{n\times n}$，以下陈述互为等价。

- $\rho(\boldsymbol{A}) < 1$； (15.1.14)
- $\lim\limits_{k\to\infty}\boldsymbol{A}^k = \boldsymbol{0}$； (15.1.15)
- 诺依曼级数（Neumann series）$\sum\limits_{k=0}^{\infty}\boldsymbol{A}^k$ 收敛至 $(\boldsymbol{I}-\boldsymbol{A})^{-1}$。 (15.1.16)

也有可能幂 $\boldsymbol{A}^k$ 收敛，但并不收敛到零矩阵。对于 $\lim\limits_{k\to\infty}\boldsymbol{A}^k$ 的完整描述如下。

幂的极限

对 $\boldsymbol{A} \in \mathbf{C}^{n\times n}$，当且仅当 $\rho(\boldsymbol{A}) < 1$，或 $\rho(\boldsymbol{A}) = 1$，而 $\lambda = 1$ 为位于单位圆上的半简且唯一的特征值时，$\lim\limits_{k\to\infty}\boldsymbol{A}^k$ 存在。在前者的情况下，$\lim\limits_{k\to\infty}\boldsymbol{A}^k = \boldsymbol{0}$；而对后者，有

$$\lim_{k\to\infty}\boldsymbol{A}^k = \boldsymbol{G} = \text{沿 } R(\boldsymbol{I}-\boldsymbol{A}) \text{ 至 } N(\boldsymbol{I}-\boldsymbol{A}) \text{ 的投影。} \quad (15.1.17)$$

均值与可加性

对于每个标量序列 $\{\alpha_1, \alpha_2, \alpha_3, \cdots\}$，存在着一个对应的均值序列 $\{\mu_1, \mu_2, \mu_3, \cdots\}$，其中

$$\mu_1 = \alpha_1, \mu_2 = \frac{\alpha_1+\alpha_2}{2}, \cdots, \mu_n = \frac{\alpha_1+\alpha_2+\cdots+\alpha_n}{n}$$

该均值序列称为切萨罗序列（Cesàro sequence），如果有 $\lim\limits_{n\to\infty}\mu_n = \alpha$，则称 $\{\alpha_n\}$ 为切萨罗可加（Cesàro summable，或简称可加）至 α。可以证明若 $\{\alpha_n\}$ 收敛至 α，则 $\{\mu_n\}$ 收敛至 α，但反之则不成立。换而言之，收敛性蕴含了可加性，但可加性却不能保证收敛性。为了理解一个序列可加但不收敛，请注意振荡序列 $\{0, 1, 0, 1, \cdots\}$ 并不收敛，但它可求和至 1/2，即 $\{0, 1\}$ 的均值。由于求均值具有平滑作用，因此，引起原始序列不能收敛的振荡，在切萨罗序列中被平滑或平均掉了。

对于向量和矩阵序列也存在类似陈述，但把切萨罗可加性应用于方阵 $\boldsymbol{A}$ 的幂所构成的序列 $P = \{\boldsymbol{A}^k\}_{k=0}^{\infty}$ 的时候，则具有特别的意义。

可求和性

当且仅当$\rho(\boldsymbol{A})<1$或$\rho(\boldsymbol{A})=1$且每个单位圆上的特征值都是半简的时候，$\boldsymbol{A}\in\mathbf{C}^{n\times n}$是切萨罗可加的。如果条件成立，则极限

$$\lim_{k\to\infty}\frac{\boldsymbol{I}+\boldsymbol{A}+\cdots+\boldsymbol{A}^{k-1}}{k}=\boldsymbol{G} \tag{15.1.18}$$

为沿着$R(\boldsymbol{I}-\boldsymbol{A})$至$N(\boldsymbol{I}-\boldsymbol{A})$的投影。

注意当且仅当$1\in\sigma(\boldsymbol{A})$时，$\boldsymbol{G}\neq\boldsymbol{0}$，此时$\boldsymbol{G}$为$\lambda=1$对应的谱投影。此外，如果$\lim_{k\to\infty}\boldsymbol{A}^k=\boldsymbol{G}$，则$\boldsymbol{A}$可求和至$\boldsymbol{G}$，但反之不成立。

幂法

谷歌最初所选用的计算 PageRank 向量的方法正是**幂法**，它是一种用于计算具有特征值

$$|\lambda_1|>|\lambda_2|\geqslant|\lambda_3|\geqslant\cdots\geqslant|\lambda_k|$$

的可对角化阵$\boldsymbol{A}\in\mathbf{R}^{m\times m}$的主特征对$(\lambda_1,\boldsymbol{x})$的迭代方法。对于谷歌矩阵，主特征值为$\lambda_1=1$，但由于对幂法的分析并不依赖于这个条件，因此我们可以将λ_1取为一般的值。但请注意，$|\lambda_1|>|\lambda_2|$这个假设意味着λ_1为实数——否则$\overline{\lambda}_1$（λ_1的复共轭）将是幅值与λ_1相同的另一个特征值。考虑函数$f(z)=(z/\lambda_1)^n$，利用式（15.1.11）的谱表达式，并注意到对$i=2,3,\cdots,k$有$|\lambda_i/\lambda_1|<1$，则可知当$n\to\infty$时

$$\begin{aligned}\left(\frac{\boldsymbol{A}}{\lambda_1}\right)^n&=f(\boldsymbol{A})=f(\lambda_1)\boldsymbol{G}_1+f(\lambda_2)\boldsymbol{G}_2+\cdots+f(\lambda_k)\boldsymbol{G}_k\\&=\boldsymbol{G}_1+\left(\frac{\lambda_2}{\lambda_1}\right)^n\boldsymbol{G}_2+\cdots+\left(\frac{\lambda_k}{\lambda_1}\right)^n\boldsymbol{G}_k\to\boldsymbol{G}_1\text{。}\end{aligned} \tag{15.1.19}$$

对每个$\boldsymbol{x}_0$，我们有$(\boldsymbol{A}^n\boldsymbol{x}_0/\lambda_1^n)\to\boldsymbol{G}_1\boldsymbol{x}_0\in N(\boldsymbol{A}-\lambda_1\boldsymbol{I})$，因此，若$\boldsymbol{G}_1\boldsymbol{x}_0\neq0$，则$\boldsymbol{A}^n\boldsymbol{x}_0/\lambda_1^n$收敛至与$\lambda_1$对应的特征向量。这意味着$\boldsymbol{A}^n\boldsymbol{x}_0$的方向将逼近某个特征向量的方向，因为$\lambda_1^n$仅仅是控制$\boldsymbol{A}^n\boldsymbol{x}_0$长度的一个缩放因子。相比于使用$\lambda_1^n$，我们可以用其他值来更为方便地对$\boldsymbol{A}^n\boldsymbol{x}_0$进行缩放。例如，$\|\boldsymbol{A}^n\boldsymbol{x}_0\|$（任意向量范数）就是一个合理的缩放因子。但还有更好的选择。对于向量$\boldsymbol{v}$，令$m(\boldsymbol{v})$表示具有最大幅值的元素，如果有多于一个最大元素时，令$m(\boldsymbol{v})$为第一个最大元素——例如$m(1,3,-2)=3$，而$m(-3,3,-2)=-3$。则幂法可总结如下。

幂法

由任一 $\boldsymbol{x}_0$ 开始（实际上并非完全随意，因为必须使 $\boldsymbol{x}_0 \notin R(\boldsymbol{A}-\lambda_1\boldsymbol{I})$，以保证 $\boldsymbol{G}_1\boldsymbol{x}_0 \neq \boldsymbol{0}$，但一个随机选择的向量 $\boldsymbol{x}_0$ 能够满足 $\boldsymbol{G}_1\boldsymbol{x}_0=\boldsymbol{0}$，其可能性极小。）可以证明[127,第534页]，如果令

$$\boldsymbol{y}_n=\boldsymbol{A}\boldsymbol{x}_n, \nu_n=m(\boldsymbol{y}_n), \boldsymbol{x}_{n+1}=\frac{\boldsymbol{y}_n}{\nu_n}, n=0,1,2,\cdots, \tag{15.1.20}$$

则 $\boldsymbol{x}_n \to x$ 且 $\nu_n \to \lambda_1$，其中，$\boldsymbol{A}\boldsymbol{x}=\lambda_1\boldsymbol{x}$。

对于计算谷歌的 PageRank 向量而言，幂法较有吸引力的原因有如下几个。

- 每次迭代仅需一次矩阵-向量乘法，当 $\boldsymbol{A}$ 很大而且稀疏（大多数元素为 0）时，我们可以利用这一点来减少计算量。而在谷歌的应用中，$\boldsymbol{A}$ 正是这种情况；
- 通过同时计算 $\boldsymbol{A}$ 的各行与 $\boldsymbol{x}_n$ 的内积，可以并行地完成计算；
- 式（15.1.19）清楚地表明，对于可对角化阵，式（15.1.20）的收敛率依赖于 $(\lambda_2/\lambda_1)^n \to 0$ 的速度。如在 4.7 节中所讨论的那样，谷歌可以通过选择谷歌参数 α 来调整 $|\lambda_2|$，因此可以控制收敛率（假设谷歌矩阵是可对角化的话）；
- 由于对谷歌 PageRank 问题有 $\lambda_1=1$，因此无需缩放因子 ν_n。换而言之，每次迭代就仅仅是简单地计算 $\boldsymbol{x}_{n+1}=A\boldsymbol{x}_n$。

线性平稳迭代

在网络搜索应用中，需要频繁地求解具有线性方程 $\boldsymbol{A}_{n\times n}\boldsymbol{x}=\boldsymbol{b}$ 的系统。但是对于高斯消元法这类直接求解方法而言，n 通常过大，以至于这些方法并非真正有效。因此，迭代法常常成为了唯一的选择，而且，出于规模、稀疏性和存储空间方面的考虑，更合适的算法是那些基于矩阵-向量乘法的简单方法，它们不需要超出原始数据大小之外的额外存储空间。线性平稳迭代方法是最常用的方法。

线性平稳迭代

令 $\boldsymbol{Ax}=\boldsymbol{b}$ 为一个线性系统，其中 $\boldsymbol{A}$ 为方阵。将 $\boldsymbol{A}$ 写为 $\boldsymbol{A}=\boldsymbol{M}-\boldsymbol{N}$，称为 $\boldsymbol{A}$ 的分划（splitting），其中，$\boldsymbol{M}^{-1}$存在，而乘积 $\boldsymbol{H}=\boldsymbol{M}^{-1}\boldsymbol{N}$ 称为对应的迭代矩阵（iteration matrix）。对于 $\boldsymbol{d}=\boldsymbol{M}^{-1}\boldsymbol{b}$ 与某初始向量 $\boldsymbol{x}(0)$，序列

$$\boldsymbol{x}(k)=\boldsymbol{Hx}(k-1)+\boldsymbol{d}\quad(k=1,2,3,\cdots)\tag{15.1.21}$$

称为一个线性平稳迭代（linear stationary iteration）。式（15.1.21）的收敛性主要由如下这点决定，即当 $\rho(\boldsymbol{H})<1$ 时，$\boldsymbol{A}$ 非奇异，且

$$\text{对所有 } \boldsymbol{x}(0)\text{，}\lim_{k\to\infty}\boldsymbol{x}(k)=\boldsymbol{x}=\boldsymbol{A}^{-1}\boldsymbol{b}(\boldsymbol{Ax}=\boldsymbol{b}\text{ 的解})。\tag{15.1.22}$$

理论上而言，式（15.1.21）的收敛率由 $\rho(\boldsymbol{H})$ 的大小以及对应特征值的指数所决定——请参见式（15.1.13）。但是从实用角度来说，我们需要知道每次迭代预期所能获得的精度位数。假设 $\boldsymbol{H}_{n\times n}$ 可对角化，且

$$\sigma(\boldsymbol{H})=\{\lambda_1,\lambda_2,\cdots,\lambda_s\}\text{，其中，}1>|\lambda_1|>|\lambda_2|\geqslant|\lambda_3|\geqslant\cdots\geqslant|\lambda_s|$$

（在应用中所遇到的经常都是这种情况），并令 $\epsilon(k)=\boldsymbol{x}(k)-\boldsymbol{x}$ 为第 k 次迭代后的误差。将 $\boldsymbol{x}=\boldsymbol{Hx}+\boldsymbol{d}$（式（15.1.21）中的极限值）从 $\boldsymbol{x}(k)=\boldsymbol{Hx}(k-1)+\boldsymbol{d}$ 中减去，（对于大的 k 值）便可得到

$$\epsilon(k)=\boldsymbol{H}\epsilon(k-1)=\boldsymbol{H}^k\epsilon(0)=(\lambda_1^k\boldsymbol{G}_1+\lambda_2^k\boldsymbol{G}_2+\cdots+\lambda_s^k\boldsymbol{G}_s)\epsilon(0)\approx\lambda_1^k\boldsymbol{G}_1\epsilon(0)。$$

式中，$\boldsymbol{G}_i$ 为 $\boldsymbol{H}^k$ 的谱分解（15.1.11）所给出的谱投影。类似地，$\epsilon(k-1)\approx\lambda_1^{k-1}\boldsymbol{G}_1\epsilon(0)$，因此比较 $\epsilon(k-1)$ 和 $\epsilon(k)$ 的第 i 个元素，便可知在经过了数次迭代后，

$$\left|\frac{\epsilon_i(k-1)}{\epsilon_i(k)}\right|\approx\frac{1}{|\lambda_1|}=\frac{1}{\rho(\boldsymbol{H})}\quad(i=1,2,\cdots,n)。$$

为了理解以上结果的重要性，假设

$$|\epsilon_i(k-1)|=10^{-q},|\epsilon_i(k)|=10^{-p},p\geqslant q>0,$$

则每经过一次迭代，每个元素的误差都将被减小 $p-q$ 个数位，因此有

$$p-q=\log_{10}\left|\frac{\epsilon_i(k-1)}{\epsilon_i(k)}\right|\approx-\log_{10}\rho(\boldsymbol{H}),$$

以下为总结。

渐近收敛率

数值 $R=-\log_{10}\rho(\boldsymbol{H})$ 称为式（15.1.21）的渐近收敛率，它可以用于比较不同的线性平稳迭代算法，因为它代表了每次迭代 $\boldsymbol{x}(k)=\boldsymbol{Hx}(k-1)+\boldsymbol{d}$ 可以期望获得的精度位数。

每个不同的分划 $A=M-N$ 都可以给出一个不同的迭代算法，但是有三种已知的特殊分划得到了广泛使用。

三种经典的分划

- **雅可比法**是分划 $\boldsymbol{A}=\boldsymbol{D}-\boldsymbol{N}$ 所给出的迭代方法，其中，$\boldsymbol{D}$ 为 $\boldsymbol{A}$ 的对角线部分（假设有所有 $a_{ii}\neq 0$），而 $(-\boldsymbol{N})$ 是包含了 $\boldsymbol{A}$ 中所有非对角线元素的矩阵。雅可比迭代为 $\boldsymbol{x}(k)=\boldsymbol{D}^{-1}\boldsymbol{N}\boldsymbol{x}(k-1)+\boldsymbol{D}^{-1}\boldsymbol{b}$；
- **高斯-塞德尔法**是分划 $\boldsymbol{A}=(\boldsymbol{D}-\boldsymbol{L})-\boldsymbol{U}$ 所给出的迭代方法，其中，$\boldsymbol{D}$ 为 $\boldsymbol{A}$ 的对角线部分（假设有所有 $a_{ii}\neq 0$），而 $(-\boldsymbol{L})$ 和 $(-\boldsymbol{U})$ 分别包含了 $\boldsymbol{A}$ 中对角线之下和对角线之上的元素。迭代矩阵为 $\boldsymbol{H}=(\boldsymbol{D}-\boldsymbol{L})^{-1}\boldsymbol{U}$，而 $\boldsymbol{d}=(\boldsymbol{D}-\boldsymbol{L})^{-1}\boldsymbol{b}$。高斯-塞德尔迭代为 $\boldsymbol{x}(k)=(\boldsymbol{D}-\boldsymbol{L})^{-1}\boldsymbol{U}\boldsymbol{x}(k-1)+(\boldsymbol{D}-\boldsymbol{L})^{-1}\boldsymbol{b}$；
- **超松弛法**（successive overrelaxation，SOR）在高斯-塞德尔法中加入了一个松弛因子（relaxation parameter）$\omega\neq 0$，从而构造出分割 $\boldsymbol{A}=\boldsymbol{M}-\boldsymbol{N}$，其中 $\boldsymbol{M}=\omega^{-1}\boldsymbol{D}-\boldsymbol{L}$，而 $\boldsymbol{N}=(\omega^{-1}-1)\boldsymbol{D}+\boldsymbol{U}$。

可以证明，当 $\boldsymbol{A}$ 为对角占优（diagonally dominant，即对每个 $i=1, 2, \cdots, n$，有 $|a_{ii}|>\sum_{j\neq i}|a_{ij}|$）时，雅可比法和高斯-塞德尔法收敛。这个结论以及其他有关收敛性的细节可以在参考文献［127］中找到。

M-矩阵

PageRank 向量可被视为某条马尔可夫链的解，而且当 $\boldsymbol{P}$ 为概率转移矩阵时，$\boldsymbol{I}-\boldsymbol{P}$ 是一个 M-矩阵（M-matrix），因此，了解若干有关 M-矩阵（得名是为了纪念赫尔曼·闵科夫斯基，Hermann Minkowski）的事实，将对我们有所帮助。

M-矩阵

如果存在矩阵 $\boldsymbol{B}\geqslant\boldsymbol{0}$（即 $b_{ij}\geqslant 0$）和实数 $r\geqslant\rho(\boldsymbol{B})$，使得 $\boldsymbol{A}=r\boldsymbol{I}-\boldsymbol{B}$，则（实）方阵 $\boldsymbol{A}$ 称为一个 M-矩阵。

如果在上述定义中有 $r>\rho(\boldsymbol{B})$，则 $\boldsymbol{A}$ 是一个非奇异的 M-矩阵。下面是非奇异 M-矩阵的若干重要性质。

- 当且仅当对所有 $i\neq j$ 有 $a_{ij}\leqslant 0$ 且 $\boldsymbol{A}^{-1}\geqslant\boldsymbol{0}$ 时，$\boldsymbol{A}$ 是一个非奇异 M-矩阵；
- 若 $\boldsymbol{A}$ 是一个非奇异 M-矩阵，则对所有 $\lambda\in\sigma(\boldsymbol{A})$，有 $\mathrm{Re}(\lambda)>0$。反之，所有非对角线元素的值均非正数且谱落在了右半平面的矩阵均为非奇异 M-矩阵；
- 非奇异 M-矩阵的主子矩阵同样也是非奇异 M-矩阵；
- 若 $\boldsymbol{A}$ 是一个 M-矩阵，则其所有主子式均非负；若 $\boldsymbol{A}$ 是一个非奇异 M-矩阵，则所有主子式均为正；

- 所有非对角线元素为非正数且主子式非负的矩阵均为 M-矩阵；所有非对角线元素为非正且主子式为正的矩阵均为非奇异 M-矩阵；
- 若 $\boldsymbol{A}=\boldsymbol{M}-\boldsymbol{N}$ 是非奇异 M-矩阵的一个分划，$\boldsymbol{M}^{-1}\geqslant 0$，则线性平稳迭代（15.1.21）对所有初始向量 $\boldsymbol{x}(0)$ 及右向量 $\boldsymbol{b}$ 收敛。特别地，有雅可比法收敛。

15.2　佩隆-弗罗贝尼乌斯定理

在几年前召开的一次数学会议上，我们的朋友汉斯·施耐德（Hans Schneider）奉献了一场令人难忘的报告，题为“我为什么热爱佩隆-弗罗贝尼乌斯”，在报告中他提出非负矩阵的佩隆-弗罗贝尼乌斯定理不仅是数学中最为优美的理论之一，而且也是最为有用的理论之一。我们可以把汉斯的观点总结如下，即佩隆-弗罗贝尼乌斯定理本身就是一个证据，它证明优美的数学最终都更可能是实用的，而实用的数学也最终都更可能是优美的。与 PageRank，HITS 及其他排名方法[103]有关的应用，将更加有助于强调这一原则。

如果矩阵 $\boldsymbol{A}$ 中的每个元素均为非负数，则称 $\boldsymbol{A}$ 为非负的（记为 $\boldsymbol{A}\geqslant\boldsymbol{0}$）。类似地，如果有每个 $a_{ij}>0$，则称 $\boldsymbol{A}$ 为正矩阵（positive matrix，记为 $\boldsymbol{A}>\boldsymbol{0}$）。例如，PageRank 的基石——超链接矩阵 $\boldsymbol{H}$ 和随机矩阵 $\boldsymbol{S}$（见第 4 章）都是非负矩阵，而谷歌矩阵 $\boldsymbol{G}$ 是一个正矩阵。正矩阵和非负矩阵的性质，便决定了 PageRank 的行为，而佩隆-弗罗贝尼乌斯理论对于正矩阵和非负矩阵的主特征值与主特征向量的描述，揭示了这些性质。

佩隆

PageRank、HITS 以及相关思想中的众多数学内容均涉及非负矩阵与图。本节将给出处理这些概念所需要的手段。佩隆在 1907 年提出的定理，为理解正矩阵特征结构提供了深刻的见解。正矩阵的佩隆定理表述如下，其证明请见参考文献［127］。

正矩阵的佩隆定理

若 $\boldsymbol{A}_{n\times n} > \boldsymbol{0}$，$r = \rho(\boldsymbol{A})$，则如下陈述为真。

1） $r > 0$；

2） $r \in \sigma(\boldsymbol{A})$（$r$ 称为佩隆根，Perron root）；

3） $\text{alg mult}_{\boldsymbol{A}}(r) = 1$（佩隆根是简单的）；

4）存在一个特征向量 $\boldsymbol{x} > \boldsymbol{0}$，使得 $\boldsymbol{A}\boldsymbol{x} = r\boldsymbol{x}$；

5）**佩隆向量**是由

$$\boldsymbol{A}\boldsymbol{p} = r\boldsymbol{p},\ \boldsymbol{p} > \boldsymbol{0},\ \|\boldsymbol{p}\|_1 = 1$$

所定义的唯一向量，且除了 $\boldsymbol{p}$ 的正数倍数之外，无论特征值如何，都不存在 $\boldsymbol{A}$ 的其他非负特征向量；

6） r 是落在 $\boldsymbol{A}$ 的谱圆上的唯一特征值；

7） $r = \max_{\boldsymbol{x}\in N} f(\boldsymbol{x})$（科拉茨-维兰特公式，Collatz-Wielandt formula），其中

$$f(\boldsymbol{x}) = \min_{\substack{1\leqslant i\leqslant n \\ x_i\neq 0}} \frac{[\boldsymbol{A}\boldsymbol{x}]_i}{x_i} \text{ 且 } N = \{\boldsymbol{x} \mid \boldsymbol{x} \geqslant \boldsymbol{0},\ \boldsymbol{x} \neq \boldsymbol{0}\}。$$

对非负矩阵的扩展

正矩阵的佩隆定理是一个很有力的结果，因此再自然不过的问题便是，如果现在矩阵中出现了零元素，那情况将会如何。如果我们愿意变通一下的话，那上面的结论并不会全部都被丢失。下一个定理（其证明见参考文献［127］）指出，如果我们将正特征向量的存在性弱化为非负特征向量的存在性的话，正矩阵的佩隆定理的部分结论可以被扩展到非负矩阵。

非负矩阵的佩隆定理

对 $\boldsymbol{A}_{n\times n} \geqslant \boldsymbol{0}$，且 $r = \rho(\boldsymbol{A})$，以下陈述为真。

- $r \in \sigma(\boldsymbol{A})$（但可能有 $r = 0$）；
- 存在一个特征向量 $\boldsymbol{x} \geqslant \boldsymbol{0}$，满足 $\boldsymbol{A}\boldsymbol{x} = r\boldsymbol{x}$；
- 科拉茨-维兰特公式仍然成立。

弗罗贝尼乌斯

如果不做出更多的假设，那么佩隆定理在非负矩阵上的推广就只能到此为止了。例如，$\boldsymbol{A} = \begin{pmatrix} 0 & 1 \\ 0 & 0 \end{pmatrix}$ 表明正矩阵佩隆定理中的性质 1），3）和 4）对一般的非负矩阵不成立，而 $\boldsymbol{A} = \begin{pmatrix} 0 & 1 \\ 1 & 0 \end{pmatrix}$

则表明性质6）也不成立。不过F. G. 弗罗贝尼乌斯对于非负矩阵谱性质的主要问题就此尘埃落定的看法却并不认同，他在1912年透过了表面现象，看到问题的关键并非简单地在于零元素是否存在，而是在于这些零元素所处的位置。例如，佩隆定理的性质3）和4）对以下的$\boldsymbol{A}$矩阵不成立，但是对$\boldsymbol{B}$矩阵仍然成立。

$$\boldsymbol{A}=\begin{pmatrix}1&0\\1&1\end{pmatrix},\ \boldsymbol{B}=\begin{pmatrix}1&1\\1&0\end{pmatrix}$$

弗罗贝尼乌斯的天才之处，在于他认识到$\boldsymbol{A}$和$\boldsymbol{B}$之间的差别在于矩阵的可约性（或不可约性），并将此与非负矩阵的谱性质联系了起来。下一节中我们就将介绍这些思想。

图与不可约矩阵

图（graph）就是结点的集合$\{N_1, N_2, \cdots, N_n\}$以及这些结点间的边的集合$\{E_1, E_2, \cdots, E_k\}$。连通图（connected graph）是这样一个图，其中任意一对结点之间均可通过一条边的序列而连接起来。例如，如图15.1左侧所示便是无向连通图。

有向图（directed graph）是包含有向边的图。有向图被称为是强连通的（strongly connected），如果对每一对结点(N_i, N_k)，都存在一个有向边的序列，能够从N_i出发而到达N_k。如图15.1的右侧所示的图即为有向但非强连通的图（比如你无法从N_3到达N_1）。

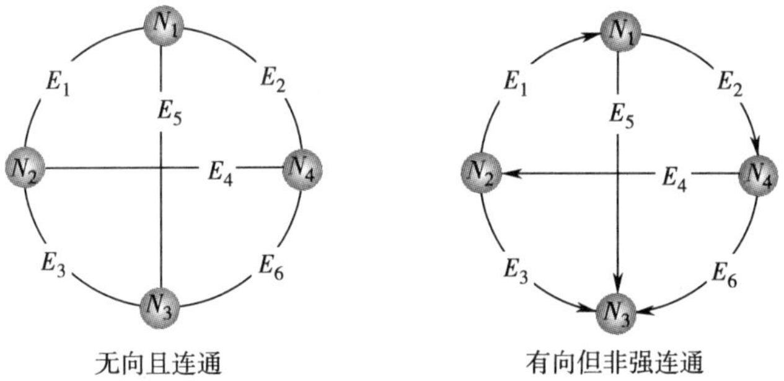

图15.1

每个图都定义了两个有用的矩阵——邻接矩阵（adjacency matrix）和关联矩阵（incidence matrix）。对于包含结点$\{N_1, N_2, \cdots, N_n\}$的图$G$，其邻接矩阵$\boldsymbol{L}_{n\times n}$是一个（0，1）-矩阵，满足

$$l_{ij}=\begin{cases}1, & 若存在N_i到N_j的边,\\0, & 其他,\end{cases}$$

如果G是无向的，则其邻接矩阵$\boldsymbol{L}$是对称的（即$\boldsymbol{L}=\boldsymbol{L}^{\mathrm{T}}$）。图15.1中所示的两个图的邻接矩阵分别为

$$\boldsymbol{L}_1 = \begin{array}{c} \\ N_1 \\ N_2 \\ N_3 \\ N_4 \end{array} \begin{array}{c} \begin{array}{cccc} N_1 & N_2 & N_3 & N_4 \end{array} \\ \begin{pmatrix} 0 & 1 & 1 & 1 \\ 1 & 0 & 1 & 1 \\ 1 & 1 & 0 & 1 \\ 1 & 1 & 1 & 0 \end{pmatrix} \end{array}, \quad \boldsymbol{L}_2 = \begin{array}{c} \\ N_1 \\ N_2 \\ N_3 \\ N_4 \end{array} \begin{array}{c} \begin{array}{cccc} N_1 & N_2 & N_3 & N_4 \end{array} \\ \begin{pmatrix} 0 & 0 & 1 & 1 \\ 1 & 0 & 1 & 0 \\ 0 & 0 & 0 & 0 \\ 0 & 1 & 1 & 0 \end{pmatrix} \end{array}$$

对于具有结点 $\{N_1, N_2, \cdots, N_n\}$ 和边 $\{E_1, E_2, \cdots, E_k\}$ 的无向图 $\boldsymbol{G}$，其关联矩阵 $\boldsymbol{C}_{n\times k}$ 是一个（0，1）-矩阵，满足

$$c_{ij} = \begin{cases} 1, & \text{若结点 } N_i \text{ 是边 } E_j \text{ 的一个端点，} \\ 0, & \text{其他，} \end{cases}$$

如果 G 为有向图，则关联矩阵是一个（0，-1，1）-矩阵，满足

$$c_{ij} = \begin{cases} 1, & \text{若边 } E_j \text{ 的方向是指向结点 } N_i\text{，} \\ -1, & \text{若边 } E_j \text{ 的方向是离开结点 } N_i\text{，} \\ 0, & \text{若边 } E_j \text{ 既非起始于 } N_i \text{ 也非终止于 } N_i\text{，} \end{cases}$$

图 15.1 中所示的两个图的关联矩阵分别为

$$\boldsymbol{C}_1 = \begin{array}{c} \\ N_1 \\ N_2 \\ N_3 \\ N_4 \end{array} \begin{array}{c} \begin{array}{cccccc} E_1 & E_2 & E_3 & E_4 & E_5 & E_6 \end{array} \\ \begin{pmatrix} 1 & 1 & 0 & 0 & 1 & 0 \\ 1 & 0 & 1 & 1 & 0 & 0 \\ 0 & 0 & 1 & 0 & 1 & 1 \\ 0 & 1 & 0 & 1 & 0 & 1 \end{pmatrix} \end{array}, \quad \boldsymbol{C}_2 = \begin{array}{c} \\ N_1 \\ N_2 \\ N_3 \\ N_4 \end{array} \begin{array}{c} \begin{array}{cccccc} E_1 & E_2 & E_3 & E_4 & E_5 & E_6 \end{array} \\ \begin{pmatrix} 1 & -1 & 0 & 0 & -1 & 0 \\ -1 & 0 & -1 & 1 & 0 & 0 \\ 0 & 0 & 1 & 0 & 1 & 1 \\ 0 & 1 & 0 & -1 & 0 & -1 \end{pmatrix} \end{array}。$$

在有向图的连通性及其关联矩阵的秩之间，存在着一个直接的联系。

连通性与秩

对一个具有 n 个结点、关联矩阵为 $\boldsymbol{C}$ 的有向图，当且仅当

$$\mathrm{rank}(\boldsymbol{C}) = n - 1 \tag{15.2.1}$$

时，图为连通的。对于无向图，可以给边任意赋上方向来将其变为有向图，然后再使用式（15.2.1）进行判断[127,第203页]。

相比于由图开始来构造矩阵，我们还可以从相反的方向来进行构造——即由一个矩阵开始来构造一个图。给定矩阵 $\boldsymbol{A}_{n\times n}$，$\boldsymbol{A}$ 的图定义为结点集 $\{N_1, N_2, \cdots, N_n\}$ 上的有向图 $G(\boldsymbol{A})$，其中，当且仅当 $a_{ij} \neq 0$ 时，存在一条由 N_i 到 N_j 的有向边。例如，若 $\boldsymbol{A} = \begin{pmatrix} 1 & 0 \\ 2 & 3 \end{pmatrix}$，则图 $G(\boldsymbol{A})$ 将形如

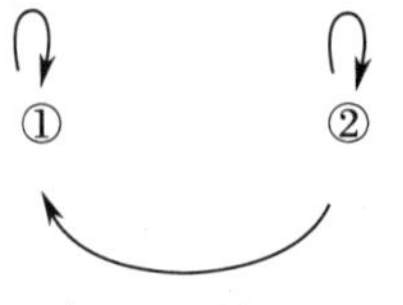

任何形如 $\boldsymbol{P}^{\mathrm{T}}\boldsymbol{A}\boldsymbol{P}$ 的乘积称为 $\boldsymbol{A}$ 的一个对称排列（symmetric permutation），其中，$\boldsymbol{P}$ 为一个排列矩阵（permutation matrix，通过将恒等矩阵 $\boldsymbol{I}$ 的行或列进行排列后得到的矩阵）。对矩

阵进行对称排列，就是利用与排列矩阵相同的方式，将矩阵的若干行列进行了交换。对矩阵的图进行对称排列，结果就是对图的结点进行了重新标记。因此，矩阵的有向图是对称排列下的一个不变量。换而言之，只要 $\boldsymbol{P}$ 是一个排列矩阵，便有 $G(\boldsymbol{P}^{\mathrm{T}}\boldsymbol{A}\boldsymbol{P}) = G(\boldsymbol{A})$。例如，当 $\boldsymbol{P}$ 为排列矩阵 $\boldsymbol{P}=\begin{pmatrix}0 & 1\\ 1 & 0\end{pmatrix}$时，若 $\boldsymbol{A}=\begin{pmatrix}1 & 0\\ 2 & 3\end{pmatrix}$，则

$$\boldsymbol{P}^{\mathrm{T}}\boldsymbol{A}\boldsymbol{P} = \begin{pmatrix}3 & 2\\ 0 & 1\end{pmatrix}。\tag{15.2.2}$$

而图 $G(\boldsymbol{P}^{\mathrm{T}}\boldsymbol{A}\boldsymbol{P})$ 则形如

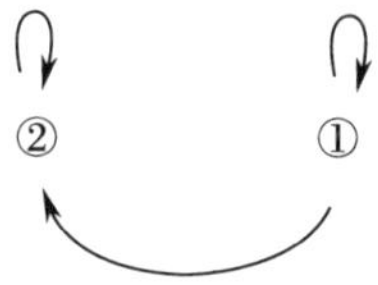

矩阵 $\boldsymbol{A}_{n\times n}$ 称为可约矩阵，如果存在一个排列矩阵 $\boldsymbol{P}$，使得

$$\boldsymbol{P}^{\mathrm{T}}\boldsymbol{A}\boldsymbol{P} = \begin{pmatrix}\boldsymbol{X} & \boldsymbol{Y}\\ \boldsymbol{0} & \boldsymbol{Z}\end{pmatrix}，其中 \boldsymbol{X} 和 \boldsymbol{Z} 均为方阵。\tag{15.2.3}$$

例如，式（15.2.2）中的矩阵 $\boldsymbol{A}$ 显然是可约的。自然地，一个不可约矩阵就是无法进行这种约化的矩阵。

正如下述定理所表明的，矩阵不可约性（或可约性）的概念以及强连通性（或缺乏强连通性）之间是密切相关的。

不可约性和连通性

方阵 $\boldsymbol{A}$ 是不可约的，当且仅当其有向图是强连通的。换而言之，$\boldsymbol{A}$ 是不可约的，当且仅当对每个下标对 (i,j)，存在 $\boldsymbol{A}$ 中的元素序列使得 $a_{ik_1}a_{k_1k_2}\cdots a_{k_tj}\neq 0$。等价地，$\boldsymbol{A}$ 是不可约的，如果对所有排列矩阵 $\boldsymbol{P}$，有

$$\boldsymbol{P}^{\mathrm{T}}\boldsymbol{A}\boldsymbol{P} \neq \begin{pmatrix}\boldsymbol{X} & \boldsymbol{Y}\\ \boldsymbol{0} & \boldsymbol{Z}\end{pmatrix}，其中，\boldsymbol{X} 和 \boldsymbol{Z} 均为方阵。$$

那你是否能确定

$$\boldsymbol{A} = \begin{pmatrix}0 & 1 & 2 & 0 & 0\\ 0 & 0 & 0 & 7 & 0\\ 2 & 0 & 0 & 0 & 0\\ 0 & 9 & 2 & 0 & 4\\ 0 & 0 & 0 & 1 & 0\end{pmatrix}$$

是可约还是不可约的？想根据定义来做出判断，将是个错误的做法，因为这将要尝试所有可能的 6×6 排列矩阵，来确定是否存在某个排列矩阵满足式（15.2.3），是相当困难的。不过，上面的那个定理使问题变得简单了。对 $G(\boldsymbol{A})$ 进行考察便可发现，它是强连通的（每个结点都可由另一个结点通过某个路径序列而到达），因此 $\boldsymbol{A}$ 必然是不可约的。

佩隆-弗罗贝尼乌斯定理

弗罗贝尼乌斯的贡献在于他认识到，尽管当存在零元素时（即为非负矩阵时），正矩阵的佩隆定理的性质 1）、3）、4）和 6）可能会不成立，但是麻烦并非就是由于零元素的存在，而是在于这些零元素所处的位置。换句话说，弗罗贝尼乌斯认识到，当零元素处于恰当的位置——具体来说就是仍能保证矩阵不可约的那些位置——时，性质 1）、3）和 4）实际上并未丧失。不幸的是仅靠不可约性还不能保住性质 6）——我们仍然失去了它（有关这一问题的更多内容将在下文叙述）。

下述即为佩隆-弗罗贝尼乌斯定理的正式表述——证明的细节可在参考文献［127］中找到。

佩隆-弗罗贝尼乌斯定理

若 $\mathbf{A}_{n\times n} \geqslant \mathbf{0}$ 不可约，则以下陈述均成立。

1） $r = \rho(\mathbf{A}) > 0$；

2） $r \in \sigma(\mathbf{A})$（r 为佩隆根）；

3） $\text{alg mult}_{\mathbf{A}}(r) = 1$（佩隆根是简单的）；

4）存在一个特征向量 $\mathbf{x} > \mathbf{0}$，使得 $\mathbf{A}\mathbf{x} = r\mathbf{x}$；

5）佩隆向量是由

$$\mathbf{A}\mathbf{p} = r\mathbf{p},\ \mathbf{p} > \mathbf{0},\ \|\mathbf{p}\|_1 = 1$$

所定义的唯一向量，而且除了 $\mathbf{p}$ 的正数倍数之外，无论特征值为如何，都不存在 $\mathbf{A}$ 的其他非负特征向量；

6）r 不一定是 A 的谱圆上的唯一特征值；

7） $r = \max\limits_{\mathbf{x}\in N} f(\mathbf{x})$（科拉茨-维兰特公式），其中

$$f(\mathbf{x}) = \min_{\substack{1\leqslant i\leqslant n\\ x_i\neq 0}} \frac{[\mathbf{A}\mathbf{x}]_i}{x_i} \text{ 且 } N = \{\mathbf{x} \mid \mathbf{x} \geqslant \mathbf{0},\ \mathbf{x} \neq \mathbf{0}\}。$$

素矩阵

第 168 页上关于正矩阵佩隆定理的性质中，唯一不能由不可约性得到保证的，便是第六个性质，该性质指出在谱圆上仅有一个特征值。事实上，$\mathbf{A} = \begin{pmatrix} 0 & 1 \\ 1 & 0 \end{pmatrix}$ 是非负且不可约的，但其特征值 ±1 都处在单位圆上。在谱圆上是否仅具有（或并非仅具有）一个特征值的这一性质，便将非负不可约矩阵分为了两个重要的类别。

素矩阵

- 一个矩阵 $\boldsymbol{A}$ 称为素矩阵（primitive matrix），如果 $\boldsymbol{A}$ 是一个非负不可约矩阵，且仅有一个特征值 $r=\rho(\boldsymbol{A})$ 落在其谱圆上；
- 一个非负不可约矩阵称为非素的（imprimitive），如果它有 $h>1$ 个特征值落在谱圆上，h 称为非素性指数（index of imprimitivity）；
- 如果 $\boldsymbol{A}$ 非素，则落在谱圆上的 h 个特征值为

$$\{r, r\omega, r\omega^2, \cdots, r\omega^{h-1}\}，其中，\omega = \mathrm{e}^{2\pi \mathrm{i}/h}。$$

换而言之，它们是 $r=\rho(\boldsymbol{A})$ 的 h 个根，且它们以均匀的间隔分布于圆上。此外，谱圆上的每个特征值 $r\omega^k$ 都是简单的。

那么在谱圆上只有一个特征值这一点有何重要之处呢？素性之所以重要，是由于它就是确定了归一化非负不可约矩阵的幂是否能具有极限值的关键，而这个极限值正是与 PageRank 向量的存在性有关的根本问题。该定理的确切说法如下。

极限与素性

对于非负不可约矩阵 $\boldsymbol{A}$，设 $r=\rho(\boldsymbol{A})$，那么当且仅当 $\lim\limits_{k\to\infty}(\boldsymbol{A}/r)^k$ 存在时，$\boldsymbol{A}$ 为素矩阵，此时

$$\lim_{k\to\infty}\left(\frac{\boldsymbol{A}}{r}\right)^k = \frac{\boldsymbol{p}\boldsymbol{q}^{\mathrm{T}}}{\boldsymbol{q}^{\mathrm{T}}\boldsymbol{p}} > 0。\qquad (15.2.4)$$

式中，$\boldsymbol{p}$ 和 $\boldsymbol{q}^{\mathrm{T}}$ 分别为 $\boldsymbol{A}$ 的右佩隆向量与左佩隆向量。

若 $\boldsymbol{A}_{n\times n}\geqslant \boldsymbol{0}$ 不可约但非素，即存在 $h>1$ 个特征值落在谱圆上，则可以证明[127]这些特征值中的每一个都是简单的，并且它们作为 $r=\rho(\boldsymbol{A})$ 的第 h 个根均匀分布于谱圆之上——即在谱圆上的特征值为

$$\{r, r\omega, r\omega^2, \cdots, r\omega^{h-1}\}，其中，\omega = \mathrm{e}^{2\pi \mathrm{i}/h}。$$

给定一个非负矩阵，为了确定其素性，我们真的有必要去计算特征值并数清其中有多少落在谱圆上吗？不！还有更简单的检验方法。

素性检验

对于非负方阵 $\boldsymbol{A}$，以下陈述均为真。

- 如果 $\boldsymbol{A}$ 不可约且至少有一个正的对角元素，则 $\boldsymbol{A}$ 是素的；
- 当且仅当对某个 $m>0$ 有 $\boldsymbol{A}^m>\boldsymbol{0}$ 时，$\boldsymbol{A}$ 是素的。

上面的第一个检验仅给出了素性的充分条件，而第二个条件则是充要条件——第一个检验更为简单，但并不具有决定性；第二个检验更为复杂，但却是绝对确凿的。例如，要想确定不可约矩阵 $\boldsymbol{A}=\begin{pmatrix}0&1&0\\0&0&2\\3&4&0\end{pmatrix}$ 是否为素矩阵，就无法使用第一个检验，因为 $\boldsymbol{A}$ 的对角线上全部为零，因此我们不得不通过计算 $\boldsymbol{A}$ 的幂来应用第二个检验。不过这个过程可以被简化，注意到若 $\boldsymbol{B}$ 是一个如下定义的二值矩阵

$$b_{ij}=\begin{cases}1, & 若\ a_{ij}>0,\\0, & 若\ a_{ij}=0,\end{cases}$$

则当且仅当对任意 $k>0$ 有 $[\boldsymbol{A}^k]_{ij}>0$ 时，有 $[\boldsymbol{B}^k]_{ij}>0$。因此，我们仅需计算 $\boldsymbol{B}$ 的幂（可以证明所要求的幂的值不会超过 n^2-2n+2），而这些幂仅需通过布尔与和布尔或就能求得。在这个例子中的 $\boldsymbol{A}$ 是素的，因为 $\boldsymbol{B}$ 的幂为

$$\boldsymbol{B}=\begin{pmatrix}0&1&0\\0&0&1\\1&1&0\end{pmatrix},\boldsymbol{B}^2=\begin{pmatrix}0&0&1\\1&1&0\\0&1&1\end{pmatrix},\boldsymbol{B}^3=\begin{pmatrix}1&1&0\\0&1&1\\1&1&1\end{pmatrix},\boldsymbol{B}^4=\begin{pmatrix}0&1&1\\1&1&1\\1&1&1\end{pmatrix},\boldsymbol{B}^5=\begin{pmatrix}1&1&1\\1&1&1\\1&1&1\end{pmatrix}。$$

尽管我们可能更愿意得到素矩阵，但老天爷可并不总是会采取合作的态度。与振荡有关的物理现象的数学模型，一般会产生非素的矩阵，其中落在谱圆上的特征值个数（非素性指数）对应于振荡周期。因此，我们还应该掌握一点关于非素性指数的知识。虽然不可约矩阵 $\boldsymbol{A}\geqslant\boldsymbol{0}$ 的幂可以告诉我们，在 $\boldsymbol{A}$ 的谱圆上是否具有不止一个特征值，但 $\boldsymbol{A}$ 的幂却不能提供任何有关这些特征值个数的线索。这个问题更为复杂——下述定理提供了基本的理论帮助，以便在不计算出所有特征值的情况下确定非素性指数。

非素性指数

若 $c(x)=x^n+c_{k_1}x^{n-k_1}+c_{k_2}x^{n-k_2}+\cdots+c_{k_s}x^{n-k_s}=0$ 是一个非素矩阵 $\boldsymbol{A}_{n\times n}$ 的特征方程，其中仅列出了具有非零系数的项（即 $c_{k_j}\neq0$，且 $n>(n-k_1)>\cdots>(n-k_s)$），则非素性指数 h 是 $\{k_1,k_2,\cdots,k_s\}$ 的最大公约数。

最后，将一个非素矩阵加以分解通常是有益的，而**弗罗贝尼乌斯形**（Frobenius form）则是进行这一分解的标准做法。

弗罗贝尼乌斯形

对每个非素性指数 $h>1$ 的非素矩阵 $\boldsymbol{A}$，都存在一个排列矩阵 $\boldsymbol{P}$，使得

$$\boldsymbol{P}^{\mathrm{T}}\boldsymbol{A}\boldsymbol{P} = \begin{pmatrix} \boldsymbol{0} & \boldsymbol{A}_{12} & \boldsymbol{0} & \cdots & \boldsymbol{0} \\ \boldsymbol{0} & \boldsymbol{0} & \boldsymbol{A}_{23} & \cdots & \boldsymbol{0} \\ \vdots & \vdots & \ddots & \ddots & \vdots \\ \boldsymbol{0} & \boldsymbol{0} & \cdots & \boldsymbol{0} & \boldsymbol{A}_{h-1,h} \\ \boldsymbol{A}_{h1} & \boldsymbol{0} & \cdots & \boldsymbol{0} & \boldsymbol{0} \end{pmatrix}。\tag{15.2.5}$$

式中，主对角线上的全零分块均为方阵。

15.3　马尔可夫链

谷歌 PageRank 向量是一个离散时间、有限状态马尔可夫链的稳态分布。因此，要想理解和分析有关 PageRank 的数学问题，就需要理解马尔可夫链的概念，而这正是本节的目的之所在。让我们首先给出若干定义。

- 随机矩阵是一个非负矩阵 $\boldsymbol{P}_{n\times n}$，其中每一行元素的和都等于 1。有些作者又称之为“行随机”，以将这种形式的随机矩阵与每列元素的和都等于 1 的情况区分开来。
- 随机过程（stochastic process）是一个随机变量的集合 $\{X_t\}_{t=0}^{\infty}$，它们具有相同的值域 $\{S_1, S_2, \cdots, S_n\}$，称为过程的状态空间（state space）。参数 t 通常指时间，而 X_t 表示过程在时刻 t 的状态。例如，考虑依次单击链接而从一个网页移到另一个网页的上网过程。状态空间是所有网页的集合，而随机变量 X_t 则是在时刻 t 时所浏览的网页。

  ——为了强调时间是离散而非连续的，经常使用“离散时间过程（discrete-time process）”这个词，而“有限状态过程（finite-state process）”可用于强调状态空间有限而非无限。我们的讨论将限于离散时间有限状态过程。
- 一条马尔可夫链是一个随机过程，它对每个 $t=0, 1, 2, \cdots$ 都满足马尔可夫性（Markov property）

  $$P(X_{t+1}=S_j \mid X_t=S_{i_t}, X_{t-1}=S_{i_{t-1}}, \cdots, X_0=S_{i_0}) = P(X_{t+1}=S_j \mid X_t=S_{i_t})。$$

  记号 $P(E \mid F)$ 表示在事件 F 发生的前提下事件 E 发生的条件概率——如果对这个概念还不熟悉的话，那可以找到现成的资料来复习基本的概率论。

  ——马尔可夫性表明过程是无记忆的，即链在下一个时间段的状态仅依赖于当前的状态，而不依赖于更以前的链的历史。例如，如果上网者要访问的下一个页面并不依赖于他之前所浏览过的网页——即此时的选择仅依赖于当前所在的页

面——那么这个上网的过程就是一个马尔可夫链。因此，如果上网者在当前页面中随机选择一条链接来到达下一个网页，则该过程是一条马尔可夫链。这一类型的链被称为在万维网的链接结构上的随机游走（random walk）。

- 转移概率（transition probability）$p_{ij}(t) = P(X_t = S_j \mid X_{t-1} = S_i)$ 是当给定链在时刻 $t-1$ 处于状态 S_i 的条件下，在时刻 t 处于状态 S_j 的概率，因此可以简单地将其视为链在时刻 t 由 S_i 移动到 S_j 的概率。
- 转移概率矩阵 $\boldsymbol{P}_{n\times n}(t) = [p_{ij}(t)]$ 显然是一个非负矩阵，而再稍微想一下，就可以确定其每行的和必然为 1。换句话说，对任何 t，$\boldsymbol{P}(t)$ 是一个随机矩阵。
- 平稳马尔可夫链（stationary Markov chain）是转移概率不随时间发生改变的链
  ——即对所有 t 有 $p_{ij}(t) = p_{ij}$。平稳链又称为齐次链（homogeneous chain）。
  ——此时的转移概率矩阵是一个定常随机矩阵 $P = [p_{ij}]$。在后文中均假设链具有平稳性。
  ——通过以上方式，每条马尔可夫链都定义了一个随机矩阵，但反之亦然——每个随机矩阵 $\boldsymbol{P}_{n\times n}$ 都定义了一条具有 n 个状态的马尔可夫链，因为元素 p_{ij} 定义了一组转移概率，它们可被解释为 n 个状态上的一条平稳马尔可夫链。
- 不可约马尔可夫链（irreducible Markov chain）是转移概率矩阵 $\boldsymbol{P}$ 为不可约矩阵的链。当 $\boldsymbol{P}$ 为可约矩阵时，该链称为可约的。
  ——周期性马尔可夫链（periodic Markov chain）是转移概率矩阵 $\boldsymbol{P}$ 为非素矩阵的不可约链。这些链被称为周期性的，因为链中的每个状态都只能在周期间隔的时间点上被访问到，该周期即为非素性指数。例如，考虑一条不可约链，其非素性指数为 $h=3$。式（15.2.5）的弗罗贝尼乌斯形表明状态可以被重新排列（重新标号），而产生出三簇状态，其转移矩阵及幂具有如下形式

$$\boldsymbol{P} = \begin{pmatrix} \mathbf{0} & * & \mathbf{0} \\ \mathbf{0} & \mathbf{0} & * \\ * & \mathbf{0} & \mathbf{0} \end{pmatrix}, \boldsymbol{P}^2 = \begin{pmatrix} \mathbf{0} & \mathbf{0} & * \\ * & \mathbf{0} & \mathbf{0} \\ \mathbf{0} & * & \mathbf{0} \end{pmatrix}, \boldsymbol{P}^3 = \begin{pmatrix} * & \mathbf{0} & \mathbf{0} \\ \mathbf{0} & * & \mathbf{0} \\ \mathbf{0} & \mathbf{0} & * \end{pmatrix}, \boldsymbol{P}^4 = \begin{pmatrix} \mathbf{0} & * & \mathbf{0} \\ \mathbf{0} & \mathbf{0} & * \\ * & \mathbf{0} & \mathbf{0} \end{pmatrix}, \cdots。$$

  这个模式将无限持续下去。如果链由簇 i 中的某个状态开始，则这一周期性的模式将保证链只能在每过三步后的结束时刻时，才能再次处于簇 i 中的状态——请见第 179 页上的暂态性质。
  ——非周期性马尔可夫链（aperiodic Markov chain）是转移概率矩阵 $\boldsymbol{P}$ 为素矩阵的不可约链。
- 概率分布向量（probability distribution vector，或简称“概率向量”）定义为一个非负行向量 $\boldsymbol{p}^{\mathrm{T}} = (p_1, p_2, \cdots, p_n)$，满足 $\sum_k p_k = 1$。（随机矩阵中的每个行向量都是一个概率向量。）
- 一条转移概率矩阵为 $\boldsymbol{P}$ 的马尔可夫链的稳态概率分布向量（stationary probability distribution vector）是一个概率向量 $\boldsymbol{\pi}^{\mathrm{T}}$，满足 $\boldsymbol{\pi}^{\mathrm{T}}\boldsymbol{P} = \boldsymbol{\pi}^{\mathrm{T}}$。

- 一条 n 个状态的链的第 k 步概率分布向量（k-th step probability distribution vector）定义为

$$\boldsymbol{p}^{\mathrm{T}}(k)=(p_1(k),p_2(k),\cdots,p_n(k)),\text{其中},p_j(k)=P(X_k=S_j)。$$

换而言之，$p_j(k)$ 是在第 k 步后但在第 $k+1$ 步前处于第 j 个状态的概率。

- 初始分布向量（initial distribution vector）为

$$\boldsymbol{p}^{\mathrm{T}}(0)=(p_1(0),p_2(0),\cdots,p_n(0)),\text{其中},p_j(0)=P(X_0=S_j)。$$

换而言之，$p_j(0)$ 是链由 S_j 开始的概率。

为了说明这些概念，考虑如图 15.2 所示微型的 3 页面网络。

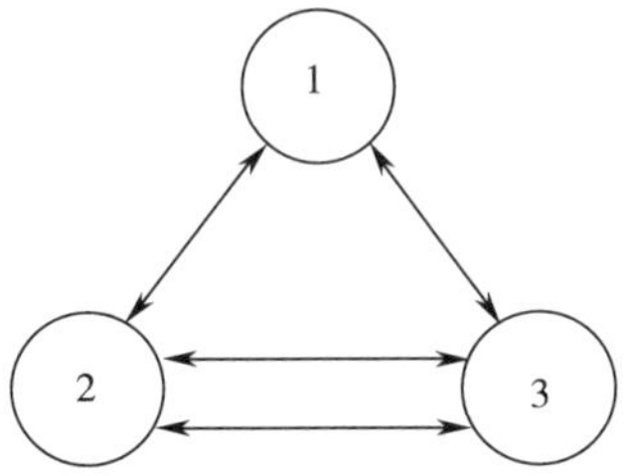

图 15.2

其中，箭头表示链接——例如页面 2 包含了两条到页面 3 的链接，反之亦然。当一个上网者随机选择当前正在浏览页面中的链接时，便能得到一条马尔可夫链，它由这个链接结构上的随机游走所定义，其转移概率矩阵为不可约随机矩阵

$$\boldsymbol{H}=\begin{pmatrix}0 & 1/2 & 1/2\\ 1/3 & 0 & 2/3\\ 1/3 & 2/3 & 0\end{pmatrix}。$$

在本例中，$\boldsymbol{H}$（超链接矩阵）是随机的，但如果存在一个悬挂结点（不包含其他链接的页面），则 $\boldsymbol{H}$ 将具有一个全 0 行，此时 $\boldsymbol{H}$ 将不再是随机的，而该过程也不再是一条马尔可夫链[⊖]。

如果我们的上网者由图 15.2 中的页面 2 开始，则链的初始分布向量为 $\boldsymbol{p}^{\mathrm{T}}(0)=(0,1,0)=\boldsymbol{e}_2^{\mathrm{T}}$。但如果上网者只是简单地随机选择一个起始页面，则 $\boldsymbol{p}^{\mathrm{T}}(0)=(1/3,1/3,1/3)=\boldsymbol{e}^{\mathrm{T}}/3$ 为均匀分布向量。计算特征值可得 $\sigma(\boldsymbol{H})=\{1,-1/3,-2/3\}$，因此 $\boldsymbol{H}$ 显然是一个谱半径 $\rho(\boldsymbol{H})=1$ 的非负矩阵。

$\rho(\boldsymbol{H})=1$ 这一点，是所有随机矩阵 $\boldsymbol{P}_{n\times n}$ 都具有的一个特点，因为每行的和等于 1 便意味着 $\|\boldsymbol{P}\|_{\infty}=1$，或等价地，$\boldsymbol{Pe}=\boldsymbol{e}$，其中，$\boldsymbol{e}$ 为全 1 列。由于 $(1,\boldsymbol{e})$ 是任何随机矩阵的一个特征对，且对任意矩阵范数有 $\rho(*)\leqslant\|*\|$，因此有

$$1\leqslant\rho(\boldsymbol{P})\leqslant\|\boldsymbol{P}\|_{\infty}\Rightarrow\rho(\boldsymbol{P})=1。\tag{15.3.1}$$

⊖ 正如早先所说明的那样，这也就是谷歌在计算 PageRank 之前对原始超链接矩阵加以调整的原因。

此外，$\boldsymbol{e}$ 是$\rho(\boldsymbol{P})=1$ 对应的一个正特征向量。但是注意！这并不意味着 $\boldsymbol{e}$ 就是 $\boldsymbol{P}$ 的佩隆向量，因为 $\boldsymbol{P}$ 可能是可约的[⊖]，例如，$\boldsymbol{P}=\begin{pmatrix}0.5 & 0.5\\ 0 & 1\end{pmatrix}$。

几乎所有对马尔可夫链的分析，都是围绕相关联的转移行为以及极限行为而进行的，分析的基本目标如下。

- 对任意初始分布向量 $\boldsymbol{p}^{\mathrm{T}}(0)$，描述第 k 步分布 $\boldsymbol{p}^{\mathrm{T}}(k)$；
- 确定 $\lim\limits_{k\to\infty}\boldsymbol{p}^{\mathrm{T}}(k)$ 是否存在，如果存在，则找出 $\lim\limits_{k\to\infty}\boldsymbol{p}^{\mathrm{T}}(k)$ 的值；
- 当 $\lim\limits_{k\to\infty}\boldsymbol{p}^{\mathrm{T}}(k)$ 不存在时，确定切萨罗极限

$$\lim_{k\to\infty}\left[\frac{\boldsymbol{p}^{\mathrm{T}}(0)+\boldsymbol{p}^{\mathrm{T}}(1)+\cdots+\boldsymbol{p}^{\mathrm{T}}(k-1)}{k}\right]$$

是否存在，如果存在，则找出这个值并解释其含义。

暂态行为

假设初始分布向量 $\boldsymbol{p}^{\mathrm{T}}(0)=(p_1(0),p_2(0),\cdots,p_n(0))$，首要的目标便是计算第一次转移后（且第二次转移前）处于任意给定状态的概率——即确定 $\boldsymbol{p}^{\mathrm{T}}(1)=(p_1(1),p_2(1),\cdots,p_n(1))$。令 ∧ 和 ∨ 分别表示逻辑与和逻辑或，则由基本的概率论知识可得，对于每个 j，

$$\begin{aligned}p_j(1)&=P(X_1=S_j)=P[X_1=S_j\wedge(X_0=S_1\vee X_0=S_2\vee\cdots\vee X_0=S_n)]\\&=P[(X_1=S_j\wedge X_0=S_1)\vee(X_1=S_j\wedge X_0=S_2)\vee\cdots\vee(X_1=S_j\wedge X_0=S_n)]\\&=\sum_{i=1}^{n}P[X_1=S_j\wedge X_0=S_i]=\sum_{i=1}^{n}[X_0=S_i]P[X_1=S_j\mid X_0=S_i]\\&=\sum_{i=1}^{n}p_i(0)p_{ij}。\end{aligned}$$

换而言之，$\boldsymbol{p}^{\mathrm{T}}(1)=\boldsymbol{p}^{\mathrm{T}}(0)\boldsymbol{P}$，这描述了由初始分布到一步之后的分布之间的演化过程。根据“无记忆”的马尔可夫性，可以处理得到两步之后的情形——该性质说明，只需简单地将 $\boldsymbol{p}^{\mathrm{T}}(1)$ 作为初始分布并依葫芦画瓢就可以了。因此，$\boldsymbol{p}^{\mathrm{T}}(2)=\boldsymbol{p}^{\mathrm{T}}(1)\boldsymbol{P}$，而$\boldsymbol{p}^{\mathrm{T}}(3)=\boldsymbol{p}^{\mathrm{T}}(2)\boldsymbol{P}$，以此类推。通过逐次替换可得

$$\boldsymbol{p}^{\mathrm{T}}(k)=\boldsymbol{p}^{\mathrm{T}}(0)\boldsymbol{P}^{k}。\tag{15.3.2}$$

这只是幂法（15.1.20）的一个特殊情况，只不过我们现在使用的是向量-矩阵左乘。此外，若 $\boldsymbol{P}^{k}=[p_{ij}^{(k)}]$，则令式（15.3.2）中的$\boldsymbol{p}^{\mathrm{T}}(0)=\boldsymbol{e}_i^{\mathrm{T}}$ 可得，对每个 $i=1,2,\cdots,n$，有 $p_j(k)=p_{ij}^{(k)}$。总结如下。

⊖ 要迫使不可约性得以成立，是谷歌调整原始超链接矩阵的另一个原因。

暂态性质

若 $\boldsymbol{P}$ 是一条定义于状态 $\{S_1, S_2, \cdots, S_n\}$ 上的马尔可夫链的转移概率矩阵，则以下陈述均为真。

- 矩阵 $\boldsymbol{P}^k$ 表示 k 步转移概率矩阵，即它的 (i, j) 元素 $[\boldsymbol{P}^k]_{ij} = p_{ij}^{(k)}$ 是由 S_i 经过正好 k 步而转移到 S_j 的概率；
- 第 k 步分布向量由 $\boldsymbol{p}^{\mathrm{T}}(k) = \boldsymbol{p}^{\mathrm{T}}(0)\boldsymbol{P}^k$ 给出。

极限行为

对马尔可夫链的极限性质进行分析，需要将随机矩阵族（从而也将平稳马尔可夫链族）分为 4 个互不相交的类型。

1）$\boldsymbol{P}$ 不可约且 $\lim\limits_{k\to\infty}\boldsymbol{P}^k$ 存在（即 $\boldsymbol{P}$ 为素矩阵）；

2）$\boldsymbol{P}$ 不可约且 $\lim\limits_{k\to\infty}\boldsymbol{P}^k$ 不存在（即 $\boldsymbol{P}$ 非素）；

3）$\boldsymbol{P}$ 可约且 $\lim\limits_{k\to\infty}\boldsymbol{P}^k$ 存在；

4）$\boldsymbol{P}$ 可约且 $\lim\limits_{k\to\infty}\boldsymbol{P}^k$ 不存在。

在情况 1）（非周期链）中，$\lim\limits_{k\to\infty}\boldsymbol{P}^k$ 可以很容易地求得。$\boldsymbol{P}$ 的佩隆向量为 $\boldsymbol{e}/n$（均匀分布向量），因此若 $\boldsymbol{\pi} = (\pi_1, \pi_2, \cdots, \pi_n)^{\mathrm{T}}$ 为 $\boldsymbol{P}^{\mathrm{T}}$ 的佩隆向量（即 $\boldsymbol{\pi}^{\mathrm{T}}\boldsymbol{P} = \boldsymbol{\pi}^{\mathrm{T}}$），则由式（15.2.4）有

$$\lim_{k\to\infty}\boldsymbol{P}^k = \frac{(\boldsymbol{e}/n)\boldsymbol{\pi}^{\mathrm{T}}}{\boldsymbol{\pi}^{\mathrm{T}}(\boldsymbol{e}/n)} = \frac{\boldsymbol{e}\boldsymbol{\pi}^{\mathrm{T}}}{\boldsymbol{\pi}^{\mathrm{T}}\boldsymbol{e}} = \boldsymbol{e}\boldsymbol{\pi}^{\mathrm{T}} = \begin{pmatrix} \pi_1 & \pi_2 & \cdots & \pi_n \\ \pi_1 & \pi_2 & \cdots & \pi_n \\ \vdots & \vdots & & \vdots \\ \pi_1 & \pi_2 & \cdots & \pi_n \end{pmatrix} > 0。\tag{15.3.3}$$

因此，若 $\boldsymbol{P}$ 为素矩阵，则存在极限概率分布为

$$\lim_{k\to\infty}\boldsymbol{p}^{\mathrm{T}}(k) = \lim_{k\to\infty}\boldsymbol{p}^{\mathrm{T}}(0)\boldsymbol{P}^k = \boldsymbol{p}^{\mathrm{T}}(0)\boldsymbol{e}\boldsymbol{\pi}^{\mathrm{T}} = \boldsymbol{\pi}^{\mathrm{T}}。\tag{15.3.4}$$

注意，由于 $\sum\limits_k p_k(0) = 1$，项 $\boldsymbol{p}^{\mathrm{T}}(0)\boldsymbol{e}$ 被消掉，因此极限值与初始分布 $\boldsymbol{p}^{\mathrm{T}}(0)$ 无关，这不足为奇。

在 $\boldsymbol{P}$ 为不可约但非素的情况 2）中，式（15.2.4）指出 $\lim\limits_{k\to\infty}\boldsymbol{P}^k$ 不存在，因此 $\lim\limits_{k\to\infty}\boldsymbol{p}^{\mathrm{T}}(k)$ 不可能存在（否则对每个 i 取 $\boldsymbol{p}^{\mathrm{T}}(0) = \boldsymbol{e}_i^{\mathrm{T}}$，将能保证 $\boldsymbol{P}^k$ 的极限存在）。但是，第 173 页上的结论能够保证 $\boldsymbol{P}$ 在单位圆上的特征值都是简单的，因此，由式（15.1.18）可知，$\boldsymbol{P}$ 是切萨罗可加的，且特征值 $\lambda = 1$，对应谱投影 $\boldsymbol{G}$。利用式（15.1.12）以及 $\boldsymbol{e}/n$ 是 $\boldsymbol{P}$ 的佩隆向量这一事实可得，若 $\boldsymbol{\pi} = (\pi_1, \pi_2, \cdots, \pi_n)^{\mathrm{T}}$ 是左佩隆向量，则

$$\lim_{k\to\infty}\frac{\boldsymbol{I}+\boldsymbol{P}+\cdots+\boldsymbol{P}^{k-1}}{k}=\frac{(\boldsymbol{e}/n)\boldsymbol{\pi}^{\mathrm{T}}}{\boldsymbol{\pi}^{\mathrm{T}}(\boldsymbol{e}/n)}=\frac{\boldsymbol{e}\boldsymbol{\pi}^{\mathrm{T}}}{\boldsymbol{\pi}^{\mathrm{T}}\boldsymbol{e}}=\boldsymbol{e}\boldsymbol{\pi}^{\mathrm{T}}=\begin{pmatrix}\pi_1 & \pi_2 & \cdots & \pi_n\\ \pi_1 & \pi_2 & \cdots & \pi_n\\ \vdots & \vdots & & \vdots\\ \pi_1 & \pi_2 & \cdots & \pi_n\end{pmatrix}。$$

这与素矩阵情况中的极限（15.3.3）具有完全一样的形式。因此，第 k 步分布具有切萨罗极限，其值为

$$\lim_{k\to\infty}\left[\frac{\boldsymbol{p}^{\mathrm{T}}(0)+\boldsymbol{p}^{\mathrm{T}}(1)+\cdots+\boldsymbol{p}^{\mathrm{T}}(k-1)}{k}\right]=\lim_{k\to\infty}\boldsymbol{p}^{\mathrm{T}}(0)\left[\frac{\boldsymbol{I}+\boldsymbol{P}+\cdots+\boldsymbol{P}^{k-1}}{k}\right]$$
$$=\boldsymbol{p}^{\mathrm{T}}(0)\boldsymbol{e}\boldsymbol{\pi}^{\mathrm{T}}=\boldsymbol{\pi}^{\mathrm{T}}$$

而且正如在素矩阵的情况（15.3.4）中一样，该切萨罗极限与初始分布无关。为了解释该切萨罗极限的含义，我们集中考虑一个状态，比如说 S_j，并令$\{Z_k\}_{k=0}^{\infty}$为记录了对 S_j 进行访问的次数的随机变量

$$Z_0=\begin{cases}1, & \text{若链由 } S_j \text{ 开始},\\ 0, & \text{其他},\end{cases}$$

而对 $i>1$，

$$Z_i=\begin{cases}1, & \text{若链在第 } i \text{ 次转移后处于 } S_j,\\ 0, & \text{其他},\end{cases}$$

注意到 $Z_0+Z_1+\cdots+Z_{k-1}$记录了在第 k 次移动前访问 S_j 的次数，因此（$Z_0+Z_1+\cdots+Z_{k-1}$）$/k$ 表示在第 k 次移动前 S_j 被访问到的时间比例。每个 Z_i 的期望（或平均）值为

$$E[Z_i]=1\cdot P(Z_i=1)+0\cdot P(Z_i=0)=P(Z_i=1)=p_j(i)。$$

由于求取期望的运算是线性的，因此在第 k 次移动前 S_j 被访问到的期望时间比例为

$$E\left[\frac{Z_0+Z_1+\cdots+Z_{k-1}}{k}\right]=\frac{E[Z_0]+E[Z_1]+\cdots+E[Z_{k-1}]}{k}$$
$$=\frac{p_j(0)+p_j(1)+\cdots+p_j(k-1)}{k}$$
$$=\left[\frac{\boldsymbol{p}^{\mathrm{T}}(0)+\boldsymbol{p}^{\mathrm{T}}(1)+\cdots+\boldsymbol{p}^{\mathrm{T}}(k-1)}{k}\right]_j\to\boldsymbol{\pi}_j。$$

换而言之，长期来看，链处于 S_j 的时间比例即为 π_j，它就是切萨罗极限的第 j 个元素，或等价为，$\boldsymbol{P}$ 的左佩隆向量的第 j 个元素。当 $\lim_{k\to\infty}\boldsymbol{p}^{\mathrm{T}}(k)$ 存在时，容易证明

$$\lim_{k\to\infty}\boldsymbol{p}^{\mathrm{T}}(k)=\lim_{k\to\infty}\left[\frac{\boldsymbol{p}^{\mathrm{T}}(0)+\boldsymbol{p}^{\mathrm{T}}(1)+\cdots+\boldsymbol{p}^{\mathrm{T}}(k-1)}{k}\right]。$$

因此在素矩阵情况下对极限分布 $\lim_{k\to\infty}\boldsymbol{p}^{\mathrm{T}}(k)$ 的解释，与在非素矩阵情况下对切萨罗极限的解释完全一样。以下是对不可约链的总结。

不可约马尔可夫链

令 $\boldsymbol{P}$ 为状态 $\{S_1, S_2, \cdots, S_n\}$ 上的不可约马尔可夫链的转移概率矩阵，并令 $\boldsymbol{p}^{\mathrm{T}}$ 为 $\boldsymbol{P}$ 的左佩隆向量（即 $\boldsymbol{\pi}^{\mathrm{T}}\boldsymbol{P} = \boldsymbol{\pi}^{\mathrm{T}}$，$\|\boldsymbol{\pi}\|_1 = 1$）。对每个初始分布 $\boldsymbol{p}^{\mathrm{T}}(0)$，以下陈述成立。

- k 步转移矩阵为 $\boldsymbol{P}^k$。换而言之，$\boldsymbol{P}^k$ 的（i，j）元素即为由 S_i 经过正好 k 步转移而到达 S_j 的概率；
- 第 k 步分布向量为 $\boldsymbol{p}^{\mathrm{T}}(k) = \boldsymbol{p}^{\mathrm{T}}(0)\boldsymbol{P}^k$；
- 若 $\boldsymbol{P}$ 是素的（因此链是非周期性的），且若 $\boldsymbol{e}$ 是全 1 列，则
$$\lim_{k\to\infty}\boldsymbol{P}^k = \boldsymbol{e}\boldsymbol{\pi}^{\mathrm{T}}\ \lim_{k\to\infty}\boldsymbol{p}^{\mathrm{T}}(k) = \boldsymbol{\pi}^{\mathrm{T}};$$
- 若 $\boldsymbol{P}$ 是非素的（因此链为周期性的），则
$$\lim_{k\to\infty}\frac{\boldsymbol{I}+\boldsymbol{P}+\cdots+\boldsymbol{P}^{k-1}}{k} = \boldsymbol{e}\boldsymbol{\pi}^{\mathrm{T}},$$
且
$$\lim_{k\to\infty}\left[\frac{\boldsymbol{p}^{\mathrm{T}}(0)+\boldsymbol{p}^{\mathrm{T}}(1)+\cdots+\boldsymbol{p}^{\mathrm{T}}(k-1)}{k}\right] = \boldsymbol{\pi}^{\mathrm{T}};$$
- 无论 $\boldsymbol{P}$ 是素矩阵还是非素矩阵，$\boldsymbol{\pi}^{\mathrm{T}}$ 的第 j 个元素 π_j 都对应了足够长时间内链处于 S_j 的时间比例；
- 向量 $\boldsymbol{\pi}^{\mathrm{T}}$ 是链的唯一的稳态分布向量，因为它是唯一满足 $\boldsymbol{\pi}^{\mathrm{T}}\boldsymbol{P} = \boldsymbol{\pi}^{\mathrm{T}}$ 的概率分布向量。

可约马尔可夫链

佩隆-弗罗贝尼乌斯定理不能直接用于可约链（$\boldsymbol{P}$ 为可约矩阵的链），因此分析可约链的策略，就是尽可能将其简化回不可约的情况。如果 $\boldsymbol{P}$ 可约，则根据定义，存在一个排列矩阵 $\boldsymbol{Q}$ 和方阵 $\boldsymbol{X}$ 和 $\boldsymbol{Z}$，满足

$$\boldsymbol{Q}^{\mathrm{T}}\boldsymbol{P}\boldsymbol{Q} = \begin{pmatrix}\boldsymbol{X} & \boldsymbol{Y}\\ \boldsymbol{0} & \boldsymbol{Z}\end{pmatrix}。为方便起见，记\ \boldsymbol{P} \sim \begin{pmatrix}\boldsymbol{X} & \boldsymbol{Y}\\ \boldsymbol{0} & \boldsymbol{Z}\end{pmatrix}。$$

如果 $\boldsymbol{X}$ 或 $\boldsymbol{Z}$ 可约，则可以用另一个对称排列，使得

$$\begin{pmatrix}\boldsymbol{X} & \boldsymbol{Y}\\ \boldsymbol{0} & \boldsymbol{Z}\end{pmatrix} \sim \begin{pmatrix}\boldsymbol{R} & \boldsymbol{S} & \boldsymbol{T}\\ \boldsymbol{0} & \boldsymbol{U} & \boldsymbol{V}\\ \boldsymbol{0} & \boldsymbol{0} & \boldsymbol{W}\end{pmatrix}，其中，\boldsymbol{R}、\boldsymbol{U}\ 和\ \boldsymbol{W}\ 为方阵。$$

重复该过程，最终可得

$$\boldsymbol{P} \sim \begin{pmatrix}\boldsymbol{X}_{11} & \boldsymbol{X}_{12} & \cdots & \boldsymbol{X}_{1k}\\ \boldsymbol{0} & \boldsymbol{X}_{22} & \cdots & \boldsymbol{X}_{2k}\\ \vdots & & & \vdots\\ \boldsymbol{0} & \boldsymbol{0} & \cdots & \boldsymbol{X}_{kk}\end{pmatrix}，其中，每个\ \boldsymbol{X}_{ii}\ 不可约或\ \boldsymbol{X}_{ii} = [0]_{1\times 1}。$$

最后，如果存在一些这样的行，其中的非零元素仅出现于对角线上的分块之中时，便对称地将所有这些行排列到底部，从而可得

$$P \sim \left(\begin{array}{cccc|cccc} P_{11} & P_{12} & \cdots & P_{1r} & P_{1,r+1} & P_{1,r+2} & \cdots & P_{1m} \\ 0 & P_{22} & \cdots & P_{2r} & P_{2,r+1} & P_{2,r+2} & \cdots & P_{2m} \\ \vdots & \vdots & & \vdots & \vdots & \vdots & & \vdots \\ 0 & 0 & \cdots & P_{rr} & P_{r,r+1} & P_{r,r+2} & \cdots & P_{rm} \\ \hline 0 & 0 & \cdots & 0 & P_{r+1,r+1} & 0 & \cdots & 0 \\ 0 & 0 & \cdots & 0 & 0 & P_{r+2,r+2} & \cdots & 0 \\ \vdots & \vdots & & \vdots & \vdots & \vdots & & \vdots \\ 0 & 0 & \cdots & 0 & 0 & 0 & \cdots & P_{mm} \end{array}\right)。\quad (15.3.5)$$

式中，每个 $P_{11},\cdots,P_{rr}$ 或者为不可约，或者为$[0]_{1\times1}$，而 $P_{r+1,r+1},\cdots,P_{mm}$ 不可约（它们不可能为 0，因为所有行和都等于 1）。正如在第 171 页上所提到的，对称排列的效果仅仅是对 $G(P)$ 中的结点进行了重新标号，或等价为重新排列了链的状态。当链的状态被加以重新排列，从而使得 P 具有如式（15.3.5）右侧的形式时，我们称 P 具有**可约矩阵的标准形**。

第 173 页上的结果可以确保，如果一个不可约的随机矩阵 P 在单位圆上具有 h 个特征值时，则这 h 个特征值为 h 个单位根，且每个根都是 P 的一个简单特征值。对于可约随机矩阵而言，我们不能得到相同的结论，但是式（15.3.5）却能给出稍次的结论（证明见参考文献［127］）。

单位特征值

单位特征值（unit eigenvalue）是位于单位圆上的特征值。对每个随机矩阵 $P_{n\times n}$，以下陈述为真。

- P 的每个单位特征值都是半简的；
- 每个单位特征值都具有 $\lambda = e^{2k\pi i/h}$ 的形式，其中，k 为某个满足 $k<h\leqslant n$ 的值；
- 特别地，$\rho(P) = 1$ 总是 P 的一个半简特征值。

第 163 页上的讨论指出，矩阵 $A_{n\times n}$ 为切萨罗可加的，当且仅当$\rho(A) < 1$，或$\rho(A) = 1$ 且每个单位圆上的特征值都是半简的。既然上面的结论说明对于所有随机矩阵 P，后一个条件都得以成立，因此我们便可得到如下的针对任意随机矩阵的有力结论。

所有随机矩阵均为可加的

每个随机矩阵 P 都是切萨罗可加的，即

$$\lim_{k\to\infty}\frac{I + P + \cdots + P^{k-1}}{k} = G$$

总是存在，且如第 163 页上所讨论的那样，该极限的值就是沿着 $R(I-P)$ 至 $N(I-P)$ 的谱投影。

在第 181 页上，我们已经给出了 $\boldsymbol{P}$ 为不可约随机矩阵时切萨罗极限的结构与解释，因此，只需对可约情况下 $\lim_{k\to\infty}(\boldsymbol{I}+\boldsymbol{P}+\cdots+\boldsymbol{P}^{k-1})/k$ 的本质进行分析，就可以得到完整的论述。

假设 $\boldsymbol{P}=\begin{pmatrix}\boldsymbol{T}_{11} & \boldsymbol{T}_{12}\\ \boldsymbol{0} & \boldsymbol{T}_{22}\end{pmatrix}$ 是一个具有标准形（15.3.5）的可约随机矩阵，其中

$$\boldsymbol{T}_{11}=\begin{pmatrix}\boldsymbol{P}_{11} & \cdots & \boldsymbol{P}_{1r}\\ & \ddots & \vdots\\ & & \boldsymbol{P}_{rr}\end{pmatrix},\boldsymbol{T}_{12}=\begin{pmatrix}\boldsymbol{P}_{1,r+1} & \cdots & \boldsymbol{P}_{1m}\\ \vdots & & \vdots\\ \boldsymbol{P}_{r,r+1} & \cdots & \boldsymbol{P}_{rm}\end{pmatrix},\boldsymbol{T}_{22}=\begin{pmatrix}\boldsymbol{P}_{r+1,r+1} & & \\ & \ddots & \\ & & \boldsymbol{P}_{mm}\end{pmatrix}。$$

由于 $\boldsymbol{T}_{11}$ 中的每一行都具有非零的非对角块，因此对每个 $k=1,2,\cdots,r$，有 $\rho(\boldsymbol{P}_{kk})<1$。由此，$\rho(\boldsymbol{T}_{11})<1$，且

$$\lim_{k\to\infty}\frac{\boldsymbol{I}+\boldsymbol{T}_{11}+\cdots+\boldsymbol{T}_{11}^{k-1}}{k}=\lim_{k\to\infty}\boldsymbol{T}_{11}^{k}=\boldsymbol{0}。$$

此外，$\boldsymbol{P}_{r+1,r+1},\cdots,\boldsymbol{P}_{mm}$ 均为不可约随机矩阵，因此若 $\boldsymbol{\pi}_j^{\mathrm{T}}(r+1\leqslant j\leqslant m)$ 为$\boldsymbol{P}_{jj}$ 的左佩隆向量，则结合式（15.1.12）和（15.1.18）可得

$$\lim_{k\to\infty}\frac{\boldsymbol{I}+\boldsymbol{T}_{22}+\cdots+\boldsymbol{T}_{22}^{k-1}}{k}=\begin{pmatrix}\boldsymbol{e}\boldsymbol{\pi}_{r+1}^{\mathrm{T}} & & \\ & \ddots & \\ & & \boldsymbol{e}\boldsymbol{\pi}_{m}^{\mathrm{T}}\end{pmatrix}=\boldsymbol{E}。$$

由式（15.2.4）可显然看出，当且仅当 $\boldsymbol{P}_{r+1,r+1},\cdots,\boldsymbol{P}_{mm}$ 均为素矩阵时，$\lim_{k\to\infty}\boldsymbol{T}_{22}^{k}$ 存在，此时 $\lim_{k\to\infty}\boldsymbol{T}_{22}^{k}=\boldsymbol{E}$。因此，无论该极限是切萨罗极限还是普通极限（如果存在的话），都具有如下形式

$$\lim_{k\to\infty}\frac{\boldsymbol{I}+\boldsymbol{P}+\cdots+\boldsymbol{P}^{k-1}}{k}=\begin{pmatrix}\boldsymbol{0} & \boldsymbol{Z}\\ \boldsymbol{0} & \boldsymbol{E}\end{pmatrix}=\boldsymbol{G}=\lim_{k\to\infty}\boldsymbol{P}^{k}(\text{当极限存在时})。$$

为了确定 $\boldsymbol{Z}$ 的准确本性，我们利用 $R(\boldsymbol{G})=N(\boldsymbol{I}-\boldsymbol{P})$ 这一事实（因为 $\boldsymbol{G}$ 是沿 $R(\boldsymbol{I}-\boldsymbol{P})$ 至 $N(\boldsymbol{I}-\boldsymbol{P})$ 的投影），有

$$(\boldsymbol{I}-\boldsymbol{P})\boldsymbol{G}=\boldsymbol{0}\Rightarrow\begin{pmatrix}\boldsymbol{I}-\boldsymbol{T}_{11} & -\boldsymbol{T}_{12}\\ \boldsymbol{0} & \boldsymbol{I}-\boldsymbol{T}_{22}\end{pmatrix}\begin{pmatrix}\boldsymbol{0} & \boldsymbol{Z}\\ \boldsymbol{0} & \boldsymbol{E}\end{pmatrix}=\boldsymbol{0}\Rightarrow(\boldsymbol{I}-\boldsymbol{T}_{11})\boldsymbol{Z}=\boldsymbol{T}_{12}\boldsymbol{E}。$$

由于 $\boldsymbol{I}-\boldsymbol{T}_{11}$ 非奇异（因为 $\rho(\boldsymbol{T}_{11})<1$），因此

$$\boldsymbol{Z}=(\boldsymbol{I}-\boldsymbol{T}_{11})^{-1}\boldsymbol{T}_{12}\boldsymbol{E}。$$

进而可得如下关于可约链的极限的结论。

可约马尔可夫链

若对可约马尔可夫链的状态进行排列，以使得转移矩阵具有式（15.3.5）所给出的标准形

$$\boldsymbol{P}=\begin{pmatrix}\boldsymbol{T}_{11} & \boldsymbol{T}_{12}\\ \boldsymbol{0} & \boldsymbol{T}_{22}\end{pmatrix},$$

且若 $\boldsymbol{\pi}_j^{\mathrm{T}}$ 为$\boldsymbol{P}_{jj}(r+1\leqslant j\leqslant m)$ 的左佩隆向量，则$\boldsymbol{I}-\boldsymbol{T}_{11}$ 非奇异，且

$$\lim_{k\to\infty}\frac{\boldsymbol{I}+\boldsymbol{P}+\cdots+\boldsymbol{P}^{k-1}}{k}=\begin{pmatrix}\boldsymbol{0} & (\boldsymbol{I}-\boldsymbol{T}_{11})^{-1}\boldsymbol{T}_{12}\boldsymbol{E}\\ \boldsymbol{0} & \boldsymbol{E}\end{pmatrix}。$$

式中

$$\boldsymbol{E}=\begin{pmatrix}\boldsymbol{e}\boldsymbol{\pi}_{r+1}^{\mathrm{T}} & & \\ & \ddots & \\ & & \boldsymbol{e}\boldsymbol{\pi}_m^{\mathrm{T}}\end{pmatrix}。$$

此外，当且仅当式（15.3.5）中的随机矩阵$\boldsymbol{P}_{r+1,r+1},\cdots,\boldsymbol{P}_{mm}$ 均为素矩阵时，$\lim\limits_{k\to\infty}\boldsymbol{P}^k$存在，且极限为

$$\lim_{k\to\infty}\boldsymbol{P}^k=\begin{pmatrix}\boldsymbol{0} & (\boldsymbol{I}-\boldsymbol{T}_{11})^{-1}\boldsymbol{T}_{12}\boldsymbol{E}\\ \boldsymbol{0} & \boldsymbol{E}\end{pmatrix}。\qquad(15.3.6)$$

暂态类和遍历态类

当对一条链的状态进行了重排，从而使得 $\boldsymbol{P}$ 具有标准形（15.3.5）后，对应于 $\boldsymbol{P}_{kk}(1\leqslant k\leqslant r)$ 的状态子集称为第 k 个**暂态类**（transient class），因为一旦离开暂态类，链将不再回到这些状态上来。对应于 $\boldsymbol{P}_{r+j,r+j}(j\geqslant 1)$ 的状态子集称为第j 个**遍历态类**（ergodic class）。每个遍历态类都是其自身上的一个不可约马尔可夫链，而它又嵌在一个更大的可约链中。从现在起，我们将假设可约链中的状态都已经经过了重排，使得 $\boldsymbol{P}$ 具有标准形（15.3.5）。

每条可约链最终都会进入某个遍历态类中，但在那之后的事情，则依赖于该遍历态类是否具有素性。如果 $\boldsymbol{P}_{r+j,r+j}$ 为素的，则链将稳定在 $\boldsymbol{P}_{r+j,r+j}$ 的左佩隆向量所定义的稳态上；但如果 $\boldsymbol{P}_{r+j,r+j}$ 非素，则过程将在第j 个遍历态类中一直保持振荡。关于极限并没有什么更多可说之处，但还有其他重要问题需要考虑，如链最终将进入哪个遍历态类，以及需要多久才能到达这个遍历态类，等等。这些答案将依赖于链从哪里开始——即依赖于初始分布。

为方便起见，令 T_i 表示第 i 个暂态类，并令 ε_j 为第j 个遍历态类。假设链由某个特定的暂态开始——比如说从 T_i 的第 p 个状态开始。由于现在仅考虑哪个遍历态类将被击中，而不考虑之后将发生什么事，因此我们可以通过在（15.3.5）中为每个 $j\geqslant 1$ 置 $\boldsymbol{P}_{r+j,r+j}=$

$\boldsymbol{I}$，来将每个遍历态类中的每个状态都变为一个陷阱。这个修改后的链的转移矩阵为 $\widetilde{\boldsymbol{P}} = \begin{pmatrix} \boldsymbol{T}_{11} & \boldsymbol{T}_{12} \\ \boldsymbol{0} & \boldsymbol{I} \end{pmatrix}$，而由式（15.3.6）可知，$\lim\limits_{k\to\infty} \widetilde{\boldsymbol{P}}^k$ 存在，且具有如下形式

$$\lim_{k\to\infty} \widetilde{\boldsymbol{P}}^k = \begin{pmatrix} \boldsymbol{0} & (\boldsymbol{I}-\boldsymbol{T}_{11})^{-1}\boldsymbol{T}_{12} \\ \boldsymbol{0} & \boldsymbol{I} \end{pmatrix} = \left(\begin{array}{cccc|cccc} \boldsymbol{0} & \boldsymbol{0} & \cdots & \boldsymbol{0} & \boldsymbol{L}_{1,1} & \boldsymbol{L}_{1,2} & \cdots & \boldsymbol{L}_{1s} \\ \boldsymbol{0} & \boldsymbol{0} & \cdots & \boldsymbol{0} & \boldsymbol{L}_{2,1} & \boldsymbol{L}_{2,2} & \cdots & \boldsymbol{L}_{2s} \\ \vdots & \vdots & & \vdots & \vdots & \vdots & & \vdots \\ \boldsymbol{0} & \boldsymbol{0} & \cdots & \boldsymbol{0} & \boldsymbol{L}_{r,1} & \boldsymbol{L}_{r,2} & \cdots & \boldsymbol{L}_{rs} \\ \hline \boldsymbol{0} & \boldsymbol{0} & \cdots & \boldsymbol{0} & \boldsymbol{I} & \boldsymbol{0} & \cdots & \boldsymbol{0} \\ \boldsymbol{0} & \boldsymbol{0} & \cdots & \boldsymbol{0} & \boldsymbol{0} & \boldsymbol{I} & \cdots & \boldsymbol{0} \\ \vdots & \vdots & & \vdots & \vdots & \vdots & & \vdots \\ \boldsymbol{0} & \boldsymbol{0} & \cdots & \boldsymbol{0} & \boldsymbol{0} & \boldsymbol{0} & \cdots & \boldsymbol{I} \end{array}\right)。$$

因此，块$\boldsymbol{L}_{ij}$的（p，q）元素表示了由 T_i 中的第 p 个状态开始，并最终达到 ε_j 中的第 q 个状态的概率。所以若 $\boldsymbol{e}$ 为全 1 向量，则最终进入 ε_j 中某个状态的概率为

$$P(\text{被吸收进入 } \varepsilon_j \mid \text{由 } T_i \text{ 的第 } p \text{ 个状态开始}) = \sum_k [\boldsymbol{L}_{ij}]_{pk} = [\boldsymbol{L}_{ij}\boldsymbol{e}]_p。$$

若 $\boldsymbol{p}_i^{\mathrm{T}}(0)$ 为从 T_i 中不同状态开始的初始分布，则

$$P(\text{被吸收进入 } \varepsilon_j \mid \boldsymbol{p}_i^{\mathrm{T}}(0)) = \boldsymbol{p}_i^{\mathrm{T}}(0)\boldsymbol{L}_{ij}\boldsymbol{e}。$$

首次到达某个遍历态所需的期望步数如下确定。通过反复应用第 180 页上的证明方法，当给定链由暂态 S_i 开始时，对链处于暂态 S_j 的时间进行计数。即给定链开始于 S_i，令

$$Z_0 = \begin{cases} 1, & \text{若 } S_i = S_j, \\ 0, & \text{其他}, \end{cases} \quad Z_k = \begin{cases} 1, & \text{若经过 } k \text{ 步后链处于 } S_i, \\ 0, & \text{其他}, \end{cases}$$

由于

$$E[Z_k] = 1 \cdot P(Z_k = 1) + 0 \cdot P(Z_k = 0) = P(Z_k = 1) = [\boldsymbol{T}_{11}^k]_{ij}$$

且 $\sum\limits_{k=0}^{\infty} Z_k$ 为链处于 S_j 的总时间，因此有

$$\begin{aligned} E[\text{处于 } S_j \text{ 的时间} \mid \text{由 } S_i \text{ 开始}] &= E\left[\sum_{k=0}^{\infty} Z_k\right] = \sum_{k=0}^{\infty} E[Z_k] = \sum_{k=0}^{\infty} [\boldsymbol{T}_{11}^k]_{ij} \\ &= [(\boldsymbol{I}-\boldsymbol{T}_{11})^{-1}]_{ij} (\text{因为 } \rho(\boldsymbol{T}_{11}) < 1)。\end{aligned}$$

对所有暂态进行求和，便给出了链处于某个暂态的期望时间步数，而这与首次达到一个遍历态之前的期望时间步数是相同的。换而言之

$$E[\text{被吸收的时间} \mid \text{由第 } i \text{ 个暂态开始}] = [(\boldsymbol{I}-\boldsymbol{T}_{11})^{-1}\boldsymbol{e}]_i$$

在实际应用中常见的情况是，仅存在一个暂态类，且遍历态类都仅仅是单一的吸收态（即一旦进入便再也无法脱离的状态）。如果单一的暂态类中包括 r 个状态，且有 s 个吸收态，则转移矩阵的标准形为

$$P = \left(\begin{array}{ccc|ccc} p_{11} & \cdots & p_{1r} & p_{1,r+1} & \cdots & p_{1s} \\ \vdots & & \vdots & \vdots & & \vdots \\ p_{r1} & \cdots & p_{rr} & p_{r,r+1} & \cdots & p_{rs} \\ \hline 0 & \cdots & 0 & 1 & \cdots & 0 \\ \vdots & & \vdots & \vdots & & \vdots \\ 0 & \cdots & 0 & 0 & \cdots & 1 \end{array}\right)。 \tag{15.3.7}$$

此时，$L_{ij} = [(I - T_{11})^{-1} T_{12}]_{ij}$，而作为之前结论的特例，可以指出，每条吸收链最终都必然达到其吸收态中的某一个。以下总结给出了吸收概率与吸收时间。

吸收概率与吸收时间

对于转移矩阵具有标准形（15.3.5）$P = \begin{pmatrix} T_{11} & T_{12} \\ 0 & T_{22} \end{pmatrix}$ 的可约链，令 T_i 和 ε_j 分别为第 i 个暂态类和第 j 个遍历态类，并令 $p_i^{\mathrm{T}}(0)$ 为由 T_i 中不同状态开始的初始分布。若 $(I - T_{11})^{-1} T_{12}$ 被划分为

$$(I - T_{11})^{-1} T_{12} = \begin{pmatrix} L_{1,1} & L_{1,2} & \cdots & L_{1s} \\ L_{2,1} & L_{2,2} & \cdots & L_{2s} \\ \vdots & \vdots & & \vdots \\ L_{r,1} & L_{r,2} & \cdots & L_{rs} \end{pmatrix},$$

则

- P(被吸收进入 $\varepsilon_j \mid p_i^{\mathrm{T}}(0)) = p_i^{\mathrm{T}}(0) L_{ij} e$；
- P(被吸收进入 $\varepsilon_j \mid$ 由 T_i 的第 p 个状态开始) $= \sum_k [L_{ij}]_{pk} = [L_{ij} e]_p$；
- E[被吸收的时间 | 由第 i 个暂态开始] $= [(I - T_{11})^{-1} e]_i$。

当仅有一个暂态类且每个遍历态类均为单一吸收态（$\varepsilon_j = S_{r+j}$）时，P 形如（15.3.7）。若 S_i 和 S_j 为暂态，则

- P(被吸收进入 $S_{r+j} \mid$ 由 S_i 开始) $= [(I - T_{11})^{-1} T_{12}]_{ij}$；
- E[被吸收的时间 | 由 S_i 开始] $= [(I - T_{11})^{-1} e]_i$；
- E[处于 S_j 的时间 | 由 S_i 开始] $= [(I - T_{11})^{-1}]_{ij}$。

15.4 佩隆补

15.5 节中的随机补理论涉及一些方法，这些方法可以将较小的链的稳态分布加以拼接，从而获得一个大的不可约马尔可夫链的稳态分布。有关概念基于佩隆补理论，它描述了大的不可约矩阵的佩隆向量是如何用较小矩阵的佩隆向量来加以表达的。

佩隆补

将谱半径为 $\rho(\boldsymbol{A}) = r$ 的不可约矩阵 $\boldsymbol{A}_{n\times n} \geqslant \boldsymbol{0}$ 划分如下

$$\boldsymbol{A} = \begin{pmatrix} \boldsymbol{A}_{11} & \boldsymbol{A}_{12} & \cdots & \boldsymbol{A}_{1k} \\ \boldsymbol{A}_{21} & \boldsymbol{A}_{22} & \cdots & \boldsymbol{A}_{2k} \\ \vdots & \vdots & & \vdots \\ \boldsymbol{A}_{k1} & \boldsymbol{A}_{k2} & \cdots & \boldsymbol{A}_{kk} \end{pmatrix}。 \tag{15.4.1}$$

式中，所有对角分块均为方阵。第 i 个对角分块 $\boldsymbol{A}_{ii}$ 的**佩隆补**（Perron complement）定义为矩阵

$$\boldsymbol{P}_i = \boldsymbol{A}_{ii} + \boldsymbol{A}_{i*}(r\boldsymbol{I} - \boldsymbol{A}_i^*)^{-1}\boldsymbol{A}_{*i}。 \tag{15.4.2}$$

式中，$\boldsymbol{A}_{i*}$ 和 $\boldsymbol{A}_{*i}$ 分别为将 $\boldsymbol{A}_{ii}$ 删除后第 i 行和第 i 列的分块，而 $\boldsymbol{A}_i^*$ 为将第 i 行和第 i 列分块删除后所得的 $\boldsymbol{A}$ 的主子矩阵。$r\boldsymbol{I} - \boldsymbol{A}_i^*$ 的非奇异性将在第 188 页上讨论。

例如，若 $\boldsymbol{A} = \begin{pmatrix} \boldsymbol{A}_{11} & \boldsymbol{A}_{12} \\ \boldsymbol{A}_{21} & \boldsymbol{A}_{22} \end{pmatrix} \geqslant \boldsymbol{0}$ 不可约且 $\rho(\boldsymbol{A}) = r$，则相应的两个佩隆补为

$$\boldsymbol{P}_1 = \boldsymbol{A}_{11} + \boldsymbol{A}_{12}(r\boldsymbol{I} - \boldsymbol{A}_{22})^{-1}\boldsymbol{A}_{21},\ \boldsymbol{P}_2 = \boldsymbol{A}_{22} + \boldsymbol{A}_{21}(r\boldsymbol{I} - \boldsymbol{A}_{11})^{-1}\boldsymbol{A}_{12}。$$

若 $\boldsymbol{A}$ 被划分为 $\boldsymbol{A} = \begin{pmatrix} \boldsymbol{A}_{11} & \boldsymbol{A}_{12} & \boldsymbol{A}_{13} \\ \boldsymbol{A}_{21} & \boldsymbol{A}_{22} & \boldsymbol{A}_{23} \\ \boldsymbol{A}_{31} & \boldsymbol{A}_{32} & \boldsymbol{A}_{33} \end{pmatrix}$，则有三个佩隆补，其中的第二个为

$$\boldsymbol{P}_2 = \boldsymbol{A}_{22} + (\boldsymbol{A}_{21}\quad \boldsymbol{A}_{23})\begin{pmatrix} r\boldsymbol{I} - \boldsymbol{A}_{11} & -\boldsymbol{A}_{13} \\ -\boldsymbol{A}_{31} & r\boldsymbol{I} - \boldsymbol{A}_{33} \end{pmatrix}^{-1}\begin{pmatrix} \boldsymbol{A}_{12} \\ \boldsymbol{A}_{32} \end{pmatrix},$$

而其余两个补 $\boldsymbol{P}_1$ 和 $\boldsymbol{P}_3$ 也可类似得到。

对于 $\boldsymbol{A} = \begin{pmatrix} \boldsymbol{A}_{11} & \boldsymbol{A}_{12} \\ \boldsymbol{A}_{21} & \boldsymbol{A}_{22} \end{pmatrix}$，更为人熟知的**舒尔补**（Schur complement）定义[127]为

$$\boldsymbol{A}_{11} - \boldsymbol{A}_{12}\boldsymbol{A}_{22}^{-1}\boldsymbol{A}_{21}\boldsymbol{A}_{22} - \boldsymbol{A}_{21}\boldsymbol{A}_{11}^{-1}\boldsymbol{A}_{12}。$$

尽管佩隆补与舒尔补并不相同，但如下构造过程却将两者联系在了一起。

1）构建 $\boldsymbol{A} - r\boldsymbol{I}$，从而利用 $r\boldsymbol{I}$ 对 $\boldsymbol{A}$ 进行平移；

2）产生舒尔补 $\boldsymbol{C}_i$；

3）构建 $r\boldsymbol{I} + \boldsymbol{C}_i$，从而再将结果平移回去。

这个构造过程并非“佩隆补”得名的唯一由来——随着其他结论的展开，更多原因将变得明显起来。所有佩隆补的一个显著特点，便是它们从父矩阵那儿继承了“佩隆性质”，

即若 $\boldsymbol{A}$ 为非负不可约，则由 $\boldsymbol{A}$ 导出的每个佩隆补 $\boldsymbol{P}_i$ 也是如此。此外，如果 $\rho(\boldsymbol{A}) = r$，则对每个 i 有 $\rho(\boldsymbol{P}_i) = r$。而最为重要的是，$\boldsymbol{P}_i$ 的佩隆向量可以合并而构成父矩阵 $\boldsymbol{A}$ 的佩隆向量。在理解这些结论之前，我们需要一些预备性的结果。这些结果中的第一个是第 172 页上某些佩隆-弗罗贝尼乌斯定理的反命题。

重温不可约性

当且仅当 $\boldsymbol{A}$ 具有对应于一个正右特征向量 $\boldsymbol{p} > \boldsymbol{0}$ 和一个正左特征向量 $\boldsymbol{q}^{\mathrm{T}} > \boldsymbol{0}$ 的一个简单正特征值 $\lambda > 0$ 时，$\boldsymbol{A}_{n\times n} \geqslant \boldsymbol{0}$ 为不可约。

证明　假设 $\boldsymbol{A}$ 具有一个简单特征值 $\lambda > 0$，它分别对应了若干右特征向量 $\boldsymbol{p} > \boldsymbol{0}$ 和左特征向量 $\boldsymbol{q}^{\mathrm{T}} > \boldsymbol{0}$。若 $\boldsymbol{D} = \mathrm{diag}(p_1, p_2, \cdots, p_n)$，则

$$\boldsymbol{P} = \frac{\boldsymbol{D}^{-1}\boldsymbol{A}\boldsymbol{D}}{\lambda} \tag{15.4.3}$$

为随机矩阵，并且当且仅当 $\boldsymbol{A}$ 不可约时，$\boldsymbol{P}$ 为不可约。而 1 是 $\boldsymbol{P}$ 的一个简单特征值，分别对应于右特征向量 $\boldsymbol{D}^{-1}\boldsymbol{p} = \boldsymbol{e} > \boldsymbol{0}$ 和左特征向量 $\boldsymbol{q}^{\mathrm{T}}\boldsymbol{D} > \boldsymbol{0}$。因此，$\boldsymbol{P}$ 为切萨罗可加至 $N(\boldsymbol{I} - \boldsymbol{P})$ 上的谱投影 $\boldsymbol{G}$（第 182 页）。$1 \in \sigma(\boldsymbol{P})$ 的简单性意味着

$$\boldsymbol{G} = \frac{\boldsymbol{D}^{-1}\boldsymbol{p}\boldsymbol{q}^{\mathrm{T}}\boldsymbol{D}}{\boldsymbol{q}^{\mathrm{T}}\boldsymbol{p}} > \boldsymbol{0}\text{（回忆一下第 161 页上的式(15.1.12)）。}$$

这便保证了 $\boldsymbol{P}$（以及 $\boldsymbol{A}$）是不可约的。否则，对于某个 $i \neq j$ 和所有的 k，有 $[\boldsymbol{P}^k]_{ij} = 0$，因此

$$\left[\frac{\boldsymbol{I} + \boldsymbol{P} + \cdots + \boldsymbol{P}^{k-1}}{k}\right]_{ij} = 0, k = 1, 2, \cdots \Rightarrow \boldsymbol{G}_{ij} = 0\text{。} \qquad \blacksquare$$

为了使佩隆补 $P_i = \boldsymbol{A}_{ii} + \boldsymbol{A}_{i*}(r\boldsymbol{I} - \boldsymbol{A}_i^*)^{-1}\boldsymbol{A}_{*i}$ 是定义良好的，就必须保证 $(r\boldsymbol{I} - \boldsymbol{A}_i^*)^{-1}$ 的存在性。这一存在性以及 $(r\boldsymbol{I} - \boldsymbol{A}_i^*)^{-1} > 0$ 的结论便是下一条定理的重点。

主子矩阵

令 $\boldsymbol{A}_{n\times n} \geqslant \boldsymbol{0}$ 不可约，且 $\rho(\boldsymbol{A}) = r$，并将 $\boldsymbol{A}$ 如式（15.4.1）进行划分。若 $\boldsymbol{A}_i^*$ 为将第 i 行和第 i 列的分块删除后得到的 $\boldsymbol{A}$ 的主子矩阵，则

$$\rho(\boldsymbol{A}_i^*) < r, \tag{15.4.4}$$

$$(r\boldsymbol{I} - \boldsymbol{A}_i^*)\text{ 非奇异，且}(r\boldsymbol{I} - \boldsymbol{A}_i^*)^{-1} > 0\text{。} \tag{15.4.5}$$

换而言之，$r\boldsymbol{I} - \boldsymbol{A}_i^*$ 是第 166 页上所介绍的 M-矩阵。

证明 为了证明$\rho(\boldsymbol{A}_i^*)<r$，现假设其反命题成立，即$r\leqslant\rho(\boldsymbol{A}_i^*)$。若$\boldsymbol{Q}$是一个排列矩阵，并满足

$$\boldsymbol{Q}^{\mathrm{T}}\boldsymbol{A}\boldsymbol{Q}=\begin{pmatrix}\boldsymbol{A}_i^* & \boldsymbol{A}_{*i}\\ \boldsymbol{A}_{i*} & \boldsymbol{A}_{ii}\end{pmatrix}=\tilde{\boldsymbol{A}}\text{，且若 }\tilde{\boldsymbol{B}}=\begin{pmatrix}\boldsymbol{A}_i^* & \boldsymbol{0}\\ \boldsymbol{0} & \boldsymbol{0}\end{pmatrix}, \tag{15.4.6}$$

则$\rho(\tilde{\boldsymbol{A}})=\rho(\boldsymbol{A})=r\leqslant\rho(\boldsymbol{A}_i^*)=\rho(\tilde{\boldsymbol{B}})$。此外$\tilde{\boldsymbol{A}}\geqslant\tilde{\boldsymbol{B}}\geqslant\boldsymbol{0}$保证$\rho(\tilde{\boldsymbol{A}})\geqslant\rho(\tilde{\boldsymbol{B}})$[127,第619页]，因此$r=\rho(\tilde{\boldsymbol{B}})=\rho(\boldsymbol{A}_i^*)$。但这是不可能的，因为非负矩阵的佩隆定理（第168页）确保存在向量$\boldsymbol{v}$，满足$\boldsymbol{v}\geqslant\boldsymbol{0}$，$\boldsymbol{v}\neq\boldsymbol{0}$，且$\boldsymbol{A}_i^*\boldsymbol{v}=r\boldsymbol{v}$，因此$\boldsymbol{z}=(\boldsymbol{v}\quad\boldsymbol{0})^{\mathrm{T}}$是一个非负的非零向量，并使得$\tilde{\boldsymbol{B}}\boldsymbol{z}=r\boldsymbol{z}$。由$\tilde{\boldsymbol{A}}\geqslant\tilde{\boldsymbol{B}}$可得$\tilde{\boldsymbol{A}}\boldsymbol{z}\geqslant\tilde{\boldsymbol{B}}\boldsymbol{z}=r\boldsymbol{z}$，并可进而直接证明[127,第674页]对$\boldsymbol{z}>\boldsymbol{0}$有$\tilde{\boldsymbol{A}}\boldsymbol{z}=r\boldsymbol{z}$，因此发生了矛盾。所以$\rho(\boldsymbol{A}_i^*)<r$。根据第162页上的诺依曼级数展开(15.1.16)可推得$(r\boldsymbol{I}-\boldsymbol{A}_i^*)$非奇异且$(r\boldsymbol{I}-\boldsymbol{A}_i^*)^{-1}>0$。■

如下面所要讨论的那样，佩隆补继承了大多数父矩阵所具有的有用性质。

佩隆补继承的佩隆性质

若$\boldsymbol{A}_{n\times n}\geqslant\boldsymbol{0}$为不可约矩阵，$\rho(\boldsymbol{A})=r$，并且$\boldsymbol{A}$按式（15.4.1）进行了划分；若$\boldsymbol{P}_i=\boldsymbol{A}_{ii}+\boldsymbol{A}_{i*}(r\boldsymbol{I}-\boldsymbol{A}_i^*)^{-1}\boldsymbol{A}_{*i}$为式（15.4.2）定义的第$i$个佩隆补，则

$$\text{对所有 } i\text{，有}\boldsymbol{P}_i\geqslant\boldsymbol{0}, \tag{15.4.7}$$

$$\text{对所有 } i\text{，}\boldsymbol{P}_i\text{ 不可约}, \tag{15.4.8}$$

$$\text{对所有 } i\text{，有 }\rho(\boldsymbol{P}_i)=r\text{。} \tag{15.4.9}$$

证明 由于$(r\boldsymbol{I}-\boldsymbol{A}_i^*)^{-1}>0$且$\boldsymbol{P}_i$中所有其他项均非负，因此$\boldsymbol{P}_i\geqslant\boldsymbol{0}$。对于$\boldsymbol{P}_i$不可约这一点，令$\tilde{\boldsymbol{p}}=\begin{pmatrix}\boldsymbol{x}\\ \boldsymbol{y}\end{pmatrix}$为式（15.4.6）中非负不可约矩阵$\tilde{\boldsymbol{A}}$的划分后的右佩隆向量，因此$(r\boldsymbol{I}-\tilde{\boldsymbol{A}})\tilde{\boldsymbol{p}}=\boldsymbol{0}$。而

$$\begin{pmatrix}r\boldsymbol{I}-\boldsymbol{A}_i^* & -\boldsymbol{A}_{*i}\\ -\boldsymbol{A}_{i*} & r\boldsymbol{I}-\boldsymbol{A}_{ii}\end{pmatrix}\begin{pmatrix}\boldsymbol{x}\\ \boldsymbol{y}\end{pmatrix}=\begin{pmatrix}\boldsymbol{0}\\ \boldsymbol{0}\end{pmatrix}\Rightarrow\begin{pmatrix}\boldsymbol{I} & \boldsymbol{0}\\ \boldsymbol{A}_{i*}(r\boldsymbol{I}-\boldsymbol{A}_i^*)^{-1} & \boldsymbol{I}\end{pmatrix}\begin{pmatrix}r\boldsymbol{I}-\boldsymbol{A}_i^* & -\boldsymbol{A}_{*i}\\ -\boldsymbol{A}_{i*} & r\boldsymbol{I}-\boldsymbol{A}_{ii}\end{pmatrix}\begin{pmatrix}\boldsymbol{x}\\ \boldsymbol{y}\end{pmatrix}=\begin{pmatrix}\boldsymbol{0}\\ \boldsymbol{0}\end{pmatrix}$$

的下半部分给出

$$(r\boldsymbol{I}-\boldsymbol{P}_i)\boldsymbol{y}=\boldsymbol{0}\text{。} \tag{15.4.10}$$

因此$(r,\boldsymbol{y})$是$\boldsymbol{P}_i$的一个右特征对，其中$\boldsymbol{y}>\boldsymbol{0}$。类似可证，同样存在一个$\boldsymbol{P}_i$的左特征对$(r,\boldsymbol{z}^{\mathrm{T}})$，其中$\boldsymbol{z}^{\mathrm{T}}>\boldsymbol{0}$。进一步地，$r$是$\boldsymbol{P}_i$的一个简单特征值，因为佩隆-弗罗贝尼乌斯定理保证了r是$\boldsymbol{A}$以及$\tilde{\boldsymbol{A}}$的一个简单特征值，以上结果连同

$$\begin{pmatrix}\boldsymbol{I} & \boldsymbol{0}\\ \boldsymbol{A}_{i*}(r\boldsymbol{I}-\boldsymbol{A}_i^*)^{-1} & \boldsymbol{I}\end{pmatrix}\begin{pmatrix}r\boldsymbol{I}-\boldsymbol{A}_i^* & -\boldsymbol{A}_{*i}\\ -\boldsymbol{A}_{i*} & r\boldsymbol{I}-\boldsymbol{A}_{ii}\end{pmatrix}\begin{pmatrix}\boldsymbol{I} & (r\boldsymbol{I}-\boldsymbol{A}_i^*)^{-1}\boldsymbol{A}_{i*}\\ \boldsymbol{0} & \boldsymbol{I}\end{pmatrix}=\begin{pmatrix}r\boldsymbol{I}-\boldsymbol{A}_i^* & \boldsymbol{0}\\ \boldsymbol{0} & r\boldsymbol{I}-\boldsymbol{P}_i\end{pmatrix}$$

以及$(r\boldsymbol{I}-\boldsymbol{A}_i^*)$非奇异的事实，便给出了

$$1=\dim N(r\boldsymbol{I}-\tilde{\boldsymbol{A}})=\dim N(r\boldsymbol{I}-\boldsymbol{A}_i^*)+\dim N(r\boldsymbol{I}-\boldsymbol{P}_i)=\dim N(r\boldsymbol{I}-\boldsymbol{P}_i)\text{。} \tag{15.4.11}$$

由于$\boldsymbol{P}_i$可按式（15.4.3）被变换为一个随机矩阵而不影响其重数，并且随机矩阵的谱半径

是半简的（第 182 页），因此可得 r 是 $\mathbf{P}_i$ 的半简特征值。所以式（15.4.11）保证了 r 是 $\mathbf{P}_i$ 的简单特征值。现在，$\mathbf{P}_i$ 的不可约性便是第 188 页上结果的一个推论。最后，佩隆-弗罗贝尼乌斯定理（第 172 页）中的部分结论指出，除了对应于谱半径的正佩隆向量的倍数之外，一个非负不可约矩阵不可能具有非负特征向量。因此，由于 $(r, \mathbf{y})$ 是 $\mathbf{P}_i$ 的特征对，且 $\mathbf{y} > \mathbf{0}$，所以 $\rho(\mathbf{P}_i) = r$，其中 $\mathbf{z}_i = \mathbf{y} / \|\mathbf{y}\|_1$ 为对应的佩隆向量。■

以上证明实际上比它看上去的样子还要重要，因为它揭示了 $\mathbf{A}$ 和 $\mathbf{P}_i$ 的佩隆向量间的一个重要关系。如果 $\mathbf{A}$ 的佩隆向量按与式（15.4.1）中一致的方式进行了如下划分

$$\mathbf{p} = \begin{pmatrix} \mathbf{p}_1 \\ \mathbf{p}_2 \\ \vdots \\ \mathbf{p}_k \end{pmatrix},$$

则式（15.4.6）实际上是排列的结果这一点，就明显说明 $\mathbf{p}_i = \mathbf{y}$，其中，$\mathbf{y} > \mathbf{0}$ 为式（15.4.10）中的向量。因此，$\mathbf{P}_i$ 的佩隆向量为

$$\mathbf{z}_i = \frac{\mathbf{y}}{\|\mathbf{y}\|_1} = \frac{\mathbf{y}}{\mathbf{e}^{\mathrm{T}}\mathbf{y}} = \frac{\mathbf{p}_i}{\mathbf{e}^{\mathrm{T}}\mathbf{p}_i},$$

或等价地

$$\mathbf{p}_i = \xi_i \mathbf{z}_i，其中，\xi_i = \mathbf{e}^{\mathrm{T}}\mathbf{p}_i。\tag{15.4.12}$$

换而言之，较小的佩隆补的佩隆向量可以被粘合起来构成 $\mathbf{A}$ 的佩隆向量如下

$$\mathbf{p} = \begin{pmatrix} \xi_1 \mathbf{z}_1 \\ \xi_2 \mathbf{z}_2 \\ \vdots \\ \xi_k \mathbf{z}_k \end{pmatrix}。\tag{15.4.13}$$

这看起来很不错，不过等你知道所需要的粘合剂是标量 $\xi_i = \mathbf{e}^{\mathrm{T}}\mathbf{p}_i$ 的集合时，便不会这样想了。这时我们就陷入了一个循环，即我们要使用 $\mathbf{p}$ 的元素来计算 $\mathbf{p}$ 的元素。幸运的是，有一个聪明的方法可以跳出这个困境。我们可以通过一个耦合矩阵（coupling matrix）$\mathbf{C}$ 的佩隆向量来制造出所需的粘合剂，这个耦合矩阵是从父矩阵 $\mathbf{A}$ 那儿继承了佩隆性质的另一个矩阵。下述定理将所有问题总而为一。

耦合定理

假设 $\boldsymbol{A}_{n\times n}\geqslant\boldsymbol{0}$ 不可约且 $\rho(\boldsymbol{A})=r$，$\boldsymbol{A}$ 被划分为如式（15.4.1）所示的 k 个层级。令 $\boldsymbol{p}$ 和 $\boldsymbol{z}_i$ 分别为式（15.4.2）所定义的 $\boldsymbol{A}$ 和佩隆补 $\boldsymbol{P}_i$ 的佩隆向量。矩阵

$$\boldsymbol{C}=\begin{pmatrix}\boldsymbol{e}^{\mathrm{T}}\boldsymbol{A}_{11}\boldsymbol{z}_1 & \cdots & \boldsymbol{e}^{\mathrm{T}}\boldsymbol{A}_{1k}\boldsymbol{z}_k\\ \vdots & & \vdots\\ \boldsymbol{e}^{\mathrm{T}}\boldsymbol{A}_{k1}\boldsymbol{z}_1 & \cdots & \boldsymbol{e}^{\mathrm{T}}\boldsymbol{A}_{kk}\boldsymbol{z}_k\end{pmatrix}_{k\times k}$$

称为耦合矩阵，它具有如下性质。

- $\boldsymbol{C}$ 非负且不可约；
- $\rho(\boldsymbol{C})=r$；
- $\boldsymbol{C}$ 的佩隆向量称为耦合向量（coupling vector），由 $\xi=\begin{pmatrix}\xi_1\\ \xi_2\\ \vdots\\ \xi_k\end{pmatrix}$ 给出，其中 $\xi_i=\boldsymbol{e}^{\mathrm{T}}\boldsymbol{p}_i$ 由式（15.4.12）所定义；
- $\boldsymbol{A}$ 的佩隆向量为 $\boldsymbol{p}=\begin{pmatrix}\boldsymbol{p}_1\\ \boldsymbol{p}_2\\ \vdots\\ \boldsymbol{p}_k\end{pmatrix}=\begin{pmatrix}\xi_1\boldsymbol{z}_1\\ \xi_2\boldsymbol{z}_2\\ \vdots\\ \xi_k\boldsymbol{z}_k\end{pmatrix}$。

证明　因为每一项 $c_{ij}=\boldsymbol{e}^{\mathrm{T}}\boldsymbol{A}_{ij}\boldsymbol{z}_j$ 均非负，所以 $\boldsymbol{C}\geqslant\boldsymbol{0}$。由于 $c_{ij}=0\Leftrightarrow\boldsymbol{A}_{ij}=\boldsymbol{0}$，因此 $\boldsymbol{C}$ 不可约（如果 $\boldsymbol{C}$ 能被排列为分块对角形式，则 $\boldsymbol{A}$ 也可以被排列为此种形式）。要证明定理的其余部分，注意到 $\boldsymbol{C}=\boldsymbol{RAL}$，其中，$\boldsymbol{R}$ 和 $\boldsymbol{L}$ 分别为

$$\boldsymbol{R}=\begin{pmatrix}\boldsymbol{e}^{\mathrm{T}} & \boldsymbol{0} & \cdots & \boldsymbol{0}\\ \boldsymbol{0} & \boldsymbol{e}^{\mathrm{T}} & \cdots & \boldsymbol{0}\\ \vdots & \vdots & & \vdots\\ \boldsymbol{0} & \boldsymbol{0} & \cdots & \boldsymbol{e}^{\mathrm{T}}\end{pmatrix}_{k\times n},\quad \boldsymbol{L}=\begin{pmatrix}\boldsymbol{z}_1 & \boldsymbol{0} & \cdots & \boldsymbol{0}\\ \boldsymbol{0} & \boldsymbol{z}_2 & \cdots & \boldsymbol{0}\\ \vdots & \vdots & & \vdots\\ \boldsymbol{0} & \boldsymbol{0} & \cdots & \boldsymbol{z}_k\end{pmatrix}_{n\times k},$$

由式（15.4.12）可知，$\boldsymbol{L}\xi=\boldsymbol{p}$，$\boldsymbol{Rp}=\xi$，因此

$$\boldsymbol{C}\xi=\boldsymbol{RAL}\xi=\boldsymbol{RAp}=\boldsymbol{R}(r\boldsymbol{P})=r\xi。$$

此外，$\xi>\boldsymbol{0}$（因为对每个 i 有 $\boldsymbol{p}_i>\boldsymbol{0}$），且 $\boldsymbol{e}^{\mathrm{T}}\xi=\boldsymbol{e}^{\mathrm{T}}\boldsymbol{Rp}=\boldsymbol{e}^{\mathrm{T}}\boldsymbol{p}=1$。于是 $r=\rho(\boldsymbol{C})$ 且 $\boldsymbol{x}$ 为 $\boldsymbol{C}$ 的佩隆向量。由式（15.4.13）可得结论 $\boldsymbol{p}=\begin{pmatrix}\xi_1\boldsymbol{z}_1\\ \xi_2\boldsymbol{z}_2\\ \vdots\\ \xi_k\boldsymbol{z}_k\end{pmatrix}$。 ■

以上证明中的矩阵 $\boldsymbol{R}$ 和 $\boldsymbol{L}$ 分别为所谓的限定变换（restriction operation）和延拓变换（prolongation operation）的特殊情形，因为当 $n>k$ 时，$\boldsymbol{R}$ 将 n 元组“限定为” k 元组，而因为 $\boldsymbol{RL}=\boldsymbol{I}$，所以 $\boldsymbol{L}$ 以类似于逆操作的方式将 k 元组“延拓为” n 元组。如上的限定-延拓技术是应用数学与数值方法研究中的常用工具。

为了巩固佩隆补的概念，考虑如下的例子。矩阵

$$A=\left(\begin{array}{cc|cc}2&1&0&3\\4&2&3&0\\\hline 0&3&2&4\\3&0&1&2\end{array}\right)=\begin{pmatrix}A_{11}&A_{12}\\A_{21}&A_{22}\end{pmatrix}$$

不可约，且 $\rho(A)=7$，它的两个佩隆补为

$$P_1=A_{11}+A_{12}(7I-A_{22})^{-1}A_{21}=\frac{1}{7}\begin{pmatrix}29&10\\40&29\end{pmatrix},\ \rho(P_1)=7,$$

和

$$P_2=A_{22}+A_{21}(7I-A_{11})^{-1}A_{12}=\frac{1}{7}\begin{pmatrix}29&40\\10&29\end{pmatrix},\ \rho(P_2)=7。$$

P_1 和 P_2 的佩隆向量分别为

$$z_1=\begin{pmatrix}1/3\\2/3\end{pmatrix},\ z_2=\begin{pmatrix}2/3\\1/3\end{pmatrix},$$

而耦合矩阵为

$$C=\begin{pmatrix}e^{T}A_{11}z_1&e^{T}A_{12}z_2\\e^{T}A_{21}z_1&e^{T}A_{22}z_2\end{pmatrix}=\begin{pmatrix}4&3\\3&4\end{pmatrix},\ \rho(C)=7。$$

耦合向量（C 的佩隆向量）为 $\xi=\begin{pmatrix}1/2\\1/2\end{pmatrix}$，因此 A 的佩隆向量为

$$p=\begin{pmatrix}(1/2)z_1\\(1/2)z_2\end{pmatrix}=\frac{1}{6}\begin{pmatrix}1\\2\\2\\1\end{pmatrix}。$$

有关 $\rho(A)$ 的知识对于计算 A 的佩隆补而言是必需的，在某些情形中，这可能会成为一个瓶颈。但是，在某些重要应用中，谱半径是已知的。一个值得注意的例子便是 15.3 节所述的有限马尔可夫链理论，因为对所有转移概率矩阵 P，有 $\rho(P)=1$。下一节将重点说明佩隆补是如何应用于马尔可夫链理论的。

15.5 随机补

当把佩隆补的知识应用于不可约随机矩阵时，便能得到马尔可夫链的若干有用的特性。特别地，将佩隆补的思路应用于马尔可夫链，便给出了一种方法，可用于将一条具有大量状态的链简化为更小的链，而同时却不会丧失其重要特性。

考虑 n 状态不可约马尔可夫链，并令

$$P=\begin{pmatrix}P_{11}&P_{12}&\cdots&P_{1k}\\P_{21}&P_{22}&\cdots&P_{2k}\\\vdots&\vdots&&\vdots\\P_{k1}&P_{k2}&\cdots&P_{kk}\end{pmatrix}\text{(对角线上为方阵)}\qquad(15.5.1)$$

为相应的转移概率矩阵的一个划分。我们知道，$\boldsymbol{P}$ 是不可约随机矩阵，且 $\rho(\boldsymbol{P})=1$（第 177 页），因此对应的佩隆补为

$$\boldsymbol{S}_i=\boldsymbol{P}_{ii}+\boldsymbol{P}_{i*}(\boldsymbol{I}-\boldsymbol{P}_i^*)^{-1}\boldsymbol{P}_{*i}。$$

正如将要看到的那样，这些补 $\boldsymbol{S}_i$ 具有若干额外的随机性质，因此在马尔可夫链的语境中，它们被另称为随机补。第 189 页上的性质（15.4.7）～（15.4.9）保证了每个 $\boldsymbol{S}_i$ 同样也是非负不可约矩阵，且 $\rho(\boldsymbol{S}_i)=1$。此外，

$$\begin{aligned}\boldsymbol{Pe}=\boldsymbol{e}&\Rightarrow\boldsymbol{P}_{ii}\boldsymbol{e}+\boldsymbol{P}_{i*}\boldsymbol{e}=\boldsymbol{e}\text{ 且 }\boldsymbol{P}_{*i}\boldsymbol{e}+\boldsymbol{P}_i^*\boldsymbol{e}=\boldsymbol{e}\\&\Rightarrow\boldsymbol{P}_{ii}\boldsymbol{e}+\boldsymbol{P}_{i*}\boldsymbol{e}=\boldsymbol{e}\text{ 且 }\boldsymbol{e}=(\boldsymbol{I}-\boldsymbol{P}_i^*)^{-1}\boldsymbol{P}_{*i}\boldsymbol{e}\\&\Rightarrow\boldsymbol{S}_i\boldsymbol{e}=\boldsymbol{e}。\end{aligned}$$

换而言之，每个随机补 $\boldsymbol{S}_i$ 本身就是某个较小的马尔可夫链的转移概率矩阵。

要理解 $\boldsymbol{S}_i$ 所定义的较小的链以及 $\boldsymbol{P}$ 所对应的父链之间的关系，可以考虑一个更为简单（但是等价）的情况，此时状态集 $\{1, 2, \cdots, n\}$ 被划分为两个簇

$$S_1=\{1,2,\cdots,r\}\text{ 和 }S_2=\{r+1,r+2,\cdots,n\},$$

因此

$$\boldsymbol{P}=\begin{matrix}1\\\vdots\\r\\r+1\\\vdots\\n\end{matrix}\overset{\begin{matrix}1\cdots r & r+1\cdots n\end{matrix}}{\left(\begin{array}{c|c}\boldsymbol{P}_{11}&\boldsymbol{P}_{12}\\\hline\boldsymbol{P}_{21}&\boldsymbol{P}_{22}\end{array}\right)},\text{ 且 }\begin{aligned}\boldsymbol{S}_1&=\boldsymbol{P}_{11}+\boldsymbol{P}_{12}(\boldsymbol{I}-\boldsymbol{P}_{22})^{-1}\boldsymbol{P}_{21},\\\boldsymbol{S}_2&=\boldsymbol{P}_{22}+\boldsymbol{P}_{21}(\boldsymbol{I}-\boldsymbol{P}_{11})^{-1}\boldsymbol{P}_{12}。\end{aligned}\qquad(15.5.2)$$

现在我们集中考察这两个补中的一个——比如说第二个，并对其（i，j）位置上的元素 $[\boldsymbol{S}_2]_{ij}=[\boldsymbol{P}_{22}]_{ij}+[\boldsymbol{P}_{21}(\boldsymbol{I}-\boldsymbol{P}_{11})^{-1}\boldsymbol{P}_{12}]_{ij}$ 进行解释。注意 $[\boldsymbol{P}_{22}]_{ij}$ 不过就是由状态 $r+i\in S_2$ 经过一步转移到状态 $r+j\in S_2$ 的概率，而

$$[\boldsymbol{P}_{21}(\boldsymbol{I}-\boldsymbol{P}_{11})^{-1}\boldsymbol{P}_{12}]_{ij}=\sum_{k=1}^{r}[\boldsymbol{P}_{21}]_{ik}[(\boldsymbol{I}-\boldsymbol{P}_{11})^{-1}\boldsymbol{P}_{12}]_{kj}。$$

其中，项 $[\boldsymbol{P}_{21}]_{ik}$ 是由 $r+i\in S_2$ 经过一步转移到 $k\in S_1$ 的概率，而 $[(\boldsymbol{I}-\boldsymbol{P}_{11})^{-1}\boldsymbol{P}_{12}]_{kj}$ 是过程由 $k\in S_1$ 开始，并且当链首次进入 S_2 时，链到达状态 $r+j\in S_2$ 的概率。要理解这一点，可以设想 S_2 中的状态为吸收态，一旦人为地迫使链进入 S_2 过程便会停止。由吸收链的相关结果（第 186 页）可知，$[(\boldsymbol{I}-\boldsymbol{P}_{11})^{-1}\boldsymbol{P}_{12}]_{ij}$ 为链由 $k\in S_1$ 开始时，在状态 $r+j$ 进入 S_2 的概率。因此，$[\boldsymbol{P}_{21}]_{ik}[(\boldsymbol{I}-\boldsymbol{P}_{11})^{-1}\boldsymbol{P}_{12}]_{kj}$ 即为直接由 $r+i\in S_2$ 移动到 $k\in S_1$，并在之后可能经过在 S_1 中的若干步而重新在状态 $r+j$ 进入 S_2 的概率（不考虑过程在 S_1 中时所发生的情况）。因此

$$[\boldsymbol{S}_2]_{ij}=[\boldsymbol{P}_{22}]_{ij}+\sum_{k=1}^{r}[\boldsymbol{P}_{21}]_{ik}[(\boldsymbol{I}-\boldsymbol{P}_{11})^{-1}\boldsymbol{P}_{12}]_{kj}$$

即为由状态 $r+i\in S_2$ 开始经过一步到达 $r+j\in S_2$，或者直接由 $r+i\in S_2$ 移动到 S_1 中的某处

（并可能在此停留一段时间），然后再在首次重返 S_2 时到达状态 $r+j$ 的概率。换而言之，S_2 是一条链的转移概率矩阵，该链仅在过程访问 S_2 中状态时才记录过程的位置，而对 S_1 中状态的访问都被简单地忽略或限制掉了。

15.6 设限

受限马尔可夫链

对于转移状态矩阵为 $\boldsymbol{P}$ 的 n 状态不可约马尔可夫链，设它已按式（15.5.1）进行了划分。令 S 表示对应于第 i 个对角分块 $\boldsymbol{P}_{ii}$ 的行（或列）下标的状态集合，并令 $\overline{S}$ 表示状态的补集。S 对应的受限马尔可夫链定义为一条马尔可夫链，仅当（由 $\boldsymbol{P}$ 所定义的）父链访问 S 中的状态的时候，该受限链才记录下父链的位置。对 $\overline{S}$ 中状态的访问均被忽略。受限链的转移概率矩阵为随机补

$$\boldsymbol{S}_i = \boldsymbol{P}_{ii} + \boldsymbol{P}_{i*}(\boldsymbol{I} - \boldsymbol{P}_i^*)^{-1}\boldsymbol{P}_{*i}。\qquad (15.6.1)$$

性质（15.4.8）确保了每个随机补 $\boldsymbol{S}_i$ 都是一个不可约矩阵，而每个受限链均为不可约马尔可夫链。因此，每个受限链具有一个对应的稳态概率分布 $\boldsymbol{s}_i^{\mathrm{T}}$，满足

$$\boldsymbol{s}_i^{\mathrm{T}}\boldsymbol{S}_i = \boldsymbol{s}_i^{\mathrm{T}},\ \boldsymbol{s}_i^{\mathrm{T}} > \boldsymbol{0},\ \boldsymbol{s}_i^{\mathrm{T}}\boldsymbol{e} = 1（如第 181 页上所总结的那样）。$$

用矩阵论的语言来讲，$\boldsymbol{s}_i^{\mathrm{T}}$ 便是 $\boldsymbol{S}_i$ 的左佩隆向量，但在马尔可夫链的语境中，$\boldsymbol{s}_i^{\mathrm{T}}$ 则被称为受限概率分布。

为了解释受限分布的含义，假设 n 状态马尔可夫链的状态空间被划分为如下的簇

$$\{1,2,\cdots,n\} = S_1 \cup S_2 \cup \cdots \cup S_k,其中,S_i = \{\sigma_{i1},\sigma_{i2},\cdots,\sigma_{in_i}\},\qquad (15.6.2)$$

且第 t 步分布和稳态分布也按与式（15.6.2）一致的方式划分为

$$\boldsymbol{p}^{\mathrm{T}}(t) = (\boldsymbol{p}_1^{\mathrm{T}}(t) \mid \boldsymbol{p}_2^{\mathrm{T}}(t) \mid \cdots \mid \boldsymbol{p}_k^{\mathrm{T}}(t))\boldsymbol{\pi}^{\mathrm{T}} = (\boldsymbol{\pi}_1^{\mathrm{T}} \mid \boldsymbol{\pi}_2^{\mathrm{T}} \mid \cdots \mid \boldsymbol{\pi}_k^{\mathrm{T}})。\qquad (15.6.3)$$

为了保证极限的存在性，假设链为素的（第 181 页）。令 X_t 为第 t 步后链的状态，Y_t 为第 t 步后包含 X_t 的簇。则经过 t 步后处于状态 σ_{ij}（第 i 个簇的第 j 个状态）的概率为

$$P(X_t = \sigma_{ij}) = [\boldsymbol{p}_i^{\mathrm{T}}(t)]_j(\boldsymbol{p}_i^{\mathrm{T}}(t) 的第 j 个元素),$$

而处于 σ_{ij} 的极限概率为

$$\lim_{t\to\infty}P(X_t = \sigma_{ij}) = \lim_{t\to\infty}[\boldsymbol{p}_i^{\mathrm{T}}(t)]_j = [\boldsymbol{\pi}_i^{\mathrm{T}}]_j(\boldsymbol{\pi}_i^{\mathrm{T}} 的第 j 个元素)。$$

类似地，经过 t 步后处于簇 S_i 中的概率为

$$P(Y_t = i) = \boldsymbol{p}_i^{\mathrm{T}}(t)\boldsymbol{e},$$

而处于 S_i 中某处的极限概率为

$$\lim_{t\to\infty} P(Y_t = i) = \lim_{t\to\infty} \boldsymbol{p}_i^{\mathrm{T}}(t)\boldsymbol{e} = \boldsymbol{\pi}_i^{\mathrm{T}}\boldsymbol{e}。\tag{15.6.4}$$

由于 $\boldsymbol{\pi}^{\mathrm{T}}$ 是转移概率矩阵 $\boldsymbol{P}$ 的左佩隆向量，因此由式（15.4.12）对左佩隆向量的解释，对应于划分（15.6.2）的第 i 个受限分布 $\boldsymbol{s}_i^{\mathrm{T}}$ 的第 j 个元素为

$$[\boldsymbol{s}_i^{\mathrm{T}}]_j = \frac{[\boldsymbol{\pi}_i^{\mathrm{T}}]_j}{\boldsymbol{\pi}_i^{\mathrm{T}}\boldsymbol{e}} = \lim_{t\to\infty}\frac{[\boldsymbol{p}_i^{\mathrm{T}}(t)]_j}{\boldsymbol{p}_i^{\mathrm{T}}(t)\boldsymbol{e}} = \lim_{t\to\infty}\frac{P(X_t = \sigma_{ij})}{P(Y_t = i)} = \lim_{t\to\infty} P(X_t = \sigma_{ij} \mid Y_t = i)。$$

换而言之，$[\boldsymbol{s}_i^{\mathrm{T}}]_j$ 为给定过程处于 S_i 中某处时，过程处于 σ_{ij} 的极限条件概率。总结如下：

受限概率分布

考虑一个 n 状态不可约马尔可夫链，其转移概率矩阵为 $\boldsymbol{P}$，稳态分布为 $\boldsymbol{\pi}^{\mathrm{T}} = (\boldsymbol{\pi}_1^{\mathrm{T}} \mid \boldsymbol{\pi}_2^{\mathrm{T}} \mid \cdots \mid \boldsymbol{\pi}_k^{\mathrm{T}})$，且状态空间被划分为

$$\{1,2,\cdots,n\} = S_1 \cup S_2 \cup \cdots \cup S_k, 其中, S_i = \{\sigma_{i1}, \sigma_{i2}, \cdots, \sigma_{in_i}\}。$$

受限概率分布为式（15.6.1）的随机补 $\boldsymbol{S}_i$ 所定义的受限马尔可夫链的稳态分布 $\boldsymbol{s}_i^{\mathrm{T}}$，满足 $\boldsymbol{s}_i^{\mathrm{T}}\boldsymbol{S}_i = \boldsymbol{s}_i^{\mathrm{T}}$，其中，$\boldsymbol{s}_i^{\mathrm{T}} > \boldsymbol{0}$ 且 $\boldsymbol{s}_i^{\mathrm{T}}\boldsymbol{e} = 1$。受限分布具有如下附加的性质：

$$\boldsymbol{s}_i^{\mathrm{T}} = \boldsymbol{\pi}_i^{\mathrm{T}}/(\boldsymbol{\pi}_i^{\mathrm{T}}\boldsymbol{e}) \quad (i = 1,2,\cdots,k)。\tag{15.6.5}$$

- 若 $\boldsymbol{P}$ 为素的，则 $\boldsymbol{s}_i^{\mathrm{T}}$ 的第 j 个元素为过程落在簇 S_i 中时，过程处于 S_i 的第 j 个状态的概率。换而言之

$$[\boldsymbol{s}_i^{\mathrm{T}}]_j = \lim_{t\to\infty} P(X_t = \sigma_{ij} \mid Y_t = i)。$$

式中，X_t 和 Y_t 分别为第 t 步后链所处的状态和簇的标号。

15.7　聚合

现在我们针对马尔可夫链的情形，将第 191 页上佩隆补的耦合定理进行特例化。在马尔可夫链的应用中，向量在矩阵的左侧，因此，对于对应着式（15.6.2）中状态空间划分的式（15.5.1）中 $\boldsymbol{P}$ 的划分，第 191 页上的耦合矩阵具有如下形式

$$\boldsymbol{A} = \begin{pmatrix} \boldsymbol{s}_1^{\mathrm{T}}\boldsymbol{P}_{11}\boldsymbol{e} & \cdots & \boldsymbol{s}_1^{\mathrm{T}}\boldsymbol{P}_{1k}\boldsymbol{e} \\ \vdots & & \vdots \\ \boldsymbol{s}_k^{\mathrm{T}}\boldsymbol{P}_{k1}\boldsymbol{e} & \cdots & \boldsymbol{s}_k^{\mathrm{T}}\boldsymbol{P}_{kk}\boldsymbol{e} \end{pmatrix}$$

$$= \begin{pmatrix} \boldsymbol{s}_1^{\mathrm{T}} & \cdots & \boldsymbol{0} \\ \vdots & & \vdots \\ \boldsymbol{0} & \cdots & \boldsymbol{s}_k^{\mathrm{T}} \end{pmatrix} \begin{pmatrix} \boldsymbol{P}_{11} & \cdots & \boldsymbol{P}_{1k} \\ \vdots & & \vdots \\ \boldsymbol{P}_{k1} & \cdots & \boldsymbol{P}_{kk} \end{pmatrix} \begin{pmatrix} \boldsymbol{e} & \cdots & \boldsymbol{0} \\ \vdots & & \vdots \\ \boldsymbol{0} & \cdots & \boldsymbol{e} \end{pmatrix}$$

$$= \boldsymbol{L}_{k\times n}\boldsymbol{P}_{n\times n}\boldsymbol{R}_{n\times k}, \tag{15.7.1}$$

式中，$\boldsymbol{L}$ 中的 $\boldsymbol{s}_i^{\mathrm{T}}$ 为受限分布，而 $\boldsymbol{R}$ 中的 $\boldsymbol{e}$ 为适当大小的全 1 列。（我们将耦合矩阵的记号由 $\boldsymbol{C}$ 变为了 $\boldsymbol{A}$，很快我们就将弄清楚这一做法的原因。）值得注意的是，$\boldsymbol{A}$ 同样定义了一条不可约马尔可夫链——但这条链只有 k 个状态。第 191 页上的耦合定理确保了 $\boldsymbol{A}$ 的非负性和不可约性，且 $\boldsymbol{A}$ 为随机的，因为

$$\boldsymbol{Ae} = \boldsymbol{LPRe} = \boldsymbol{LPe} = \boldsymbol{Le} = \boldsymbol{e}。$$

要理解 $\boldsymbol{A}$ 所定义的链及其稳态分布 α^{T} 的本质，让我们把 $\boldsymbol{A}$ 中的单个元素 $a_{ij} = \boldsymbol{s}_i^{\mathrm{T}}\boldsymbol{P}_{ij}\boldsymbol{e}$ 都视为概率。与之前一样，令 X_t 和 Y_t 分别为第 t 步后链所处的状态和簇的标号，并令 $\wedge$ 和 $\vee$ 分别表示逻辑与和逻辑或。

若给定过程在 t 步后处于簇 S_i 中，现在来考虑在下一步中链移动到簇 S_j 的概率。换句话说，考虑

$$P(Y_{t+1} = j \mid Y_t = i) = \frac{P(Y_t = i \wedge Y_{t+1} = j)}{P(Y_t = i)}。 \tag{15.7.2}$$

为了确定该条件概率，设

$$\boldsymbol{P} = \begin{pmatrix} \boldsymbol{P}_{11} & \cdots & \boldsymbol{P}_{1k} \\ \vdots & & \vdots \\ \boldsymbol{P}_{k1} & \cdots & \boldsymbol{P}_{kk} \end{pmatrix},\ \boldsymbol{p}^{\mathrm{T}}(t) = (\boldsymbol{p}_1^{\mathrm{T}}(t) \mid \cdots \mid \boldsymbol{p}_k^{\mathrm{T}}(t)),\boldsymbol{\pi}^{\mathrm{T}} = (\boldsymbol{\pi}_1^{\mathrm{T}} \mid \cdots \mid \boldsymbol{\pi}_k^{\mathrm{T}})$$

按与式（15.6.2）一致的方式进行了划分，并计算式（15.7.2）中的分子为

$$\begin{aligned}
&P(Y_t = i \wedge Y_{t+1} = j) \\
&\quad = P([X_t = \sigma_{i1} \vee \cdots \vee X_t = \sigma_{in_i}] \wedge [X_{t+1} = \sigma_{j1} \vee \cdots \vee X_{t+1} = \sigma_{jn_j}]) \\
&\quad = P([X_t = \sigma_{i1} \wedge X_{t+1} = \sigma_{j1}] \vee \cdots \vee [X_t = \sigma_{in_i} \wedge X_{t+1} = \sigma_{jn_j}]) \\
&\quad = \sum_{g=1}^{n_i}\sum_{h=1}^{n_j} P(X_t = \sigma_{ig} \wedge X_{t+1} = \sigma_{jh}) \\
&\quad = \sum_{g=1}^{n_i}\sum_{h=1}^{n_j} P(X_t = \sigma_{ig})P(X_{t+1} = \sigma_{jh} \mid X_t = \sigma_{ig}) \\
&\quad = \sum_{g=1}^{n_i}[\boldsymbol{p}_i^{\mathrm{T}}(t)]_g \sum_{h=1}^{n_j}[\boldsymbol{P}_{ij}]_{gh} = \sum_{g=1}^{n_i}[\boldsymbol{p}_i^{\mathrm{T}}(t)]_g[\boldsymbol{P}_{ij}\boldsymbol{e}]_g \\
&\quad = \boldsymbol{p}_i^{\mathrm{T}}(t)\boldsymbol{P}_{ij}\boldsymbol{e}。
\end{aligned}$$

式（15.7.2）中的分母为 $P(Y_t = i) = \boldsymbol{p}_i^{\mathrm{T}}(t)\boldsymbol{e}$，因此

$$P(Y_{t+1} = j \mid Y_t = i) = \frac{\boldsymbol{p}_i^{\mathrm{T}}(t)\boldsymbol{P}_{ij}\boldsymbol{e}}{\boldsymbol{p}_i^{\mathrm{T}}(t)\boldsymbol{e}}。 \tag{15.7.3}$$

由第 195 页上的式（15.6.5）可得[1]

$$\mathbf{s}_i^{\mathrm{T}} = \frac{\boldsymbol{\pi}_i^{\mathrm{T}}}{\boldsymbol{\pi}_i^{\mathrm{T}}\mathbf{e}} = \lim_{t\to\infty}\frac{\mathbf{p}_i^{\mathrm{T}}(t)}{\mathbf{p}_i^{\mathrm{T}}(t)\mathbf{e}},$$

因此由式（15.7.3）可知，$\boldsymbol{A}$ 中的元素为

$$a_{ij} = \mathbf{s}_i^{\mathrm{T}}\mathbf{P}_{ij}\mathbf{e} = \lim_{t\to\infty}\frac{\mathbf{p}_i^{\mathrm{T}}(t)\,\mathbf{P}_{ij}\mathbf{e}}{\mathbf{p}_i^{\mathrm{T}}(t)\mathbf{e}} = \lim_{t\to\infty}P(Y_{t+1} = j \mid Y_t = i)。\tag{15.7.4}$$

如果过程在 $\mathbf{p}^{\mathrm{T}}(t) = \boldsymbol{\pi}^{\mathrm{T}}$ 的意义下达到了稳态，则称不可约链在时间（步）t 处于平衡态（equilibrium）。因此，式（15.7.4）意味着 a_{ij} 等于过程达到平衡后由簇 S_i 转移到簇 S_j 的转移概率。以下是这些结果的总结。

马尔可夫链的聚合定理

状态被划分为 k 个簇

$$\{1,2,\cdots,n\} = S_1 \cup S_2 \cup \cdots \cup S_k$$

的不可约马尔可夫链可以被压缩为一个较小的 k 状态聚合链，其状态为单个簇 S_i。

- 聚合链的转移概率矩阵 $\boldsymbol{A}$ 是第 191 页上给出的耦合矩阵，即

$$A = \begin{pmatrix} \mathbf{s}_1^{\mathrm{T}}\mathbf{P}_{11}\mathbf{e} & \cdots & \mathbf{s}_1^{\mathrm{T}}\mathbf{P}_{1k}\mathbf{e} \\ \vdots & & \vdots \\ \mathbf{s}_k^{\mathrm{T}}\mathbf{P}_{k1}\mathbf{e} & \cdots & \mathbf{s}_k^{\mathrm{T}}\mathbf{P}_{kk}\mathbf{e} \end{pmatrix}_{k\times k}。\tag{15.7.5}$$

式中，$\mathbf{P}_{ij}$ 为未聚合链的分块转移矩阵 $\mathbf{P}$ 中的第（i，j）分块，而 $\mathbf{s}_i^{\mathrm{T}}$ 为 $\mathbf{P}$ 所导出的第 i 个随机补的受限分布。

- 若 Y_t 为未聚合的链在 t 步后所占据的簇，则对素性链，聚合转移概率 $a_{ij} = \mathbf{s}_i^{\mathrm{T}}\mathbf{P}_{ij}\mathbf{e}$ 可表示为

$$a_{ij} = \lim_{t\to\infty}P(Y_{t+1} = j \mid Y_t = i)。$$

换而言之，当未聚合链处于平衡态时，聚合链中状态间的转移对应于未聚合链中簇间的转移。

作为马尔可夫链聚合的一个例子，考虑不直接计算链的稳态概率而确定链处于簇 S_i 中某处的最终概率的问题（过程最终将占据簇 S_i 中的哪个特定状态并不重要）。换而言之，如果 Y_t 是过程经 t 步后所停留的簇，则该问题便是要确定 $\lim_{t\to\infty}P(Y_t = i)$。

---

[1] 要使这些极限存在，需要假设 P 是素的。

当然，如果已知稳态概率，这便不成问题，因此如式（15.6.4）所指出的那样，若 $\boldsymbol{p}^{\mathrm{T}}(t)=(\boldsymbol{p}_1^{\mathrm{T}}(t)\mid\cdots\mid\boldsymbol{p}_k^{\mathrm{T}}(t))$ 且 $\boldsymbol{\pi}^{\mathrm{T}}=(\boldsymbol{\pi}_1^{\mathrm{T}}\mid\cdots\mid\boldsymbol{\pi}_k^{\mathrm{T}})$，则处于 S_i 中某处的极限概率为

$$\alpha_i=\lim_{t\to\infty}P(Y_t=i)=\lim_{t\to\infty}\boldsymbol{p}_i^{\mathrm{T}}(t)\boldsymbol{e}=\boldsymbol{\pi}_i^{\mathrm{T}}\boldsymbol{e}。\qquad(15.7.6)$$

但仅仅为了找到 $\boldsymbol{\pi}_i^{\mathrm{T}}$，就去计算一条大链中的所有 $\boldsymbol{\pi}^{\mathrm{T}}$，这种做法将是一种浪费。由于当未聚合链处于平衡态时，聚合链的转移就对应了未聚合链的簇间的转移，因此我们预计聚合链的稳态分布的第 i 个元素即为处于 S_i 的极限概率，而这一点是成立的。

- 换而言之，如果由式（15.7.5）中的 $\boldsymbol{A}$ 所定义的聚合链的稳态分布为 $\boldsymbol{\alpha}^{\mathrm{T}}=(\alpha_1,\alpha_2,\cdots,\alpha_k)$，则 $\alpha_i=\boldsymbol{\pi}_i^{\mathrm{T}}\boldsymbol{e}=\lim_{t\to\infty}P(Y_t=i)$。

15.8 去聚合

当在马尔可夫链的语境中进行解读时，第 191 页上的耦合定理代表了去聚合（disaggregation）过程的一个扩展。以下是去聚合定理的正式表述。

马尔可夫链的去聚合

考虑不可约马尔可夫链及其对应的聚合链，它们各自的转移概率矩阵分别为

$$\boldsymbol{P}=\begin{pmatrix}\boldsymbol{P}_{11}&\boldsymbol{P}_{12}&\cdots&\boldsymbol{P}_{1k}\\\boldsymbol{P}_{21}&\boldsymbol{P}_{22}&\cdots&\boldsymbol{P}_{2k}\\\vdots&\vdots&&\vdots\\\boldsymbol{P}_{k1}&\boldsymbol{P}_{k2}&\cdots&\boldsymbol{P}_{kk}\end{pmatrix}_{n\times n}\quad 和\ A=\begin{pmatrix}\boldsymbol{s}_1^{\mathrm{T}}\boldsymbol{P}_{11}\boldsymbol{e}&\cdots&\boldsymbol{s}_1^{\mathrm{T}}\boldsymbol{P}_{1k}\boldsymbol{e}\\\vdots&&\vdots\\\boldsymbol{s}_k^{\mathrm{T}}\boldsymbol{P}_{k1}\boldsymbol{e}&\cdots&\boldsymbol{s}_k^{\mathrm{T}}\boldsymbol{P}_{kk}\boldsymbol{e}\end{pmatrix}_{k\times k},$$

式中，$\boldsymbol{s}_i^{\mathrm{T}}$ 为第 i 个受限分布（第 i 个随机补 $\boldsymbol{S}_i=\boldsymbol{P}_{ii}+\boldsymbol{P}_{i*}(\boldsymbol{I}-\boldsymbol{P}_i^*)^{-1}\boldsymbol{P}_{*i}$ 的稳态分布）。若 $\boldsymbol{\alpha}^{\mathrm{T}}=(\alpha_1,\alpha_2,\cdots,\alpha_k)$ 为 $\boldsymbol{A}$ 所定义的聚合链的稳态分布，则 $\boldsymbol{P}$ 所定义的未聚合链的稳态分布为

$$\boldsymbol{\pi}^{\mathrm{T}}=(\alpha_1\boldsymbol{s}_1^{\mathrm{T}}\mid\alpha_2\boldsymbol{s}_2^{\mathrm{T}}\mid\cdots\mid\alpha_k\boldsymbol{s}_k^{\mathrm{T}})。$$

换而言之，受限分布 $\boldsymbol{s}_i^{\mathrm{T}}$ 可被拼接起来，以生成全局分布 $\boldsymbol{\pi}^{\mathrm{T}}$，其中，$\alpha_i$ 为进行拼接的系数。

显然，上述的去聚合可以用于一个算法，来计算任何不可约链的稳态概率。尽管聚合-去聚合的有关结论是相当漂亮的理论定理，它们的直接实现通常却不能比标准方法具有更多的计算优越性。为了确定受限分布 $\boldsymbol{s}_i^{\mathrm{T}}$，需要计算随机补 $\boldsymbol{S}_i$，而这通常是一个计算量很大的任务，因此如果考虑到计算方面的问题的话，我们的目标便是通过某种方式，来利用特定的链展现出来的特殊结构，从而明智并且审慎地实现聚合-去聚合过程。

当一个人有所求时，他很容易只看得到
他正在追求的东西，他无法发现什么，也无法接受什么，
因为他心中所想的，只有他的所求；因为
他有一个目标；因为他痴迷于这个目标。

追求便意味着：要有一个目标；但发现却意味着：要自由，要去感受，要
没有目标。您——哦可敬的人呐——可能确实就是一位追寻者，因为
您在朝着目标奋力前行之时，您看不到近在眼前的那其他的许许多多。

——悉达多（Siddhartha）对朋友哥文达（Govinda）所说的话
摘自赫尔曼·黑塞（Hermann Hesse）的《悉达多求道记（Siddhartha）》[95]

第 16 章　术语汇编

锚文本　由一个网页链接到另一个网页时，在超链接中所使用的文本

弧　图中两个结点间的链接

权威　具有许多入链的网页。好的权威具有来自高枢纽评分的页面的入链

权威矩阵　HITS 方法中生成的 $\boldsymbol{L}^{\mathrm{T}}\boldsymbol{L}$ 矩阵。其主右特征向量为权威向量，用于根据页面的权威性对网页进行排名

权威评分　赋予一个网页的数值评分，它给出了该网页权威性的一个度量

权威向量　给出了网页权威性的向量。它的第 i 个元素即为页面 i 的权威评分

博客　针对某个特定话题的在线日记，通常含有按时间排序的帖子，并拥有许多超链接，但文本内容很少

布尔模型　传统信息检索中的一个经典模型，利用布尔运算与（AND）、或（OR）和非（NOT）来回复查询

同引用　文献统计学术语，用于说明两篇论文被同一篇论文所引用。在万维网的情况中，它被用来描述两个网页具有来自同一个页面的入链

内容索引　搜索引擎中用于存放有关网页内容信息的部分

内容评分　赋予每个页面的信息检索评分。它由诸如页面与查询之间的相似性、是否在标题中使用了查询项、查询项在页面中出现的次数等传统信息检索因子而计算得到

同指涉　文献统计学术语，用于描述两篇论文引用了同一篇论文。在万维网的情况中，它被用来描述两个网页具有指向同一个页面的出链

网络爬虫　搜索引擎的一个部分，它释放出的网络蜘蛛在万维网漫游，为引擎的索引收集新的或更新过的网页

回路 网络图中的一条路径，该路径总是返回到出发点处。例如，当页面 A 仅指向页面 B 而页面 B 也仅指向 A 时，就形成了一个非常简单的回路。PageRank 模型的随机上网者可能会陷入一个回路之中，并在路径中的页面上无限循环，这将带来 PageRank 的收敛性问题

悬挂结点 没有出链的网页，它将在 PageRank 矩阵中产生一个全零行 $\mathbf{0}^{\mathrm{T}}$。悬挂结点将给 PageRank 模型的随机上网者带来问题，一旦该随机上网者进入某个悬挂结点，他就将陷在该结点之中

基本矩阵 出现于许多 PageRank 计算中的矩阵 $(\boldsymbol{I}-\alpha\boldsymbol{S})^{-1}$

谷歌炸弹 一种针对谷歌的垃圾信息制造方法，通过使用超链接的锚文本，来提升某个目标页面的排名。一旦提交了一个针对包含在锚文本中的查询项的查询，并且有足够多的页面，在它们指向目标页面的超链接中，都使用了特定的锚文本，那炸弹就会被引爆；由亚当·马西斯于 2001 年发明，当时是针对其朋友安迪·普雷斯曼的一个恶作剧

谷歌之舞 （据信）于每个月的 PageRank 更新期间所发生的页面排名的重新排列

谷歌矩阵 用于确定网页的 PageRank 重要性评分的矩阵。其主左特征向量即为 PageRank 向量。谷歌矩阵由 $\boldsymbol{G}=\alpha\boldsymbol{S}+(1-\alpha)\boldsymbol{e}\boldsymbol{v}^{\mathrm{T}}$ 给出

谷歌垄断 谷歌在搜索市场上所占据的统治地位

HITS 一种链接分析模型，它将网页定义为枢纽和权威，并利用网络的图结构来对网页进行排名。由乔恩·克莱因伯格于 1998 年提出。为搜索引擎 Teoma 所使用。是 Hypertext Induced Topic Search（超文本归纳主题搜索）的简称

枢纽 具有许多出链的网页。一个好的枢纽具有指向高权威评分的页面的出链

枢纽矩阵 HITS 方法中所产生的矩阵 $\boldsymbol{L}\boldsymbol{L}^{\mathrm{T}}$。其主右特征向量即为枢纽向量，用于根据网页作为跳转页面的质量来对网页进行排名

枢纽评分 赋予网页的数值评分，它给出了该页面的“枢纽性”及页面作为跳转页的质量的一个度量

枢纽向量 给出了网页“枢纽性”的向量。它的第 i 个元素即为页面 i 的枢纽评分

超链接 网页中的一个链接，允许浏览者自动跳到另一个页面。它在网络图中生成了一条有向弧

索引器 搜索引擎的一个部分，它将爬虫所提供的网页进行压缩，以产生网页的一个简化的克利夫笔记版本。它将页面中的核心要素如标题、描述、日期、图片和表格等进行了抽取

索引　搜索引擎存放其所有网页信息的地方。一个搜索引擎通常具有数个不同的索引，如图片索引、结构索引和倒排索引等

入链　指向一个网页的链接

智能体　一个软件机器人，被设计用于自动检索特定信息

智能上网者　取代了随机上网者。智能上网者将跟随万维网的超链接进行浏览，但是他并不是随机地确定下一个要访问的页面，而是选择能最好地满足其需要和兴趣的页面

倒排文件索引　搜索引擎中最大的索引。在引擎数据库的每一个项之后，是一个所有使用了该项的页面的列表。类似于著作最后的索引

乔恩·克莱因伯格　康奈尔大学计算机科学系教授。HITS 算法的发明人

链接分析　利用万维网的超链接结构来改进搜索引擎给出的排名

链接农场　一种垃圾链接制造技术，用以提高一个页面的排名。是若干紧密联系的网页的集合

垃圾链接制造　一种垃圾信息制造方法，利用万维网的超链接来愚弄搜索引擎

元搜索引擎　一种搜索引擎，它将数个独立搜索引擎的结果加以组合，从而形成一个统一的列表

元标签　嵌入在网页 HTML 源代码中的隐藏标签，有助于网络蜘蛛对页面的标签、描述以及关键信息进行定位

改进 HITS　对标准 HITS 方法的一个改进，能保证 HITS 的权威与枢纽向量的存在性与唯一性。利用矩阵 $\xi\boldsymbol{L}^{\mathrm{T}}\boldsymbol{L}+(1-\xi)/n\boldsymbol{e}\boldsymbol{e}^{\mathrm{T}}$ 和 $\xi\boldsymbol{L}\boldsymbol{L}^{\mathrm{T}}+(1-\xi)/n\boldsymbol{e}\boldsymbol{e}^{\mathrm{T}}$ 代替了标准的权威矩阵 $\boldsymbol{L}^{\mathrm{T}}\boldsymbol{L}$ 和枢纽矩阵 $\boldsymbol{L}\boldsymbol{L}^{\mathrm{T}}$

邻域图　在 HITS 方法的第一步中产生的图。包括所有使用了查询项的页面，以及链入或链出这些页面的页面

网民　因特网的公民

结点　图中的顶点。网页是网络图的结点

非悬挂结点　具有至少一条出链的网页。任何不是悬挂结点的网页

出链　发自一个网页的链接

总评分　最终赋予页面的依赖于查询的相关性评分。欢迎度评分和内容评分的结合

PageRank　一种链接分析模型，它利用一个巨大的马尔可夫链，来根据重要性对网页进行排名。由布林和佩奇于 1998 年发明。现在是谷歌的组成部分

页面仓库 当新的或更新过的页面被爬虫模块所获取后，它们的临时存放地点（在被送往索引器之前）

个性化向量 PageRank 模型中的概率向量 $\boldsymbol{v}^{T} > \mathbf{0}$。用于修正随机上网者所遇到的排名下沉和循环问题。可以用来产生个性化的 PageRank 向量，它将更偏向于特定用户的兴趣

多义 当一个词（如 bank）具有多个含义时，便存在多义

欢迎度评分 赋予每个网页的评分，是该网页相对重要性或受欢迎程度的一个度量。由万维网的超链接结构所产生

查准率 搜索结果质量的一个度量，具体而言，就是相关文档的数量占检索得到的总文档数量的比例

素性调整 对 PageRank 模型的调整，人为地在万维网的所有页面间增加直接（尽管权重很小）的联系。保证了 PageRank 向量的存在性和唯一性，以及幂法到该向量的收敛性

概率模型 一个传统信息检索模型，利用概率和几率比来识别文档与查询的相关性

PR0 最低的 PageRank 评分值的简写。据信在某些时候，垃圾信息制造者的页面会被谷歌置为 PR0

纯链接 由搜索引擎所返回的结果中的页面，其排名被认为是纯粹的，即页面的所有者并未付费给搜索引擎以提高其排名

查询 发给搜索引擎的信息请求

查询相关 依赖于查询的度量或模型，为每个单独的查询计算得到

查询无关 任何无需考虑查询便能计算得到的度量或模型。对所有查询都成立的度量

查询处理 搜索引擎中将用户的查询变换为系统能够处理的数字的部分

随机上网者 通过从当前页面的出链页面中随机选择下一个要访问的页面，来无限地跟随万维网超链接结构进行浏览的上网者。描述 PageRank 模型的一种便利的方式

排名下沉 一个网页或网页集合，在迭代 PageRank 的计算过程中，其 PageRank 不断下降。一旦随机上网者进入了这个页面集合，便无法逃离

实时 对过程的一种形容，该过程能够在短而且可预测的时间帧内做出响应。该时间帧通常使用含糊的单位，如用户的耐心阈值等来衡量

查全率 搜索结果质量的一种度量，具体来说，就是检索得到的相关文档数量与文献集中所有相关文档的数量之比

相关性反馈 许多信息检索系统所使用的一种细化和调整的方法。用户选择检索得到的文档中他认为有用的一个子集，然后根据这一附加信息，可以检索得到一个修改后的、通常更为有用的文档集合

相关性评分 文档与查询的相关性的一个数值评分，大多数信息检索系统都会提供该评分

SALSA 结合了 PageRank 和 HITS 的特性来将网页作为枢纽和权威进行排名的链接分析模型。由罗尼·伦佩尔和什洛莫·莫兰于 2000 年提出。它是 acronym for Stochastic Approch to Link Structure Analysis（链接结构分析的随机方法）的简写

搜索引擎优化 对一个网页进行改变以最优化它在搜索引擎上获得高排名的潜力的过程。包括了遵守道德与不遵守道德的提升排名的方法

谢尔盖·布林和拉里·佩奇 斯坦福大学前博士生，他们开发了根据重要性对网页进行排名的 PageRank 系统。同时还是谷歌的共同创建者和共同拥有者

垃圾信息制造 任何意图欺骗搜索引擎的行为。垃圾信息制造包括使用白色背景下的白色文本、垃圾链接制造、障眼法、误导性的元标签描述和谷歌炸弹

特殊用途索引 搜索引擎中用于存放如图片、PDF 文件等的专门用途信息的部分

网络蜘蛛 搜索引擎的爬虫模块的一部分，它们爬过万维网以寻找新的或更新过的页面

赞助链接 搜索结果中返回的页面，其拥有者向搜索引擎公司付费以提高其排名

随机性调整 对原始 PageRank 模型的修改，以人为迫使 PageRank 矩阵成为随机矩阵。使随机上网者在进入某个悬挂结点后能立刻跳转到新的页面

结构索引 搜索引擎中存放了万维网链接结构信息的部分

同义 当两个词具有相同的含义（如 car 和 automobile）时，便存在同义

跳转 随机上网者定期采取的一种行动，此时他不再跟随万维网的超链接结构，而是立即随机跳转到一个新页面。当随机上网者进入一个悬挂结点时，也会立即发生跳转

传统信息检索 研究非链接的文档集合中的搜索的领域

TrafficRank 根据网页的流量，利用最优化和熵来进行网页排名的链接分析模型。由约翰·汤姆林于 2003 年提出

向量空间模型 一种传统信息检索模型，它将文档视为高维空间中的向量，并利用向量间的夹角来确定文档与查询之间的相似性

网络图 由网络的超链接结构所产生的图。图中的结点为网页，弧为超链接

网络信息检索 研究在万维网这一世界上最大的链接文献集中的搜索方法的领域

参考文献

[1] Caslon Analytics net metrics and statistics guide. http://www.caslon.com.au/metricsguide.htm.

[2] Clever—IBM Corporation Almaden Research Center. http://www.almaden.ibm.com/cs/k53/clever.html.

[3] Text REtrieval Conference. http://trec.nist.gov/.

[4] World Wide Web Conference. http://www2004.org.

[5] How much information, 2003. http://www.sims.berkeley.edu/how-much-info-2003.

[6] Medlars test collection, December 2003. Available at http://www.cs.utk.edu/~lsi/.

[7] Why does my page's rank keep changing? Google PageRank information. http://www.google.com/webmasters/4.html, 2003.

[8] Eytan Adar, Li Zhang, Lada A. Adamic, and Rajan M. Lukose. Implicit structure and the dynamics of blogspace. In *The Thirteenth International World Wide Web Conference*, New York, 2004. ACM Press.

[9] Arvind Arasu, Junghoo Cho, Hector Garcia-Molina, Andreas Paepcke, and Sriram Raghavan. Searching the Web. *ACM Transactions on Internet Technology*, 2001.

[10] Arvind Arasu, Jasmine Novak, Andrew Tomkins, and John Tomlin. PageRank computation and the structure of the Web: Experiments and algorithms. In *The Eleventh International WWW Conference*, New York, May 2002. ACM Press.

[11] Konstantin Avrachenkov and Nelly Litvak. Decomposition of the Google PageRank and optimal linking strategy. Technical report, INRIA, January 2004.

[12] Konstantin Avrachenkov and Nelly Litvak. The effect of new links on Google PageRank. Technical report, INRIA, July 2004.

[13] Ricardo Baeza-Yates and Emilio Davis. Web page ranking using link attributes. In *The Thirteenth International World Wide Web Conference*, pages 328–29, New York, 2004. ACM Press. Poster.

[14] Ricardo Baeza-Yates and Berthier Ribeiro-Neto. *Modern Information Retrieval*. ACM Press, New York, 1999.

[15] Ziv Bar-Yossef, Andrei Z. Broder, Ravi Kumar, and Andrew Tomkins. Sic transit gloria telae: Towards an understanding of the Web's decay. In *The Thirteenth International World Wide Web Conference*, New York, 2004. ACM Press.

[16] Albert-Laszlo Barabasi. *Linked: The New Science of Networks*. Plume, 2003.

[17] Albert-Laszlo Barabasi, Reka Albert, and Hawoong Jeong. Scale-free characteristics of random networks: The topology of the World-Wide Web. *Physica A*, 281:69–77, 2000.

[18] R. Barrett, M. Berry, T. F. Chan, J. Demmel, J. Donato, J. Dongarra, V. Eijkhout, R. Pozo, C. Romine, and H. Van der Vorst. *Templates for the Solution of Linear Systems: Building Blocks for Iterative Methods*. SIAM, Philadelphia, 2nd edition, 1994.

[19] Luiz Andre Barroso, Jeffrey Dean, and Urs Holzle. Web search for a planet: The Google cluster architecture. *IEEE Micro*, pages 22–28, 2003.

[20] Gely P. Basharin, Amy N. Langville, and Valeriy A. Naumov. The life and work of A. A. Markov. *Linear Algebra and Its Applications*, (386):3–26, 2004.

[21] Abraham Berman and Robert J. Plemmons. *Nonnegative Matrices in the Mathematical Sciences*. Academic Press, 1979.

[22] Michael W. Berry, editor. *Computational Information Retrieval*. SIAM, Philadelphia, 2001.

[23] Michael W. Berry and Murray Browne. *Understanding Search Engines: Mathematical Modeling and Text Retrieval*. SIAM, Philadelphia, 2nd edition, 2005.

[24] Michael W. Berry, Zlatko Drmac, and Elizabeth R. Jessup. Matrices, vector spaces and information retrieval. *SIAM Review*, 41:335–62, 1999.

[25] Krishna Bharat, Andrei Broder, Monika Henzinger, Puneet Kumar, and Suresh Venkatasubramanian. The connectivity server: Fast access to linkage information on the Web. In *The Seventh World Wide Web Conference*, pages 469–77, Brisbane, Australia, 1998.

[26] Krishna Bharat and Monika R. Henzinger. Improved algorithms for topic distillation in hyperlinked environments. In *21st International ACM SIGIR Conference on Research and Development in Information Retrieval (SIGIR)*, pages 104–11, 1998.

[27] Krishna Bharat, Farzin Maghoul, and Raymie Stata. The term vector database: Fast access to indexing terms for webpages. *Computer Networks*, 33:247–255, 2000.

[28] Monica Bianchini, Marco Gori, and Franco Scarselli. PageRank: A circuital analysis. In *The Eleventh International WWW Conference*, May 2002.

[29] Monica Bianchini, Marco Gori, and Franco Scarselli. Inside PageRank. *ACM Transactions on Internet Technology*, 5(1), 2005. To appear.

[30] Nancy Blachman, Eric Fredricksen, and Fritz Schneider. *How to Do Everything with Google*. McGraw-Hill, 2003.

[31] Paolo Boldi, Massimo Santini, and Sebastiano Vigna. Do your worst to make the best: Paradoxical effects in PageRank incremental computations. In *Proceedings of WAW 2004, Lecture Notes in Computer Science*, number 3248, pages 168–80. Springer-Verlag, 2004.

[32] Paolo Boldi, Massimo Santini, and Sebastiano Vigna. PageRank as a function of the damping factor. In *The Fourteenth International World Wide Web Conference*, New York, 2005. ACM Press.

[33] Paolo Boldi and Sebastiano Vigna. The WebGraph framework II: Codes for the World Wide Web. Technical Report 294-03, Universita di Milano, Dipartimento di Scienze dell' Informazione Engineering, 2003.

[34] Paolo Boldi and Sebastiano Vigna. The WebGraph framework I: Compression techniques. In *The Thirteenth International World Wide Web Conference*, pages 595–602, New York, 2004. ACM Press.

[35] Jorge Luis Borges. *The Library of Babel*. David R. Godine, 2000. Translated by Andrew Hurley.

[36] Allan Borodin, Gareth O. Roberts, Jeffrey S. Rosenthal, and Panayiotis Tsaparas. Finding authorities and hubs from link structures on the World Wide Web. *The Eleventh International World Wide Web Conference*, pages 415–29, 2001.

[37] P. Bradley. Multi-search engines–a comparison. webpage, January 2002. `http://www.philb.com/msengine.htm`.

[38] Sergey Brin, Rajeev Motwani, Lawrence Page, and Terry Winograd. What can you do with a Web in your pocket? *Data Engineering Bulletin*, 21:37–47, 1998.

[39] Sergey Brin and Lawrence Page. The anatomy of a large-scale hypertextual Web search engine. *Computer Networks and ISDN Systems*, 33:107–17, 1998.

[40] Sergey Brin, Lawrence Page, R. Motwami, and Terry Winograd. The PageRank citation ranking: Bringing order to the Web. Technical Report 1999-0120, Computer Science Department, Stanford University, 1999.

[41] Andrei Broder, Ravi Kumar, and Marzin Maghoul. Graph structure in the Web. In *The Ninth International World Wide Web Conference*, pages 309–320, New York, May 2000. ACM Press.

[42] Andrei Broder, Ronny Lempel, Farzin Maghoul, and Jan Pedersen. Efficient PageRank approximation via graph aggregation. In *The Thirteenth International World Wide Web Conference*, pages 484–85, New York, 2004. ACM Press. Poster.

[43] Vannevar Bush. As we may think. *Atlantic Monthly*, 176(1):101–8, 1945.

[44] Tara Calishain and Rael Dornfest. *Google Hacks: 100 Industrial-Strength Tips and Tricks*. O'Reilly, 2003.

[45] Lord John Campbell. *The Lives Of the Chief Justices of England*, volume 3. John Murray, Albemarle Street, London, 1868.

[46] Steven Campbell and Carl D. Meyer. *Generalized Inverses of Linear Transformations*. Pitman, San Francisco, 1979.

[47] Yen-Yu Chen, Qingqing Gan, and Torsten Suel. I/O-efficient techniques for computing PageRank. In *Proceedings of the Eleventh International Conference on Information and Knowledge Management (CIKM'02)*, pages 549–557, Virginia, 2002.

[48] Steve Chien, Cynthia Dwork, Ravi Kumar, and D. Sivakumar. Towards exploiting link evolution. In *Workshop on Algorithms and Models for the Web Graph*, 2001.

[49] Grace E. Cho and Carl D. Meyer. Markov chain sensitivity measured by mean first passage times. *Linear Algebra and Its Applications*, 313:21–28, 2000.

[50] Grace E. Cho and Carl D. Meyer. Comparison of perturbation bounds for the stationary distribution of a Markov chain. *Linear Algebra and Its Applications*, 335(1–3):137–150, 2001.

[51] Grace E. Cho and Carl D. Meyer. Aggregation/disaggregation errors for nearly uncoupled Markov chains. Technical report, NCSU Tech. Report #102301, 2003.

[52] Junghoo Cho and Hector Garcia-Molina. The evolution of the Web and implications for an incremental crawler. In *Proceedings of the Twenty-sixth International Conference on Very Large Databases*, pages 200–209, New York, 2000. ACM Press.

[53] David Cohn and Huan Chang. Learning to probabilistically identify authoritative documents. In *Proceedings of the 17th International Conference on Machine Learning*, pages 167–174, Stanford, CA, 2000.

[54] Thomas H. Cormen, Charles E. Leiserson, Ronald L. Rivest, and Clifford Stein. *Introduction to Algorithms*. MIT Press, 2001.

[55] G. M. Del Corso, A. Gulli, and F. Romani. Exploiting Web matrix permutations to speedup PageRank computation. Technical Report IIT TR-04/2004, Istituto di Informatica e Telematica, May 2004.

[56] P. J. Courtois. *Decomposability*. Academic Press, New York, 1977.

[57] James W. Demmel. *Applied Numerical Linear Algebra*. SIAM, 1997.

[58] Michelangelo Diligenti, Marco Gori, and Marco Maggini. Web page scoring systems for horizontal and vertical search. In *The Eleventh International World Wide Web Conference*, pages 508–516, Honolulu, HI, 2002. ACM Press.

[59] Chris Ding, Xiaofeng He, Parry Husbands, Hongyuan Zha, and Horst Simon. Link analysis: Hubs and authorities on the World Wide Web. Technical Report 47847, Lawrence Berkeley National Laboratory, May 2001.

[60] Chris Ding, Xiaofeng He, Hongyuan Zha, and Horst Simon. PageRank, HITS and a unified framework for link analysis. In *Proceedings of the 25th ACM SIGIR Conference*, pages 353–354, Tampere, Finland, August 2002.

[61] Chris H. Q. Ding, Hongyuan Zha, Xiaofeng He, Parry Husbands, and Horst D. Simon. Link analysis: Hubs and authorities on the World Wide Web. *SIAM Review*, 46(2):256–68, 2004.

[62] Martin Dodge and Rob Kitchins. *Atlas of Cyberspace*. Addison-Wesley, 2001.

[63] Debora Donato, Luigi Laura, Stefano Leonardi, and Stefano Millozzi. Large scale properties of the webgraph. *The European Physical Journal B*, 38:239–43, 2004.

[64] Susan T. Dumais. Improving the retrieval of information from external sources. *Behavior Research Methods, Instruments and Computers*, 23:229–236, 1991.

[65] Cynthia Dwork, Ravi Kumar, and Moni Naor and D. Sivakumar. Rank aggregation methods for the Web. In *The Tenth International World Wide Web Conference*, New York, 2001. ACM Press.

[66] Nadav Eiron, Kevin S. McCurley, and John A. Tomlin. Ranking the Web frontier. In *The Thirteenth International World Wide Web Conference*, New York, 2004. ACM Press.

[67] Ronald Fagin, Anna R. Karlin, Jon Kleinberg, Prabhakar Raghavan, Sridhar Rajagopalan, Ronitt Rubinfeld, Madhu Sudan, and Andrew Tomkins. Random walks with "back buttons". In *32nd ACM Symposium on Theory of Computing*, 2000.

[68] Ronald Fagin, Ravi Kumar, Kevin S. McCurley, Jasmine Novak, D. Sivakumar, John A. Tomlin, and David P. Williamson. Searching the workplace web. In *The Twelfth International World Wide Web Conference*, pages 366–75, New York, 2003. ACM Press.

[69] Ronald Fagin, Ravi Kumar, and D. Sivakumar. Comparing top k lists. In *ACM SIAM Symposium on Discrete Algorithms*, pages 28–36, 2003.

[70] Michalis Faloutsos, Petros Faloutsos, and Christos Faloutsos. On power-law relationships of the internet topology. In *SIGCOMM*, pages 251–62, 1999.

[71] Ayman Farahat, Thomas Lofaro, Joel C. Miller, Gregory Rae, F. Schaefer, and Lesley A. Ward. Modifications of Kleinberg's HITS algorithm using matrix exponentiation and web log records. In *ACM SIGIR Conference*, pages 444–45, September 2001.

[72] Ayman Farahat, Thomas Lofaro, Joel C. Miller, Gregory Rae, and Lesley A. Ward. Authority rankings from HITS, PageRank, and SALSA: Existence, uniqueness, and effect of initialization. *SIAM Journal on Scientific Computing*, 27(4):1181–201, 2006.

[73] Graham Farmelo. *It Must Be Beautiful: Great Equations of Modern Science*. Granta Books, 2002.

[74] Dennis Fetterly, Mark Manasse, Marc Najork, and Janet L. Wiener. A large-scale study of the evolution of web pages. In *The Twelfth International World Wide Web Conference*, 2003.

[75] William B. Frakes and Ricardo Baeza-Yates. *Information Retrieval: Data Structures and Algorithms*. Prentice Hall, Englewood Cliffs, NJ, 1992.

[76] Robert E. Funderlic and Carl D. Meyer. Sensitivity of the stationary distribution vector for an ergodic Markov chain. *Linear Algebra and Its Applications*, 76:1–17, 1986.

[77] Robert E. Funderlic and Robert J. Plemmons. Updating LU factorizations for computing stationary distributions. *SIAM Journal on Algebraic and Discrete Methods*, 7(1):30–42, 1986.

[78] Sanjay Ghemawat, Howard Gobioff, and Shun-Tak Leung. The Google file system. In *Proceedings of the Nineteenth ACM symposium on Operating Systems Principles*, pages 29–43, New York, 2003.

[79] James Gillies and Robert Cailliau. *How the Web Was Born: The Story of the World Wide Web.* Oxford University Press, 2000.

[80] David Gleich, Leonid Zhukov, and Pavel Berkhin. Fast parallel PageRank: A linear system approach. In *The Fourteenth International World Wide Web Conference*, New York, 2005. ACM Press.

[81] Gene H. Golub and Chen Greif. Arnoldi-type algorithms for computing stationary distribution vectors, with application to PageRank. Technical Report SCCM-2004-15, Scientific Computation and Computational Mathematics, Stanford University, 2004.

[82] Gene H. Golub and Charles F. Van Loan. *Matrix Computations.* Johns Hopkins University Press, Baltimore, 1996.

[83] Gene H. Golub and Carl D. Meyer. Using the QR factorization and group inverse to compute, differentiate and estimate the sensitivity of stationary probabilities for Markov chains. *SIAM Journal on Algebraic and Discrete Methods*, 17:273–81, 1986.

[84] Zoltan Gyongyi and Hector Garcia-Molina. Web spam taxonomy. Technical report, Stanford University, 2004.

[85] D. J. Hartfiel and Carl D. Meyer. On the structure of stochastic matrices with a subdominant eigenvalue near 1. *Linear Algebra and Its Applications*, 272:193–203, 1998.

[86] Taher H. Haveliwala. Efficient computation of PageRank. Technical Report 1999-31, Computer Science Department, Stanford University, 1999.

[87] Taher H. Haveliwala. Efficient encodings for document ranking vectors. Technical report, Computer Science Department, Stanford University, November 2002.

[88] Taher H. Haveliwala. Topic-sensitive PageRank. In *The Eleventh International WWW Conference*, New York, May 2002. ACM Press.

[89] Taher H. Haveliwala. Topic-sensitive PageRank: A context-sensitive ranking algorithm for web search. *IEEE Transactions on Knowledge and Data Engineering*, 15(4):784–96, July/August 2003.

[90] Taher H. Haveliwala and Sepandar D. Kamvar. The second eigenvalue of the Google matrix. Technical Report 2003-20, Stanford University, 2003.

[91] Taher H. Haveliwala, Sepandar D. Kamvar, and Glen Jeh. An analytical comparison of approaches to personalizing PageRank. Technical report, Stanford University, 2003.

[92] Moshe Haviv. Aggregation/disaggregation methods for computing the stationary distribution of a Markov chain. *SIAM Journal on Numerical Analysis*, 22:952–66, 1987.

[93] Kevin Hemenway and Tara Calishain. *Spidering Hacks: 100 Industrial-Strength Tips and Tricks*. O'Reilly, 2003.

[94] Monika R. Henzinger, Hannes Marais, Michael Moricz, and Craig Silverstein. Analysis of a very large AltaVista query log. Technical Report 1998-014, Digital SRC, October 1998.

[95] Hermann Hesse. *Siddhartha*. New Directions Publishing Co., New York, 1951. Translated by Hilda Rosner.

[96] Jeffrey J. Hunter. Stationary distributions of perturbed Markov chains. *Linear Algebra and Its Applications*, 82:201–214, 1986.

[97] Ilse C. F. Ipsen and Steve Kirkland. Convergence analysis of a PageRank updating algorithm by Langville and Meyer. *SIAM Journal on Matrix Analysis and Applications*, 2005. To appear.

[98] Ilse C. F. Ipsen and Carl D. Meyer. Uniform stability of Markov chains. *SIAM Journal on Matrix Analysis and Applications*, 15(4):1061–74, 1994.

[99] Glen Jeh and Jennifer Widom. Scaling personalized web search. Technical report, Stanford University, 2002.

[100] Sepandar D. Kamvar and Taher H. Haveliwala. The condition number of the PageRank problem. Technical report, Stanford University, 2003.

[101] Sepandar D. Kamvar, Taher H. Haveliwala, Christopher D. Manning, and Gene H. Golub. Exploiting the block structure of the Web for computing PageRank. Technical Report 2003-17, Stanford University, 2003.

[102] Sepandar D. Kamvar, Taher H. Haveliwala, Christopher D. Manning, and Gene H. Golub. Extrapolation methods for accelerating PageRank computations. In *Twelfth International World Wide Web Conference*, New York, 2003. ACM Press.

[103] James P. Keener. The Perron-Frobenius theorem and the ranking of football teams. *SIAM Review*, 35(1):80–93, 1993.

[104] John G. Kemeny and Laurie J. Snell. *Finite Markov Chains*. D. Van Nostrand, New York, 1960.

[105] Maurice G. Kendall and B. Babington Smith. On the method of paired comparisons. *Biometrica*, 31, 1939.

[106] Jon Kleinberg. Authoritative sources in a hyperlinked environment. *Journal of the ACM*, 46, 1999.

[107] Robert R. Korfhage. *Information Storage and Retrieval*. Wiley, New York, 1997.

[108] Amy N. Langville and Carl D. Meyer. Deeper inside PageRank. *Internet Mathematics Journal*, 1(3):335–80, 2005.

[109] Amy N. Langville and Carl D. Meyer. A reordering for the PageRank problem. *SIAM Journal on Scientific Computing*, 2005. To appear.

[110] Amy N. Langville and Carl D. Meyer. A survey of eigenvector methods of web information retrieval. *The SIAM Review*, 47(1):135–61, 2005.

[111] Amy N. Langville and Carl D. Meyer. Updating the stationary vector of an irreducible Markov chain with an eye on Google's PageRank. *SIAM Journal on Matrix Analysis and Applications*, 27:968–987, 2006.

[112] Chris Pan-Chi Lee, Gene H. Golub, and Stefanos A. Zenios. A fast two-stage algorithm for computing PageRank and its extensions. Technical Report SCCM-2003-15, Scientific Computation and Computational Mathematics, Stanford University, 2003.

[113] Hyun Chul Lee and Allan Borodin. Perturbation of the hyperlinked environment. In *Lecture Notes in Computer Science: Proceedings of the Ninth International Computing and Combinatorics Conference*, volume 2697, Heidelberg, 2003. Springer-Verlag.

[114] Ronny Lempel and Shlomo Moran. The stochastic approach for link-structure analysis (SALSA) and the TKC effect. In *The Ninth International World Wide Web Conference*, New York, 2000. ACM Press.

[115] Ronny Lempel and Shlomo Moran. Rank-stability and rank-similarity of link-based web ranking algorithms in authority-connected graphs. In *Second Workshop on Algorithms and Models for the Web-Graph (WAW 2003)*, Budapest, Hungary, May 2003.

[116] Yizhou Lu, Benyu Zhang, Wensi Xi, Zheng Chen, Yi Liu, Michael R. Lyu, and Wei-Ying Ma. The PowerRank Web link analysis algorithm. In *The Thirteenth International World Wide Web Conference*, pages 254–55, New York, 2004. ACM Press. Poster.

[117] Michael S. Malone. The complete guide to Googlemania. *Wired*, 12.03, 2004.

[118] Bundit Manaskasemsak and Arnon Rungsawang. Parallel PageRank computation on a gigabit pc cluster. In *18th International Conference on Advanced Information Networking and Applications*, pages 273–277. IEEE, 2004.

[119] Fabien Mathieu and Mohamed Bouklit. The effect of the back button in a random walk: Application for PageRank. In *The Thirteenth International World Wide Web Conference*, pages 370–71, New York, 2004. Poster.

[120] Alberto O. Mendelzon and Davood Rafiei. An autonomous page ranking method for metasearch engines. In *The Eleventh International WWW Conference*, May 2002.

[121] Carl D. Meyer. The character of a finite Markov chain. *Linear Algebra, Markov Chains, and Queueing Models, IMA Volumes in Mathematics and Its Applications.*

[122] Carl D. Meyer. The role of the group generalized inverse in the theory of finite Markov chains. *SIAM Review*, 17:443–64, 1975.

[123] Carl D. Meyer. The condition of a finite Markov chain and perturbation bounds for the limiting probabilities. *SIAM Journal on Algebraic and Discrete Methods*, 1:273–83, 1980.

[124] Carl D. Meyer. Analysis of finite Markov chains by group inversion techniques. *Recent Applications of Generalized Inverses, Research Notes in Mathematics*, 66:50–81, 1982.

[125] Carl D. Meyer. Stochastic complementation, uncoupling Markov chains, and the theory of nearly reducible systems. *SIAM Review*, 31(2):240–72, 1989.

[126] Carl D. Meyer. Sensitivity of the stationary distribution of a Markov chain. *SIAM Journal on Matrix Analysis and Applications*, 15(3):715–28, 1994.

[127] Carl D. Meyer. *Matrix Analysis and Applied Linear Algebra*. SIAM, Philadelphia, 2000.

[128] Carl D. Meyer and Robert J. Plemmons. *Linear Algebra, Markov Chains, and Queueing Models*. Springer-Verlag, New York, 1993.

[129] Carl D. Meyer and James M. Shoaf. Updating finite Markov chains by using techniques of group matrix inversion. *Journal of Statistical Computation and Simulation*, 11:163–81, 1980.

[130] Carl D. Meyer and G. W. Stewart. Derivatives and perturbations of eigenvectors. *SIAM Journal on Numerical Analysis*, 25:679–691, 1988.

[131] Cleve Moler. The world's largest matrix computation. *Matlab News and Notes*, pages 12–13, October 2002.

[132] Cleve B. Moler. *Numerical Computing with MATLAB*. SIAM, 2004.

[133] Andrew Y. Ng, Alice X. Zheng, and Michael I. Jordan. Link analysis, eigenvectors and stability. In *The Seventh International Joint Conference on Artificial Intelligence*, 2001.

[134] Andrew Y. Ng, Alice X. Zheng, and Michael I. Jordan. Stable algorithms for link analysis. In *Proceedings of the 24th Annual International ACM SIGIR Conference*. ACM, 2001.

[135] Andrew Orlowski. Google founder dreams of Google implant in your brain. *The Register*, March 3, 2004.

[136] Gopal Pandurangan, Prabhakar Raghavan, and Eli Upfal. Using PageRank to characterize Web structure. In *The Eighth Annual International Computing and Combinatorics Conference (COCOON)*, 2002.

[137] Beresford N. Parlett. *The Symmetric Eigenvalue Problem*. SIAM, 1998.

[138] Luca Pretto. A theoretical analysis of google's PageRank. In *Proceedings of the Ninth International Symposium on String Processing and Information Retrieval*, pages 131–144, Lisbon, Portugal, September 2002.

[139] Sriram Raghavan and Hector Garcia-Molina. Compressing the graph structure of the Web. In *Proceedings of the IEEE Conference on Data Compression*, pages 213–22, March 2001.

[140] Sriram Raghavan and Hector Garcia-Molina. Towards compressing web graphs. In *Proceedings of the IEEE Conference on Data Compression*, pages 203–212, March 2001.

[141] Sriram Raghavan and Hector Garcia-Molina. Representing web graphs. In *Proceedings of the 19th IEEE Conference on Data Engineering*, Bangalore, India, March 2003.

[142] Matthew Richardson and Petro Domingos. The intelligent surfer: Probabilistic combination of link and content information in PageRank. *Advances in Neural Information Processing Systems*, 14:1441–8, 2002.

[143] Chris Ridings. PageRank explained: Everything you've always wanted to know about PageRank. `http://www.rankwrite.com/`. Accessed on May 22, 2002.

[144] Chris Ridings and Mike Shishigin. PageRank uncovered. `www.voelspriet2.nl/PageRank.pdf`. Accessed on September 19, 2002.

[145] Yousef Saad. *Iterative Methods for Sparse Linear Systems*. SIAM, 2003.

[146] Gerard Salton, editor. *The SMART Retrieval System: Experiments in Automatic Document Processing*. Prentice Hall, Englewood Cliffs, NJ, 1971.

[147] Gerard Salton and Chris Buckley. *Introduction to Modern Information Retrieval*. McGraw-Hill, New York, 1983.

[148] Eugene Seneta. Sensivity analysis, ergodicity coefficients, and rank-one updates for finite Markov chains. In William J. Stewart, editor, *Numerical Solution of Markov Chains*, pages 121–129. Marcel Dekker, 1991.

[149] Claude E. Shannon. A mathematical theory of communication. *The Bell System Technical Journal*, 27:379–423, 1948.

[150] Chris Sherman. Teoma vs. Google, round 2. *Silicon Valley Internet*, 2002. `http://dc.internet.com/news/print.php/1002061`.

[151] Herbert A. Simon and Albert Ando. Aggregation of variables in dynamic systems. *Econometrica*, 29:111–38, 1961.

[152] G. W. Stewart. *Matrix Algorithms*, volume 2. SIAM, 2001.

[153] G. W. Stewart and Ji-guang Sun. *Matrix Perturbation Theory*. Academic Press, 1990.

[154] William J. Stewart. *Introduction to the Numerical Solution of Markov Chains*. Princeton University Press, 1994.

[155] William J. Stewart and Wei Wu. Numerical experiments with iteration and aggregation for Markov chains. *ORSA Journal on Computing*, 4(3):336–50, 1992.

[156] Danny Sullivan. Searches per day. *Search Engine Watch*, 2003. `http://searchenginewatch.com/reports/article.php/2156461.`

[157] Marcin Sydow. Random surfer with back step. In *The Thirteenth International World Wide Web Conference*, pages 352–53, New York, 2004. Poster.

[158] Kristen Thorson. Modeling the Web and the computation of PageRank. Undergraduate thesis, Hollins University, 2004.

[159] John A. Tomlin. A new paradigm for ranking pages on the World Wide Web. In *The Twelfth International World Wide Web Conference*, New York, 2003. ACM Press.

[160] Michael Totty and Mylene Mangalindan. As Google becomes web's gatekeeper, sites fight to get in. *Wall Street Journal*, CCXLI(39), 2003. February 26.

[161] T. H. Wei. *The algebraic foundations of ranking theory*. PhD thesis, Cambridge University, 1952.

[162] James H. Wilkinson. *The Algebraic Eigenvalue Problem*. Clarendon Press, 1965.

[163] Ian H. Witten, Alistair Moffat, and Timothy C. Bell. *Managing Gigabytes: Compressing and Indexing Documents and Images*. Morgan Kaufmann, 1999.

[164] Hui Zhang, Ashish Goel, Ramesh Govindan, Kahn Mason, and Benjamin Van Roy. Making eigenvector-based reputation systems robust to collusion. In *Proceedings of WAW 2004, Lecture Notes in Computer Science*, number 3243, pages 92–104. Springer-Verlag, 2004.

[165] Xiaoyan Zhang, Michael W. Berry, and Padma Raghavan. Level search schemes for information filtering and retrieval. *Information Processing and Management*, 37:313–34, 2001.

索　引